济南社会科学院·济南系列蓝皮书

总 主 编 付道磊
副总主编 张 伟 齐 峰

济南文化发展蓝皮书
Blue Book of Jinan Cultural Development
（2024）

济南文化论丛（第九辑）

主编 董建霞

济南出版社

图书在版编目（CIP）数据

济南文化论丛 . 第九辑，济南文化发展蓝皮书 . 2024 /
董建霞主编 . —— 济南：济南出版社，2024. 10.
（济南社会科学院济南系列蓝皮书 / 付道磊总主编）.
ISBN 978-7-5488-6773-9

Ⅰ . K295.21-53

中国国家版本馆 CIP 数据核字第 2024UG3960 号

济南文化发展蓝皮书（2024）

JINAN WENHUA FAZHAN LANPISHU 2024

董建霞　主编

出 版 人 谢金岭
责任编辑 郑　敏
装帧设计 焦萍萍

出版发行 济南出版社
地　　址 山东省济南市二环南路 1 号（250002）
总 编 室 0531-86131715
印　　刷 济南鲁艺彩印有限公司
版　　次 2024 年 11 月第 1 版
印　　次 2024 年 11 月第 1 次印刷
成品尺寸 165mm×237mm　16 开
印　　张 23.5
字　　数 361 千字
书　　号 ISBN 978-7-5488-6773-9
定　　价 98.00 元

如有印装质量问题 请与出版社出版部联系调换
电话：0531-86131736

前　言

　　文化兴，国运兴；文化强，民族强。党的十八大以来，习近平总书记高度重视中华优秀传统文化传承发展，强调要着力赓续中华文脉、推动中华优秀传统文化创造性转化和创新性发展。2024 年 5 月 22 日至 24 日，习近平总书记在山东考察时指出，山东要担负起新时代的文化使命，在推动文化繁荣、建设文化强国、建设中华民族现代文明上积极作为。习近平总书记关于中华优秀传统文化的一系列重要论述，为我们在新时代传承和弘扬中华优秀传统文化提供了根本遵循和行动指南。济南作为文化大省山东的省会，作为国家历史文化名城，传承城市文脉、推动文化繁荣兴盛，是必须扛起的重大责任使命。

　　济南历史悠久、人文荟萃、底蕴深厚，文化遗产丰富。龙山文化、齐鲁文化、泉水文化、名士文化、黄河文化、红色文化、商埠文化等在这里交相辉映；悠久的历史、灿烂的文化给济南留下了众多文物古迹，共有全国重点文物保护单位 30 处、省级 171 处，馆藏珍贵文物 3804 件（套），其中一级文物 116 件（套）。因此，济南推进中华优秀传统文化"两创"有着突出的优势与充足的底气。近年来，济南市深入学习贯彻习近平文化思想，全面落实习近平总书记对山东、对济南工作的重要指示批示精神，把推动中华优秀传统文化"两创"，作为涵养泉城文化软实力的"硬担当"，作为强省会建设系统工程的"硬支撑"，提出打造中华优秀传统文化"两创"新标杆的目标，制定出台《济南市打造中华优秀传统文化"两创"新标杆行动计划（2023-2025年）》《中华优秀传统文化"两创"工作宣传方案》等制度文件，有力推动全市文化"两创"工作取得新进展新成效，使优秀传统文化在泉城大地上不断迸发新活力。

因此，我们以济南文化"两创"为主题，编撰了《济南文化发展蓝皮书（2024）》。该书分为"总报告""传统文化传承弘扬""文化遗产保护利用""文化产业创新发展""文化'两创'典型案例"五个部分。"总报告"着眼全局，对济南打造中华优秀传统文化"两创"新标杆的实践进行了总体分析与研究。"传统文化传承弘扬"通过"古城与泉水文化""名士文化""扁鹊与中医药文化""商埠文化""黄河文化"，展现了济南文化的厚重积淀。"文化遗产保护利用"研究分析了市博物馆、非物质文化遗产和纪念场馆等保护利用的路径，展示出济南文化遗产保护利用工作的扎实成效。"文化产业创新发展"介绍了济南文旅产业、动漫产业、文创产业的发展状况，展现了济南文化产业奋力发展的新局面。"文化'两创'典型案例"，选取历城区、章丘区、济阳区以及"山东手造"为代表，总结其在"两创"中取得的突出成绩与实践经验。总的来看，研究报告既包括了提纲挈领的总体认识，也涵盖了文献考证、理论研究与实践研究三大维度，比较全面地反映了当前济南文化"两创"的基本面貌，既有客观公允的评价，也指出了不容忽视的问题，同时针对性地提出了对策建议，以期能够为相关部门的政策制定落实提供思路上的借鉴，为深入推动文化强市建设赋能助力。

赓续历史文脉，谱写当代华章。优秀传统文化在千年万年历史长河中沉淀而来，也将继续传承发展下去。新时代新征程上，济南扛起"走在前、挑大梁"的使命担当，坚定文化自信、全力打造文化"两创"新标杆，更好担负起新时代新的文化使命，为建设中华民族现代文明作出积极贡献。

目 录
CONTENTS

前言

总报告

济南市打造中华优秀传统文化"两创"新标杆实践研究

……………………………… 济南社会科学院课题组 / 1

传统文化传承弘扬

古城与泉水文化

遗产观视角下的"济南泉·城文化景观"认识与保护

……………………………… 邓庆昌　楼吉昊 / 22

申遗视角下"济南泉·城文化景观"价值挖掘与传播路径研究

……………………………………… 张韶明 / 33

泉文化保护开发对济南居民幸福感的影响

……………… 张丽雯　马婧文　石东岳　王素洁 / 45

名士文化

辛弃疾的家世与祖籍地考 ……………… 王兆鹏　马　涛 / 56

山东大学第一任校长唐绍仪 ………………………… 蒋秀丽 / 78

奠定山东大学一流地位的校长成仿吾 ……………… 蒋秀丽 / 89

山东师范大学的开创者田珮之 ……………………… 王绍之 / 101

山东师范大学的奠基人余修 ………………………… 王绍之 / 107

马背上的书法家

——走进山东济南舒同故居 ……………………… 常　晶 / 114

扁鹊与中医药文化

齐鲁中医药国际传播历史和面临的问题及对策研究

⋯⋯⋯⋯⋯⋯ 陈诗韵 王 璨 靳际宇 陈 战 刘晓杰 / 117

济南扁鹊医药文化遗存考察及深度思考 ⋯⋯⋯⋯ 袁 婷 王振国 / 130

商埠文化

济南商埠区保护与更新策略研究 ⋯⋯⋯⋯⋯⋯⋯⋯ 李建军 / 136

济南商埠区保护与提升的思考 ⋯⋯⋯⋯⋯⋯⋯⋯⋯ 董建霞 / 165

胶济铁路与近代山东之变 ⋯⋯⋯⋯⋯⋯⋯⋯⋯⋯⋯ 陈宇舟 / 170

黄河文化

黄河流域乡村生态振兴：价值逻辑·实践图景·行动策略

——以济南"沿黄九美"片区为例证 ⋯⋯⋯⋯⋯⋯⋯ 胡爱敏 / 183

济南治黄文化遗产融入泉城文化景观建设的价值与路径 ⋯ 梁 明 / 194

文化遗产保护利用

活化与新生：探索博物馆文物保护利用新路径 ⋯ 李胜男 刘新智 / 206

济南市非物质文化遗产系统性保护实践路径研究 ⋯⋯⋯⋯ 付伟安 / 226

济南战役遗址及纪念场馆的保护与利用研究 ⋯⋯⋯ 史宏捷 姜 洁 / 243

文化产业创新发展

济南文旅产业发展报告 ⋯⋯⋯⋯⋯⋯⋯⋯ 门桂苍 黄宝兰 / 255

济南文创产品开发研究报告 ⋯⋯⋯⋯⋯⋯⋯⋯⋯⋯ 张 宏 / 267

济南动漫产业发展报告 ⋯⋯⋯⋯ 王振华 王 彬 王爱萍 吴婧雅 / 272

文化"两创"典型案例

历城区文化"两创"发展报告 ⋯⋯⋯⋯⋯ 济南市历城区委宣传部 / 310

章丘区文化"两创"发展报告 ⋯⋯⋯⋯⋯ 济南市章丘区委宣传部 / 318

济阳区文化"两创"发展报告

——打造"济阳@黄河"文化品牌 提升城市软实力

⋯⋯⋯⋯⋯⋯⋯⋯⋯⋯⋯⋯ 济南市济阳区委宣传部 / 329

"山东手造"推进工程中的"济南探索" ⋯⋯⋯⋯⋯⋯ 张锡杰 / 340

后记

总报告

济南市打造中华优秀传统文化"两创"新标杆实践研究

| 济南社会科学院课题组 | *

中华优秀传统文化源远流长、博大精深，是中华民族的精神命脉，是中华文明的智慧结晶，是我们在世界文化激荡中站稳脚跟的坚实根基。习近平总书记高度重视中华优秀传统文化的传承与弘扬，在庆祝中国共产党成立100周年大会上，总书记指出，坚持把马克思主义基本原理同中华优秀传统文化相结合的"第二个结合"，是新时代党的重大理论创新和思想解放，表明我们党的历史自信、文化自信达到新高度，传承与创新弘扬优秀传统文化的自觉性达到新高度。

在人类文明发展中，积淀着中华民族深沉精神追求和独特精神标识的中

* 课题负责人、执笔人：闫平，济南社科院历史文化研究所研究员。本文得到济南市委宣传部文化传承发展处的大力支持。

1

华优秀传统文化，凝结成中国人特有的思维方式和行为方式，不仅支撑着中华民族历经五千余年漫长岁月而生生不息、代代赓续，也孕育了中国特色社会主义发展道路、科学理论、基本制度和先进文化。中华优秀传统文化包含着独一无二的思想、理念、智慧、气度、神韵，始终是中华民族生命力、凝聚力、创造力的源头活水，是中国特色社会主义植根的文化沃土，是新时代坚定文化自信的力量源泉，是提升国家文化软实力的深厚滋养，是中国式现代化建设的文化支撑，是中华儿女共有的精神家园。加强对中华优秀传统文化的当代阐发，把具有当代价值和永恒魅力的文化精髓加以弘扬，对传统观念及其传播方式进行重构，使优秀传统文化融入当下，成为当今社会生活与社会实践的现实内容和推进力量，是大力开展文化"两创"的现实意义和深远意义所在。

一、济南市开展文化"两创"工作的基本原则和实践要求

党的十八大以来，以习近平同志为核心的党中央带领党和人民创造了新时代中国特色社会主义伟大成就，开辟了马克思主义中国化时代化新境界，在实践过程中，总书记鲜明指出要坚定文化自信，作出推动中华优秀传统文化创造性转化、创新性发展的重大决策和一系列重要论述。推进中华优秀传统文化"两创"，成为新时代中国特色社会主义文化建设的重要方针以及新时代文化强国建设的战略任务和主体工程。2023 年 10 月，习近平总书记对宣传思想文化工作作出重要指示，强调"围绕在新的历史起点上继续推动文化繁荣、建设文化强国、建设中华民族现代文明这一新的文化使命，坚定文化自信，秉持开放包容，坚持守正创新"①。同时，对宣传思想文化工作提出"七个着力"的战略要求，其中之一为"着力赓续中华文脉、推动中华优秀传统文化创造性转化和创新性发展"，这些重要论述和要求为建设中华民族现代文明指明了前进方向，为宣传思想文化工作提供了根本遵循。

---

① 2023 年 10 月在全国宣传思想文化工作会议上，习近平总书记对宣传思想文化工作作出的重要指示，《人民日报》，2023 年 10 月 9 日。

济南市深刻领悟中华优秀传统文化是涵养社会主义核心价值观的活水源泉，发展社会主义先进文化、弘扬革命文化、传承中华优秀传统文化，满足人民日益增长的精神文化需求，巩固全社会团结奋斗的共同思想基础。大力开展文化"两创"实践的目的在于坚定文化自信，激发文化创造活力，构筑中华民族现代文明新形态，增强实现中华民族伟大复兴的精神力量。在推动文化"两创"实践中，济南市担负起新的文化使命，坚持把马克思主义基本原理同中华优秀传统文化相结合，认真贯彻习近平文化思想，遵循科学推动文化发展规律，重视构建文化传承发展体系，厚植基层文化之基，熔铸地方发展之魂，筑牢全社会文化自信自强根基，以塑造中华优秀传统文化"两创"新标杆为目标，努力使全市文化"两创"工作达到生动具体、特色浓厚、易于实践、落地见效，使蕴含博大精深思想瑰宝的中华优秀传统文化真正融入社会、深入民心、触及灵魂，显现永不褪色的时代价值。

一是巩固马克思主义在意识形态领域的指导地位，坚持中国特色社会主义文化发展道路，把文化"两创"工作贯穿于经济、政治、社会、文化和生态文明建设各个方面，守牢事关民族凝聚力和向心力的社会主义先进文化主阵地；二是坚持"为了人民，依靠人民，发展成果由人民共享"原则，尊重人民主体地位和首创精神，注重文化熏陶和实践养成，以文化"两创"丰硕成果满足人民多层次、多方面、多样化精神文化需要，增强人民群众的文化获得感；三是坚持辩证唯物主义和历史唯物主义，对待中华传统文化要"取其精华、去其糟粕，扬弃继承、转化创新"，在"守正"和"创新"上同发力、用足工，与时俱进推进文化建设思想理念、内容形式、体制机制、文化业态等方面革新，将文化资源优势转化成文化建设动能，推动历史文化和现代文化相互促进、共同发展；四是加强党的领导，充分发挥政府主导以及社会参与、市场运作的基础性作用，充分整合各方文化资源并做到共享与互补，鼓励引导社会力量、文化志愿者深入持续开展文化"两创"，形成传承发展中华优秀传统文化的广泛群众基础和良好社会氛围；五是坚持开放包容、交流互鉴，对待传承弘扬中华传统文化，既不可存有抛却或渲染的偏误思想，也不可"自我陶醉"，吸收和借鉴人类社会创造的一切文明成果，广泛参与世界文明对话和交流互鉴，不断增强中华优秀传统文化的生命力和影响力。

实践过程中，只有顺应时代条件、观照现实所需、服从人民对美好生活的新期待，展开对中华优秀传统文化思想观念的创造性转化，才能实现传统文化内容与形式的更新；只有在创造性转化基础上坚持不懈更始出新、创新发展，才能使中华优秀传统文化的内涵要义与表达方式有更好、更完美的呈现，从而推进中国特色社会主义文化建设，创造中华文化新的辉煌，建设中华民族现代文明。

二、打造文化"两创"新标杆的济南实践

历史文化名城济南，传统文化富集、文化资源丰厚、革命文化灿烂。近年来，济南市遵照省委要求，印发实施《济南市打造中华优秀传统文化"两创"新标杆行动计划（2023—2025 年）》，聚力打造中华优秀传统文化研究阐释、拓展平台、空间展示、风尚引领、赋能发展、全方位传播 6 个新标杆，以文化创造力、传播影响力、产业竞争力、宣传引导力走在全省前列为目标，文化"两创"工作全面起势，通过推动龙山文化、黄河文化、名士文化、泉水文化、中医药文化等济南优秀传统文化"两创"落地生根，让广大百姓在"活起来"的传统文化中感知文化力量，筑牢文化自信根基，凝聚实现中华民族伟大复兴的精神力量。

（一）整合区域文旅资源，构建文化"两创"发展格局

挖掘区域文化遗产资源，推进连线成片保护利用，建设推动优秀传统文化"两创"的"三大区域文化带"。

一是构建龙山文化带。推动焦家遗址等 6 处不可移动文物被公布为全国重点文物保护单位，加大东平陵故城文物保护力度，推进城子崖国家考古遗址公园建设，提升城子崖遗址博物馆服务功能，年接待游客 15 万人次。

案例：坚持活化与转化同步，彰显龙山文化时代价值

章丘区推动文化遗产活化利用和转化创新同步，形成辐射城子崖遗址、焦家遗址、东平陵故城遗址、洛庄汉王陵、危山汉墓等文化元素的国家龙山

文化博物馆群。开展以龙山文化为主体的特色历史文化传承创新工程，在全省区县率先推出"中国龙山 泉韵章丘"城市区域品牌。以闯关东文化、铁匠文化、儒商文化"三大硬核文化"为支撑，凸显"敢闯敢创、善作善成""千锤百炼、精益求精""诚信明礼、互利共赢"的民族精神内核，搭建起沟通历史与现实、拉近传统与现代的文化体系。

二是构建济水—黄河文化带。精心谋划黄河生态风貌带建设，加快推进明水古城、丁太鲁文旅城等一批大型文旅项目，打造黄河文化旅游新高地。近年来，融创文旅城、华侨城欢乐荟、开心麻花剧场等重大项目开业运营，创意十足、主题多样的娱乐游艺活动，为市民奉上了高品质文旅体验。

三是构建齐长城文化带。开展齐长城国家文化公园（济南段）文旅研究，编制齐长城国家文化公园建设实施方案，齐长城（锦阳关段）保护利用项目列入 2022 年中央财政预算内资金项目并已开工，齐长城长清区定头崖西山段纳入第一批国家级长城重要点段名单。开发建设莱芜"一线五村"长城古村落乡村旅游项目，在齐长城沿线建设主题民宿。

（二）繁荣发展文化事业，打造文化"两创"精品力作

坚持以人民为中心的创作导向，将优秀传统文化融入舞台艺术、影视创作中，推出一系列"两个效益"俱佳的精品力作。

一是创排文艺精品。济南市出台舞台艺术创作三年规划，围绕全面建成小康社会、抗击疫情、庆祝建党 100 周年等重大主题，创排京剧《大舜》、杂技剧《泉城记忆》、吕剧《生命日记》等艺术作品 10 余台。近年来创排的音乐剧《敬礼》、儿童剧《童年》等 40 余部大型舞台艺术作品和 100 余个小型剧节目，近年荣获中国杂技"金菊奖"、中国曲艺"牡丹奖"等省级及以上奖项 140 余个，入选国家艺术基金 32 项，获奖数量、争取扶持资金量均居全省首位。

案例：展现济南古老特色文化，跨界演艺杂技剧《泉城记忆》

杂技剧《泉城记忆》以跨界演艺为亮点，以杂技为本体艺术，成功融合了戏曲、曲艺、魔术、舞蹈等多种艺术形式，运用现代化的声光技术，展现济南历史文化的丰厚底蕴，说古唱今，展望未来，将济南特色、古典气韵与现代科技有机融合，呈现出一场瑰丽奇幻的泉城舞台梦境。

二是打造影视力作。围绕"服务大局，唱响主旋律"创作生产的 30 余部优秀影视剧获评省级以上奖项，电视剧《三泉溪暖》《警察荣誉》在中央电视台综合频道和电视剧频道黄金时段热播，纪录片《悠然见南山》荣获国家广电总局"五个一百网络正能量优秀纪录片推优大奖"，电影《生死 30 分》《崮上情天》等成功入选山东省影视精品项目。京剧电影《邓恩铭》精彩上演；以钢城区历史名人吴来朝为原型拍摄的蟠龙梆子（省级非遗）戏曲电影《吴来朝》在省内外农村院线放映达 11655 场，颇受农民群众欢迎。济南越来越多的影视作品深挖传统文化肥美土壤，以数字化和产业化探索非遗文化，融入时代新方式，让传统文化既绽放时代华彩又获得可持续发展。

案例：历城区培育数字文化，非遗文化传承实现突破

引进山东文旅云智能科技有限公司，落地入选山东省重大投资项目库、强弱项补短板项目库、文化新基建项目库的"一部手机游山东"项目；3 家企业在省数字平台审批通过为山东智造龙头企业，"好客山东云游齐鲁"智慧文旅平台、全球旅游目的地产品分销云平台、"数字沉浸式显示技术"和"裸眼 3D 显示技术"被认定为山东智造拳头产品。数字化的加速聚集应用，让历城非遗"济南木偶戏"实现了 AI 自动播放，既降低了人力成本又为观众时时观摩提供了便利。

三是讲好名士故事。深入挖掘济南历史文化名人资源，排演京剧《李清照》《辛弃疾》、音乐剧《闵子骞》、莱芜梆子《嘶马河》等剧目，组织纪念辛弃疾诞辰 880 周年"济南二安"系列活动，编辑出版《济南故事》丛书，大力弘扬济南名士文化。

（三）做大做强文旅产业，丰富文化"两创"有效载体

积极推动优秀传统文化融入文旅产业发展，努力把文化的潜在优势转化成产业发展和经济发展优势。

一是加快发展文旅产业。文化创意、精品旅游分别被列为全市十大千亿级产业。2023 年全市文化规上企业 549 家，营收 1225.15 亿元，同比增长 15.30%。2023 年全市旅游总收入 1132.88 亿元，接待游客 1.06 亿人次，同

比增长分别为61.92%、65.46%。省级以上文化产业示范园区（基地）20个，省级以上工业旅游示范基地10个，其中国家级2个。市级已建、在建文化市场、文化产业园区近90个。创意设计、出版发行、影视动漫、演艺娱乐、文博产业等优势产业厚积薄发，新型业态发展迅速，如山东手造展示体验中心、"济北手造"，让文化"两创"成果成为赋能经济社会发展的"引擎"，有效促进了经济效益和社会效益双丰收。

案例："济北手造"打造文化"两创"孵化器

依托独具一格的黑陶、刻瓷、黄河五彩陶、柳编、老粗布等丰富的非物质文化遗产项目，济阳区积极打造"山东济北手造体验中心"，通过加强体系建设、构建产业链条、培育市场主体、强化数字赋能、搭建产业平台等措施，推动手造技艺专业化、项目化、产业化，实现"软实力"和"硬实力"的深度交融。为抢抓黄河流域生态保护和高质量发展战略机遇，彰显黄河文化时代价值，济阳区创出"济阳@黄河"文化品牌，以构建济阳与黄河的"有机联系与互动机制"，打造黄河文化"两创"的"输出地""孵化器""智力库"，推进文旅融合，赋能乡村振兴。

二是不断深化文旅融合。坚持以文塑旅、以旅彰文，持续擦亮"泉城济南"城市旅游品牌。推出《大唐盛宴》《好汉山东》《明湖秀》《泉城记忆》等文化演艺项目，为文旅消费注入新活力。构建百花洲、宽厚里、老商埠等特色历史文化街区，使之成为网红打卡地和夜间文旅消费集聚区。依托丰富的红色资源，培育一批"红色旅游+"新业态产品，打造18家红色研学基地，推出30条红色研学线路，组织开展"奋斗百年路 启航新征程"全国红色主题自驾游活动，讲好红色故事，传承红色基因。开展文旅惠民消费季系列活动，旅游消费、文体消费走在全省前列。

案例：特色历史文化街区叫响商埠文化

深入挖掘"开放、包容、敢为人先"的商埠文化，通过保护性开发和深入推进文化"两创"，加快"百年商埠"中式、西式和中西合璧历史建筑的活化利用，推进文、旅、产、居有机融合，着力提升历史街区文化品质，擦亮叫响商埠文化品牌。目前，商埠区老建筑的活化利用初具效果，其中融汇老商埠、欧亚大观园和小广寒博物馆与电影文化主题餐厅渐成济南市非遗文化聚集区。通过引入新潮概念，塑造热门IP，老商埠成为网络流量的聚集地和网红打卡地，影响力不断上升。

三是加强文旅市场监管。坚持制度创新，推进政务服务事项标准化，济南市营商环境评价"文化开放与包容"指标位列全国第8位；坚持依法行政，加强新闻出版行业管理督导，引导电影市场健康发展，应急广播体系建设获全国试点，文化旅游市场平稳有序；打破地域限制，牵头建立省会经济圈文旅执法协作机制，动员社会力量打造"济南旅游啄木鸟"志愿服务品牌，助力文旅业健康有序发展。

（四）坚持传承发展并重，推动文化"两创"融入大众生活

坚持把保护与利用、传承与发展结合起来，强化宣传普及推广，推动优秀传统文化融入当下、走向大众。

一是优化公共文化服务体系。建设覆盖城乡的市、县、镇、村四级公共文化服务网络，实施广播电视户户通、农村电影放映、农家书屋、旅游厕所革命等文化惠民工程，促进基本公共文化服务标准化、均等化。新建泉城书房等新型公共文化空间44处，挂牌首批28家泉城文化驿站，成为传承中华优秀传统文化的重要阵地。实施"文物+"战略，精心打造的曲山艺海博物馆、蔡公时纪念馆、老舍纪念馆等特色"文化客厅"成为全市革命传统教育、传统文化教育阵地；"公交论语"打造市民喜爱的流动道德课堂；"府学文庙""宏济堂"等设施成为传统文化教育基地。整合全市各级文保单位、馆藏文物、考古现场等资源，推进数字博物馆平台建设，6.5万余件（套）可移动文物实现数字化展示。

案例："公交论语"打造市民喜爱的流动道德课堂

济南公交不断探索中华优秀传统文化与推进企业文化建设、融入日常工作生活的结合点，将《论语》精华内容植入公交车厢、站台等场景，积极打造"公交论语"文化品牌，倡导"每一辆行驶中的公交车都成为一所流动的孔子学堂，每一位公交驾驶员都成为国学宣传流动志愿者，每一位乘客都成为中华优秀传统文化的受益者、践行者、传承者"。在汲取《论语》精神滋养和优秀传统文化智慧基础上，总结提炼形成"日行一善、及时行善、与人为善、崇德向善"的公交"善"文化，通过公交出行这个"小切口"，做好文化"两创"大文章。

案例：府学文庙打造传统文化"沉浸式"体验

济南市文物保护中心发挥府学文庙古建筑的恢宏气势和空间优势，创新工作方法，结合现代的科技手段，举办各种展览、展示、诵读、讲座等活动，让群众沉浸式感受中华优秀传统文化魅力。策划举办的"开笔礼""成人礼"等"礼伴成长"系列传统文化体验活动，让青少年沉浸式参与体验传统礼仪，接受古礼文化熏陶。通过多姿多彩多样的文化活动，让文物保护与利用有效转化、融入百姓生活，惠及人民群众。

二是加强文化遗产保护利用。开展"文保全民行动"，构建上下联动、全域覆盖的文物保护格局。城子崖遗址入选全国"百年百大考古发现"，大辛庄遗址等8处考古发现入选不同年度"全国十大考古发现"，"泉·城文化景观"项目列入中国世界文化遗产预备名单。完成160余项文物修缮保护工程，明府城、天下第一泉、千佛山等特色优势资源，以及灵岩寺、齐长城、四门塔等历史文化资源，成为深受喜爱的体验地。公布首批87处不可移动革命文物名录，打造14处"小而精"纪念馆，让"红色"成为城市最鲜明的精神底色。利用现代技术手段，对代表优秀传统文化的古籍进行复制出版，让古籍"活"起来，利用古籍文献开发文创产品近百种，增强群众对优秀传统文化的体验感。开展可移动文物本体保护、数字化保护、预防性保护等项目，有效提升馆藏文物保护、研究和管理质量。

三是实施非遗活态传承工程。着力打造非遗文化名城，济南市入选联合国人类非遗代表作名录1项，国家级非遗项目13项、省级108项。建成全国首个城市传统工艺工作站——百花洲传统工艺工作站，济南市"非遗传承与学校教育融合工程实践案例"入选全国第二届"非遗进校园"十大优秀实践案例。中国非遗博览会永久落户济南，目前已成功举办6届。

四是广泛开展群众文化活动。每年组织"泉城大舞台""公益演出走基层""戏曲进校园"等惠民演出活动8000余场，使群众文化艺术生活更加丰富。商河县以打造"世界秧歌之都"为目标，坚持文化"两创"，多途径推进以鼓子秧歌为代表的民间文化艺术传续。连续举办 12 届"书香泉城"全民阅读节，"泉民悦读"新体系、"快递小哥"阅读驿站等创新案例获国家、国际大奖。挖掘传统节日文化内涵，每年策划举办主题鲜明的文化活动千余场，将济南民俗文化融入节日活动，使广大群众加深对传统文化的了解，增添文化自信自豪感。

案例：商河鼓子秧歌传承"后继有人"

商河县现有 113 处文化活动场所、200 余处活动站点，组建优秀鼓子秧歌队伍 126 支，鼓子秧歌活跃村占比超过 80%，鼓子秧歌经常性活动站点 110 余处，他们用人人参与的热情和全链条体系传承，激发出鼓子秧歌源源不断传承传续的鲜活生命力。引导社会各界人士参与保护传承鼓子秧歌，形成 300 余名秧歌艺人为主体的传承人才梯队，深入实施"非遗进校园"，全县 60 多所学校组建起 136 支非遗传承队伍，累计培训学员 10 万余人，实现文化传承"后继有人"。

（五）深化内外交流合作，拓展文化"两创"传播途径

积极构建文化交流合作体系，扩大文化交流的规模、层次，打造特色文化品牌，为文化"两创"提供良好的外部条件和国际环境。

一是搭建文化交流平台。全方位多渠道搭建交流平台，建立 21 个海外文旅交流驿站（基地）、10 个创建联盟和 10 个创建基地，聘请国际知名人士担任济南文旅交流大使，营造浓厚创建氛围，成功当选中国 2022 "东亚文化之都"。开展"东亚文化之都·中国济南活动年"线上开幕式、东亚文化与城市发展国际论坛等文化交流活动，搭建东亚城市之间宣传推介、招商引资、招才引智的高质量文明互鉴平台。

二是加强文旅品牌推广。实施"济南 100"文旅营销工程，开展"泉城济南"城市文旅品牌、"四季泉城大美黄河"黄河文化品牌宣传推广。联合山东电视台推出《诗画 72 泉》微纪录片，各媒体平台发布系列稿件 330 余篇，总阅读量超过 1.7 亿。举办"中华'二安'文化旅游节"，提升城市知名度、影响力。

三是加快文化"走出去"步伐。聚力打造具有中国元素、泉城特色的"泉声泉韵"对外文化交流活动品牌，创建济南国际传播中心，创作生产外宣短视频 94 部，建立国际友城宣传合作机制，先后赴 40 余个国家进行交流演出，城市文化影响力不断提升。推动杂技艺术走向世界，年均对外演出 400 余场次，荣获"法兰西共和国总统奖"等多项国际大奖。印象济南泉世界、百花洲非遗保护项目、府学文庙国学传统教育项目入选山东省华侨国际文化交流基地。

案例：创新实践济南故事的国际表达

为讲好济南故事、传播济南声音，济南国际传播中心深挖历史文化，捕捉鲜活事例，加大外宣产品策划创作力度，创作生产《洋主播看济南》《新时代泉边故事——习近平新时代中国特色社会主义思想在济南的实践》等外宣系列主题短视频 290 部，总观看量达 1536.9 万次。在海媒账号平台发布图文作品 5040 多篇，总阅读量超 2 亿次。多篇图文被省级机构账号转发、多篇帖文获中国驻外大使和驻外领事点赞。

三、济南市开展文化"两创"工作的启示及存在问题

（一）工作启示

1. 加强顶层设计，文化"两创"工作推进有力有序

加强组织领导，强化政策支持和统筹协调，把文化"两创"工作纳入意识形态工作和全市高质量发展综合绩效考核重要内容，推动文化"两创"工作落地落实。

一是加强组织领导。市委高度重视文化"两创"工作，市委常委会会议多次研究文化"两创"有关工作，市委主要领导同志先后主持召开全市文化工作座谈会、全市宣传思想文化工作会议，多次就文化传承发展、文化遗产保护、国家文化公园建设、文化体验廊道建设等文化"两创"工作作出指示批示。市委宣传部牵头抓总、统筹协调推动全市文化"两创"工作，着力构建党委集中统一领导、党政齐抓共管、宣传部门组织协调、各部门履职尽责

的文化"两创"工作格局。

二是完善制度机制。制定出台《关于加快建设文化强市的实施意见》《济南市打造中华优秀传统文化"两创"新标杆行动计划（2023－2025年）》《中华优秀传统文化"两创"工作宣传方案》等制度文件，做好中华优秀传统文化研究阐发、教育普及、保护传承、实践养成和传播交流等工作，推动文化"两创"重大项目建设，深入实施历史文化名城保护规划，持续深化文化遗产保护传承，有力推动全市文化"两创"工作取得新进展新成效。

三是抓好学习培训与检查指导。将学习贯彻习近平文化思想、弘扬中华优秀传统文化纳入市委党校主体班次教学计划，将文化"两创"纳入市哲学社会科学课题立项，举办宣传文化方面专题培训班，制作山东省领导干部文化教育专题片济南篇章《泉城赋》，发布13部文化教育专题片，授牌32个干部文化教育现场教学点，推动全市党员干部文化教育提质增效。把文化"两创"工作纳入市对区县意识形态工作责任制专项检查重要内容，纳入全市高质量发展综合绩效考核重要内容，发挥"考核"指挥棒作用，推动全市文化"两创"工作落实到位。

2. 立足保护传承，文化遗产、革命文物保护扎实有效

坚持把保护放在第一位，在保护中发展、在发展中保护，全面加强全市文化遗产遗址保护利用、传承发展。

一是加强文物保护利用。出台国有建设用地考古前置实施意见，开展"文保全民行动"，构建上下联动、全域覆盖的文物保护格局。积极参与"考古中国·海岱地区文明化进程研究（2021—2025）"项目，开展焦家遗址、城子崖遗址考古发掘工作。提升城子崖国家考古遗址公园建设水平，城子崖遗址西城垣保护展示项目申请国家文物保护专项资金390万元。推进大辛庄考古遗址公园规划建设，该项目（一期）获省发改委核准。实施完成五峰山洞真观古建筑群、孟氏古楼、鲁西天齐庙、大佛头摩崖造像、三官庙汉墓群等文物修缮保护工程。

二是加强革命文物保护。积极争取各级革命文物专项补助资金，组织实施八路军四支队驻莱芜办事处旧址、中共莱北县委旧址等革命文物修缮保护

工程，进一步改善全市革命旧址保存状况。组织开展第三批红色文化特色村创建评选，莱芜区雪野街道西抬头村、长清区孝里街道南黄崖村等 6 个村入选第三批山东省红色文化特色村。依托革命文物资源，打造"小而精"纪念馆，让"红色"成为城市最鲜明的精神底色。

三是加强非物质文化遗产保护。启动非遗名城建设"一十百千万"行动计划，加强非遗名录体系建设，抓好山东手造展示体验中心整改提升，打造"泉润非遗"十大品牌活动，举办"泉润非遗 五一 flying"系列活动、"泉润非遗"精英荟主题沙龙、非遗创意设计大赛等活动，公布 2023 年度"泉城非遗坊" 147 个，启动"泉城非遗推荐官"公开招募和"泉城非遗娃"推荐遴选，聚力打造非遗传承新生活方式。

四是加快推进国家文化公园建设和文化体验廊道建设。发挥济南市国家文化公园建设工作领导小组办公室作用，统筹推进齐长城、黄河国家文化公园建设，齐长城（锦阳关段）保护利用项目成功入选"十四五"时期文化保护传承利用重点项目库。加强文化体验廊道建设，齐长城（锦阳关段）保护利用等 7 个项目纳入 2023 年山东省文化体验廊道重点项目。

五是阐释弘扬济南优秀传统文化。注重对济南历史文化资源的开发利用，举办济南国际泉水节、"二安"文化旅游节，推进古籍数字化工作，出版《济南文化论丛（第八辑）》《济南古城·概览篇》《济南历史文化故事》《扁鹊与济南》《济南名泉考》等图书，推出纪录片《齐长城》，抓好周永年遗迹遗址保护利用。实施廉洁文化"1+4"工程，打造"泉城清风"廉洁文化品牌，推动"文脉"变"廉脉"。进一步传承弘扬黄河文化，组织举办黄河生态文明国际论坛、黄河流域省会城市传承弘扬黄河文化研讨会、"传承红色基因·谱写时代新篇"——济南黄河红色文化展、"汤汤大河生生不息——山东地区黄河文明特展"，编辑出版《济南黄河·红色印迹》，推出黄河流域文物活化短视频《从河说起》，推动济南黄河文化展览馆运营管理，举办区级以上"黄河大集" 2000 余场次，"歌曲《等你在黄河口》国际传播项目"入围中宣部资助项目，着力讲好新时代济南"黄河故事"。

3. 赋能文化强市建设，文化事业、文化产业繁荣发展

聚焦济南红色文化和优秀传统文化创作展示文艺精品，深化文旅融合，推动文化事业和文化产业繁荣发展。

一是加强文艺精品创作。出台《济南市推动市属国有文艺院团高质量发展实施意见》，组建济南市戏曲曲艺中心，进一步激发文艺院团内生动力、创作活力。建立泉城高质量提升工程重点项目库，11 部作品入选"齐鲁文艺高峰计划"，电视剧《大道薪火》在央视热播，话剧《英雄山》、杂技剧《泉城记忆》、音乐剧《不一样的焰火》集中展演，好评如潮。2023 年以来，共获省级及以上重要艺术奖项 43 项，其中国家级奖项 19 项。

二是加快发展文旅产业。出台《济南市文化数字化行动计划》，加大对民营文化企业的扶持力度，积极培育出版、数字影音产业、创意设计产业集群链主企业等 34 个重点文旅项目建设，成功创建"国家对外文化贸易基地"，明水古城开门纳客，深受大众喜爱，山东中演文化传播有限公司等 20 家单位获评省级文化产业示范基地称号，济南文旅发展集团等 26 家企业纳入"百企领航"培育计划。

三是不断深化文旅融合。出台提振文化和旅游消费、扶持星级饭店发展的若干措施，组织开展第七届济南文化和旅游惠民消费季活动，举办泉在济南·龙山文化旅游季，形成贯穿全年的城市节事活动体系，胶济铁路博物馆获评国家工业旅游示范基地，新增 3 家省级夜间文化和旅游消费集聚区，举办"二安"文化旅游节，引入大型演唱会、音乐节 30 多场次，济南连续荣登携程"五一"最强周边游吸金力榜单第一名、"端午"全国最火周边游城市和"十一"全国十大周边游目的地。成功举办第 31 届全国图书交易博览会、第四届中国国际文化旅游博览会暨第二届中华传统工艺大会、全国杂技展演、韩美林艺术展等重大文旅活动，全市展会规模再创新高。

4. 坚持创新转化，文化"两创"实践走深走实

坚持保护与利用、传承与发展相结合，强化普及推广，推动济南优秀传统文化融入现代生活，展现时代风采。

一是优化公共文化服务体系。编制完成《济南市公共文化设施专项规划

（2021-2035年）》，新建和提升基层综合性文化服务中心218家，陆续新建泉城书房，打造泉城文化驿站，全市13家图书馆全部获评一级图书馆，7家单位荣获全省最美公共文化空间。加强博物馆建设管理，截至目前，新增备案博物馆12家，全市正式登记备案的博物馆（纪念馆）达89家。注重科技赋能，整合全市各级文保单位、馆藏文物、考古现场等资源，推进数字博物馆平台建设，打造"云上博物馆"，推动6.5万余件（套）可移动文物实现数字化展示，增强历史文物的穿透力和参观者的体验感。

二是让传统文化走向民众。统筹推进美德济南和信用济南建设，倡导"美德健康生活方式"，实施全环境立德树人教育，打造"一城大爱暖泉城"文明实践品牌，开展"爱心集市"20期221场，服务群众10万余人次，推动优秀传统文化落地群众生活。大力开展道德模范、济南好人推荐选树和学习宣传活动，组织开展第九届道德模范和首届"泉城楷模"评选，举办"泉城发布厅"发布活动14场，发布先进典型700余人，83人（组）荣登"济南好人榜"，38人荣登"山东好人榜"，2人入选"中国好人榜"。深入开展中华优秀传统文化教育工作，开展全市200名"种子教师"培育工程，组织"国学小名士"知识竞赛，拍摄纪录片《传统文化·人·成长》，充分发挥传统文化育人作用。

三是广泛开展群众文化活动。创新打造"泉城文艺厅"平台，成功举办中国舞蹈"荷花奖"民族民间舞终评，擦亮"泉城文艺轻骑兵"文艺品牌，开展文化进万家活动3万余场次，举办戏曲进乡村、全民阅读节等品牌演出及阅读推广活动1.5万余场次，放映农村公益电影5.1万余场，群众文化的满意度持续提升。

5. 加强宣传推介，文化"两创"传播破圈出彩

积极构建文化交流合作体系，打造特色文化品牌，构建宣传矩阵，为开展文化"两创"营建良好社会氛围、提供良好国际环境。

一是打造宣传矩阵。着力构建"文化'两创'在泉城"宣传矩阵，在市属媒体、"学习强国"开设专栏，推出短视频栏目《99间书房》《文化两创·海右起新潮》《诗画济南》、专题片《诗意济南》《这就是济南》等，组织

"探寻齐长城"网络主题济南活动，在省、市媒体平台组织刊发各类稿件 200 余篇，阅读量达 100 万余次，3 篇案例入选《山东文化"两创"实践案例》，大力宣传推广济南文化"两创"生动实践，营造浓厚舆论氛围。

二是讲好"济南故事"。以济南国际传播中心为主阵地，依托中央媒体，继续探索与境外媒体合作交流新模式，策划推出《洋主播看济南》等主题系列视频 450 余部，覆盖 1.8 亿海外受众。以建强"三个山东"内容建设为抓手，举办驻华大使看济南、"外媒看山东·济南行""山东对话全球'Z 世代'"等系列活动，组织"走读山东·感知济南"系列活动 70 余次，拍摄"视听山东济南篇章"短视频 500 余个。

三是搭建文化交流平台。以推进"五友"外宣为重点，组团赴哈萨克斯坦、乌兹别克斯坦等开展文化交流和媒体合作，每月在包联友城开展文化交流活动，定期开展"友城友人话济南"活动，组织开展"东亚文化之都·中国济南活动年"，持续加强"国际友城花园"建设，不断壮大国际"朋友圈"。

四是推动文化"走出去"。开展"泉水甲天下，幸福游济南"国际推广活动，组织 9 个出访团组赴 11 个国家和地区开展国际人文交流，参加"中国（山东）·科威特文化和旅游年"、香港国际旅游展等对外交流活动，在阿联酋、捷克、俄罗斯等国家重点城市举行济南文旅专题推介会，依托英国巴斯市、法国雷恩市开展精准对外传播，进一步扩大城市吸引力和影响力。

（二）存在问题

尽管济南市在文化"两创"实践中不断推出新举措、取得新成效、实现新突破，但与山东省《关于打造中华优秀传统文化"两创"新标杆行动计划（2022—2025 年）》目标高标要求相比，与济南市制定的"到 2025 年，打造中华优秀传统文化'两创'新标杆成效显著，文化创造力、传播影响力、产业竞争力、宣传引导力走在全省前列"的工作目标相比，依然存在一些短板和不足。其中既有现实条件环境制约等客观因素，也有主观认识不清晰、执行不到位等主观因素，还有制度体制建设滞后、管理不完善等问题，概括起来主要有以下方面。

一是对文化资源的发掘整理和文化"两创"的研究阐释不足，文化"两创"项目全面落地尚有一定困难。作为历史悠久、文化资源丰厚的名城，济南缺乏结合建设中华民族现代文明这一新的文化使命对优秀传统文化资源进行全面系统发掘、科学整体规划和系统转化整饬；缺乏对既定"新标杆"项目的清晰梳理和确保落实的配套政策。关于文化"两创"的概念特征、辩证关系、运用范围等论证不充分，挖掘运用文化资源的总体水平不高、影响力大不；理论研究的政策性、应用性薄弱，如因疫情影响，省、市级财政配套资金缩水，专项财政政策设计一时无补，文化"两创"工作处于投入不足境地，资金、权限等方面的行政资源配置与文化"两创"工作重要性不相匹配，造成制约"新标杆"项目难以按计划顺利实施。

二是未能用足用好各级政策，制度建设和发展思路不够明确。对于国家和省、市支持文化"两创"发展的各项政策尚未吃透精神且用足用好，针对支持文化"两创"发展的财税、金融、土地、科技等政策难以依法依规落实到位，工作开展涉及的文化、新闻出版、广电、文物、公安、工商、旅游、宗教等多个部门难以形成齐抓共管，缺乏整体推动文化"两创"的制度体系建设以及统筹调配各部门、支持社会力量参与的政策规定，致使无法满足当前"两创"工作开展的现实需要。部分区县以及文化资源富集单位、文旅企业在文化资源整合、保护、开发、利用方面观念保守、认识不足、思路模糊，创新发展方向不明晰，指导政产学结合开展文化"两创"实践的模式固化、更新迟缓。缺乏对优秀传统文化深邃内涵的深刻把握，致使依托传承文化精髓实现文创产品良好呈现的效果不够完满。

三是专业人才储备和培养乏力，以文化"两创"促进文旅融合的路径有待强化。文化"两创"高层次创新创业人才引进力度不大，专业型、复合型、技术型，特别是数字文化建设方面人才培养、引进制度不够健全，人才储备严重不足，区县更处于"一才难求"的困境。缺乏高层次设计人员、专家学者与文化企业高管之间的对接渠道，制约文化"两创"成果的有效产业转化。现有文化人才政策不能及时优化跟进。以文化"两创"促进文旅融合创新、用好擦亮全国文化和旅游消费示范城市"金字招牌"等方面工作需持续发力；

以文化"两创"打造"数字+"多元产品与服务模式、培育壮大新兴数字文化消费业态、构建济南市文化"两创"文旅消费新场景的创新思维和能力有待强化。

四是在增强主体力量，拓展对外传播有效性方面需进一步探究。目前济南推动文化"两创"工作尚停留在以政府为主体力量层面，政府"办文化"的现象不同程度地存在，社会力量和民间自发参与文化"两创"的渠道不畅，意愿不强烈，缺少政府、学界、业界协调联动、资源共享的多元推进平台。地域文化对外传播存在"水土不服"现象，对不同受众的价值取向和接受心理了解不足，不能准确把脉海外对于济南历史文化的认知度和需求度，缺乏济南文化"走出去"的实效性评估，难以提高对外传播的针对性和贴近性，导致传统文化"两创"的对外传播未能摆脱单向度、灌输式模式，打通文化对外传播"以文促情""以文建信"为核心的中华文化走出去"最后一公里"的有效性有待深入探讨。

四、担当新时代文化使命，开创济南市文化"两创"新篇章的实施路径

优秀传统文化深刻蕴含着现代文明的力量。济南中华优秀传统文化"两创"应当担负起新时代文化使命，紧扣提升城市软实力战略任务，在推动文化繁荣兴盛、建设社会主义文化强国、建设中华民族现代文明中展现担当作为，为推进文化自信自强，铸就社会主义文化新辉煌贡献智慧力量。济南完善文化"两创"新标杆、推动文化"两创"实践再深化、再突破，要持续发力，久久为功，立足推进中国式现代化、提高全社会文明程度的现实要求和时代任务，在城市现代化建设中实现文化先行，"推动历史文脉与城市发展和谐共生，历史文化和现代生活有效连接、文化传承与交流互鉴深度融合"①，奋力开创济南文化"两创"新篇章，赋能新时代社会主义现代化强省会建设。

---

① 《共同推动文化繁荣发展、文化遗产保护、文明交流互鉴——习近平主席致信2023北京文化论坛的贺信引发特烈反响》，《人民日报》2023年9月16日。

（一）探索学术研究创新机制，提升文化"两创"理论水平

在习近平文化思想理论体系和文化"两创"理论框架内，深入研究担负新时代文化使命与实现中华民族伟大复兴、建设中华民族现代文明与构建人类文明新形态的重大意义、价值作用，深刻阐释中国式现代化既植根于中华优秀传统文化又致力于中国实践创造的二者内在统一、相互促进作用，深化"巩固中华民族的文化主体性""两个结合""四个讲清楚"以及"全人类共同价值"等专题研究，加快推进济南文化"两创"学术研究和理论创新步伐。整合省内外高校、科研院所开展文化"两创"理论研究，探索建立基层宣传部门与驻地高校、科研单位合作，设立科研基金、设置研究项目机制，推动弘扬中华优秀传统文化与建设中国式现代化共促共进。培育打造"海右文化论坛"理论研讨品牌，创办济南多种媒体开设文化"两创"专题栏目、节目，培育一批阵地平台、推出一批研究成果、创作一批精品力作、开展一批系列活动。开展济南文脉工程建设，深化龙山文化、大舜文化、黄河文化、名士文化、泉水文化、中医药文化等地域文化系列研究。持续策划做好济南文化体验廊道建设、黄河文化论坛、济南国际泉水节、"二安"文化旅游节。持续做好古籍修复整理出版和研究利用。做好《济南文化发展蓝皮书（济南文化论丛）》《济南城市软实力蓝皮书》等图书编撰出版。编写彰显济南文化底蕴、反映济南文旅特色的通俗读物、旅游手册，面向大众宣传普及济南历史文化。

（二）加强重点项目建设，扩大文化"两创"平台与空间

加快推进济南黄河文化博物馆、齐长城锦阳关段、黄河国家文化公园济南段、明府城、老商埠等重点项目建设，突出数字化、沉浸式体验，争创城市更新和文化"两创"典范，凸显济南历史文化名城神韵。推动区县及以下公共文化设施提档升级，重点提升城市书房、泉城书房、泉城书吧、泉城文化驿站等新型城市公共文化空间，打造传承弘扬济南优秀传统文化的重要阵地。充分发挥图书馆、文化馆、博物馆、美术馆等公共文化机构文化"两创"平台作用。加强黄河流域文物保护利用，依托或利用革命旧址打造特色展陈展览，将更多文博场馆、重点景区和文保单位纳入全市文旅重点区域检测范

围，整合现有文旅数据资源，打造综合性数据展示平台。进一步梳理申遗工作重点，学习借鉴杭州等地成功申遗经验，推动"济南泉·城文化景观"申遗早日成功。

（三）推动文化"两创"引领文旅融合，以新质生产力赋能文旅业发展

以文化"两创"政策引领推动文化事业和文化产业跨越式发展，借助培育、激发文旅新质生产力，强化数字赋能，建设数字驿站、虚拟城市会客厅等项目，大力发展数字文化产业，以科技创新引导，厚植济南传统文化资源，统筹推进传统产业升级，开发更多的文化旅游新产品、新场景、新业态。坚持以文塑旅、以旅彰文推动济南文旅业高质量发展。研究制定支持文旅产业发展政策措施，培育文化产业集群，壮大文化产业规模，依托各区更新改造项目，打造"夜经济"特色街区、"好客山东"消费展示区、"网红济南"打卡地。通过扩大济南优秀传统文化"活起来"的影响力和感召力，打造特色自主品牌，提升品牌的消费辨识度和文旅消费品质。挖掘传统民俗文化展示表演、乡土文化等体验性、参与性文旅项目，加强"山东手造"济南特色产业和民俗文化展示体验，利用多方平台，宣传推介济南文化旅游资源和新产品、新项目。聚焦优秀传统文化和红色文化，创作一批满足群众文化需求、增强人民精神力量的文艺精品，推出更多蕴含传统文化精髓的文艺作品。发挥小剧小戏创作特色，开展以凸显文化"两创"、时代文化等为主题的文艺展演。

（四）巩固优秀传统文化普及教育，拓展文化"两创"传播方式

加强对优秀传统文化的宣传、推广、弘扬、传播力度，将优秀传统文化"两创"纳入教学总体规划，融入学生思想道德教育、文化知识教育、艺术体育教育、社会实践教育各环节，让优秀传统文化在青少年中落地生根。立足国内全网发出济南声音，讲好济南故事，树立济南形象。加强与中央主流媒体、重点网络媒体、商业平台等深度合作，在深挖济南优秀传统文化基础上，讲新讲好文化"两创"故事。用好济南国际传播中心、泉城发布厅等平台，发挥泉城推介官、网络名人寻访团、泉城形象大使等队伍作用，促进文化在交流互鉴中推陈出新、资源转化和传承弘扬。以国际友好城市为重点，加强国际传播人脉建设，组建济南国际传播专家库，开展济南传统文化精准对外传播；利用大数据分析掌握国外受众文化需求信息，向外推送适销对路的文化精品；全方位拓展海外传播平台和渠道，不断升级传播技术手段和效果，提升泉城文化的国际传播力。

（五）深化统筹协调，增强文化"两创"政策支持与人才支撑

加强市级层面的工作协调统筹，形成文化"两创"工作合力，细化年度工作任务清单，建立完善市区（县）两级文化"两创"研究、实践、交流、创作、传播协同推进机制，推动资源整合、部门联动、区域协作，做大做实优秀传统文化的创造创新转化。吃透国家和省的有关政策精神，制定支持本市文化"两创"引导性政策，加强重点项目的财政支持，鼓励和引导社会力量参与。加强文艺领域、网络乱象等专项整治，营造全市良好文化"两创"环境。制定与推进文化"两创"人才引育规划和配套政策，以深入实施"泉城文化人才"工程为主，集聚国内外高端人才力量为辅，架构规模可观、结构合理、素质优良的济南市文化人才队伍。

传统文化传承弘扬
古城与泉水文化

遗产观视角下的
"济南泉·城文化景观" 认识与保护

| 邓庆昌　楼吉昊 | *

　　济南位于中国五岳之首的泰山和第二长河的黄河交界区域，依泉而生、因泉而兴。"济南泉·城文化景观"形成于公元三世纪的魏晋时期，是济南传承至今的泉水文化及其影响下形成的城市营造智慧、地域生活传统以及文化与艺术追求的独特见证，是东方（中国）水文化重要而极具特色的活态样本。泉水既是济南的文化遗产，又是济南的城市特色，正确认知"济南泉·城文化景观"遗产价值，厘清城市特色和文化景观遗产的内在关联，落实遗产观

---

　　* 邓庆昌，济南市文化和旅游局正处级领导干部；楼吉昊，清华同衡规划设计研究院遗产保护与城乡发展分院文化创意产业与城乡发展所副所长。

指导下的空间管控措施，对于打造济南古城特色品牌、让古城在发展中焕发新生具有重要意义。

一、遗产观视角下的"济南泉·城文化景观"价值分析

1992 年，世界遗产委员会第16 届会议中正式提出了文化景观这一遗产类型。根据联合国教科文组织对文化景观的定义，可以将其分为三种类型，分别是由人类有意设计和建造的景观、有机进化的景观和关联性文化景观。根据联合国教科文组织官方网站给出的解释，文化景观是结合人工与自然，表达人与自然长期共存关系的一种独特景观。这一概念打破文化与自然遗产的价值分野，开始着重强调遗产的自然背景、地域身份、人类实践、社会文化的价值，并对相应的价值承载空间有了更为重要的发掘和阐述。济南因境内泉水众多，被称为泉城，在泉水文化影响下形成的"济南泉·城文化景观"，是人与环境长期互动演进的结果，是一个大型聚落冷泉人工利用循环体系，它完整地保存了遗产的物质和精神层面的整体价值。

（一）独一无二的"导蓄"工程系统

济南位于山东鲁中南山区和华北平原的过渡带，是我国北方温带岩溶地貌及岩溶地下水系统广泛分布的区域。其所处的岩溶地下水系统具有独特的单斜自流地质构造条件，南高北低的地势，使地下水组成了脉状地下网道向北流，并在千佛山地垒泉水集中出露区形成独具一格的泉水环境。水源充沛和泉水宣泄无序的水环境是济南面临的城市自然背景。为应对独特的水环境，济南古城在营建过程中，逐步构建起了以防患、导蓄、调控为核心的泉水治理体系。针对趵突泉、黑虎泉和五龙潭的水量很大，珍珠泉水量相对较小的情况，古城将珍珠泉圈入城内，作为稳定的使用水源，而将另外三处水量较大的泉水用城墙和护城河隔于城外，避免水量过大宣泄不及，由此也奠定了济南古城的基本边界格局。同时，充分利用南高北低的自然条件，采取泉水疏导与泉水储蓄相结合的方式，配合水量调控设施及水患防治技术，不但改善了古城易形成水患的泉水环境，而且将人工水系统纳入自然系统，使其成

为生态循环的一部分。古城内的明渠和暗渠联通城内各处泉水，对泉水进行有效疏导，使大部分泉水最终排入大明湖，部分排入百花洲、王府池子，这样就使大明湖成为古城的泉水调蓄设施，承接城内外泉水在雨季和旱季的调控，其他小型自然水体如百花洲、王府池子、珍池等作为调蓄的补充设施，进一步加强和稳固了古城泉水的调蓄功能。古城内街巷南北长、东西短，在丰水季节或雨季，城内宣泄不及的泉水和雨水由南北向的街巷顺势排入大明湖。这一体系展现了济南为应对复杂泉水环境，在长期发展和演进过程中形成的特殊的水治理模式和复杂的治理工程。

（二）独具特色的城市营建模式

济南古城在营造过程中，基于对泉水水量、分布特点、出露特点、汇流特点等的考量，在城市选址、规模、布局及城垣形制等方面形成因借泉水而又兼容中国传统营造观的城市空间形态特征。从大的城市营建格局来看，"济南古城的选址结合了中国传统中'得水为上'的风水观，在独立的泉水系统下，以珍珠泉为穴，趵突泉、五龙潭、黑虎泉环萦，南依千佛山、北面黄河，形成了以泉为脉的枕山、环水、面屏的整体城市格局"。与此同时，古城的城市构图遵循"择中而立"的营造观，以"泉"为中心展开，在山水空间上以珍珠泉为核心，在环山面水的环境中，形成了与泉水大格局相呼应的空间。因泉随形，城垣四隅形成五处转角，对应五山；纳泉而为，大明湖划入城内，既遵循府城"九里"礼制，又形成调蓄泉水的"十二里"城周规模；应泉而生，形成"四门不对"的格局，西门与趵突泉相结合，形成了一个稍微偏南一点的西门，北门因为要导蓄水，也有一点偏差。这样的文化景观不是偶然的存在，是中国几千年来堪舆文化、山水文化设计的结果。

（三）因泉而生的城市特色建筑

济南古城多水的自然环境，决定了城市建筑在建设选址、建造技术、园林设计等方面，都体现了和水的结合、和水的互动，形成了上千年来不断的传承。古城内的建筑，特别是大的府邸宅院，均选择在高处营建，并采取垫高地面或于平地筑台基的方式抬高房屋的基础，这样河水暴涨也不会发生宅院进水的情况。近几年，省市文物部门对城墙做了考古发掘，对于济南残存的城墙做了进一步考证，再次证实，这些筑城的技术是非常独到的，包括很多民居发现的一些明代或者更早的建筑基础，都证明这一带的建筑适应了地下水比较高的状态。同时，古城建筑在应对多水环境时，常用柏木桩加强建筑基础，这样的房基稳固，承重力强；济南古城墙也采用了特殊的砖陂城和在城墙外壁下端以鹅卵石铺成散水的城墙营造方式。结合对泉水的文化认知，形成了顺着泉渠建设街巷，围泉或面泉筑居，在泉边进行交流的生活传统，甚至有些院落围绕院内泉井形成合院，有些院落则直接把泉水圈入屋内。古城在园林建造方面，还借助泉水多的特点，采取"围泉入园"的方式，满足了不出城垣便得尽泉水之美的精神诉求。

（四）长期互动下形成的泉水空间与泉水文化

如果说防患、导蓄、调控还只是济南人对宣泄无序的水环境的被动应对，那在此基础上的地域文化形成则充分体现了济南主动与泉水融合的特征。首先在泉水利用工程的基础上，济南进一步展开了对泉水的持续利用。古城泉水水量充沛、长期动态稳定、水质优良，为聚落长期稳定发展提供了必不可少的水源。同时，局部的地质条件差别形成了出露形态多样、水量大小不同的泉水出露特征，不仅形成了丰富多彩的涌泉景观，也成为聚落建设的空间依据。济南充分利用这种水资源的先天优势，将泉水用于生活、生产、航运、造景等各个方面，从而丰富了人与泉水的互动内容，深化了古城泉水利用系统内涵。其次，在古城长期稳定的发展过程中，本地居民逐渐形成了"人泉融合"的泉水生活传统以及文化信仰。因济南泉水广泛分布且水温恒定形成的舒适的小气候环境，以及泉水自身优良的品质，使临泉而居的济南人形成了与泉水共融的生活传统。这种传统造就了北方半干旱气候下兼具南方居住韵味的"流水人家"式的生活方式，以极富生活气息的一条条泉水街巷、一个个泉水院落、泉水寺庙和泉水公共空间为载体，延续着质朴的地方生活习俗、民间信仰和约定俗成的用水秩序。如，北极阁是供奉水神的，所以跟大明湖、泉都相关；古城中不少泉水深潭被作为龙王栖息之地，形成了以"龙"命名泉水，并在泉边建龙王庙以敬奉，在泉井边设龙王神龛以祭拜的景象；另外，民间文化方面也有不少实证，如民间传说中的大明湖传说、大舜传说，民俗中的趵突泉花灯会、千佛山庙会、大观园晨光茶社以及传统技艺中的洛口醋酿造技艺、宏济堂阿胶制作技艺，等等。不仅如此，古城独特的泉水环境还吸引众多名士驻足居住，形成了寄情泉水的文化审美与表达。如，大家脍炙人口的七十二泉说法以及很多诗词歌赋绘画等。据统计，目前已整理描述泉水的诗词超过 7000 首、描述泉水的文化名人 600 人以上，杜甫、李清照、辛弃疾等都是其中的杰出代表。

总之，"济南泉·城文化景观"以古城冷泉利用系统为核心，将泉水自然环境和城市营建巧妙结合，构建了"导蓄"结合的城市水利系统和以泉水为核心的特色空间，凝聚了东方智慧。同时，"济南泉·城文化景观"在长期演进过程中，形成的丰富多彩的泉水空间，也体现了中国人民尊重自然、寄情山水的朴素精神追求和高超艺术造诣。

二、"济南泉·城文化景观" 遗产与城市特色的联系

近年来，城市特色的探讨逐步增加，"特色"是一个事物从本质上区别于其他事物的外显。相比于"城市特点""城市特征"，"城市特色"更强调"不同"背后的环境。任何城市都是在特定的自然环境和地域文化背景中，通过人的实践活动，经过不断适应与累积而形成的。因此，自然环境、人的实践活动、地域文化是城市特色形成的基本因素。城市特色的这些构成元素在不断相互作用过程中，逐渐在空间中沉淀、叠加，最终形成能够为人所感知的、区别于其他城市的意象，即为城市特色。从某种意义上说，文化景观遗产与城市特色存在相似性，即两者都强调了人的实践活动对城市特定的自然环境、地域文化长期产生的影响。将文化景观遗产理念引入城市特色空间的挖掘、营建和保护，可作为遗产与城市空间联系的一种手段。

首先，"济南泉·城文化景观"遗产是济南城市特色价值的核心载体。在城市特色建设过程中，不但要保障视觉上的美观，还要重视其价值内涵，长期以来，济南泉水的遗产认识和保护停留在七十二名泉的泉水保护之上，使得遗产与城市的联系较为薄弱，近十余年来，城市空间在推土机前被迅速打

破，城市特色逐渐变得不易感知。"济南泉·城文化景观"呈现出来的景观多样性是非常丰富的，有园林的，有艺术的，有生活的，更多的包括有水工的，城市的等等，承载着泉城文化的核心内涵，反映了城市的整体特色和社会现实。引入"济南泉·城文化景观"遗产的理念，有利于从城市自然背景、人的实践活动、泉城融合的地域文化三个方面重新梳理泉与城的内在联系，准确定位泉城文化的核心元素，打破长期以来泉水作为自然遗产的认识，建立新的城市价值载体体系。

其次，"济南泉·城文化景观"遗产是济南历史文化名城最重要的支撑条件。历史文化名城文化系统传统特色构成的要素中，文化景观和文化基质是历史名城文化系统构成的两大要素。从文化景观的视角，"济南泉·城文化景观"完整保存了遗产在物质与精神层面的整体价值，目前提炼挖掘的遗产要素主要包括泉水、人工渠系、人工河道、人工湖泊、水闸及城墙、泉水园林、泉水宅院等十大类型89处要素点，丰富和拓展了历史文化名城的内涵，是济南古城历史空间格局形成的重要基础，更是济南泉水文化孕育发展的重要载体。同时，"济南泉·城文化景观"又是一个活态遗产，它既继承古城所展示的历史智慧和历史基因，又延续历史的脉络，是济南古城生成与持续发展的基本保障。历史文化名城在整体性保护过程中，遵循"济南泉·城文化景观"演进规律，有利于与时俱进，推进济南历史文化更好地传承和发展。

再次，"济南泉·城文化景观"遗产为城市保留了历史记忆，塑造了城市的凝聚力。济南古城起源于公元3世纪，发展于公元8-11世纪，成型于公元12世纪，繁荣于公元16-19世纪，长期演进持续至今。"家家泉水，户户垂杨"是千年古城济南的真实写照，泉水滋润着全城人的心田，涤荡着人们的精神。"济南泉·城文化景观"遗产作为大浪淘沙般的城市变迁过程中保存下来的历史印记，构建了新老居民对城市的归属感，最终强化了城市的凝聚力。对于生于斯长于斯的济南人，这些文化遗产是城市的"乡愁"所在，而对于济南的新居民而言，体验、认知、熟悉城市文化遗产的过程，也是其融入城市文化、构建城市归属感的过程。随着经济社会的不断发展，一个城市与国家一样，也发生着翻天覆地的变化，而随着城市化步伐越来越快，文化遗产保护的形势也越来越严峻。"济南泉·城文化景观"申遗有助于弘扬"泉水文化"和古城价值，延续城市文脉；也有利于推动古城整体保护提升工作，促进古城内的非古城功能外迁，全面实现还泉于民、还景于民，提升济南的世界影响力。

三、遗产观指导下济南泉城特色空间管控

"济南泉·城文化景观"遗产区包括泉水、泉渠、人工河道、泉水街巷等十类遗产要素及周边密切相关的环境。其范围为：北至小清河北岸，西至筐市街饮虎池街一带，南至泺源大街，东至东青龙街，面积约194公顷，共涉及济南古城89处遗产点。为了更好地管理特色空间，需从不同层面进行梳理：在宏观层面为城市自然环境背景的管控，在中观层面是对古城整体特色空间格局的管控，在微观层面则为具体的遗产要素及其周边空间的管控。

（一）宏观层面：城市自然环境背景的管控

自20世纪90年代以来，城市对水资源的需求逐渐增大，与地下水保护形成鲜明矛盾。2002—2003年，济南泉水曾出现长达548天的停喷记录。泉水的保护应该着眼于更大范围的泉域已逐渐成为大家的共识。

一是加强立法和规划。2005年，《济南市名泉保护条例》公布，将泉水保护纳入法律层面，提供了泉水保护的强制力。与此同时，《济南保泉生态控制线划定及管控规划》正在编制过程中，为泉水自然环境大背景的保护提供规划依据。另外，在不破坏泉水径流通道和泉水资源的同时，城市规划建设还要把地上的文化景观进行合理超前的优化规划，实现地上地下一体化保护的协同利用，建立一种基于济南特殊岩溶水城市的指挥调度系统。

二是加强泉域间的水资源合理调配。目前尚缺乏一个大的泉域体系综合研究。在单一泉域内的生态涵养与生态补水，其效果不能完全满足预期，做好二级泉域之间的水资源联系研究，才能找到更合理的水资源调配逻辑，从而做到生态补水的准确性和合理性。

三是建立泉水监测和管理体系。泉域水资源的影响因素是多方面的，目

前应急性的机制很难迅速查找到影响泉水喷涌的主要病症，导致地下水保护工作长期受困。下一步建议结合济南古城区地上文化景观的保护，深化地下岩溶空间的研究，从泉水地下空间结构、泉水的来源，做到从大泉域到小泉域，再到古城区，甚至到每一个街巷的地下状况都全面厘清。在此基础上，从泉水的主要补给端和泄端进行分析，建立起各类因素的大数据监测平台，形成保护和管理的长效机制。在补给端，建立起降雨量分布点监测，准确获得各地区实际入渗量数据；在泄端，建立河水等地表水补源流量数据监测，准确控制各地区总抽排量，等等。

（二）中观层面：古城整体特色空间格局的管控

由于价值载体要素类型丰富，空间分散，给整体管控带来一定难度。不同部门之间存在不可避免的管理内容交集或缺漏，由于缺乏有效的协调机制，导致一些建设行为对要素产生破坏，因此，必须从整体特色空间格局上进行有效管控。

一是建立遗产管理委员会。建议成立"济南泉·城文化景观"遗产管理委员会，市长（或市委书记）牵头、各职能部门主要负责人参与，负责遗产申报过程相关工作和未来89处遗产点的管理协调，在总体层面上执行《"济南泉·城文化景观"保护管理规划》，对遗产的管理、保护、研究、记录、监测、展示、传播等方面内容进行综合控制。同时，建议成立"济南泉·城文化景观"遗产管理委员会常务办公室，负责沟通各个遗产点日常管理部门及其他相关部门；组织、协调遗产点的管理工作，以及相应优秀民族文化的传承普及工作；负责遗产点的保护和抢救工作，并全面指导各遗产点的日常管理部门。

针对"济南泉·城文化景观"89处遗址点的实际情况，对趵突泉、五龙潭、大明湖、护城河四个景区、园区配置专门的保护管理机构，对芙蓉街—百花洲—珍珠泉历史街区、将军庙历史街区内遗产要素配置专门的保护管理机构，对东泺河、西泺河、小清河遗产要素段配置专门的保护管理机构。以上日常管理机构均需配置相应管理人员和管理场地，并直接由遗产管理办公室负责统筹管理，将着重负责该管理单元的遗产日常维护、遗产监测等工作，以此建立一个由规划、实施、监测、干预评估和反馈的程序组成的协调管理机制。

二是相关部门间的协同。由市政府牵头，以"济南泉·城文化景观"遗产管理办公室为沟通平台，加强遗产保护管理涉及的相关部门（包括园林绿化部门、市政部门、文物部门、自规部门、住建部门、环保部门、水务部门等）的沟通和协调，共同做好"济南泉·城文化景观"世界遗产提名地的研究、保护、管理、监控和展示工作，并着手制定管理机构之间清晰的协调机制和职能分工。

三是社会各界的协同。建立政府管理机构、社区居民、科研机构等利益相关者的协调机制，鼓励社会各界人士和遗产区内群众积极参与遗产保护和管理，形成更大范围的协同管理体系。同时，坚持"人民城市人民建"理念，建立宣传平台或渠道，共同开展主题宣传活动，策划研发一体化的展示、宣传与教育设施或产品，实现各遗产地的协同联动，提高"济南泉·城文化景观"作为有机整体的公众认知度，增强"济南泉·城文化景观"遗产点的整体形象。

（三）微观层面：遗产要素及其周边空间的管控

"济南泉·城文化景观"遗产点都位于城市建成区范围内，在遗产价值链条拓展之前，部分要素并未纳入管控空间，其风貌和空间品质受到不同程度的人为破坏和自然影响，遗产面临潜在的发展压力。按照《保护世界文化和自然遗产公约》的要求，保护好"济南泉·城文化景观"，使其突出普遍价值不降低，是"济南泉·城文化景观"保护管理工作的核心宗旨。

1. 空间整治提升

针对不同要素体现的不同价值，以及现状的保护情况，提出不同的保护和整治措施，除本体空间外，还需进一步关注周边空间的提升策略，现以泉水、水闸及城墙、泉水街巷、人工渠系、泉水宅院为例。

①泉水

修缮工程：对未作整治的泉池、泉井的沿口进行修缮，对部分修缮不当的泉池进行适当恢复。有条件的泉水，应在原址加强碑刻等附属物的修缮、保护。

水体清理工程：定期对水体漂浮垃圾进行清理。

生态修复及其他工程：加强泉水补给区保护及泉水补给监测。

②水闸及城墙

拆除及清理工程：对占压济南西城墙遗址的建筑进行拆除，对遗产要素保护范围内的建筑进行拆除，对保护范围内的垃圾、植被进行清理。

修缮工程：对五柳闸、北水门建筑破损处进行修缮，对济南西城墙遗址进行整体加固和修复。

③泉水街巷

铺装替换工程：对启明胡同—水胡同、芙蓉街重点段进行铺装更换，建议参考历史原貌进行恢复。

街巷立面整治：对以芙蓉街、启明胡同—水胡同为代表的泉水街巷立面进行综合整治，包括对风貌不协调建筑进行重新立面设计，对部分立面残损建筑进行立面修缮；统一沿街立面的店招设计，统一归置立面电线和空调机位。

④人工渠系

考古工程：根据历史资料对泮池—百花洲进行考古挖掘，在历史依据充足的前提下，恢复为明渠；对孝感泉—华家井段暗渠进行考古挖掘。

拆除工程：对占压渠段的建筑设施进行拆除，如起凤桥处占压渠段的阳台等。

整治工程：对泉渠两侧的建筑进行立面整治，包括对风貌不协调建筑进行重新立面设计，对部分立面残损建筑进行立面修缮；统一沿街立面的店招设计，统一归置立面电线和空调机位。

环境清理工程：重点改善珍池周边的脏乱环境，清理周边垃圾。

水体清理工程：定期疏浚人工渠系，清理垃圾，改善水质。

监测工程：防止倾倒污水垃圾现象。对大明湖入水口进行水质监测。

标识工程：对暗渠进行地面标识，采用铺装、地面嵌入标识牌等方式，展示暗渠路径。

⑤泉水宅院

拆除工程：对影响院落格局的加建建筑有计划进行拆除。

修缮工程：对文物保护建筑及历史建筑进行抢救性加固及修复；其他建筑进行风貌整治。

环境整治工程：恢复院落内被填埋的泉井，整治院后泉、平泉的周边环境。

其他工程：有计划迁出人口，缓解保护压力。

2. 视线廊道及周边风貌控制

依托遗产区历史文化特色空间，凸显、烘托古城与商埠区风貌特点，风貌控制与视廊保护协调统筹，按照"整体协调、重点保护、分区控制"的原则进行控制。遗产区周边环境控制和风貌控制需进一步与济南历史文化名城规划相对接，加强大明湖——千佛山、佛慧山视廊、大明湖四向视廊、趵突泉、五龙潭重要景观区域视廊的控制；遗产区及周边高度控制，结合现有法规和相关规划已确定的内容，遵循视廊控制、重点控制、严格控制、长期控制的原则，凸显历史城区及周边城市历史格局特色。

四、结语

千百年来，济南依泉而生、因泉而兴，泉水是济南具有独特性的景观资源和城市标识。自从 2006 年开始启动泉水申遗工作至今，社会各界一直对"济南泉·城文化景观"申遗工作高度关注。虽然申遗是一个漫长而艰巨的过程，但泉水带给济南的特色却实实在在影响了济南人民生活的方方面面。

在"千城一面"的大背景下，城市特色是一个城市稀缺性的战略资源，遗产作为一个城市有别于其他城市的资源，不应该与城市空间的发展相脱离。坚持遗产观引导城市特色的复苏与提升，建立更广泛的价值链条，将城市自然环境背景、居民生活、地域文化融入其中，为城市特色空间增添生气和活力，值得城市规划工作者在未来实践中不断尝试和探索。

申遗视角下"济南泉·城文化景观"价值挖掘与传播路径研究*

| 张韶明 |**

党的十八大以来，习近平总书记高度重视传承和弘扬中华优秀传统文化，提出"推动中华优秀传统文化创造性转化、创新性发展"的重要论断，强调"让收藏在博物馆里的文物、陈列在广阔大地上的遗产、书写在古籍里的文字都活起来"①。2023 年 6 月，习近平总书记在文化传承发展座谈会上发表重要讲话时强调，我们的文化主体性是在创造性转化、创新性发展中华优秀传统文化，继承革命文化，发展社会主义先进文化的基础上，借鉴吸收人类一切优秀文明成果的基础上建立起来的。② 这些重要论断为我国文化遗产保护与传承各项工作的开展指明了方向。

本文基于申请世界遗产的视角，从申遗工作的时代背景、历史脉络入手，深入分析"济南泉·城文化景观"的价值挖掘与传播路径。

* 本文系济南市哲学社会科学课题"济南文化遗产保护与价值转化机制研究"（JNSK23B47）的阶段性成果。

** 张韶明，山东农业工程学院教师、副编审。

① 《2015 年 5 月 29 日习近平在中共中央政治局第二十三次集体学习时的讲话》，新华网。

② 习近平：《在文化传承发展座谈会上的讲话》，《求是》2023 年第 17 期。

一、"济南泉·城文化景观" 申遗工作的时代背景

（一）国家层面

中华人民共和国成立后，我国迅速建立起自中央到地方的文物行政机构，逐步构建起全国性的文物保护行政体系，颁布了一系列法规条例，保护保存了大批珍贵文物古迹。①

改革开放后，特别是党的十八大以来，以习近平同志为核心的党中央高度重视文物和文化遗产保护工作。我国对文化遗产的立法保护进入一个全新的系统化阶段。② 1982 年《中华人民共和国文物保护法》颁布施行，同年《中华人民共和国宪法》专门增加 "国家保护名胜古迹、珍贵文物和其他重要历史文化遗产" 的内容。此后，一系列专门法律法规和地方保护条例相继出台，形成更为完善的保障体系。2023 年 12 月 19 日，中央召开文化遗产保护传承座谈会，部署安排文化遗产保护传承的全面工作，提出了具体要求。习近平总书记关于文化遗产保护传承的重要论述，是习近平文化思想的重要组成部分，为做好新时代新征程文化遗产保护传承工作提供了根本遵循。要深入学习领会，自觉贯彻落实到文化遗产保护传承工作各方面和全过程。要正确处理保护与利用、保护与发展、保护与开发等文化遗产保护传承中的重大关系，始终把保护放在第一位，在保护中发展、在发展中保护，要着力构建保护体系、着力健全保护机构、着力完善保护机制、着力筑牢法治保障、着力推动文明互鉴。③

（二）地方层面

1. 山东省层面

山东省十分重视文化遗产的保护与传承工作，积极推进优秀传统文化创

---

① 姚远：《新中国文物保护的历史考察（1949–1965）》，《江苏社会科学》2014 年第 5 期。

② 张影：《文物事业发展这十年：守护历史文脉 传承中华文明》，《中国文化报》2022 年 10 月 11 日。

③《文化遗产保护传承座谈会在京召开蔡奇出席并讲话》，新华社 2023 年 12 月 19 日。

造性转化、创新性发展，打造文化"两创"新标杆、新高地。近年来，颁布《山东省非物质文化遗产条例》等地方法规，编制《省会城市群经济圈文化产业发展规划（2013—2020年）》等发展规划，建设"山东省非物质文化遗产数字管理平台"等新型平台，组织省文化创新奖评选及文化和旅游研究课题申报等工作，逐步形成了全省文化遗产保护与传承的立体化多维度工作体系，取得十分显著的成效。

2024年3月，山东在首次发现龙山文化的济南章丘召开全省文化遗产保护传承座谈会，深入学习贯彻习近平文化思想，认真落实中央文化遗产保护传承座谈会的相关要求，对全面加强全省文化遗产保护传承工作进行了研究部署。会议对如何构建文化遗产系统保护体系，如何加强考古研究和历史文化阐释，如何创新文化遗产的活态传承，如何筑牢文化遗产保护传承法治保障以及如何建立文化遗产保护传承专项工作机制提出了具体要求。①

2. 济南市层面

济南市作为山东省的经济、政治、文化中心和国家历史文化名城，历来十分重视文化遗产保护工作。为充分保护泉水申遗的基础与前提，2005年9月济南市人大常委会发布实施《济南市名泉保护条例》，这是全国第一部名泉保护的地方法规。作为1986年国务院批准公布的第二批国家历史文化名城，为加强历史文化名城保护，传承优秀历史文化遗产，济南市第十七届人民代表大会常务委员会第十五次会议于2020年8月25日审议通过了《济南市历史文化名城保护条例》（以下简称条例），2020年9月25日，经山东省第十三届人民代表大会常务委员会第二十三次会议批准，于2020年10月1日起正式施行。该条例是济南市首部关于历史文化名城保护的地方性法规，具有鲜明的地方特色和丰富内涵。该条例的制定出台，是贯彻落实习近平总书记关于历史文化遗产保护重要指示的具体体现，是进一步完善济南山泉湖河城系统化治理体系、为历史文化名城保护提供坚强的法治保障的生动实践。

---

① 《林武在全省文化遗产保护传承座谈会上强调深入学习贯彻习近平文化思想 全面开创文化遗产保护传承工作新局面》，《大众日报》2024年3月22日。

2010 年 10 月，首届中国非物质文化遗产博览会在济南举办。自第四届始，中国非物质文化遗产博览会永久落户山东济南。承办这样的盛会，既体现出了济南在文化遗产保护与传承方面的责任与担当，更通过这样的平台向全国乃至全世界展示了济南作为历史文化名城的风采。

二、"济南泉·城文化景观"申遗工作的历史脉络

厚重历史文化底蕴与得天独厚的自然景观资源，为济南申遗工作奠定了坚实基础，也支撑着这一项工作走过近 30 年的历程。

（一）前期准备阶段

1. 第一阶段："济南名泉"申遗

1995 年，联合国教科文组织的一位官员到访济南，为趵突泉"三窟并发、声如隐雷、水涌若轮"的奇异景色所深深吸引，他当即建议趵突泉景区申报世界遗产。经过数年时间的准备，1998 年，济南市名泉办提出将趵突泉申报世界自然文化遗产，将申遗工作正式列上工作日程，全市上下全力准备申遗工作。然而，由于种种原因，1999 年 3 月 14 日至 2003 年 9 月 5 日，趵突泉停喷长达 926 天，这是趵突泉有史以来历时最长的一次"休眠"，泉水申遗工作也因此而停滞。

2003 年 9 月 6 日，在济南全市上下共同努力下，"节水保泉"工作取得显著成效，济南地下水位明显上升，以趵突泉为代表的济南泉水恢复喷涌，这也让泉水申遗得以重新启动。在做好地方立法等前期准备工作后，2006 年，济南申遗进入技术准备与实施阶段。2009 年 9 月，"济南名泉"项目被列入第二批《中国国家自然与文化双遗产预备名录》。①

2. 第二阶段："济南泉·城文化景观"申遗

2012 年，根据世界申遗工作形势发展和国家相关部委、专家意见建议，济南将泉水申遗方向确定为"世界文化景观"遗产类型。2016 年，济南调整

---

① 《泉水复涌 20 周年专刊：从"泉水"到"泉·城"申遗 17 年获益良多》，《济南日报》2023 年 9 月 6 日。

申遗方向，将申报双重遗产转变为文化遗产，将"泉水"申遗改为"泉·城"申遗，即泉·城文化景观整体申遗。①

（二）实质推进阶段

1. 第一阶段：入选国家预备名单

2017 年 9 月 6 日，召开"济南泉·城文化景观"申报世界遗产领导小组第一次全体会议，决定"济南泉·城文化景观"申报世界遗产领导小组实行"双组长"制，书记市长双双挂帅担任组长。

2019 年 3 月 26 日，国家文物局将"济南泉·城文化景观"列入《中国世界文化遗产预备名单》，这是"济南泉·城文化景观"申遗工作的关键一步。

2. 第二阶段：具体实施

2020 年，济南加快申遗工作步伐，积极推进遗产展示系统和遗产监测系统建设。积极挖掘泉水文化资源，加大泉水保护宣传力度，高水平推进济南泉水博物馆建设，全面展示遗产的完整性和真实性。2023 年，国家文物局开始对预备名单实行动态管理。按照这一新要求，济南高度重视，认真总结梳理了"济南泉·城文化景观"列入"预备名单"4 年多来各项工作情况，认真分析存在的问题和不足，申遗工作进入了一个新阶段。

2023 年 12 月，济南市召开"济南泉·城文化景观"申报世界遗产工作领导小组会议，听取了申遗工作领导小组办公室和有关部门单位汇报的申遗工作进展情况，并对下一步工作做了明确要求和部署。随后召开的全市宣传思想文化工作会议，强调要加快推动龙山文化、泉水文化等优秀传统文化创造性转化、创新性发展，让优秀传统文化更好地"用起来、新起来、活起来"，持续推进"济南泉·城文化景观"申遗工作，协调推进明府城、百花洲、老商埠等历史文化街区改造提升。

2024 年 1 月，"济南泉·城文化景观"申遗宣传系列活动在济南启动，

---

① 《泉水复涌 20 周年专刊：从"泉水"到"泉·城"申遗 17 年获益良多》，《济南日报》2023 年 9 月 6 日。

来自全国各地的 80 余名文化遗产研究专家、驻济高校教授齐聚泉城，举办多场学术交流以及普及活动，深入阐释泉城文化遗产内涵价值，探讨国内外遗产保护的先进经验，向广大市民和志愿者展示宣传济南泉水文化，普及世界遗产申报知识，共同助推济南泉水走向世界。

三、"济南泉·城文化景观"价值内涵的深度挖掘与广泛传播路径

（一）"济南泉·城文化景观"价值内涵的深度挖掘

2006 年，济南首次宣布泉水申遗。17 年来，济南在"济南泉·城文化景观"申遗工作方面做了大量工作，先后编制完成了《济南泉·城文化景观申遗价值研究》《济南泉·城文化景观保护管理规划》，在《世界遗产》杂志策划出版申遗专题，出版《泉城文库》《大美泉城》《济南泉水诗全编》《济南古城》等文化遗产保护与申遗相关图书。① 这些成果为挖掘"济南泉·城文化景观"价值内涵发挥了很大作用，取得了较好的反响。

1. 前期研究情况分析

为了更好地观察针对济南申遗工作学界开展的相关基础研究工作，以"济南申遗"为关键词通过知网进行检索，发现截至 2024 年 4 月，仅有 45 篇有效文献，其中 2021 年 8 篇，2008 年、2013 年、2020 年均为 1 篇（如图 1所示）。

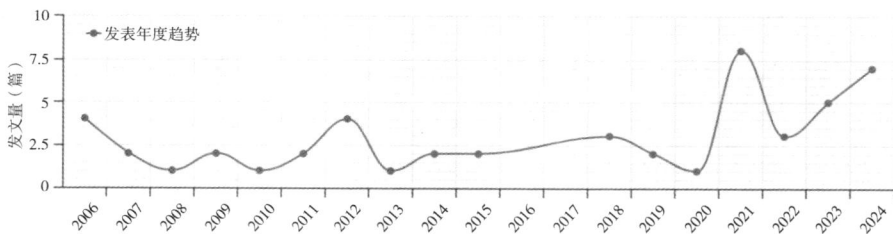

图 1　2006—2024 年知网收录发表文献量

---

① 《申遗，泉城走向世界"关键一步"》，《济南日报》2023 年 12 月 19 日。

主题集中在济南泉水、文化景观、济南市等方面，大多数研究未将申遗、文化遗产等纳入关键词（如图 2 所示）。

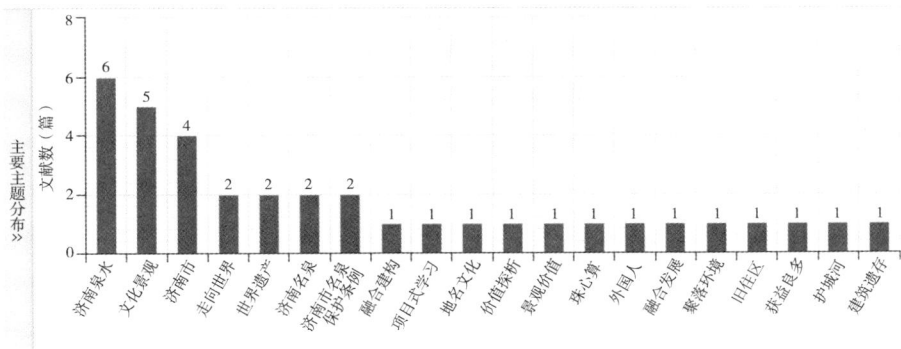

图 2　2006—2024 年知网收录发表文献的主题分布情况

研究者所在学科主要分布在文化和建筑科学与工程领域，占比高达52.6%。（详见图 3）。

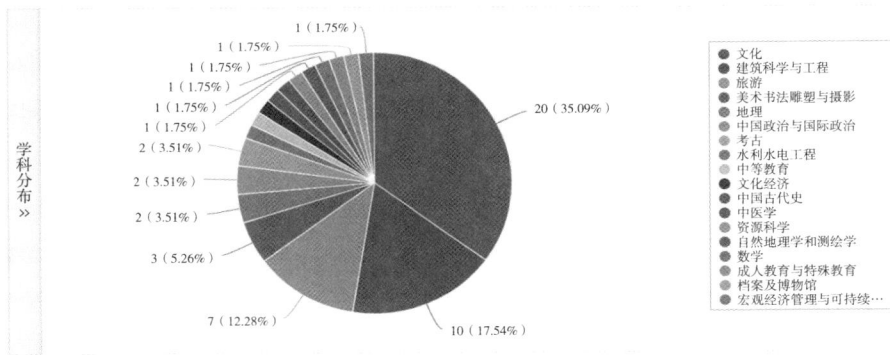

图 3　2006—2024 年知网收录发表文献的学科分布情况

从文献的来源来看，济南日报有 15 篇，占了 1/3，主要为济南市开展申遗工作的相关新闻报道和评论；山东大学有 8 篇，位居第二，主要为济南文化遗产保护和申遗工作相关的硕士研究生毕业论文（如图 4 所示）。

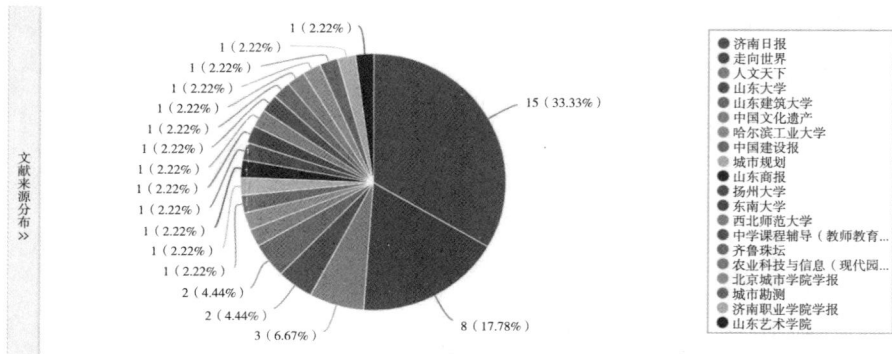

图 4　2006—2024 年知网收录发表文献的来源情况

通过对以上情况的分析，我们可以总结出济南申遗及遗产保护研究具有以下几个特点：一是针对济南申遗工作，学界的研究成果数量不多，且学术论文和学位论文占比较少；二是研究成果的学科分布不够广泛，多集中于文化与建筑方面，鲜见从生态保护、城市管理、申遗成功之后的遗产价值转化与相关产业开发等层面开展研究讨论；三是研究成果的深度不够，仅有 2 篇学位论文讨论了济南申遗的策略方法及所对应的评估标准；四是文献来源的层次相对不高，未检索到在核心期刊、SCI 等高水平期刊平台发表的研究成果。

2. "济南泉·城文化景观"价值挖掘与阐释的路径

综合上述分析，我们认为做好"济南泉·城文化景观"价值内涵的深度挖掘与科学阐释须从以下三方面着力。

一是加强"泉·城"遗产特征的论证研究，确保其真实性和完整性。着重探讨"泉·城"的自然与文化属性、文化遗产与非物质文化遗产的属性、科学与艺术的特征等，进一步阐释济南因泉而生、依泉而兴的逻辑关系；凝炼济南人民水环境治理与利用的高度智慧，保护泉水、利用泉水、尊重自然、合理利用自然的宝贵经验；讲述因泉因城而诞生的悠久灿烂的文化，因泉因城而发生的感人至深的故事。①

---

① 根据张杰、侯卫东等在 2024 年"泉甲天下 城向未来"济南泉·城文化景观申遗宣传系列活动启动仪式主旨发言环节的发言整理。

二是加强申遗标准的研究。对照"泉·城"遗产特征，对申遗标准进行科学充分地研究论证，着重从标准 V（即生存智慧与文化景观的标准）阐释两千多年来，先民依泉建城、保泉护泉，顺应自然、保护自然，辛勤耕作、繁衍生息，建设成一座历史悠久、文化兴盛的城市；从标准 Ⅳ（即城市规划的标准）阐释济南古城规划的特色，将水资源管理与城市规划建设科学而又艺术地融合在一起，发掘河道沟渠，发展航运、种植业以及养殖业，使丰富的泉水资源既能成为独特的文化景观，又能为人们的生产生活服务；从标准 Ⅵ（即名人、名作与历史事件的标准）阐释"泉·城"的文化价值内涵，系统梳理"泉·城"与人的故事、人为"泉·城"创作的佳作，形成更为系统、全面、真实的文化体系。①

三是加强有组织科研，推出系列化高水平成果。设立省市级科研专项，依托高校和科研院所等平台，引导广大哲学社会科学、自然科学领域专家学者开展有针对性、综合性、交叉性的研究工作。根据申遗工作特点，可以通过揭榜挂帅、定向委托、集中申报等形式充分激发相关专家学者的热情和积极性，有针对性地开展系统深入研究。通过科研攻关，争取在几年内形成一批有重要学术价值和影响力的科研成果，既可以涵盖图书、论文、研究报告以及其他形式的成果，又可以是通过学术交流和文化传播在国内外形成的共识。通过这些成果和共识更深入地挖掘和阐释"泉·城"的文化价值，构建较为完整的理论和文化体系，从而为申遗工作提供更加坚实的学理基础与学术支撑。

（二）"济南泉·城文化景观"价值内涵的广泛传播

在深入开展"济南泉·城文化景观"价值内涵理论研究的同时，还要将相关研究成果进行广泛传播，持续扩大"泉·城文化景观"的影响力和社会基础。做好这一项工作，主要应当从以下三个方面着力。

---

① 史嘉民：《济南"泉·城文化景观"申报世界遗产策略研究》，硕士学位论文，山东大学 2018 年。

1. 加强"泉·城"文化遗产的活态传承

一是充分发挥泉城市民特别是核心区居民的作用。1000 余万泉城市民是喷涌 8000 年的济南泉水的保护者、诞生 4600 年灿烂文明的推动者、矗立 2600 年古老城市的守护者。广大泉城市民特别是核心区居民对"泉·城"的感情最深，支持"泉·城文化景观"申遗的热情也最高涨。泉城市民是推动申遗工作的一支极为重要的力量。

济南古城（明府城片区）核心区主要包括将军庙和芙蓉街—百花洲两个历史文化街区，两个街区总面积 0.42 平方公里，涵盖了片区大部分历史建筑、泉水泉道、文化景观，较好地保留了明清时期的建筑特点及空间格局。据统计，两个街区共有居民 5055 户、1.7 万余人，这些居民大多是世代居住于此，对泉水、古城了解最多，感情也最深，他们是"泉·城"文化遗产活态保护与利用的见证者和受益者，能够在申遗工作中发挥出不可替代的作用。因此，在申遗过程中应当充分发挥广大泉城市民在"泉·城"的日常保护、传承与宣传等方面的重要作用，通过建立合理机制，设置公益岗位，积极引导市民配合申遗工作，开展志愿服务。让市民在日常生活中就能够参与到"泉·城"知识普及、非遗传承、手作体验、文化讲解的活动中，积极展示宣传"泉·城"文化，人人争当"申遗大使"，使志愿服务工作如同泉水一样日夜喷涌、滋物润心。

二是充分发挥驻济高校师生的作用。当前，济南市有 52 所本专科院校，在校生近 70 万人，教职工近 10 万人，拥有十分丰富的学术资源和人力资源，申遗工作应当依托众多高校的科研力量，整合相关研究机构和专家学者资源，发挥地缘优势，开展系统性的科研工作。整合各校专业力量，创新打造"泉城·全城"跨校文化遗产保护课程体系，编写相关专业教材和普及读本，实现学分互认，提高"泉·城"文化的普及度。整合政府、社会、院校各方资源，高标准建设泉城文化遗产保护与传承社会实践基地，为广大师生教学实践、文化体验、交流互动提供充分保障与有力支撑。另一方面，在提高驻济高校师生认可度的基础上，充分激发高校师生的热情和积极性，让他们积极投身到泉城文化遗产保护和传承的工作当中，鼓励他们成为"泉·城文化景观"申遗的志愿者、宣传大使。同时，各企事业单位，可以为相关专业的毕业生提供合适的工作岗位，让他们成为申遗工作的建设者，多措并举为申遗的价值阐释和知识普及发挥积极作用。①

2. 加快培育文化产业新质生产力，赋能"泉·城"文化遗产保护与传承

文化遗产是一座城市的灵魂，更是这座城市发展文化旅游产业的宝贵资源。创新发展思路，加快培育和发展文化产业领域新质生产力，构建多维度文化传播体系和方式，对于加强和促进"泉·城"文化遗产保护与传承工作，具有十分重要的意义。

一是着力打造以"泉·城文化景观"为主题的高质量文旅产品体系，培育和发展文旅产业新质生产力。以先进技术打通文化遗产资源挖掘、文化景观升级、传播流通、消费体验、消费评价等生产链、价值链各环节，形成富有"泉·城文化"特色的旅游线路和相关产品，不断增强济南文旅美誉度和吸引力。同时，深入挖掘文化遗产内涵，着力提升"泉·城文化"主题文创产品体系质量，规范运营模式。相关部门要进一步规范品牌标识使用、产品设计与制作、产品销售与质量保障等方面工作，保护知识产权、鼓励创新发展和诚信经营，开展许可经营制度，避免粗制滥造的产品流入文旅市场，切实保护游客合法权益，增强游客旅游体验。

二是以新质生产力赋能"泉·城文化景观"多维度文化传播体系建设。当前，科技发展迅猛，科技创新交叉融合突破催生出新质生产力，为现代化产业体系建设带来了新的动能和新的思路。当然，也为"泉·城文化景观"保护与传播注入新的活力和动能，带来了新的视角。通过构建"泉·城文化景观"多维度文化传播体系，一方面有利于打造全新的"泉·城"体验场景和模式，突破传统游览方式，全方位立体化感受文化产品，让受众获得新的体验，AI、AR、VR、5G等众多新技术的出现为这项工作的开展，提供了理论和技术的支撑。另一方面，有利于加强与受众的交流互动。相关部门和文

---

① 张韶明、李昕彤：《农业文化遗产融入农林类高校育人体系路径研究》，《山东农业工程学院学报》2024年第3期。

旅企业应当设计更多优秀选题，充分发挥微博、微信社群传播平台和抖音、小红书等短视频平台的新媒体矩阵作用，制作传播更多优质内容，加强与受众的互动交流。形成良性互动机制，及时关注受众的意见建议，积极回应受众的合理要求，让他们感受到"泉·城文化"的厚度与温度。通过以上努力，不断提升"泉·城文化景观"的关注度，提高文化内容的传播效率和传播广度，为申遗工作创造良好的社会条件。

总之，要将"泉·城文化景观"保护利用工作与申遗筹备工作紧密结合，始终将申遗的标准、要求贯彻到"泉·城文化景观"保护提升的各项工作当中。要稳步开展遗产要素点综合保护，持续加强"泉·城"整体保护提升，不断提高遗产价值研究水平，加大申遗宣传工作力度，为申遗创造良好条件。这样，就能够打造好"济南古城·天下泉城"整体品牌，实现泉城济南在"青年人眼中很时尚、中老年人眼中很怀旧、外国人眼中很中国、中国人眼中很济南"的总体愿景，不断推动泉城文化繁荣，全面提升泉城文化软实力，增强城市吸引力和凝聚力，助力泉城高质量发展。

泉文化保护开发对济南居民幸福感的影响

| 张丽雯　马婧文　石东岳　王素洁 | *

一、引言

四面荷花三面柳，一城山色半城湖。济南作为中国历史文化名城，以其悠久的历史、丰富的济南泉文化和人文资源而闻名于世。济南被誉为"泉城"，泉水文化是其独特的文化符号之一。历代文人名士对泉水题咏赞美，使它又具有了深厚的人文色彩和丰富的历史内涵。济南的泉水不仅有自然之美，更有人文之美，它是风景，又是活生生的文物。随着对外开放及经济的发展，济南已形成以泉水文化为主题的城市宣传品牌，泉文化旅游也成为新的经济增长点。①

人泉相依共生，是人泉关系最为生动的表述，体现了自然与人类的和谐互动，体现了济南人特有的生活传统和审美情趣。济南古城历史街区集古城与名泉风貌为一体，展示了《老残游记》中所述的"家家泉水，户户垂杨"的独特景观。济南人倚泉而居，于泉边对弈品茗、饮酒赋诗、汲水洗菜、戏

---

* 张丽雯，山东大学管理学院研究生；马婧文，山东大学管理学院 2021 级本科生；石东岳，山东大学管理学院研究生；王素洁，山东大学管理学院副教授、管理学博士。

① 王菁、房德田：《弘扬泉水文化 展泉水泉韵——推介〈济南泉文化丛书〉》，《中国图书评论》2022 年第 12 期。

水浣衣，泉赋予了济南丰富而独特的市井风情①。而社会学及心理学相关研究表明，人文环境对当地居民的幸福感具有深远的影响。泉水文化不仅富含文化内涵，还直接参与民众的日常生活与情感体验。因此，探究济南泉文化对当地居民幸福感的影响，并提出相应的幸福感提升策略，对于加深对当地文化社区的理解，促进社会和谐稳定，具有重要意义。

然而，迄今为止，针对济南泉文化对居民幸福感的影响以及提升策略的深入研究相对较少。因此，有必要进行一项深入探讨泉文化与居民幸福感之间关系的研究。通过该研究，可以探究泉文化对幸福感的影响，促进文化再生产与社会互动；分析泉文化的内涵、传承方式、社区融入等方面对个体心理状态的渗透和塑造机制；提出幸福感提升策略，为政策和实践提供参考依据；还可以加深济南居民对地方文化的理解，促进文化传承与社区连接。

二、泉文化及其保护开发对居民幸福感的影响

（一）泉文化的历史渊源与文化内涵

泉水孕育了济南，承载了济南的历史。济南素以"泉城"著称，早在3000 年前的西周初年，《诗经·大东》便对济南地区泉水众多有"有洌氿泉，无浸获薪"的记载。历朝历代，济南地区城市演变建造皆与泉池河道休戚相关，泉水是济南生活用水的主要来源，也为城市带来了人文与自然之美，②李白、杜甫、赵孟頫、老舍等历史名人都为济南泉水留下了精彩的诗词作品。济南泉水有百余处，金朝时期，《名泉碑》筛选出济南"七十二名泉"，③其中趵突泉为"七十二名泉"之首，号称天下第一泉。除了这百余处泉水之外，大明湖有着"世界第一泉水湖"的美誉，是济南泉文化的重要组成部分。经过悠久的历史积淀，泉文化成为济南历史文化中必不可少的组成部分，泉水

---

① 郭兆霞：《济南名泉文化景观的活态保护与发展》，《现代园艺》2018 年第 10 期。

② 张爱军、马树颜：《泉水与济南城市发展的关系：历史概况及现实考察》，《中共济南市委党校学报》2016 年第 6 期。

③ 王育济：《济南历史文化的变迁与特征》，《东岳论丛》2010 年第 5 期。

文化节和泉水夜游等主题活动的举办，为泉水文化增添了现代色彩，为泉文化赋予了新的生命。

（二）泉文化对济南居民的精神价值及心理意义

首先，泉文化成为济南市的城市象征，丰富了居民的精神文化。济南以泉命名的老街老巷有 29 条，以泉命名的寺、庙、庵有 13 处，以泉命名的村庄有 88 处之多①，居民生活环境的方方面面都与泉水文化相关。这激发了居民对传统文化的自豪感和认同感，增强了对本土文化传统的尊重和继承。

其次，泉文化激发了当地居民的情感共鸣。在济南生长的居民饮泉水长大，枕泉鸣而眠，济南人大气、宽厚的性格早已与泉水融为一体。这种泉水文化营造了济南独特的人文氛围，激发了济南人对家乡文化的深厚情感和认同感，有助于减少心理上的孤独感和文化断裂感。泉水文化作为纽带，促进了居民之间的文化交流和对话，通过共同参与文化活动、传统节日等，增强了社区共同体意识，推动了社会的深度融合。

最后，泉文化有利于增强当地居民的心理健康。泉水文化景观为居民提供了休闲娱乐和文化活动的场所，使得居民更容易获得情感慰藉和心理满足，有助于提升心理健康水平。

（三）泉文化对济南居民的社会影响

泉文化除了给予济南居民精神上与心灵上的满足，也为居民幸福生活创造了经济价值和物质环境。一方面，泉文化本身所涵盖的自然人文景观，吸引外地游客前来旅游，发挥了旅游带动作用；另一方面，济南目前致力于打造泉水宴、泉水文创、"济南泉·城文化景观"等一系列泉水文化品牌，建设富有泉城特色的旅游消费目的地。② 不仅让济南泉文化以活泼、崭新的面貌出现在世人眼前，而且进一步提升了济南居民的居住环境和生活条件，也为济南的发展创造经济条件。

---

① 孙丽君、李军红：《基于泉城文化资源特点的产业化开发》，《人文天下》2016 年第 1 期。

② 程凌润：《泉水宴、泉水文创、泉·城申遗……济南打造系列泉水文化品牌》，齐鲁壹点 2023 年 11 月 2 日。

总体而言，济南泉文化是以济南泉水为中心，在历史实践中所创造的一系列物质财富和精神财富的总和，包括物质文化、行为文化和精神文化。泉文化的物质文化是指泉水资源物化的泉文化，例如四大泉群与泉城广场；泉文化的行为文化以民风民俗的形式出现于日常生活中，例如济南人过去的饮食风格多与莲藕有关；泉文化的精神文化是指济南人在与泉共生过程中，形成的价值观念、审美情趣、思维方式等。

三、泉文化保护开发对济南居民幸福感影响因素分析

经济水平是发展的关键性因素，泉文化作为重要的城市名片，成为旅游的重要吸引物，也为文化创意产业发展提供素材，随着经济水平的提高，城市基础设施建设与公共服务逐步完善，为建设泉城和居民享受泉文化提供可靠保障。

社会文化因素同样对居民的泉文化幸福体验有影响。泉文化的深厚底蕴浸润在每个济南人的心中，居民与泉文化建立了情感链接。作为历史文化名城，对老街巷和建筑的保护与开发，对古城区的整体风貌改造，以及传统文化风俗的传承有利于提升居民幸福感。由于济南鲜明的泉文化特色，当地居民形成"泉城人"的身份认知，对泉水文化产生认同感和归属感，并作用于行动。在日常生活中，社会互动体现在方方面面。泉水节、庙会、相关展览等公共活动为居民提供交流的平台；老城区、乡村、以及依泉而建的社区内，邻里之间因泉而互动；居民在泉水资源共享背景下友好交流，有助于社区凝聚和社会美德传承，促进社区和谐与共融，增进市民身份认同和社会责任感。

环境要素也对济南居民的幸福感起着不可或缺的作用，城市景观对于居民的幸福感是有直接影响的。济南拥有"山泉湖河城"这类独特的城市资源，独特的泉水在济南形成了独特的地质景观。环境美学的审美对象包括自然及人造景观，城市景观的美孕育在大环境中，融合着城市中人们的情感和价值观。当城市景观表达出历史所带来的沉稳和安全感，同时具备轻松自在的活

力以及温馨的氛围时，会更让人感到幸福。① 同时要注重实用性与美学价值的平衡，优化空间布局，② 城市建设要体现现代性和进步性。城市的绿化环境也与居民的休闲空间及幸福感的获取息息相关，良好的绿化环境有利于幸福指数的提升。

以上种种要素满足马斯洛需要层次理论的生理需要、安全需要、社交需要，而除此之外，自我实现和尊重的需要对人的幸福感也至关重要，本文将其概括为自我发展要素。对泉文化的保护和推广能增强居民的认同感和自豪感，在曲水亭街等泉文化相关地设置的志愿服务岗亭，增进了人与人之间的联系，也成为彰显济南居民好客之道的窗口，同时泉文化作为济南的城市名片，极大地影响着外界对济南的印象和认可度，也影响着济南居民的幸福感。

四、泉文化保护开发对居民幸福感影响因素的 IPA 分析

（一）调查对象

对具有济南居住经历的人进行调查，分析济南居民对于泉文化保护开发对幸福感各项影响因素的评价。本次调查通过问卷网站样本收集服务，收集113 份问卷，剔除无效问卷后，有效问卷共 98 份，其中在济南居住 5 年以下的占 46.94%，居住 5 年以上的占 53.06%。

（二）评价指标选取

根据上文的影响因素分析，设计了济南泉文化保护开发对居民幸福感的影响因素评价指标体系（表1），共 4 项指标维度，19 个具体的评价指标。

---

① 李敏：《探讨环境美学与城市景观设计》，《现代服饰》2014 年第 8 期。
② 要宇：《幸福感视域下城市人文景观创新设计研究——评〈城市公共空间艺术与人文景观设计研究〉》，《现代城市研究》2021 年第 12 期。

表 1　济南泉文化保护开发对居民幸福感影响因素评价指标体系

指标维度	具体评价指标
经济因素	1. 提高个人及家庭收入
	2. 增加家庭收入渠道
	3. 促进济南旅游经济发展
	4. 促进文化创意产业发展
环境因素	5. 引导城市规划
	6. 提供高质量的水源
	7. 美化生活环境
	8. 增加休闲娱乐场所
社会文化因素	9. 促进传统文化风俗传承
	10. 促进物质文化遗产保护
	11. 增添城市历史文化底蕴
	12. 丰富居民精神文化体验
	13. 居民持有共同的泉水记忆
	14. 促进邻里互动交流
自我发展因素	15. 增强居民自豪感
	16. 提高居民道德水平
	17. 居民获得外界认可
	18. 彰显居民亲和友善
	19. 增强群体居民归属感

（三）泉文化保护开发对居民幸福感影响因素的重要性感知

研究结果显示，影响济南市市民对泉文化幸福体验因素的重要性排序依次是：促进物质文化遗产保护、促进济南旅游经济发展、增添城市历史文化底蕴、促进传统文化风俗传承、促进文化创意产业发展、提供高质量的水源、美化生活环境、丰富居民精神文化体验、增强群体居民归属感、引导城市规划、增强居民自豪感、居民持有共同的泉水记忆、提高居民道德水平、增加家庭收入渠道、彰显居民亲和友善、居民获得外界认可、增加休闲娱乐场所、提高个人及家庭收入、促进邻里互动交流（表2）。

表2　各项指标重要性与满意度分析

序号		重要性均值	重要性排序	满意度均值	满意度排序	I-P 差值
1	提高个人及家庭收入	3.81	18	3.91	11	-0.10
2	增加家庭收入渠道	4.00	14	3.66	18	0.34
3	促进济南旅游经济发展	4.55	2	3.84	14	0.71
4	促进文化创意产业发展	4.39	5	3.72	17	0.66
5	引导城市规划	4.24	10	4.14	3	0.10
6	提供高质量的水源	4.33	6	3.80	16	0.53
7	美化生活环境	4.33	7	4.10	4	0.22
8	增加休闲娱乐场所	3.85	17	3.89	12	-0.04
9	促进传统文化风俗传承	4.48	4	4.09	5	0.39
10	促进物质文化遗产保护	4.58	1	3.59	19	0.99
11	增添城市历史文化底蕴	4.49	3	4.15	2	0.34
12	丰富居民精神文化体验	4.30	8	3.85	13	0.45
13	居民持有共同的泉水记忆	4.20	12	4.02	8	0.18
14	促进邻里互动交流	3.65	19	4.09	6	-0.44
15	增强居民自豪感	4.21	11	4.18	1	0.03
16	提高居民道德水平	4.10	13	3.95	10	0.15
17	居民获得外界认可	3.94	16	3.84	15	0.10
18	彰显居民亲和友善	3.95	15	3.99	9	-0.04
19	增强群体居民归属感	4.27	9	4.03	7	0.23

（四）IPA 象限分析

根据泉文化保护开发对居民幸福感影响因素 IPA 评价结果（图 1）可知：

第一，济南泉文化保护开发在促进济南旅游经济发展、促进文化创意产业发展、美化生活环境、促进传统文化风俗传承、促进物质文化遗产保护、增添城市历史文化底蕴、丰富居民精神文化体验、居民持有共同的泉水记忆、增强居民自豪感、增强群体居民归属感方面的影响位于"继续努力"象限，是重要性和表现性都较高的区域，应继续保持和努力。

第二，提高个人及家庭收入、增加家庭收入渠道、增加休闲娱乐场所、促进邻里互动交流、提高居民道德水平、居民获得外界认可、彰显居民亲和友善等影响因素位于"低优先事项"象限，是重要性和表现性都偏低的区域。即济南泉文化保护开发在这些方面的作用较小，同时泉文化在这些方面的作用对济南居民幸福感的影响也较弱。在保护开发泉文化时，可以在这些方面适当提升。

第三，引导城市规划、提供高质量水源落于"重点改进"象限。这一象限的因素重要性高而满意度低，也就是说引导城市规划、提供高质量水源对于济南居民幸福感具有决定性影响，而济南泉文化保护开发在这方面表现不佳，需重点改进。

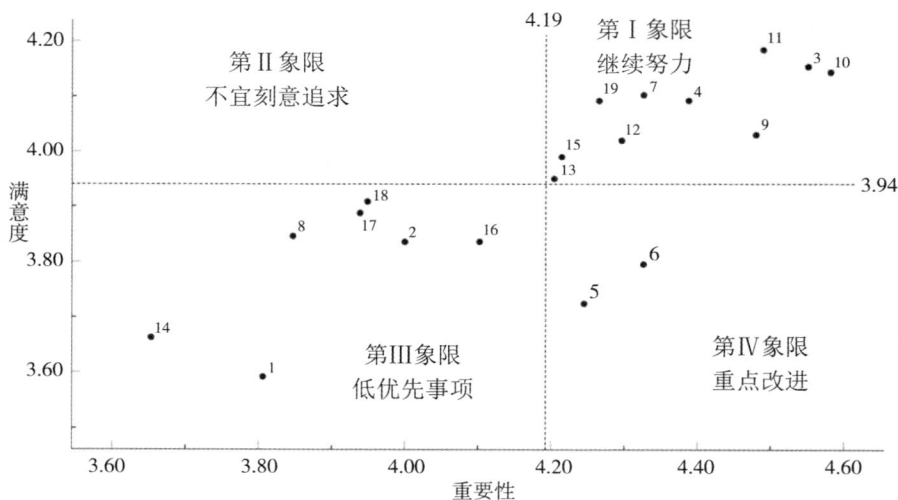

图 1　泉文化保护开发对居民幸福感影响因素的 IPA 象限分析

注：1. 提高个人及家庭收入 2. 增加家庭收入渠道 3. 促进济南旅游经济发展 4. 促进文化创意产业发展 5. 引导城市规划 6. 提供高质量的水源 7. 美化生活环境 8. 增加休闲娱乐场所 9. 促进传统文化风俗传承 10. 促进物质文化遗产保护 11. 增添城市历史文化底蕴 12. 丰富居民精神文化体验 13. 居民持有共同的泉水记忆 14. 促进邻里互动交流 15. 增强居民自豪感 16. 提高居民道德水平 17. 居民获得外界认可 18. 彰显居民亲和友善 19. 增强群体居民归属感

五、结论与建议

（一）实现泉水景观的可持续发展，借助泉文化建设引导城市规划

在城市规划方面，城市建设中注重土地可持续利用，避免过度开发。保护自然植被和生态系统，确保城市可持续发展与泉水保护相协调。并在保护历史建筑的同时，进行现代城市规划，将济南历史文化元素融入现代建筑和城市景观中，使城市既有历史底蕴又有现代气息。优化内部空间，建设生态廊道和泉水主题的公共空间，为市民提供亲近自然和泉水的场所。借助现代科技手段，运用物联网、大数据等实现城市智能管理和资源合理配置。更重要的是鼓励市民参与规划的过程，公开征集意见。

在提供高质量的水源方面，要持续关注对水源地的严格保护和维护，对部分受到污染的泉水进行定期修复治理，运用现代科技手段做好监测和管理。在保证水体清洁，充分发挥景观价值的同时帮助居民直接从泉水中获益。例如在一定范围内对泉水资源进行活化开发，提供高质量的饮用水，科普泉水浴场，将泉水作为自然科学教育的活教材等。

（二）发挥泉文化保护开发对居民幸福感的有效作用

根据泉文化保护开发对居民幸福感影响因素的 IPA 象限分析，济南泉文化保护开发工作在促进济南旅游经济发展、促进文化创意产业发展、美化生活环境、促进传统文化风俗传承、促进物质文化遗产保护、增添城市历史文化底蕴、丰富居民精神文化体验、居民持有共同的泉水记忆、增强居民自豪感、增强群体居民归属感等十个方面需要继续努力，以下为相应的发展战略建议。

1. 促进济南旅游经济发展。推出泉文化主题旅游线路，结合泉水景点、文化表现和城市历史，打造吸引游客的综合旅游体验；举办泉文化主题活动，如泉水节、文化节庆等，以增加城市吸引力。

2. 促进文化创意产业发展。鼓励当地艺术家和创作者将泉文化元素融入艺术作品，推动文化创意产业发展；设立泉文化创意基地，提供场地和资源

支持，以促进创意产业的集聚和发展。

3. 美化生活环境。在泉水周边地区进行环境整治和景观提升，以展示泉水文化之美，吸引游客和居民聚集；加强绿化和园林景观设计，打造宜人的休闲空间，融入泉水文化元素。

4. 促进传统文化风俗传承。开展泉文化知识普及教育活动，包括举办讲座、展览和参与学校教育，以传承和弘扬泉文化传统风俗；鼓励当地居民参与传统文化体验活动，如泉水传统庙会、庆典等。

5. 促进物质文化遗产保护。加强对泉水文化相关遗产的保护和修复工作，建立周全的保护机制和规范管理体系；引入专业团队对文化遗产进行保护性开发，实现保护和利用的有机结合。

6. 增添城市历史文化底蕴。在城市规划中融入泉水文化元素，维护并修复古迹，使之成为城市历史文化的重要延伸；开发文化遗产旅游线路，将泉水文化贯穿于城市建设和规划之中。

7. 丰富居民精神文化体验。举办泉水主题文化艺术活动，为居民提供丰富的精神享受和文化交流机会；打造泉水文化示范区，为居民提供参与式的文化体验和传承活动。

8. 居民持有共同的泉水记忆。设立泉水文化记忆馆，收集整理相关历史资料、故事和文献，呈现泉水文化的发展历程；鼓励居民参与编叙泉水文化的个人故事，以建构居民共同的文化记忆。

9. 增强居民自豪感。通过泉水文化教育，展示和传承居民所独有的文化符号和历史传统，以增强他们的身份认同和自豪感；设立居民互动参与项目，如社区文化展示、志愿者活动等，增强居民自豪感和对泉水文化的认同感。

10. 增强群体居民归属感。推动社区活动和组织，促进居民之间的交流与互动，形成共同参与保护泉水文化的合力；建立文化志愿者团队，让居民参与到保护和传承泉水文化的各项工作中，增进他们的社区归属感。

（三）充分发挥居民力量，促进居民自我发展

开发泉水文化的价值共创模式，联合多方力量，共同开展泉水文化活动、资源开发和市场推广，共同推广泉水文化的发展和品牌形成。强化泉水文的教育培训，包括对导游、文化传承人员和相关从业者的培训，提高他们的专业素养和文化传播能力，彰显济南市民的亲和友善。在这个过程中创造更多就业机会，为济南市居民提供更多的收入渠道，同时提高个人收入，居民的个人素质也得到提升。

此外，泉文化的建设开发应打造更多休闲娱乐场所，为居民邻里和谐互动提供空间。比如开发泉水相关的创意产品和服务，发起参与泉水文化创意艺术展览、音乐会和传统手工艺制作活动等。通过泉水景观与泉水文化活动，让泉文化作为济南城市名片的作用更加彰显，增进济南城市影响力。

总之，今后对济南泉文化保护开发需要重点提升引导城市规划、提供干净水源的作用，继续保持其对济南旅游经济、文化创意产业、社会文化等方面的影响，持久促进济南居民幸福感，也要适当通过泉文化保护开发提高济南居民的收入，为居民提供休闲娱乐空间等。

传统文化传承弘扬

名士文化

辛弃疾的家世与祖籍地考

| 王兆鹏　马　涛 | *

　　辛弃疾的家乡，我们都知道是山东济南，可他在《新居上梁文》里自称"稼轩居士，生长西北"，"家本秦人真将种"，难道他的祖上是"西北"的"秦人"？

　　对于辛弃疾的祖籍地，学界关注不多。清嘉庆十六年（1811）辛启泰撰《稼轩先生年谱》，首次述及辛弃疾五世世系（详下）。20 世纪 40 年代，邓广铭著《辛稼轩年谱》，因未见辛氏族谱，仅据辛启泰《稼轩先生年谱》录入辛弃疾祖上五世世系，但这五世世系，无法解释辛弃疾为什么自称"生长西

---

　　*　王兆鹏，四川大学文学与新闻学院讲席教授；马涛，山东稼轩书院院长。

北""家本秦人"。对此，学界也很少深究。倒是辛弃疾的祖籍地甘肃省康乐县和山东省济南市的热心人士做了考察探访，如济南市高新区援甘干部、临夏县副县长叶广隶等曾实地调研，甘肃省临夏州文化馆馆长徐光文和康乐县辛氏后裔辛仲平等都曾探源溯流、寻访查证，基本弄清了辛弃疾的祖籍地是陇西狄道，即今甘肃省康乐县康丰乡辛雍家村辛家集。2023年7月4日，中共康乐县委、县政府联合中国李清照辛弃疾学会在康乐举办辛弃疾高峰论坛，以研讨辛弃疾的祖籍地。

本文拟从学术角度考证辛弃疾的家世和祖籍地，并解决两个关键问题：一是陇西狄道辛氏跟济南辛氏有无确切关系？陇西狄道辛氏何时迁居济南？二是狄道行政区划每个时代都有沿革变化，辛弃疾的陇西狄道祖先是否居住在今甘肃省康乐县的辛家集？亦即辛弃疾的祖籍地是否为辛家集？

一、辛弃疾曾撰《济南辛氏宗图》

辛弃疾在《新居上梁文》里强调"家本秦人真将种"，并非偶然，而是缘于他强烈的寻根问祖意识。他晚年居江西铅山时，有感于世风日下、数典忘祖，特地编撰了《济南辛氏宗图》。

民国间重修的《菱湖辛氏族谱》卷一收录有题朱熹和陆九渊二人写的《济南辛氏宗图序》①。陆九渊序曰：

> 天之生人，其子孙之繁衍者，必有宗法之制，统而维持之，系之而祧祀明，列之而昭穆序，辨之而亲疏别，然后名分正而礼乐兴，教化行而风俗美矣。此古昔圣帝明王所以赐姓命氏，俾人人亲其亲、长其长，而天下平也。三代以下，风斯溃矣。利欲生而宗法废，视骨肉如路人，待同气若蛮越。别籍异居，背本忘根，不复知有贤王善族之法也。
>
> 辛公稼轩目击斯弊，乃感于心，制为族图，以贻后世，俾为若子若

① 《菱湖辛氏族谱》始修于乾隆六年。辛更儒《重刊菱湖辛氏族谱序》："《菱湖辛氏族谱》创修于清乾隆六年（1741），由辛苏（又东）编成。"（辛更儒：《辛弃疾研究丛稿》，研究出版社2009年，第277页）谱内有明万历二年（1574）辛弃疾十六世孙辛忠《莘墩辛氏族谱序》和辛鼎梅《莘墩族谱后序》，故《菱湖辛氏族谱》当来源于宋明旧谱。

孙、或富或贵、或贫贱或贤愚、死生百世之下，得有所考。乃知千万之身，由于一人之身，得有所亲，乃合千万人之心同于一人之心者是矣。然则族类敦睦，宗戚统同，贫富有相周之义，贵贱有相恤之情，贤愚有相观之益，生死有吊庆之礼，一体相爱，油然而兴。辛氏之门，庶乎有道之长矣。

予从所寓，相胥往来，窥其所制，窃引其端，故知其来自济南，迁于上饶，徙于期思，为世居焉。若夫由密州、京师、郑州、福州、莱州、东京、东平诸处，则皆本之，自辛氏之所从出也。夫观生人而后识天地造化之神，观作述而后知人心垂法之远。然则是图之作也，不可知稼轩之心乎？故不特忠于国，而尤且孝于家也。时宋庆元六年春三月甲申陆九渊序①。

朱熹序曰：

稼轩辛公，其来出济南中州，历诸显任，以安抚旬宣王命，即得大观山水，察风土异齐，知土沃风淳山水之胜，举无若西江信州者，遂爱而退居信之上饶。以烬变，移搆铅乡期思瓜山之下，继作室，而别立台榭椽屋于丘壑可嘉之处，以优士之能，共论斯道者。熹始得以御公于庆元戊午，公复起就职，来主建宁武夷冲佑观，益相亲切。庚申之春，同游武夷山中，舟行，循其水曲，随遇佳景，则棹停赋赏，而论及水之源流。愚谓水惟源深，故其流长，人之世系，亦犹是也。但世久传泯，则有莫知所出，真如水之流演支分，则亦莫知所自者矣。况其源流愈远，潢潦转相混投，而概谓之同源，又何能分别乎？

于是辛公乃感激云："吾亦尝为此惧。窃制宗图以诏谕后人，使其由百世之下，而知百世之上，观统系同异有辨，疏戚有考，承传久远，以叙尊卑，则庶乎宗支不淆，抑或可以言敦睦之义，且令其居相隔绝、心相念慕者有所持循，得以溯流寻源，而无迷谬也。"熹因问，而知其有密州、京师、郑、福、莱州、东京、东平之多族，而族类之众，尤多古之

---

① 辛苏：《菱湖辛氏族谱》卷一，民国乙亥（1935）怡雨堂重修本。

闻人。然究其初，皆有辛氏之裔，其实一本矣。而宗图之制，所以不忘乎本末，由以理制之善者也。是以推原与遇之迹，详述与论之言，欲其并书诸图，以少识愚以善之意云尔。庆元庚申春二月戊午，新安朱熹题①。

按，陆、朱二序，不见于其本人别集，唯见于《菱湖辛氏族谱》。陆九渊序谓"予从所寓，相胥往来"，查辛弃疾和陆九渊的各种年谱，未见陆九渊到铅山与辛弃疾从游的记载。陆序末署"庆元六年（1200）春三月甲申"，实际上陆九渊已于绍熙三年（1192）十二月去世②。朱熹序谓"庆元戊午，公复起就职，来主建宁武夷冲佑观"，所言庆元四年戊午（1198）辛弃疾复官，主管武夷山冲佑观，倒是与《宋史·辛弃疾传》所载相合③，然谓辛弃疾往建宁就职，因与朱熹相见，则与宋代官制不符。邓广铭《辛稼轩年谱》指出："查宋代食祠禄者，例不须亲往其地供职，朱序云云，似亦不合。颇疑此序乃后来人所伪为也。"④ 朱序又谓"庚申之春，同游武夷山中"，而庆元六年庚申二月二十八日，辛弃疾在铅山与杜叔高等雅集，有《同杜叔高祝彦集观天保庵瀑布主人留饮两日且约牡丹之饮（庚申岁二月二十八日也）》诗纪事⑤。同年三月九日甲子，朱熹去世⑥。庆元六年春天辛弃疾不大可能到武夷山与朱熹同游。辛弃疾与朱熹同游武夷山，据考证，在绍熙四年（1193）秋天⑦。陆、朱二序，疑为伪托。《全宋文》收录朱序，而未收陆序，也许是陆序的嫌疑更大，实则朱序也不大可信。古人修谱，多请名人作序，也常常假托名人

---

① 辛苏：《菱湖辛氏族谱》卷一，民国乙亥（1935）怡雨堂重修本。

② 杨简：《象山先生行状》载，陆九渊绍熙三年十二月十四日"癸丑日中，奄然而卒"，"享年五十有四"（《陆九渊集》卷三三，中华书局1980年，第393页）。

③ 脱脱等：《宋史》，中华书局1977年，第12164页。

④ 邓广铭：《辛弃疾传·辛稼轩年谱》，生活·读书·新知三联书店2007年，第245页。

⑤ 邓广铭：《辛弃疾传·辛稼轩年谱》，生活·读书·新知三联书店2007年，第247页。

⑥ 邓广铭：《辛弃疾传·辛稼轩年谱》，生活·读书·新知三联书店2007年，第247页。

⑦ 束景南：《朱熹年谱长编》，华东师范大学出版社2001年，第1094页；邓广铭：《辛弃疾传·辛稼轩年谱》，第229页。

作序。当然还有一种可能，就是二序确为朱、陆所作，只是纪年有改动。无论二序的作者是否为陆九渊和朱熹，但内容却真实可信，符合辛弃疾编撰辛氏宗图的用意，序中所言密州、京师、郑州、福州、莱州、东京、东平等辛氏家族的分支，也与《菱湖辛氏族谱》的相关记载吻合。

辛弃疾在《永遇乐·戏赋辛字送十二弟赴调》里也曾提及他的"家谱"，词的上阕写道："烈日秋霜，忠肝义胆，千载家谱。得姓何年，细参辛字，一笑君听取。艰辛做就，悲辛滋味，总是辛酸辛苦。更十分，向人辛辣，椒桂捣残堪吐。"他考察了辛氏家谱后，发现辛家多具"忠肝义胆"的先贤，经历了无数的"辛酸辛苦"。据吴企明《辛弃疾词校笺》，此词作于庆元六年。巧合的是，陆九渊和朱熹序都署庆元六年。所以，笔者推测辛弃疾作《济南辛氏宗图》亦在庆元六年前后。辛弃疾后人修谱时，把题朱熹、陆九渊的序也署在庆元六年。

辛弃疾的《济南辛氏宗图》原书不存，但《菱湖辛氏族谱》所载《肇周大夫甲公后迁居陇西源流之图》应来源于辛弃疾的《济南辛氏宗图》。该谱又有明万历二年（1574）稼轩十六世孙辛鼎梅《辛氏通谱侨居录》，开篇说：

> 稼轩公所著《宗图》，肇自周太史辛甲公以来，传历宋景德间大理评事惟叶公，凡五十一世，至稼轩公又五世矣。自稼轩公迄今四百三十馀年，传世既久，旧谱朽腐，虽尝录修，屡毁兵火，兹访同宗，证以《宗图》，虽有晦庵、象山、叠山或序或记，或碑铭书稿，其间文亦残缺，但别集可考，故得全文。

辛鼎梅说辛弃疾《宗图》，肇自周朝的辛甲，历五十一世到辛弃疾济南始祖辛惟叶。古人修谱，以三十年为一世，五十一世，共一千五百多年，正与辛弃疾所说的"千载家谱"相吻合。

《菱湖辛氏族谱》卷一《肇周大夫甲公后迁居陇西源流之图》，起于周代辛甲。为便浏览，先将其世系源流图示如下（图1）：

甲 →（曾孙）俞 → 董 →（后人）廖 →（后人）胜 →（曾孙）蒲 →（曾孙）柔

武贤 → 庆忌

茂　　　遵　　　通

缄
述

（后人）汉 → 毗 → 敞　　　孟孙 → 伯真 → 孟兴　　恩 → 焉
　　　　　　　　　　　　　　　　　　　　　　　　殷 → 怡

寅　　　裕　　　胥　　　谧　　　普洪

（五世孙）晁

敬　　　阐　　　季恭　　　　　　　勉　　　　　宾

树宝　　　灵宝　　　　　　　深　　　　　（孙）明

环　　　　徽　　　　　　绍先

悠　　俊　　术　　季庆　　　凤达　　　　　凤穆

问卿　　衡卿　　公义　　　推　　　　　　馥

郁　　亮　　融　　祥　　少雍　　　德源

（十八世孙）惟叶　　元搏　　士逊　　素臣

（孙）玄驭

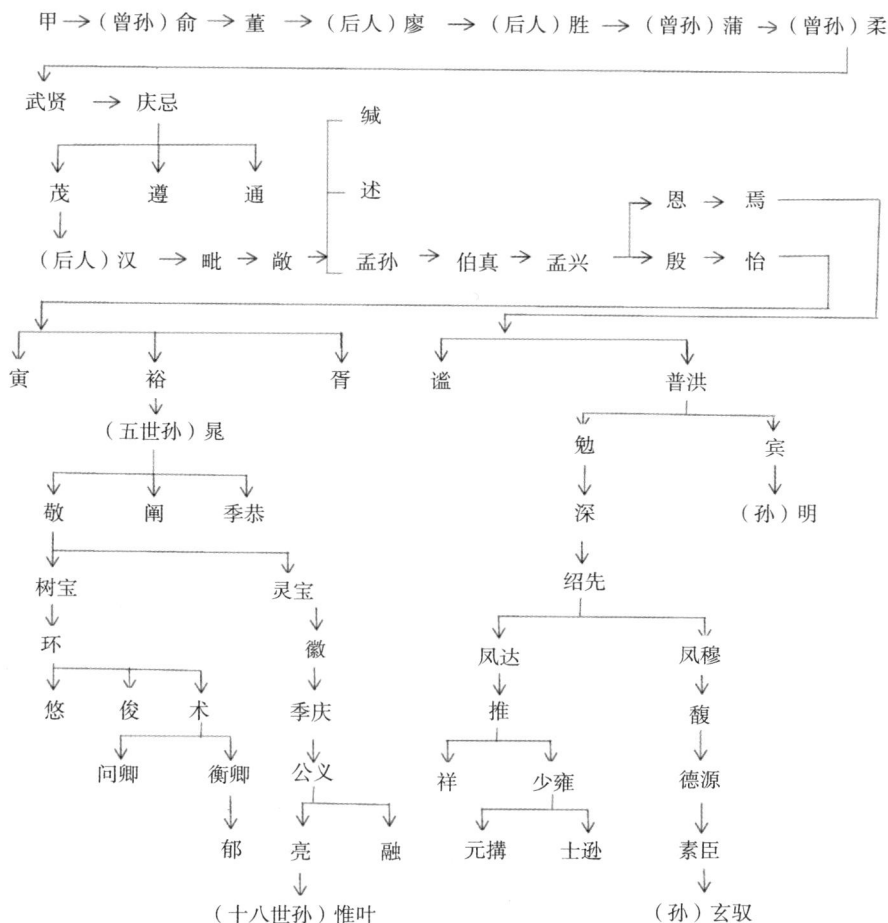

图 1　陇西辛氏世系源流图

上图依辛弃疾《济南辛氏宗图》制作。辛鼎梅说《济南辛氏宗图》原有五十一世，今仅存二十六世祖先的名字。

二、陇西狄道的辛氏世家与济南辛氏之关系

陇西辛氏世系，为辛弃疾祖籍地陇西狄道的先辈。下面考证上述辛氏世系有关人物及其关系，以见《菱湖辛氏族谱》所载诸先贤于史有征，信而有据。

辛氏始祖辛甲及早期先祖辛廖，有出土文献可证。1975年山西省太原市南郊太堡砖厂出土的北魏《魏故征虏安定王长史义阳太守辛府君墓志铭》曰："君讳祥，字万福，陇西狄道人。长源缅邈，峻绪婵联。辛甲以正谏归文，世为卿尹；有廖以明监先识，再美春秋……七世祖怡，晋幽州刺史。"① "廖"即春秋时代的辛廖。

辛廖后人辛胜，《菱湖辛氏族谱》误作"腾"，繁体"腾"与"勝"形近，因误。辛胜为秦将军，与大将王翦齐名。《史记·秦始皇本纪》载有其事："二十年，燕太子丹患秦兵至国，恐，使荆轲刺秦王。秦王觉之，体解轲以徇，而使王翦、辛胜攻燕。燕、代发兵击秦军，秦军破燕易水之西。"②

汉初迁居陇西狄道的辛蒲及其曾孙辛柔，《新唐书·宰相世系表》亦有记载：

> 辛氏出自姒姓。夏后启封支子于莘，"莘""辛"声相近，遂为辛氏。周太史辛甲为文王臣，封于长子。秦有将军辛腾，家于中山苦陉。曾孙蒲，汉初以豪族徙陇西狄道。曾孙柔，字长泛，光禄大夫、右扶风都尉、冯翊太守。四子：临、众、武贤、登翁。武贤，破羌将军。生庆忌，左将军、光禄大夫、常乐公。生子产，豫章太守。曾孙茂，后汉成义将军、酒泉太守、侍中，三子：缄、述、孟孙。孟孙生长水校尉伯真。伯真二子：孟兴、叔兴。孟兴二子：恩、殷。恩生子馬。子馬三子：寅、裕、胥。③

这段记载，与《菱湖辛氏族谱》所述世系大体相近，谓秦有将军辛腾（应作"胜"），其曾孙为辛蒲，辛蒲的曾孙辛柔，辛柔之子辛武贤，辛武贤之子辛庆忌，都与辛氏族谱相同。然谓庆忌之子辛产，辛产曾孙辛茂，则与辛氏族谱不同。《菱湖辛氏族谱》载庆忌生三子，为辛通、辛遵、辛茂。按，《新唐书》所载有误，而《菱湖辛氏族谱》所载为实。《汉书·辛庆忌

---

① 代尊德：《太原北魏辛祥墓》，载《考古》编辑部编《考古学集刊》第1期，中国社会科学出版社1981年，第199页。

② 司马迁：《史记》卷六，中华书局1959年，第233页。

③ 欧阳修、宋祁：《新唐书》卷七十三，中华书局1975年，第2879—2880页。

传》载：

> 庆忌居处恭俭……年老卒官。长子通为护羌校尉，中子遵函谷关都尉，少子茂水衡都尉出为郡守，皆有将帅之风……及吕宽事起[1]，莽诛卫氏。两甄构言诸辛阴与卫子伯为心腹，有背恩不说安汉公之谋。于是司直陈崇举奏其宗亲陇西辛兴等侵陵百姓，威行州郡。莽遂按通父子、遵、茂兄弟及南郡太守辛伯等，皆诛杀之。辛氏繇是废。庆忌本狄道人，为将军，徙昌陵。昌陵罢，留长安。[2]

《汉书》明谓辛庆忌"三子"通、遵、茂，皆有"将帅之风"，后满门为王莽诛杀。辛氏家族遭到重创。由此可见，《菱湖辛氏族谱》所言比《新唐书》所载更可信。

《新唐书》又谓辛茂"三子：缄、述、孟孙"，亦误。据《菱湖辛氏族谱》，茂之后人为辛汉，汉之子辛毗，毗之子辛敞，辛敞三子：缄、述、孟孙，即是说，缄、述、孟孙为辛茂之裔孙，而非儿子。辛茂在元始三年（3）吕宽事件中为王莽所诛，缄、述、孟孙是辛茂后人侥幸逃脱至颍川阳翟的孙辈，时间相距二百多年（详下）。

---

[1] 吕宽事件，在元始三年（公元3年）。《汉书·何武传》："元始三年，吕宽等事起。时大司空甄丰承莽风指，遣使者乘传案治党与，连引诸所欲诛，上党鲍宣、南阳彭伟、杜公子、郡国豪桀坐死者数百人。武在见诬中，大理正槛车征武，武自杀。众人多冤武者，莽欲厌众意，令武子况嗣为侯，谥武曰刺侯。莽篡位，免况为庶人。"《楼护传》："元始中，王莽为安汉公，专政，莽长子宇与妻兄吕宽谋以血涂莽第门，欲惧莽，令归政。发觉，莽大怒，杀宇，而吕宽亡。宽父素与护相知，宽至广汉过护，不以事实语也。到数日，名捕宽诏书至，护执宽。莽大喜，征护入为前辉光，封息乡侯，列于九卿。"《王莽传》："莽子宇，非莽隔绝卫氏，恐帝长大后见怨。宇即私遣人与宝等通书，教令帝母上书求入。语在《卫后传》。莽不听。宇与师吴章及妇兄吕宽议其故，章以为莽不可谏，而好鬼神，可为变怪以惊惧之，章因推类说令归政于卫氏。宇即使宽夜持血洒莽第门，吏发觉之，莽执宇送狱，饮药死。宇妻焉怀子，系狱，须产子已，杀之。莽奏言：'宇为吕宽等所诖误，流言惑众，与管、蔡同罪，臣不敢隐其诛。'甄邯等白太后下诏曰：'夫唐尧有丹朱，周文王有管、蔡，此皆上圣亡奈下愚子何，以其性不可移也。公居周公之位，辅成王之主，而行管、蔡之诛，不以亲亲害尊尊，朕甚嘉之。昔周公诛四国之后，大化乃成，至于刑错。'"（班固撰，颜师古注：《汉书》，中华书局1962年，第3487—3488、3707—3708、4065页）

[2] 班固撰，颜师古注：《汉书》卷六九，中华书局1962年，第2997—2998页。

辛毗，三国时官魏侍中。《三国志·魏书·辛毗传》曰：

> 辛毗，字佐治，颍川阳翟人也。其先建武中，自陇西东迁。毗随兄评从袁绍。太祖为司空，辟毗，毗不得应命。及袁尚攻兄谭于平原，谭使毗诣太祖求和……文帝践阼，迁侍中，赐爵关内侯……青龙二年，诸葛亮率众出渭南。先是大将军司马宣王数请与亮战，明帝终不听。是岁恐不能禁，乃以毗为大将军军师，使持节；六军皆肃，准毗节度，莫敢犯违。亮卒，复还为卫尉。薨，谥曰肃侯。子敞嗣，咸熙中为河内太守。①

据知辛毗是三国魏时颍川阳翟（今河南禹州）人。汉光武帝建武（25—55）中，其先祖因吕宽案被族诛，故从陇西东迁至中原阳翟。青龙二年（234）诸葛亮去世后，辛毗亦卒。

《三国志》又载辛毗之子名敞，此又与《菱湖辛氏族谱》相合。辛敞咸熙（264—265）中为河内太守，官至卫尉。辛敞姊宪英，有卓识，嫁羊耽（羊祜为其从侄），宪英外孙夏侯湛曾为立传。《三国志·魏书·辛毗传》引《世语》曰：

> 敞，字泰雍，官至卫尉。毗女宪英，适太常泰山羊耽，外孙夏侯湛为其传曰："宪英聪明有才鉴。初，文帝与陈思王争为太子，既而文帝得立，抱毗颈而喜曰：'辛君知我喜不？'毗以告宪英，宪英叹曰：'太子代君主宗庙社稷者也。代君不可以不戚，主国不可以不惧，宜戚而喜，何以能久？魏其不昌乎！'弟敞为大将军曹爽参军。"②

《晋书》卷九十六《羊耽妻辛氏传》亦载其事。③

据《菱湖辛氏族谱》卷一载，辛敞三子：缄、述、孟孙，孟孙子伯真，伯真子孟兴。孟兴二子：恩、殷。恩生焉（《元和姓纂》卷三作"子焉"）④，焉生三子：寅、裕、胥。裕五代孙晃，晃子敬宗（《菱湖辛氏族谱》

---

① 陈寿撰，裴松之注：《三国志》卷二五，中华书局1959年，第695—699页。
② 陈寿撰，裴松之注：《三国志》卷二五，中华书局1959年，第699页。
③ 房玄龄等：《晋书》卷九十六，中华书局1974年，第2508页。
④ 林宝撰，岑仲勉校记：《元和姓纂》卷三，中华书局1994年，第355页。

原作"敬",《北史·辛雄传》和《元和姓纂》俱作"敬宗",是)①,敬宗二子:树宝、灵宝。树宝之子琛,琛生三子:悠、俊、术。术二子:问卿、衡卿,衡卿之子郁。此亦与《元和姓纂》卷三所载陇西狄道辛氏世系大体相合:"孟兴,二子:恩、殷。恩生子焉,子焉生寅、裕。"②"裕五代孙晁,生敬宗、阐、季恭。敬宗曾孙术,北齐吏部尚书,生衡虞(校记作'衡卿',是),唐太常丞。衡虞生郁,礼部尚书。"③

辛晁,《晋书·秃发傉檀传》曾略载其为人:

傉檀遣其将文支讨南羌、西虏,大破之……兴凉州刺史王尚遣辛晁、孟祎、彭敏出迎……敏曰:"凉土虽弊,形胜之地,道由人弘,实在殿下。段懿、孟祎,武威之宿望;辛晁、彭敏,秦陇之冠冕。"④

知辛晁为秦陇名流。

辛晁之子敬宗,敬宗之子树宝、灵宝,树宝之子琛,史传有记载。《北史·辛雄传》载:

辛雄字世宾,陇西狄道人也。父畅,字幼达,大将国咨议参军,汝南、乡郡二郡太守……雄族祖琛。琛字僧贵。祖敬宗,父树宝,并代郡太守。⑤

辛树宝之弟灵宝,《元和姓纂》岑仲勉校记曾提及:"据《新表》:'灵宝生徽,徽生季庆,季庆生公义。'"⑥

辛灵宝子徽、徽子季庆(族谱作"贵庆")、季庆子辛公义,《北史·辛公义传》亦有明载:

辛公义,陇西狄道人也。祖徽,魏徐州刺史。父季庆,青州刺

---

① 李延寿:《北史》卷五十,中华书局 1974 年,第 1817 页;林宝撰,岑仲勉校记:《元和姓纂》卷三,中华书局 1994 年,第 357 页。

② 林宝撰,岑仲勉校记:《元和姓纂》卷三,中华书局 1994 年,第 355 页。

③ 林宝撰,岑仲勉校记:《元和姓纂》卷三,中华书局 1994 年,第 357 页。

④ 房玄龄等:《晋书》卷一百二十六,中华书局 1974 年,第 3149 页。

⑤ 李延寿:《北史》卷五十,中华书局 1974 年,第 1817—1821 页。另参见杜斗城:《汉唐世族陇西辛氏试探》,《兰州大学学报》1985 年第 1 期。

⑥ 林宝撰,岑仲勉校记:《元和姓纂》卷三,中华书局 1994 年,第 358 页。

史……丁母忧，未几起为司隶大夫，检校右御卫武贲郎将。从征至柳城郡卒。子融。①

辛公义有二子：亮、融。《北史》《隋书》仅载辛融②，失载辛亮。而《元和姓纂》卷三则载有辛亮和辛融："敬宗次子灵宝，曾孙公义，隋司隶大夫，生亮、融。亮，唐侍御史；融，户部员外郎。"③

上述世系，历经千百年数十代，应非家族相传，而是据史籍搜罗而得。不是辛弃疾这样精通文史者，很难做到如此言必有据，信而有征。

济南辛氏始祖，是辛亮的十八世孙辛惟叶。《菱湖辛氏族谱》卷一《陇西派下支分济南之图》"亮公十八世孙"④下载：

第一世：惟叶公，大理评事，室王氏。生子一：师古。

第二世：师古公，儒林郎，室郇氏，生子一：寂。

第三世：寂公，宾州司理参军，室胡氏，生子一：赞。

第四世：赞公，朝散大夫陇西郡开国男、亳（原误作"亮"）州谯县令、知开封府，赠朝请大夫，室崔氏夫人，陇西郡君（原误作"居"）。生子一：文郁。

第五世：文郁公，赠中散大夫，室孺氏，封令人。生子一：幼安。

第六世：幼安公，讳弃疾，行第一，号稼轩，宋绍兴十年庚申五月十一日卯时生，开禧丁卯年九月初十日卒，葬洋源。室赵氏，再室范氏，三室林氏。生九子：稹、秬、秠、穮、穰、穟、秸、褒，女二：长穏、幼穉。⑤

据族谱可知，辛弃疾的五世祖辛惟叶，是隋末辛亮的十八世孙，北宋真

---

① 李延寿：《北史》卷八十六，中华书局1974年，第2884—2885页；又见魏徵、令狐德棻：《隋书》卷七十三《辛公义传》，中华书局1973年，第1681—1683。

② 李延寿：《北史》卷八十六，中华书局1974年，第2885页；魏徵、令狐德棻：《隋书》卷七十三《辛公义传》，中华书局1973年，第1683页。

③ 林宝撰，岑仲勉校记：《元和姓纂》卷三，中华书局1994年，第357页。

④ 辛苏：《菱湖辛氏族谱》卷一《源流总图》也说："亮公，侍御。一十八世孙惟叶公迁济南。"

⑤ 辛苏：《菱湖辛氏族谱》卷一，辛弃疾子女，参辛更儒所考（辛更儒：《辛弃疾集编年笺注》，第1861页）。

宗景德年间由陇西狄道迁居济南。上引《菱湖辛氏族谱》载明万历二年辛鼎梅说：

> 稼轩公所著《宗图》，肇自周太史辛甲公以来，传历宋景德间大理评事惟叶公，凡五十一世，至稼轩公又五世矣。

上述辛弃疾五世祖先，因官微位低，不见载于史书。唯辛赞对辛弃疾影响很大，故辛弃疾在《美芹十论》中有深情回忆[1]，而对其父辛文郁则鲜有提及。或文郁离世过早，故辛弃疾对其印象不深。

辛弃疾的济南五世世系，辛启泰《稼轩先生年谱》曾据《济南辛氏谱》和《铅山辛氏谱》录入：

> 始祖惟叶，大理评事，由狄道迁济南。
>
> 高祖师古，儒林郎。
>
> 曾祖寂，宾州司户。
>
> 祖赞，朝散大夫，陇西郡开国男、亳州谯县令、知开封府，赠朝请大夫。
>
> 父，文郁，赠中散大夫。[2]

1939年，邓广铭撰《辛稼轩年谱》，因未能得见《济南辛氏谱》和《菱湖辛氏族谱》，仅照录辛启泰《稼轩先生年谱》世系。今据《菱湖辛氏族谱》，居然考明了辛弃疾祖上数十代世系，何幸如之！何乐如之！

三、辛弃疾祖上的武将血统

考实了陇西狄道辛氏世系，再来考察陇西辛氏曾涌现的将军，以看辛弃

---

[1] 辛弃疾《美芹十论》云："臣之家世，受廛济南，代膺阃寄，荷国厚恩。大父臣赞，以族众拙于脱身，被污虏官。留京师，历宿、亳，涉沂、海，非其志也。每退食，辄引臣辈登高望远，指画山河，思投衅而起，以纾君父所不共戴天之愤。尝令臣两随计吏，抵燕山，谛观形势。谋未及遂，大父臣赞下世。"（辛更儒：《辛弃疾集编年笺注》，第216页）。

[2] 辛启泰：《稼轩先生年谱》，吴洪泽、尹波主编：《宋人年谱丛刊》，四川大学出版社2002年，第6579页。辛启泰《稼轩先生年谱跋》云："从铅山得公手辑《济南辛氏谱》及《铅山辛氏谱》。"（《宋人年谱丛刊》，第6587页）据知其辑录世系之所本。

疾所言"家本秦人真将种"是否属实。

秦代辛胜作为武将，已见上引《史记·秦始皇本纪》。

汉代辛武贤，是以武略著称的破羌将军，《后汉书·杜笃传》载：

> 笃之外高祖破羌将军辛武贤，以武略称。（《前书》：武贤，狄道人，为破羌将军，以勇武称，左将军庆忌之父。）笃常叹曰："杜氏文明善政，而笃不任为吏；辛氏秉义经武，而笃又怯于事。外内五世。至笃衰矣！①

辛武贤之子辛庆忌，是汉代的车骑将军。庆忌所生三子，亦有将帅之风。《汉书·辛庆忌传》曰：

> 辛庆忌，字子真，少以父任为右校丞，随长罗侯常惠屯田乌孙赤谷城，与歙侯战，陷陈却敌……成帝初，征为光禄大夫，迁左曹中郎将，至执金吾。始武贤与赵充国有隙，后充国家杀，辛氏至庆忌为执金吾，坐子杀赵氏，左迁酒泉太守。岁余，大将军王凤荐庆忌"前在两郡著功迹，征入，历位朝廷，莫不信向。质行正直，仁勇得众心，通于兵事，明略威重，任国柱石。父破羌将军武贤显名前世，有威西夷。臣凤不宜久处庆忌之右。"乃复征为光禄大夫、执金吾。数年，坐小法左迁云中太守，复征为光禄勋……长子通为护羌校尉，中子遵函谷关都尉，少子茂水衡都尉，出为郡守，皆有将帅之风……庆忌本狄道人，为将军，徙昌陵。昌陵罢，留长安。②

《汉书》称"武贤父子，虎臣之俊"③，并以"勇武"将辛武贤、庆忌父子与李广、李蔡等并称。

> 赞曰：秦汉已来，山东出相，山西出将……汉兴，郁郅王围、甘延寿、义渠公孙贺、傅介子，成纪李广、李蔡，杜陵苏建、苏武，上邽上官桀、赵充国，襄武廉褒，狄道辛武贤、庆忌，皆以勇武显闻。苏、辛父子著节，此其可称列者也，其余不可胜数。何则？山西、天水、陇西、安定、北地处势迫近羌胡，民俗修习战备，高上勇力鞍马骑射。故《秦

---

① 范晔撰，李贤等注：《后汉书》卷八十上，中华书局 1965 年，第 2609 页。
② 班固撰，颜师古注：《汉书》卷六十九，中华书局 1962 年，第 2996—2998 页。
③ 班固撰，颜师古注：《汉书》卷一百下，《汉书》，中华书局 1962 年，第 4259 页。

诗》曰："王于兴师，修我甲兵，与子皆行。"其风声气俗自古而然，今之歌谣慷慨，风流犹存耳。①

陇西民风习武尚勇，故辛家习染其风，世代传承勇武精神和武功兵法。西晋辛勉之父辛洪，为左卫将军。《晋书·辛勉传》载：

> 辛勉，字伯力，陇西狄道人也。父洪，左卫将军。勉博学，有贞固之操。怀帝世，累迁为侍中。②

辛洪（《菱湖辛氏族谱》卷一作"普洪"）父怡、祖殷、曾祖孟兴，子勉、孙深（《魏故征虏安定王长史义阳太守辛府君墓志铭》作"渊"③）、曾孙绍先。绍先子凤达，孙推，曾孙祥，与辛弃疾狄道祖先同出一支，辛孟兴为辛弃疾远祖（参图1）。

西凉有辛深为骁骑将军。《北史·辛绍先传》载：

> 辛绍先，陇西狄道人也。五世祖怡，晋幽州刺史。父深，仕西凉为骁骑将军。及凉后主歆与沮渠蒙逊战于蓼泉，军败，失马，深以所乘授歆，而身死于难，以义烈见称西土……皇兴中，薛安都以彭城归魏。时朝廷欲绥安初附，以绍先为下邳太守。为政不甚噉察，举其大纲而已，唯教人为产御贼之备。及宋将陈显达、萧道成、萧顺之来寇，道成谓顺之曰："辛绍先未易侵也，宜共慎之。"于是不历郡境，径屯吕梁。卒于郡，赠并州刺史、晋阳侯，谥曰惠。④

辛深在激战中将所乘马让给凉后主，而自己身死于难，以"义烈见称"。上引辛弃疾《永遇乐》词说他辛氏"千载家谱"上多"烈日秋霜，忠肝义胆"之士，辛深正是这类人物。

北魏辛绍先和辛祥祖孙，卒后俱赠冠军将军。《魏书·辛绍先传》载：

> 辛绍先，陇西狄道人……太和十三年卒。赠冠军将军、并州刺史、

---

① 班固撰，颜师古注：《汉书》卷六十九，中华书局 1962 年，第 2998—2999 页。
② 房玄龄等：《晋书》卷八十九，中华书局 1974 年，第 2311 页。
③ 代尊德：《太原北魏辛祥墓》，载《考古》编辑部编《考古学集刊》第 1 期，中国社会科学出版社 1981 年，第 199 页。
④ 李延寿：《北史》卷二十六，中华书局 1974 年，第 953 页。

晋阳公，谥曰惠。子凤达，耽道乐古，有长者之名……凤达子祥，字万福……胡贼刘龙驹作逆华州，敕除祥华州安定王燮征虏府长史，仍为别将，与讨胡使薛和讨灭之。神龟元年卒，时年五十五①。永安二年，赠冠军将军、南青州刺史。②

辛祥长子琨为轻车将军，第三子贲为平东将军，第五子匡为龙骧将军。《魏书·孙绍先传》载：

长子琨，字怀玉，少聪敏。解褐相州仓曹参军。稍迁陈郡太守、轻车将军、济州征虏府长史。卒，年四十六。

琨弟怀仁③，武定末，长乐太守。

怀仁弟贲，字叔文。少有文学，识度沉雅。起家北中府中兵参军、员外散骑侍郎。建义初，修起居注。除济州抚军府长史。出帝时，转胶州车骑府长史，迁平东将军，太师、咸阳王坦开府长史……

贲弟烈，字季武……烈弟匡，字季政，颇有文学。永安初，释褐封丘令，加威烈将军。时经河阴之役，朝士多求出外，故匡为之。后除平远将军、符玺郎中。卒于龙骧将军、通直散骑侍郎，时年三十五。④

辛祥的叔父穆（《菱湖辛氏族谱》作"凤穆"），为征虏将军。《魏书·辛绍先传》载：

凤达弟穆，字叔宗，举茂才，东雍州别驾……除平原相……征为征

---

① 据《魏故征虏安定王长史义阳太守辛府君墓志铭》，辛祥卒于神龟三年（520），而非神龟元年："君讳祥，字万福，陇西狄道人也……曾祖渊，骁骑将军；曾祖亲冯翊郭氏，父雅，西都令。祖父绍先，下邳太守，赠使持节冠军将军、并州刺史、晋阳惠侯；祖亲马氏，父腾，西海太守。父凤达，并州中正。母武功蔡氏，父元达，扬烈将军、允街男；弟季仲，给事中。妻太原王氏，父翔，济州刺史。长息琨，字怀玉；第二息岳，字怀仁；第三息贲，字叔文；第四息烈，字季武；第五息匡，字季政。一女字孟半，适河东柳季和。神龟三年四月廿八日。"（代尊德：《太原北魏辛祥墓》，载《考古》编辑部编《考古学集刊》第1期，中国社会科学出版社1981年，第199页）

② 魏收：《魏书》卷四十五，中华书局1974年，第1025—1026页。

③ 据上引《魏故征虏安定王长史义阳太守辛府君墓志铭》，怀仁为字，名岳。《魏书》（第1026页）失其名，此可补史书之阙。

④ 魏收：《魏书》卷四十五，中华书局1974年，第1026—1027页。

虏将军、太中大夫，未发，卒于郡，年七十七。赠后将军、幽州刺史。①

隋代辛公义，为扫寇将军。《隋书·辛公义传》载：

> 辛公义，陇西狄道人也……建德初，授宣纳中士。从平齐，累迁掌治上士，扫寇将军。②

辛公义的从祖父辛琛（《菱湖辛氏族谱》作"环"），北魏时曾为伏波将军、龙骧将军。《魏书·辛雄传》载：

> 琛少孤，曾过友人，见其父母兄弟悉无恙，垂涕久之……景明中，为伏波将军、济州辅国府长史。转奉车都尉，出为扬州征南府长史。刺史李崇，多事产业，琛每诤折，崇不从，遂相纠举，诏并不问。后加龙骧将军，带南梁太守。③

辛琛的次子辛俊，卒赠征虏将军。《魏书·辛雄传》载：

> 长子悠，字元寿……悠弟俊，字叔义，有文才。东益州征虏府外兵参军。府主魏子建为山南行台，以为郎中，有军国机断。还京，于荥阳为人劫害。赠征虏将军、东秦州刺史。④

辛琛的族子珍之，西魏时历任中坚将军、征东将军、卫将军、骠骑将军。《魏书·辛雄传》载：

> 琛族子珍之，少有气力。太尉铠曹行参军，稍迁中坚将军、司徒录事参军、广州大中正……三年，除征东将军、行阳平郡事……兴和中，为卫将军、司徒司马。武定三年，除骠骑将军、北海太守。⑤

辛琛的族孙辛雄，北魏时历任前军将军、辅国将军、平东将军、镇南将军、镇军将军、卫将军、车骑大将军。《魏书·辛雄传》载：

> 辛雄，字世宾，陇西狄道人。父畅，字幼达，大将军咨议参军、汝南乡郡二郡太守……俄兼司州别驾，加前军将军……会右丞阙，肃宗诏

---

① 魏收：《魏书》卷四十五，中华书局 1974 年，第 1028 页。
② 魏徵、令狐德棻：《隋书》卷七十三，中华书局 1973 年，第 1681 页。
③ 魏收：《魏书》卷七十七，中华书局 1974 年，第 1701 页。
④ 魏收：《魏书》卷七十七，中华书局 1974 年，第 1701 页。
⑤ 魏收：《魏书》卷七十七，中华书局 1974 年，第 1702 页。

仆射、城阳王徽举人，徽遥举雄。仍除辅国将军、尚书右丞。寻转吏部郎中，迁平东将军、光禄大夫，郎中如故……三年，迁镇南将军、都官尚书、行河南尹。普泰时，为镇军将军、殿中尚书。又加卫将军、右光禄大夫、秦州大中正。太昌中，又除殿中尚书兼吏部尚书。寻除车骑大将军、左光禄大夫，仍尚书。永熙二年三月，又兼吏部尚书。于时近习专恣，请托不已，雄惧其谗愬，不能确然守正，论者颇讥之。①

辛雄从兄辛纂历任骁骑将军、辅国将军、中军将军。《魏书·辛雄传》载：

> 雄从父兄纂，字伯将。学涉文史，温良雅正。初为兖州安东府主簿……除骁骑将军，加辅国将军。纂善抚将士，人多用命……还镇虎牢。俄转中军将军、荥阳太守。②

综上所考，自西汉、西晋至北朝、隋代，陇西辛氏家族曾涌现出十二代十七位将军，这只是见诸正史者。博通经史的辛弃疾对家族史上涌现出的这些将军芳名及其事迹，无疑是熟知并引以为豪的。"家本秦人真将种"，不是炫耀，而是一种家族记忆、家族认同，辛弃疾的血液里流淌着先世将军们的勇武基因。

四、陇西狄道的政区沿革与甘肃康乐辛家集的辛氏故里

弄清了陇西狄道辛氏与济南辛弃疾祖上的关系，我们再来考察陇西狄道辛氏家族今属何地。史书所载辛公义的籍贯陇西狄道，有人说是今甘肃临洮③。作为行政区，狄道和临洮的辖区不断变化。我们先考察隋代辛公义的故里在当今什么地方，因为家族的原生居住地相对稳定。

据叶广隶和马涛的寻访和本地辛氏后裔的确认，辛庆忌、辛公义的陇西狄道故里，今为甘肃省康乐县康丰乡辛雍家村辛家集。笔者经过走访查证，

---

① 魏收：《魏书》卷七十七，中华书局 1974 年，第 1691—1698 页。
② 魏收：《魏书》卷七十七，中华书局 1974 年，第 1698—1699 页。
③ 如石珍主编《临洮人物传略》（临洮天一印刷包装责任有限公司 2008 年印内部资料）将辛庆忌、辛武贤、辛公义等收录为临洮人物。

也认为辛家集是陇西狄道辛氏故里，理据有三。

一是辛家集辛氏每逢清明祭祖，祭表中所列先祖都要提到辛公义。这是热心辛弃疾和家族文化研究的辛家集辛氏后裔辛仲平所告知的。祖先排位都是世代相传，应有可信度。辛仲平还说，辛家集原本有家谱，遗憾的是1943年发大水时被毁。祖辈相传，族谱记载了汉初至明朝年间的家族史，本族为辛公义后裔。

二是康乐辛氏祖陵，位于康乐县虎关乡关丰村范家坪，距辛家集三公里。2023年7月5日，我们实地考察辛氏祖陵，祖陵新立有辛蒲、辛武贤、辛庆忌墓碑。惜乎旧碑无存，否则，证据更坚确。

三是康乐辛家集有众多族人聚居，字辈排行不乱，至今有十辈之多。而临洮县无辛氏族人，康乐周边一百公里内没有大的辛氏聚落。

今人赵忠编著《积石访碑录》也认为康乐辛家集是陇西狄道辛氏故里。该书在辛祥墓志后注云："辛祥（464—518），字万福，祖籍陇西狄道，今属临夏州康乐县。康丰乡辛家集是其祖籍所在，祖茔墓丘尚存。"① 又在庾信《周上柱国宿国公河州都督普屯威神道碑》文末注："今临夏康乐县有辛家集，为诸辛之故里。该地历来大部时间属河州管辖，普屯威碑文亦谓其为河州人。普屯威原姓辛，北魏拓跋氏所赐之姓。原为魏将，后北周兴起，入周授上柱国，更加少傅，改封宿国公。"②

基本弄清了陇西狄道辛氏故里所在地，我们再来梳理陇西狄道政区的沿革，看辛家集是怎样从狄道演进到康乐的。

秦时置陇西郡，狄道为其属县，其地在今临洮。《汉书·地理志》：

陇西郡，秦置……县十一：狄道……③

《后汉书·郡国志》所载相同：

陇西郡，秦置。雒阳西二千二百二十里……狄道、安故、氏道。④

① 赵忠：《积石访碑录》，甘肃人民美术出版社2012年，第17页。
② 赵忠：《积石访碑录》，甘肃人民美术出版社2012年，第19页。
③ 班固撰，颜师古注：《汉书》卷二十八下，中华书局1962年，第1610页。
④ 范晔撰、李贤等注：《后汉书》卷二十三，中华书局1965年，第3516页。

晋惠帝时，置狄道郡，属秦州。《晋书·地理志》：

> 惠帝分陇西之狄道、临洮、河关，又立洮阳、遂平、武街、始兴、第五、真仇六县，合九县置狄道郡，属秦州。①

狄道，在唐代属临州。《旧唐书·地理志》：

> 临州，下，都督府。天宝三载，分金城郡置狄道郡。乾元元年，改为临州都督府，督保塞州，羁縻之名也。领县二……狄道，汉县，属陇西郡。晋改为武始县。隋复为狄道，属兰州。天宝三载复置。长乐，旧安乐县。乾元后，改为长乐。②

《新唐书·地理志》所载相同：

> 临州狄道郡，下都督府。天宝三载析金城郡之狄道县置。县二：狄道，下。长乐，下，本安乐，天宝后置，乾元后更名。③

狄道县，在今临洮；长乐，即今康乐县④。北宋狄道属熙州，置康乐寨。《宋史·地理志》：

> 熙州，上，临洮郡，镇洮军节度。本武胜军。熙宁五年收复，始改焉。寻为州……县一：狄道。中下。熙宁六年置，九年省。元丰二年复置。砦一：康乐。熙宁六年，置康乐城为砦。⑤

金源时，狄道、康乐同为临洮府属县。《金史·地理志》：

> 临洮府，中。宋旧熙州，临洮郡，镇洮军节度，后更为德顺军，皇统二年置总管府……县三、镇一、城一、堡四：狄道，镇一：庆平，城一：景骨。当川，堡一：通谷。康乐，堡三：渭源、临洮、南川，临宋界。⑥

元代将康乐县并入狄道县。《新元史·地理志》：

> 临洮府。金故府，属临洮路。元初，隶巩昌帅府。泰定元年，更置

---

① 房玄龄等：《晋书》卷十四，中华书局 1974 年，第 436 页。

② 刘昫等：《旧唐书》卷四十，中华书局 1975 年，第 1634 页。

③ 欧阳修、宋祁：《新唐书》卷四十，中华书局 1975 年，第 1042 页。

④ 谭其骧：《中国历史地图集·唐代卷》，中国地图出版社 1982 年，第 61—62 页。

⑤ 脱脱等：《宋史》卷八十七，中华书局 1977 年，第 2162 页。

⑥ 脱脱等：《金史》郑二十六，中华书局 1975 年，第 653—654 页。

临洮总管。旧领狄道、当川、康乐三县。元初，省当川、康乐二县入狄道。至元十三年，升渭原堡为渭源县。领县二：狄道，下；渭源，下。①明代依旧只有狄道而无康乐县。《明史·地理志》：

> 临洮府，洪武二年九月仍为府。领州二，县三。南距布政司千二百六十里。狄道，渭源。②

清代，置狄道州，属兰州府。《清史稿·地理志》：

> 兰州府：乾隆三年，徙临洮府来治，更名，以所隶河州、狄道、渭源三州县改属，升狄道为州，置皋兰县为府治，兼割巩昌府属之靖远隶之……领州二，县四。皋兰、狄道州。③

狄道州下辖康乐里，即今康乐县④。

民国间，今康乐县地属狄道县，1940年设康乐县，其后一度并入和政县。1961年，复置康乐县至今，属临夏州。新编《康乐县志》述其沿革甚详：

> 宋熙宁六年（1073）四月，王韶渡河击败木征修筑康乐城（今康丰乡道家村）、刘家川堡（今流川乡古城村）。五月，诏名康乐城为康乐寨，刘家川堡为当川堡，并隶河州。

> 明代，今县境设有基层行政组织"里、甲"，景古里、胭脂里、当川里属河州，康乐里属狄道州，沙马里属岷州。清初沿明制，同治十一年后，河、狄两州重划地界，南以今和政县松鸣岩，东以洮河，东南至新路坡为河、狄分界。

> 民国建立，今县地属狄道县西乡。民国21年（1932）6月10日，设涨西设治局（治所丰台堡）。翌年改为康乐设治局（治所新集堡）。民国29年设康乐县，厘定为五等县，隶属甘肃省第一行政督察专员公署。民国32年12月10日，甘肃省第九区行政督察专员公署在临洮县成立后，

---

① 柯劭忞：《新元史》卷四十八，《元史二种》，上海古籍出版社2012年，第244页。
② 张廷玉等：《明史》卷四十二，中华书局1974年，第1008页。
③ 赵尔巽等：《清史稿》卷六十四，中华书局1976年，第2110—2111页。
④ 呼延华国修，吴镇纂：《（乾隆）狄道州志》卷二《乡里》，《中国地方志集成·甘肃府县志辑》第11册，凤凰出版社2008年，第59页。

康乐为其所辖。1949 年 8 月 20 日康乐解放，属临夏区专员公署。1956 年 11 月 20 日，成立临夏回族自治州，为州所辖。1958 年 12 月 21 日，国务院决定撤销康乐县建置，并入和政县，1961 年 12 月 15 日，国务院决定恢复康乐县建置后至今，仍属临夏回族自治州，县治附城镇新治街。①

概括说来，唐代以前，狄道为县，或属陇西，或属临州，或属熙州。北宋在狄道分置康乐寨，金朝升康乐为县，元、明、清三代又将康乐并入狄道。直到 1940 年复设康乐县，其后一度被撤销，1961 年复县，属临夏回族自治州。

弄清楚了狄道与康乐的关系，还需要追问，狄道县在民国间改为临洮县，狄道县改名后，辛家集是属康乐县还是临洮县？康乐县政协副主席何正江祖上传存下来的几张晚清、民国间的地契，可以证明辛家集在晚清民国以来的归属。

第一份是光绪十三年（1887）十二月廿九日"狄道州正堂"签发的"西乡户民何俊林承种"土地"执照"。

第二份是光绪二十八年（1902）十二月"狄道州正堂"签发的"西乡腾字段户民何良弼承种"土地"执照"。

第三份是民国十四年（1925）四月初二日"狄道"下属的"西乡致字段户民何润生承领山地贰拾亩""执照"。上面有"狄道州印"，表明民国十四年作为政区的"狄道州"还存在。

第四份是民国廿七年（1938）正月二十六日何仲学买地的"买契"，上盖"康乐设治局"印。表明此前，"狄道州"已撤销，其地改属康乐设治局。这跟上述《康乐县志》所说民国廿二年（1933）设立"康乐县设治局"完全吻合。

第五份是民国廿九年（1940）五月十三日何仲岳在辛家集购买地基的"买契"，印章还是"康乐设治局"。

---

① 康乐县志编纂委员会编：《康乐县志》，生活·读书·新知三联书店 1995 年，第 28 页。

第六份是民国三十五年（1946）四月颁发的"甘肃省康乐县田赋粮食管理处印发卖契本契"，地块"坐落辛家集"，出让人为何仲学，受让人是何仲岳。

第七份是1953年4月23日发放的"甘肃省康乐县土地房产所有证"，房主是"第一区康城乡辛家村居民何四十七"。

何俊林、何良弼、何润生、何仲学、何仲岳等都是今康乐县康丰乡辛家集人，他们买卖的土地、地基，都在辛家集。从上述地契所辖政区的名称看，1933年狄道州改为临洮县后，辛家集隶属康乐县，而不属临洮县。

综上所考，辛弃疾的济南始祖辛惟叶，是北宋真宗景德年间从陇西狄道迁来的。辛弃疾的祖籍地是今康乐县康丰乡辛家集。弄清了辛弃疾的祖籍地，就可以明白辛弃疾为何自称"生长西北"、为啥自诩"家本秦人真将种"；弄清了辛弃疾家族在唐以前世代为将，就明白辛弃疾熟读兵书、武功高强、智勇双全，是来源于他的家族基因和家族传统。

山东大学第一任校长唐绍仪

| 蒋秀丽 | *

　　唐绍仪（1862—1938），字少川，广东香山（今珠海）人，清末民初著名政治活动家、外交家，山东大学第一任校长。

　　唐绍仪是中国近代史上比较复杂的人物，出身买办家庭，幼年即学习英语，青少年时期留学美国，归国后先后奉命前往朝鲜任职，回国后调任山东办理洋务，协助袁世凯创办山东大学堂并出任第一任校长，之后历任天津海关道、外务部右侍郎、奉天巡抚、民国首任内阁总理等。外交上，他为弱小的中国在国际社会中争取了发展空间，也为他个人在中国的外交界开创出一片新天地。他在教育上的贡献是创办了山东大学堂，为山东的高等教育发挥了首创作用。民国时期，他坚持民主与共和，与袁世凯分道扬镳后先后致力于反袁与护法运动，促成了南北和谈，促进了清帝退位和中华民国成立。

一、在朝鲜的外交作为

　　清末一连串不平等条约签订，越南及朝鲜等藩属国相继落入了法、日的辖制，在列强交相侵夺中国利权等外来冲击纷至沓来的时代巨流中，苦于寻求生存发展空间的中国亟需一位能以国家利益为主、严守中国外交底线、熟

---

　　*　蒋秀丽，山东大学图书馆副研究馆员。

谙洋人思考模式且能与其对话甚至分庭抗礼的老练而灵敏的外交家与政治家。唐绍仪便是在这错综动荡的时代背景之下卓然出众的一位特殊人才。

1862 年 1 月 2 日，唐绍仪出生于广东香山，其父唐巨川从事茶叶出口生意，其叔父是中国近代著名的买办唐廷枢。唐廷枢早年就读于香港马礼逊学校，与此后游学美国首获学士学位的容闳为同学。1870 年，容闳向清廷提出选派幼童官费赴美留学的教育计划，并得到批准。唐绍仪于 1871 年进入上海出洋预备学校接受语文训练，1874 年前往美国，属于第三批留美幼童。唐绍仪抵达后居住于美国家庭中学习英文，并进入当地中学就读，中学毕业后曾先后进入哥伦比亚大学及纽约大学。1881 年，由于清政府总理衙门决定撤销留美教育处，唐绍仪在未取得学士学位的情况下返国，总计在美求学长达 7 年①。

1881 年，唐绍仪回国以后，改入天津水师附设的洋务学堂继续学习，之后在天津税务部门任职。1882 年，他以德国驻天津前领事穆德林的随员身份前往朝鲜襄助海关事务②。这时朝鲜仍系中国藩邦，但清政府在朝鲜的地位今非昔比③。随着日本兴起，朝鲜已成为日本扩张的第一目标，也成为中国外交的重点对象。清廷为了维护对朝鲜的宗主地位，派袁世凯总理朝鲜事宜。

1884 年 12 月，日本为扩大在朝鲜的侵略势力，一手策划了旨在推翻朝鲜现政权的朝鲜甲申政变④。受朝鲜政府之邀，驻朝清军联合朝军一举平息了这场政变⑤。唐绍仪与袁世凯正是因了这场政变相识并成为患难之交。

在这次政变中，朝鲜亲华高官穆麟德被亲日派打伤，避居海关公署。袁世凯前去探望穆麟德，恰巧唐绍仪正扛枪守卫在门口，其勃勃英姿、临危不

① 杨凡逸：《折冲内外：唐绍仪与近代中国的政治外交（1962—1938）》，东方出版社 2016 年，第 5 页。
② 苏力、胡运杰：《唐绍仪侄孙接受本刊记者专访民国首任总理辞职当县长》，《环球人物》2014 年第 22 期。
③ 丛昊学：《浅析唐绍仪出任民国首任内阁总理之原因》，《黑龙江史志》2013 年第 4 期。
④ 中国近代史丛书编写组：《中法战争》，上海人民出版社 1972 年，第 71 页。
⑤ 张兆敏：《晚清驻日公使的对日认识及外交实践（1877—1894）》，新华出版社 2018 年，第 128 页。

惧的气势与举动，给袁世凯留下了深刻印象，他从心里欣赏这位在兵变中仍忠诚保护官长的青年才俊，"唐之学识才具，深为袁所器重"①。"袁世凯和唐绍仪相识后，互相爱慕，两人感情极为融洽，结为盟友，彼此帮助，共求上进"②。

甲申政变之后，清廷任命袁世凯为驻朝鲜总理交涉通商大臣，还被赋予干预朝鲜外交的权力。由于袁世凯信任有加，唐绍仪在其麾下历任汉城公署英文翻译兼随办洋务委员③，成为当时仅次于袁世凯的第二号人物④。袁世凯称赞唐绍仪"优智略、明机宜，确有应变才"⑤。袁世凯两度不在朝鲜时，均由唐绍仪代理其职。

1891 年，袁世凯因母亲病重请假回国，期间，袁世凯推荐"唐绍仪忠直明敏，胆识兼优，熟悉韩情，请委令代理"⑥。为此，唐绍仪在朝鲜代理袁世凯之职长达 7 个多月。

1894 年，日本借东学堂起义，出兵朝鲜。袁世凯在驻朝期间一直与日本为敌，因此被日本视为一大障碍，日本欲除之而后快。为安全起见，袁世凯请调回国，并提出由唐绍仪代理其职获准，清廷电告袁世凯"将经手各事交唐守绍仪代办"⑦。日本人得知此消息后，密谋刺袁，唐绍仪闻讯后立即求救于英国驻朝公使朱尔典共同策划救袁。当晚，袁世凯改装易服，从使馆后门出走，"唐即夜半手持两枪两刀，乘着双马，护送袁世凯到江边，登上朱尔典所准备的英国兵舰"⑧安全踏上回国之途，二人患难与共，结下了深情厚谊。

---

① 张朴民：《北洋政府国务总理列传》，台湾商务印书馆 1984 年，第 10 页。

② 张联棻：《小站练兵与北洋六镇》，收入吴长翼编《八十三天皇帝梦》，文史资料出版社 1983 年，第 184 页。

③ 杨凡逸：《折冲内外：唐绍仪与近代中国的政治外交（1962—1938）》，东方出版社 2016 年版，第 5 页。

④ 张华腾：《袁世凯与唐绍仪关系述论》，《历史档案》1998 年第 2 期。

⑤ 顾廷龙、叶亚廉主编，陆凤章、虞信棠、汤中仁编：《李鸿章全集（二）电稿二》，上海人民出版社 1986 年，第 773 页。

⑥ 来新夏：《北洋军阀（五）》，上海人民出版社 1993 年，第 26 页。

⑦ 顾廷龙、叶亚廉主编，陆凤章、虞信棠、汤中仁编：《李鸿章全集（二）电稿二》，上海人民出版社 1986 年，第 788 页。

⑧ 苏同炳：《中国近代史上的关键人物》，百花文艺出版社 2013 年，第 531 页。

唐、袁两人可谓过命的交情，加之唐绍仪在代理交涉通商事宜中，亦能秉承袁世凯的一贯意志，坚决维护清政府对韩的宗主地位。在袁世凯保举下，唐绍仪越来越受重视。甲午战争之后，日本成了朝鲜的保护国，清廷与朝鲜的关系非常尴尬，但仍舍不得丢弃宗主国的面子，继续阻止朝鲜"欲居自主之国"。因此，清政府以唐绍仪"在韩年久，熟悉情形"，先派为朝鲜通商各口华民总商董，以应付交涉事宜。不久，改为朝鲜总领事官。唐绍仪在此困难时期，独任其难，竭力应付，维护清廷面子，受到了赞扬，并获"以道员遇缺即选，并加二品衔"的晋升。①

1898 年，唐绍仪因奔父丧回国，结束了在朝鲜近 16 年的外交生涯，因其在朝鲜展现的卓越能力而获得袁世凯的拔擢，返国后仍继续受到袁世凯的重用。唐绍仪在朝鲜的这段经历为其在中国政治外交界奠定了成长和发展的基础，并使他一步步成为清末民初政坛尤其是外交上的重要人物。

二、创办山东大学堂

山东大学前身是创建于 1901 年的山东大学堂。1901 年 9 月 14 日，清政府为挽救危亡，决心兴学育才，变法自强，号令各省将省城书院改设大学堂，各府及直隶州书院改设中学堂，并多设蒙养学堂（即小学堂）。但各地究竟如何将书院改办新式学堂，并无先例。此时，作为山东巡抚的袁世凯正在家里休假。他看到皇帝的谕旨后，便立即组织人员起草《山东省城试办大学堂暂行章程折稿》，并于 1901 年 11 月 4 日上奏光绪皇帝，提出在山东创建山东大学堂。在上皇帝的奏折中，他阐述了书院改设大学堂的目的是"国势之强弱，视乎人才，人才之盛衰，原于学校。诚以人才者，立国之本，而学校者，又人才所从出之途也"②。奏请先在省城设立大学堂，设专斋、正斋、备斋，分斋督课，其中专斋相当于大学，正斋相当于中学，备斋相当于小学，还拟订

---

① 台湾"中央"研究院近代史研究所：《清季中日韩关系史料》1972 年，第 1462，3078，3358，3703 页。

② 王琪龙、赵爱国：《山东大学纪事（1901—2020）（上）》，山东大学出版社 2021 年，第 3 页。

了《山东大学堂章程》，分学堂办法、学堂条规、学堂课程及学堂经费 4 章，共计 96 节①。12 天后的 11 月 16 日，光绪帝在袁世凯上奏的《山东省城试办大学堂暂行章程折稿》上御笔朱批："知道了。政务处暨各该衙门知道。单并发。"② 25 日，清廷批准山东大学堂成立。同日，山东大学堂开学，校址设于济南泺源书院，成为继京师大学之后在各省最早兴办的官立大学堂③。

山东大学堂第一批招收新生 300 人，分专斋、正斋、备斋，学制 3—4 年。初创的山东大学堂，设总办 1 人，相当于校长，总理学堂一切事务。

自朝鲜共患难之后，唐绍仪成为袁世凯的智囊人物。袁世凯走到哪里就带唐绍仪到哪里。1899 年 12 月，袁世凯擢升山东巡抚的谕旨一下，便立即上奏朝廷："查有候补知府唐绍仪，血性忠诚，才识卓越。早在朝鲜，随臣办理交涉商务，十数年中，深资臂助。现在津榆铁路局供差，颇能抑制洋人，兴利革弊……饬将候补知府唐绍仪发往山东，交臣差遣委用，俾资得力，实亦有裨时局"④。1900 年 3 月，袁世凯招唐绍仪为幕府到山东，以道员身份任商务总局总办等职务，办理外交和商务⑤。唐绍仪到任以后，不负袁世凯厚望，迅速处理了极为棘手的教案赔款问题，为举办新政、推行教育创造了条件。为此，袁世凯特向清廷奏保："该员才识卓越，血气忠诚，谙练外交，能持大体，洵为洋务中杰出之员，环顾时流，实罕其匹，兹又议结巨案多起，未便没其劳绩，拟恳破格恩施，俯准将唐绍仪以道员交军机处记名简放藉资鼓励"⑥，清廷立即准奏。山东大学堂成立后，唐绍仪出任第一任校长（当时称

---

① 傅海伦：《山东天算史》，山东人民出版社 2018 年，第 280—282 页。

② 王琪龙、赵爱国：《山东大学纪事（1901—2020）（上）》，山东大学出版社 2021 年，第 3 页。

③ 山东大学校史编写组：《山东大学校史（1901—1966）》，山东大学出版社 1986 年，第 6 页。

④ 廖一中、罗真容：《袁世凯奏议（上）》，天津古籍出版社 1987 年，第 117 页。

⑤ 苏力、胡运杰：《唐绍仪侄孙接受本刊记者专访民国首任总理辞职当县长》，《环球人物》2014 年第 22 期。

⑥ 廖一中、罗真容：《袁世凯奏议（上）》，天津古籍出版社 1987 年，第 117 页。

管理总办)①。

此时的山东大学堂已经具有了中国近代意义上的高等学校特点。首先，山东大学堂具备了近代正规高等学校的体制和规模，学堂有校长等管理人员80人，各种教师110多人，还有美、英、德、日等外籍教师8人。其次，山东大学堂虽然没有像现在这样划分专业，但也有了本科和预科之分，将学制定为3—4年，还有严格的考试制度，考试不及格者不能毕业。再次，教学内容除经、史、子、集外，山东大学堂还开设了社会科学、自然科学和外语等20多门课程，虽然这些课程大多是基础课，但比起科举时代的八股文，已经是相当先进了。在唐绍仪的推动下，山东大学堂在建校的14年（1914年停办）中，培养了770多名具有现代科学知识的人才，并选送了59名留学生，其中到欧美留学的11人，到日本留学的48人②。

作为首任校长，唐绍仪对山东大学堂的规划和建设作出了贡献，对山东高等教育的发展起了首创作用。

三、维护中国领土与主权完整

在朝鲜，唐绍仪因其展现的卓越能力而获得袁世凯的拔擢，回国后继续受到袁世凯重用，并逐步在清末政坛中崛起。

1901年11月，清廷任命袁世凯为直隶总督兼北洋大臣。在未正式赴任之前，袁世凯面对一系列亟待解决的外交问题：直隶总督署衙天津还被八国联军"都统衙门"统治着；原在天津有租界的英、法、美、德、日等国要求扩大租界，而原在天津无租界的俄、意、奥、比等国则强烈要求开设租界。在多年的政治生涯中，袁世凯对唐绍仪已经形成了一种极度依赖的关系，因此，他的任命谕旨一下，就立即奏请朝廷，将"唐绍仪调随北上，以资差遣，而

---

① 王琪龙、赵爱国：《山东大学纪事（1901—2020）（上）》，山东大学出版社2021年，第5页。

②《山东大学校史》编写组：《山东大学校史（1901—1966）》，山东大学出版社1986年，第7—8页。

收臂助"①，并保奏唐绍仪接任天津海关道②，主管交涉和财政。实际上，唐绍仪已经成为袁世凯的左膀右臂，"逮返北洋，世凯倚之左右手"③。

唐绍仪赶赴天津以后，便立即着手开展收回天津的各项工作，并作为全权负责交接天津之要员，利用各国之间的矛盾，进行接收天津的各项谈判，并力保中外相安而又不致使国家权益受损。唐绍仪因其早年留学美国的教育背景，加上以往办理交涉事务的不凡表现，颇为洋人所敬佩，"各都统等均接见甚欢，听任华官在天津地方部署一切，并准各委员至该都统署，考查各司员所办之事"④，成功收回了天津。

1902 年 8 月 15 日，直隶总督袁世凯率唐绍仪等文武官员移驻天津，随后与各都统签字画押，彼此交割，正式接管了天津，并撤销了都统衙门，中国正式恢复了在天津的行政权。

收回天津之后，唐绍仪又分别与英、德交涉收回了关内外铁路关内段及津镇铁路北段路权的行政权与管理权，还通过谈判收回了秦皇岛口岸的主权，使清政府对天津的统治得以巩固，袁世凯在北洋的地位也趋于稳定。此时，唐绍仪实际上已成为北洋大臣的外交代表，承担着国家的外交重任。天津顺利交接，奠定了清政府对这一职务外交职能的高度重视，也成为唐绍仪在晚清政坛崛起的起点⑤。

唐绍仪杰出的外交才能，不仅深得袁世凯赏识，在朝野上下也声望极高，清政府对他十分重视。1904 年，英国在控制印度之后逐步蚕食西藏，旋即挥师拉萨，并迫使清朝驻藏大臣签署城下之盟。清政府在反复筹商后，决定任命天津海关道唐绍仪赴西藏全权议约，平息英国干涉。

1904 年 10 月 11 日，唐绍仪接到指示：改《英藏条约》为《英清条约》，

---

① 廖一中、罗真容：《袁世凯奏议（上）》，天津古籍出版社 1987 年，第 117 页。
② 袁世凯：《养寿园奏议辑要（第十一卷）》，文海出版社 1967 年，第 291—292 页。
③ 卞孝萱、唐文权：《辛亥人物碑传集》，团结出版社，1991 年，第 339 页。
④ 谭春玲：《晚清津海关道研究》，博士学位论文，华中师范大学 2012 年，第 156—161 页。
⑤ 谭春玲：《晚清津海关道研究》，博士学位论文，华中师范大学 2012 年，第 156—161 页。

凡有关条约于中国主权之事须格外留神勿有损失等①。在谈判中，唐绍仪以坚定的民族立场，灵活运用措辞，完全不提"主国""上国"等字句，而于其他条款中间接表示中国对西藏具有主权地位②，有理、有利、有节地反复论证中国对西藏拥有不容争辩的主权，驳斥了英国的侵略行径，使英国企图分裂我西藏的阴谋无以得逞。1906 年 4 月 27 日，双方在北京签订了《中英续订藏印条约》，规定："英国不占并藏境及不干涉西藏一切政治"；拉萨约内英国享有的权利，中国也能独享③。虽然这样中国仍有损失利益之处，但毕竟挽回了主权，使英方明确承认中国对西藏拥有主权，捍卫了领土完整。

四、推进民主共和

1908 年 11 月 14 和 15 日，光绪皇帝和西太后相继去世，清王朝的最高权力落在以摄政王载沣为首的满洲少壮派贵胄之手。1909 年初，载沣借口袁世凯患足疾将其开缺回籍。因袁世凯失势，唐绍仪失去了靠山，虽曾一度被授予邮传部尚书，但终因不得志而辞职，蛰居天津，静观局势演变，并暗中协助袁世凯部署逼退摄政王载沣的政治运作④。

1911 年 10 月 10 日，辛亥革命爆发，12 月 3 日，革命党宣布《中华民国临时政府组织大纲》21 条。腐朽的清廷别无选择，被迫起用袁世凯对付革命党。袁世凯施展其狡黠政治家的特有手段，一方面利用南方革命党人的声威，迫使清廷任命他为内阁总理大臣，将军政政权交给他，另一方面对革命党人软硬兼施，最终开启南北议和，也为唐绍仪东山再起提供了契机。

为了南北议和，袁世凯再次起用唐绍仪为谈判全权代表，并授意唐绍仪

① 谭春玲：《晚清津海关道研究》，博士学位论文，华中师范大学 2012 年，第 156—161 页。

② 北平外交史料编纂处：《清季外交史料（卷一九六）》，书目文献出版社 1987 年，第 89 页。

③ 李恩涵：《唐绍仪与晚清外交》，《"中央"研究院近代史研究所集刊》1973 年第 4 期（上册）。

④ 杨凡逸：《折冲内外：唐绍仪与近代中国的政治外交（1962—1938）》，东方出版社 2016 年，第 5 页。

除了"民主"二字，任何条件都可以让步："应避免战争，恢复秩序为原则，旨在避免国家分裂。至于君主制度，万万不可变更"①。

1911 年 12 月 18 日至 31 日，南北双方代表进行了 5 轮谈判，涉及停战、政体、国民会议等重大问题，其核心问题实际上是中国该实行民主共和制还是君主立宪制。谈判之初，以吴庭芳为代表的南方革命党坚持"推翻满清政府，确定共和政体"② 为条件，且坚定不移。北方的唐绍仪忠实地执行袁世凯的指示与南方针锋相对。

然而，唐绍仪毕竟是一位接受过西方教育的知识分子，在中国革命形势和革命党人的感召下，思想上发生了极大变化，逐步倾向共和。最终，他提出折中的办法，即召开国民大会决定民主制还是君主制，南方提出若袁世凯"赞成共和，当举为大总统"③，且南北双方达成协议。唐绍仪此策，实际上，一方面承认了共和政体，一方面又是为袁世凯着想，坚持"拥袁共和"方针。

但是，孙中山回国后，独立各省共举孙中山就任临时大总统。因此，袁世凯对南方的许诺产生了怀疑，便以所定协议"均未与本大臣商明，遽行签订"④ 为由，一律不算数，并迫使唐辞职，由他自己与南方"直接电商"。事实是，唐绍仪辞职以后并未离开，和袁世凯之间仍保持着密切联系，而且在谈判期间仍然继续发挥重要作用，和谈事宜仍由他经手。南北议和最终达成清帝退位，推举袁世凯为大总统的结局⑤，实际上仍是唐绍仪和吴庭芳协议中的本质内容。唐绍仪因得袁世凯信任充当了南北议和的使者，并为袁世凯获得大总统宝座不懈努力，南北实现了政治上的统一。

1912 年 3 月，唐绍仪出任中华民国第一任内阁总理。在总理任内，他力

---

① 中国人民政协会议全国委员会文史资料研究委员会：《辛亥革命回忆录（六）》，文史资料出版社 1963 年，第 357 页。

② 张华腾：《袁世凯与近代名流》，新华出版社 2003 年，第 123 页。

③ 杨凡逸：《折冲内外：唐绍仪与近代中国的政治外交（1962—1938）》，东方出版社 2016 年，第 5 页。

④ 中国人民政协会议全国委员会文史资料研究委员会：《辛亥革命回忆录（六）》，文史资料出版社 1963 年，第 357 页。

⑤ 姜伟：《唐绍仪与中国现代化——以任内阁总理期间为例》，《中北大学学报（社会科学版）》2005 年第 5 期。

图按照共和政体要求去实施总理职能，并采取各种措施维护刚刚诞生的民主共和制度，"事事咸恪遵约法"①。5月，唐绍仪和阁员们提出了施政方案，内容包括政治、经济、工商、军事、外交、财政、司法、教育等各个方面②，目的是建设民主政治，推行资产阶级民主政治制度和资本主义生产、生活方式，改造和取代封建专制的政治制度和愚昧的社会风俗③。该方案明确显示了政府的进步性质和追求资产阶级民主改革、实现现代化的强烈愿望。该方案的公布，给长久压抑在封建专制下的中国人带来了民主的新空气，从此民主共和更加深入人心，并成为不可逆转的大潮流④。

而袁世凯大权独揽，只想以共和之名行专制之实，并采取各种手段分化、瓦解和打击革命党人，确立北洋势力在全国的统治，至于约法、内阁不过是有名无实的名词而已，对唐绍仪推行的责任内阁制、事事都遵守约法等做法甚为不满，在用人、财政、总理附署权等问题上，两人的裂痕加深，袁世凯渐渐失去了对唐的信任，最后竟怀疑"唐挟国民党以自重，有独树一帜之意"⑤，决心搞垮责任内阁。

为赶走唐绍仪，袁世凯一方面唆使陆军总长段祺瑞、内务总长赵秉钧架空唐绍仪，一方面通过借款案，从列强和反对党两方面给唐绍仪施加压力，又蓄谋制造了王芝祥"督直改委"事件，最终导致二人分道扬镳。

1912 年 6 月，直隶会议选举王芝祥为直隶都督，袁世凯不予承认，并抛开总理副署权，公布另任命令。副署制是《临时约法》规定的内阁特权，也是责任内阁的主要标志。唐绍仪见《临时约法》遭到破坏，"彻悟袁之种种行

---

① 冯自由：《唐少川之生平》，《革命逸史》第二辑，中华书局 1951 年，第 302 页。

② 姜伟：《唐绍仪与中国现代化——以任内阁总理期间为例》，《中北大学学报（社会科学版）》2005 年第 5 期。

③ 朱英：《辛亥革命与近代中国社会变迁》，华中师范大学出版社 2001 年，第 61—66 页。

④ 姜伟：《唐绍仪与中国现代化——以任内阁总理期间为例》，《中北大学学报（社会科学版）》2005 年第 5 期。

⑤ 岑学吕：《三水梁燕孙先生年谱》，文海出版社 1972 年，第 115 页。

为，存心欺骗民党"①，气愤难平，遂于6月15日愤然提出辞呈，退出政界，但却赢得了人们的尊重和敬仰，"唐总理为保障约法上副署之权，出最后之决心以争之，使民国开幕之内阁，不致留贻污点，养成尊重法律之美风，杜绝不当干涉之陋习。国人闻之当如何欣慰"②。

1913年二次革命时，唐绍仪曾电袁解职，以避免南北纷争③。1915年底，袁世凯逆历史潮流而动，恢复了帝制，天怒人怨，唐绍仪便加入了反袁斗争行列，并在筹安会为袁世凯称帝鸣锣开道之时，联合蔡元培等给袁世凯发电报让他"立即取消帝制野心，并辞职以谢天下"。1916年3月22日，袁世凯被迫宣布取消帝制，但却仍恬不知耻地以大总统自居。唐绍仪立即发电，劝袁世凯退位以谢国人："近阅报悉撤销承认帝制之令，而仍总统之职。在执事之意，以为自是可敷衍了事。第在天下人视之，咸以为廉耻道丧，为自来中外历史所无。试就真理窥测，今举国果有一笃信执事复能真践前誓，而真心拥护共和者乎？……唯一良策，则只有请执事以毅力自退，诚以约法上自有规定相当继承之人，亦正无俟张皇也"④。此举沉重打击了袁世凯，加速了其灭亡的步伐。不久，当了八十三天皇帝的袁世凯便在革命浪潮的汹涌澎湃中驾崩了。

唐绍仪一生为中国主权、外交权益以及推进民主共和作出了重要贡献。他前期从事外交事务，创办了山东大学堂，政绩斐然；后期转向共和阵营，促成中华民国诞生，并出任总理，维护共和体制；卸任后，积极反对帝制，支持孙中山的护法斗争，主张实行政党政治、合议制与联省自治，谋求和平统一中国。

---

① 苏力、胡运杰：《唐绍仪侄孙接受本刊记者专访民国首任总理辞职当县长》，《环球人物》2014年第22期。
②《唐总理出京原因》，《民立报》1912年6月22日第三版。
③ 李希泌、曾业英：《护国运动资料选编》（下），中华书局1984年，第638—639页。
④ 李希泌、曾业英：《护国运动资料选编》（下），中华书局1984年，第638—639页。

奠定山东大学一流地位的校长成仿吾

| 蒋秀丽 | *

成仿吾，我国无产阶级革命家、忠诚的共产主义战士、新文化运动的重要代表、无产阶级教育家、社会科学家。在革命年代，他曾任中共第一所高级干部学校——陕北公学校长，敌后抗日根据地第一所高等学府——华北联合大学校长，华北大学副校长，是唯一一个走完长征的大学教授。新中国成立后，他历任东北师范大学、山东大学、中国人民大学校长，为新中国高等教育事业作出了开创性的贡献。1958—1974 年，在山东大学工作了 16 年，为建设一流的综合性、有特色的山东大学作出了卓越贡献。

一、从科学救国到教育救国

成仿吾（1897—1984），原名成灏，笔名石厚生，湖南新化人，出生于书香世家。自幼在古学渊博的祖父的严格教导下熟读经书。其父嗜书如命，使他幼小心灵里渴望读书的愿望更加强烈。大哥酷爱读书，学习成绩总是名列前茅，又是同盟会员，给他树立了学习的榜样①。二哥专攻古学，成仿吾耳濡

＊ 蒋秀丽，山东大学图书馆副研究馆员。
① 张凯丽：《成仿吾的红色教育思想及实践研究》，硕士学位论文，浙江农林大学2016 年。

目染，为其深厚的古文造诣打下了良好的基础①。博览群书的优良家风培养了成仿吾刻苦钻研的好习惯。

（一）从科学救国到革命战士

成仿吾天资聪颖，自幼好学，4 岁发蒙于家学，8 岁求学于私塾。10 岁入学西门书屋，年龄最小，成绩最好。12 岁只身前往县城读官办小学。13 岁随哥哥去日本求学，一开始选择了富国强兵、科学救国的道路，精通了日、法、英、德、俄五种语言。1917 年，在东京帝国大学学习兵器制造，后来在求学过程中发现在当时的社会背景下，仅靠科学救国无门，于是投身于新文化运动，创办了创造社，先后出版了《创造季刊》《洪水》《创造月刊》等多种文学刊物，试图用文学唤醒民众，逐渐从文学革命转向革命文学。1924 年，成仿吾奔赴大革命中心广州，先后就职于广东大学和黄埔军校，这一时期，"他的思想处于激进的小资产阶级民主主义思想向无产阶级思想转变时期"②。

大革命失败后，成仿吾感到仅用文学作品教育青年和唤醒民众的革命意识是不够的，必须在中国共产党的领导下走革命的道路。为追寻革命真理，他离国赴欧，在巴黎和柏林精研马列主义，并于 1928 年在巴黎加入中国共产党，主编中共柏林、巴黎机关刊物《赤光》，还翻译了德文版的《共产党宣言》，完成了从文化人到革命战士的转变。

（二）从革命到建设时期的教育实践

1931 年回国后，成仿吾任鄂豫皖省委宣传部部长、省苏维埃文化委员会主席兼红安中心县委书记。1934 年 1 月到瑞金中央苏区参加全国苏维埃第二次代表大会，被选为苏维埃中央政府委员，并在中央宣传部和中央党校工作。从此，开始致力于党的教育事业，一生为党的教育事业呕心沥血。

1934 年 10 月，随中央红军参加长征，途中与徐特立同志一起任干部团政治教员。1935 年 10 月到达陕北后，任中央党校高级班教员、教务主任。

---

① 李秀玲：《成仿吾高等教育思想研究》，硕士学位论文，江西师范大学 2011 年。
② 宋荐戈、李冠英、张傲徽：《成仿吾教育实践与教育思想》，湖南教育出版社 1997 年，第 9 页。

1937 年 7 月，全面抗战爆发后，大批革命青年从全国各地奔赴延安。为了把这些青年培养成为优秀的抗战干部，中共中央决定在延安成立具有统一战线性质的干部学校——陕北公学，成仿吾任校长兼党委书记。

"陕北公学是属于中华民族的，因为他为着抗日救国而设……有了陕公，中国就不会亡！"① "文的有成仿吾，武的有周纯全，陕北公学是一定能够办好"②。成仿吾等不辜负党的期望和重托，经过几个月紧锣密鼓的筹备和建设，11 月 1 日，陕北公学成立。之后，全国各地青年接踵而来，在半年多的时间里就招收了 20000 多名学员。从 1937 年 11 月开学到 1939 年 7 月，陕北公学为抗战培养了 6000 多名干部，吸收了 3000 多名优秀分子加入中国共产党，成为中国教育史上的一大奇迹。

1939 年，为更大规模地培养华北敌后抗日根据地干部，陕北公学和鲁迅艺术学院等四校合并成立华北联合大学，成仿吾任校长兼党委书记。华北联合大学是在敌后办起的第一所高等学府。在此期间，成仿吾率领全体师生参加了 1941 年秋季的反扫荡，渡过了最困难的 1942 年。在残酷的敌后战场上，在进行反"扫荡"战争和与日寇的周旋中，"打起背包行军，放下背包上课"③，源源不断地为抗战输送新的坚强力量。六年中，华北联合大学培养了近 8000 名干部，加上经过该校短期培养即行分配的干部，总数在 1 万人以上，"在艰苦的条件下办大学，同人民一起战斗，这是历史的奇迹"。④

1948 年 6 月，为培养革命人才，华北联合大学与晋冀鲁豫区的北方大学合并成立华北大学。吴玉章任校长，范文澜和成仿吾任副校长，1949 年北平解放后迁校至北平。为贯彻中央敞开门办学的要求，成仿吾把办学重点放在短期政治训练班上，大量招收知识分子，为新中国北京地区大学的发展和新中国成立后高等教育的发展奠定了良好基础。

---

① 何立波：《红色教育家成仿吾》，《党史博览》2011 年第 3 期。
②《成仿吾传》编写组：《成仿吾传》，中共中央党校出版社 1988 年，第 116—175 页。
③ 何立波：《红色教育家成仿吾》，《党史博览》2011 年第 3 期。
④ 成仿吾：《战火中的大学——从陕北公学到人民大学的回顾》，人民教育出社 1982 年，第 18—22 页。

新中国成立后，为培养国家急需的经济、政治、外交等人才，华北大学、华北人民革命大学、政法干校合并成立中国人民大学，"开始了工人教育的新时期"①，成仿吾先后任副校长、校长，开始了他教育事业的新篇章，在继承解放区教育事业的基础上，发扬创造精神，为学校的发展贡献出了自己全部力量。

1958 年 8 月，成仿吾任山东大学校长兼党委书记，开始了 16 年的山东大学生涯。

二、在山东大学的卓越建树

山东大学是我国具有悠久历史的著名综合性大学，源于 1901 年的山东大学堂，自建校以来，随社会变革历经了晚清官办山东大学堂、民国时期的省立山东大学、私立青岛大学、国立青岛大学、国立山东大学、山东大学等不同的发展阶段，经历停办、重建、合校、搬迁多次变革，在曲折前进的道路上与国家同呼吸共命运，培养了大批治国兴邦之才，为中国高等教育的发展和各项建设作出了重要贡献。

新中国成立初期，遵照中央决定，山东大学与解放区的华东大学合并为新的山东大学，华岗任校长兼党委书记，设文、理、工、农、医五个学院，下设 18 个系，老树新枝，学校面貌呈现出一派勃勃生机，50 年代中期成为山东大学历史上最辉煌的时期之一。1958 年，中央决定将山东大学由青岛迁到济南，大部分师生不愿迁校，人心浮动。8 月，成仿吾临危受命，任山东大学校长兼党委书记。凭借几十年的办学经验，积极贯彻党的教育方针，以高度的使命感和责任感，攻坚克难，呕心沥血，为山东大学的正常发展作出了极大贡献，在多方面的建树赢得了师生的尊敬和爱戴："管理一所综合性大学，他是真正的内行"②。

（一）组织学校搬迁

成仿吾刚到山东大学时，面临诸多困难，但成仿吾对办好当时已经有所

---

① 中央教育科学研究所：《成仿吾教育文选》，教育科学出版社 1984 年，第 39 页。
② 孔亚兵：《成仿吾在山大》，《春秋》1994 年第 3 期。

削弱的山东大学充满信心。他认为："过去在极艰难困苦的环境里能办学，今天发生了根本性的变化，国家初建，正是急需人才的时机，一定以战争年代的战斗精神，把山大办成第一流的大学"①。那时校址设在青岛。成仿吾认为，青岛是个办学的好地方，因为这里"风景秀丽，气候宜人，居城市而无喧嚣之声，校舍背山面海，师资也比较齐备，作为一所综合性大学，面向全国，不论天时、地利、人和，各方条件，都是有一定基础的"②。1958年秋，山东省主要领导考虑到山东大学在青岛，离省会城市太远，决定将该校迁往济南。于是，成仿吾便组织率领全校师生员工，有条不紊地进行学校搬迁工作。

学校搬迁是一项细致而又复杂的工作，尤其是当时情况下不只是交通不便、卷帙浩繁、工程艰巨，最大的问题是教职工的思想，他们中绝大多数不赞成迁校，而省里的决定又必须坚决贯彻执行。因此，必须首先做好教职工的思想和动员工作。成仿吾以高度的组织原则性，耐心细致地做教职工的思想工作，说服大家服从省里决定。同时强调，不但要按时迁校，还要组织严密、精心安排，确保迁校顺利，不能出任何差错，不能给国家造成任何经济损失。

10月，在成仿吾和学校其他领导的精心组织、安排和率领下，严格执行省委的决定，全校师生员工，互相配合，互相协作，仅用不到一个月的时间，就全部顺利完成了山东大学从青岛到济南的迁校任务，住进了原山东农学院校址（山东农学院迁往泰安）。

事后，他对余修说，"迁一所老校，比办一所新校还麻烦"③。

（二）坚持教学为主

山东大学迁到济南以后，学校的主要工作应该是稳定教学秩序、尽快步入正轨。但是，当时由于对党的教育方针的理解片面，加上"极左"思潮的影响，政治活动频繁，生产劳动过多，正常的教学和科研工作受到了严重

---

① 《成仿吾传》编写组：《成仿吾传》，中共中央党校出版社1988年，第179页。
② 《成仿吾传》编写组：《成仿吾传》，中共中央党校出版社1988年，第178页。
③ 《成仿吾传》编写组：《成仿吾传》，中共中央党校出版社1988年，第179页。

干扰。

面对这种状况，成仿吾认识清醒，以一个老教育家所具有的大无畏的胆略和气魄抵制这场潮流的不良影响，一方面采取积极有效的措施，尽快恢复学校正常的工作秩序，把搬迁造成的混乱减轻到最低限度，一方面力排众议，坚持教学为主，竭尽全力纠正学校在工作重心上所出现的偏差。

成仿吾根据工作中存在的问题，提出有秩序、上轨道、抓重点、收实效的要求，并以此作为学校的工作方针，大大稳定了学校的教学、工作和生活秩序。同时，顶住各方压力，全面有效地贯彻执行党的教育方针，促进教学工作的正常进行和学校的稳定发展。11 月 16 日，成仿吾向全校人员作了《全面贯彻党的教育方针》的报告，他说："高等学校以培养德、智、体全面发展的人才，提高国家的科学文化水平为己任。从长远观点上看，教学工作是学校的中心，必须做到以教学为主，学生也要以学习为主，否则将贻误于未来"①。对于怎样理解"党的教育方针，是教育为无产阶级的政治服务，教育与生产劳动相结合"，成仿吾有深刻体会，他认为："劳动者还有一个'培养有社会主义觉悟、有文化'的前提，舍掉这个前提，高等学校的工作也就失去了内容"②。要求学校工作一定坚持教学为主，开设政治理论课，开放图书馆，加强自学，推进山东大学教学工作，并反复嘱咐教务长吴傅恒"学校要坚持教学第一……学习是学生的主要任务"③，教学工作绝对不能忽视。

为加强教学工作，提高教学质量，成仿吾采取了一系列具体措施，要求各系每个时期都必须制定周密的教学计划，防止盲目性，组织高水平、有经验的教师担任课堂教学工作，加强教材建设，改进教学方法。在他的倡议下，学校两次召开教学方法讨论会，会上就制定教学大纲、编选教材、认真备课、重点讲授、加强辅导、严格要求、考试考查等教学环节开展了讨论，交流了

①《山东大学校史》编写组：《山东大学校史（1901—1966）》，山东大学出版社 1986 年，第 261 页。

②《山东大学校史》编写组：《山东大学校史（1901—1966）》，山东大学出版社 1986 年，第 290 页。

③《成仿吾传》编写组：《成仿吾传》，中共中央党校出版社 1988 年，第 181 页。

经验，充分发挥了教师在教学中的主导作用。他亲自抓教学工作，特别重视学生学习，注重激发学生学习的主动性和热情。同时，他还特别注重抓检查、落实和总结，经常深入教研室、实验室、阅览室、课堂实地考察，掌握第一手材料。他对教学科研的进展和提高、工作和生活的改善、学生学习的情绪和效果、校园内的卫生面貌以及工作秩序等等，都能了如指掌，任何情况下都能举出很多具体例证来说服别人，如，某一科研项目因设备不足，进度迟缓；某位教师备课马虎，讲课质量低；某位教师上课时抽烟，课堂纪律不好，某楼学生宿舍衣物乱放，卫生状况不好；某阅览室灯光太暗，等等。新学期开学，他总要到学生宿舍亲手摸摸学生的床铺，嘘寒问暖，到食堂亲口尝尝饭菜，品评伙食质量，发现问题及时予以纠正①。

总之，山东大学迁址济南后，在成仿吾的带领下，全校坚持以教学为主，重视学生学习，成效显著。

（三）加强学科建设

成仿吾认为，一所大学的发展，除了综合实力要强之外，还应该有自己的特色。新中国成立后，山东大学的特色是"文史见长，加强理科，发展生物，开拓海洋"②。迁校济南后，学校的自然环境、系科设置和师资力量都发生了非常大的变化，生物教师力量分散，海洋、水产全部留在了青岛，原有的特色很难完全保有。

成仿吾以一个教育家的战略眼光谋划学校的未来，决心要把山东大学办成一个有自己特色、自己方向和自己风格的综合性大学。他常说，"综合大学代表着国家科学文化发展的水平，山东人口多于英法，土地接近日本，只此一所综合大学，因而必须明确自己的方向，发挥自己的特点，形成自己的风格，才能高于英法，好于日本"③。基于这种思想，针对学校现实，成仿吾认

---

① 孔亚兵：《成仿吾在山大》，《春秋》1994 年第 3 期。

②《山东大学百年史》编委会：《山东大学百年史》，山东大学出版社 2001 年，第 262 页。

③ 张君侠：《成仿吾校长在山东大学的建树》，收录于樊丽明、刘培平主编《我心目中的山东大学》，山东大学出版社 2005 年，第 136 页。

为学校要集中主要精力抓学科建设，首先要扬长避短，发挥优势，创设新学科，确定新方向，形成新特色，继续保持学校文史见长优势，加强文科科研水平，培养有专长的青年教师，深入探索，深化认识，大胆争鸣，促进学科持续发展。同时，抓好其他学科建设，提高学校综合实力。

在成仿吾的主持下，在反右运动中停刊的《文史哲》复刊，发表了不少具有开拓性、创见性的研究成果，受到学术界好评，山东大学文史见长的声誉得以继续保持。学校刚搬来济南时，只有中文、历史、外文、数学、物理、化学、生物7个系，经过调整充实，增加了政治系、电子系、原子核物理系。理科工作要结合实际，有所创新和突破，争取后来居上。为此成仿吾大力开展已具备基础又有广阔前景的微分方程、计算机、磁学、微生物等方面的教学研究，增设电子、原子核物理、微生物三个新专业。与此同时，根据学校优势，建立了中国古典文学、中国现代文学、美国文学、中国古代史、中国现代史、微分方程、磁学晶体材料、微生物9个校属研究室。晶体材料是一个新兴学科，又是国防建设和工业建设不可缺少的材料，国内在这个领域的研究尚处于空白状态，尽管当时学校在这方面的师资和设备都比较缺乏，成仿吾还是指示学校采取坚决措施，全力支持该项工作。山东大学的晶体材料研究在国际国内都有重要影响，充分证明成仿吾的远见卓识。

培养师资是学科和学校发展最重要的基础，成仿吾对此非常重视。1960年1月，在他的主持下，山东大学召开校务委员会专门讨论师资培养和提高问题，确定这项工作由校长直接领导，要在三年初见成效，五年大见成效，十年培养出水平较高、学科齐全的师资队伍[1]，要求每个教师从提高理论水平、外语水平、业务水平三个方面制定自己的提高计划，学校也根据"以校内培养为主，以通过实践提高为主，以自己努力为主"的原则大力培养师资，提高师资水平。在1961年到1966年的短短的6年中，山东大学的教师队伍得到充实，教师水平得以提高，某些具有自己特点的学科如古典文学、中国古

---

[1] 山东大学1950年校委会第45次会议记录。王琪龙、赵爱国：《山东大学纪事（1901—2020）（上）》，山东大学出版社2021年，第139页。

代史、控制论、磁学、有机硅学、微生物学、晶体材料等，做到了后继有人，许多新的学科带头人也培养出来了。成仿吾曾充满诗意地说："泰山是高大的，我们学校也要像泰山那样高大（质量高，成绩大）"①。

（四）尊重知识分子

成仿吾来山东大学前，由于反右扩大化影响，广大师生的政治积极性和工作积极性受到严重挫伤。面对这种状况，成仿吾采取果断措施，根据党的知识分子政策，提名著名学者冯沅君任山东大学副校长，还把一批学术水平高、教学经验丰富的教授、副教授安排在校、系两级领导岗位上。当时，学校最高的权力机关校务委员会的组成人员除学校领导干部外，教师占80％以上，对于调动广大师生积极参加学校管理起了非常好的作用。

成仿吾提出"要养成尊师的风气"②，鼓励和支持教师努力钻研业务，对于"又红又专"的教师给予提升，几年中，就有3名副教授、12名讲师、55名助教分别提升为教授、副教授和讲师。同时，他也要求知识分子努力学习马克思主义理论和毛泽东著作，"学以致用"③，将理论学习和提高认识、改造思想相结合，确立正确的世界观。

对于中老年知识分子，成仿吾给予极大的关心和信任。在他的支持下，山东大学党委吸收了两名老教师入党，改变了一段时间里党在组织发展中不重视吸收老年知识分子的倾向。成仿吾还认为当前学校的主要矛盾是"社会主义建设事业的要求，和我们培养人才的数量、质量都存在着差距"④，重视知识分子在学校中的地位和作用，旗帜鲜明地维护党的利益，正确贯彻党的知识分子政策。

对于以学生为主体的青年知识分子，成仿吾既严格要求又关心备至，号召学生"必须全面深入地贯彻党的教育方针，做好学习、研究、劳动三者的

---

① 《成仿吾同志来校视察访问》，《山东大学》（校刊）1983年9月6日。
② 中央教育科学研究所：《成仿吾教育文选》，教育科学出版社1984年，第109页。
③ 中央教育科学研究所：《成仿吾教育文选》，教育科学出版社1984年，第163页。
④ 《山东大学校史》编写组：《山东大学校史（1901—1966）》，山东大学出版社1986年，第290页。

结合"①，做到又红又专。同时对学生的关心也是无微不至，包括学习情绪高不高、课业负担重不重、教室和阅览室的灯亮不亮都亲自过问，绝不允许学生在学习上敷衍了事。有一次，他偶然听到一个学生议论考试时可以靠猜题、碰运气得高分，便指示各系严格考试制度，通过考试引导学生重视基本知识和基础理论的学习。因此，山东大学的学生普遍反映："成校长对我们生活上的关怀如同慈母，对我们学习上的要求又是严师。"②

（五）重视科学研究

山东大学重视科学研究，新中国成立后曾取得辉煌的成就，后由于政治运动的冲击，科学研究受到冷落。

成仿吾任校长后，恢复中断了四年的校庆讨论会，并于1959年3月主持了第四届校庆讨论会，会上成仿吾提交了《毛泽东论教育》大会论文，后以《毛泽东教育思想简述》为题发表于《新论语》1960年第4期，文中就毛泽东关于教育同政治和经济的关系、教育的领导权、文化教育的性质、教育工作的原则、教育方针、教学方法、教育工作干部、学风，以及教育战线上的光辉成就与伟大前途等重要问题，作了深刻的阐述和分析，强调要用科学理论指导教育实践，争取为教育工作，为社会主义建设事业作出更大贡献。各系也都提交了论文或报告。"以后学校每年坚持举行一次校庆科学讨论会，直至文化大革命前共举行八次，从未中断"③。

会后，成仿吾在总结经验的基础上，针对学校科研工作提出"五定、三结合、两照顾"的方针，即"制定计划要定方向、定课题、定人员、定措施、定时间；研究内容要结合教学，结合社会主义建设，结合科学的发展；研究选题要照顾国家需要、照顾个人专长"④。从此，学校的科学研究工作开始步

---

① 中央科学教育研究所：《成仿吾教育文选》，科学教育出版社1984年，第39页。

②《山东大学校史》编写组：《山东大学校史（1901—1966）》，山东大学出版社1986年，第293页。

③《山东大学百年史》编委会：《山东大学百年史》，山东大学出版社2001年，第252页。

④ 张君侠：《成仿吾校长在山东大学的建树》，收录于樊丽明、刘培平主编《我心目中的山东大学》，山东大学出版社2005年，第135页。

入正轨，文科结合实际深入探索，理科结合需要重点突出，学术气氛活跃，师生踊跃参加，科研实力增强，科研成果显著，从 1958 年到 1966 年，全校"共出版学术专著 19 部，完成国家重点科研项目 37 个，发表科学论文 400 余篇，创新技术或新产品 70 余项，解决工农业生产上关键问题近 500 个"①。

成仿吾自己也善于总结，基于工作做科研，上升到理论的高度，再反过来指导实践。1958 年至 1966 年，他先后撰写了《高等教育十年的辉煌成就》《毛泽东教育理论简述》《延安作风和延安时代的学校生活》《必须重视教育方法的研究》《学校的主要任务是学习》《党委要加强学校工作的领导》《关于教育革命和学风问题》《做无产阶级的理论战士》《关于干部的学习问题》《关于教师的培养和提高问题》《努力做好教学研究工作》《教学中要贯彻少而精原则》等大量关于高等教育工作的理论文章，为建立正规的社会主义高等教育事业提供了重要的理论依据②。1973 年至 1977 年，成仿吾在耄耋之年完成了历史佳作《长征回忆录》，以大量的历史事实，完整反映了长征的历史进程，歌颂了红军指战员和老一辈革命家的英雄业绩，再现了大批无产阶级革命家的光辉形象。

1973 年 12 月，成仿吾调任中央党校顾问，专门从事马恩经典著作的校译工作，离开了山东大学。他为新中国建设好一所重点高等学校的业绩，永远留在了山东大学。

三、鞠躬尽瘁的一生

成仿吾是我国历史上著名的无产阶级革命家和教育家，为党的教育事业鞠躬尽瘁，奉献终生。他是中国革命教育事业的开拓者，是新中国教育事业的奠基者，为中国教育事业的发展作出了不可磨灭的贡献。在长达半个多世纪的教育实践中，他始终坚持党的教育方针，坚持教育为无产阶级政治服务，

---

① 《山东大学百年史》编委会：《山东大学百年史》，山东大学出版社 2001 年，第 255 页。

② 孔亚兵：《成仿吾在山大》，《春秋》1994 年第 3 期。

教育为社会主义建设服务，坚持实事求是的原则，结合不同时期国家对教育的不同要求和不同学校的具体实践，制定不同的教育计划，与时俱进，开拓创新，在革命和建设的各个时期，培养了大批德才兼备的人才，为党的教育事业的发展积累了宝贵经验，为中国革命和建设的发展作出了极大贡献。

在山东大学期间，成仿吾以高度的原则性和坚强的毅力、以一个老教育家所具有的胆略和气魄，排除干扰，努力使学校各项工作步入正轨。他教学和科研思路清晰，集中主要精力抓学科建设，努力使山东大学明确自己的发展方向、发扬自己的特点、形成自己的风格。他正确认识学校的主要矛盾，重视发挥教学骨干的带头作用，大胆重用有专长的学者教授，积极开拓新领域，建立了马列主义理论、计算数学、电子计算机、无线电子学、晶体材料、微生物等新学科和新课程。他还深入一线亲自上课、听课检查、解决各种问题，全面促进了山东大学教学工作的深入开展，把山东大学建成了一个全面发展、特色鲜明、风格独具、文史见长的一流综合性大学。

中共中央党校称赞曰："成仿吾同志的一生是为共产主义事业永远进击的一生，是为无产阶级教育事业艰苦开拓和创造的一生，是为马列主义、毛泽东思想的传播鞠躬尽瘁的一生。"①

---

① 《成仿吾传》编写组：《成仿吾传》，中共中央党校出版社 1988 年，第 3 页。

山东师范大学的开创者田珮之

│王绍之│ *

　　田珮之（1903—1987），山东莱芜人，著名学者、教育家。曾参加创办临沂山东大学，任副校长。新中国成立前后曾任华东大学教育学院院长。新中国成立后历任山东师范学院（今山东师范大学）第一任院长兼党组书记、华东师范大学研究部主任等职。

一、新启蒙运动干将

　　1929 年，田珮之毕业于北京师范大学教育系，四年后又获该校教育学硕士学位。1934 年，田珮之先后在民国大学和华北大学讲授教育学课。1936 年，为反击文化思想上的逆流，推动抗日运动的深入进行，在新文化运动和五四运动的余波中，当时在各高校任职的共产党人率先发起了以宣扬科学和民主为内容的新启蒙运动。新启蒙运动学者们认为，中国真正意义上的启蒙运动发端于启蒙维新时期，但到"五四"前，尚未引起普遍的群众思想文化运动，只表现为少数思想家孤独地呐喊，广大民众仍麻木不仁。"五四"时期，启蒙运动才成为群众运动，但中国最大多数的人并没有享受到新思潮的恩惠。他们强调，新启蒙运动必须排斥绝对主义和宗派主义，改正以往运动

　　* 　王绍之，山东师范大学齐鲁文化研究院文学专业博士研究生。

的狭隘性。

时任民国大学教育系教授、系主任的田珮之就是此次运动的干将，除了担任大学教职，他还兼任《新文化》月刊编辑。《新文化》月刊是 1934 年 1 月在南京创办的综合性文化刊物，主张抗日、倡导振兴和弘扬民族文化，呼吁青年人在继承本民族文化的基础上向西方学习先进的思想，是新文化运动的重要宣传阵地。田珮之在任职该刊编辑的过程中，接触到了很多新文化运动的前沿动态，对这场运动产生了深刻理解。与此同时，田珮之还参加了左联、救国会和启蒙学会等进步组织。

1937 年 5 月 19 日，田珮之与张申府、吴承仕、谭丕模等进步教授，发起组织了新启蒙学会。这是一个学术性组织，该组织《宣言》提出要"唤起比较多的知识分子，成为时代革新的领导力量""担负起分析、批判、说明、指导等工作，以促进新时代的到来"①。同时还号召"把握住民主自由的原则，在反独断、反盲从、反迷信的一贯信念之下尽力完成我们应该做的工作，争取当前民主解放的胜利，再渐次地打开天下为公的大同世界之门"。随着这一组织的诞生，新启蒙运动也进入了高潮。

二、开创山东公学

抗日战争爆发后，田珮之以教授的身份，到山东抗日前线工作，相继任十军团高级顾问、莱芜抗日动员委员会主任、鲁南抗敌工作团主任。1940 年 12 月 17 日，山东省战公会教育组召开第一次会议。会议决定，由山东省文化办抗日救亡协会负责筹备创建山东公学，并由田珮之、朱寰阶分任正副校长。山东公学是中共山东省文化教育委员会为培养抗日根据地所急需之文教干部而设立的学校，校址设在当时的沂南县横河。1941 年 4 月山东公学在沂南县松泉峪正式开学。学校初设初中班、师范班及补习班，学习年限不一。1941 年 4 月 28—6 月 18 日，第一次全省教育会议在莒南县召开，刚到任的山东公学校长田珮之作为大会主席团成员参与了此次会议。本次会议对全省自抗战

---

① 乔清举：《20 世纪三四十年代哲学论辩》，百花洲文艺出版社 2012 年，第 293 页。

以来文化教育工作的成绩和经验教训作了全面总结，提出了"普遍平衡的大量发展，有计划地向正规化迈进"①的教育工作方针，并制定了实施方案，明确了今后教育工作任务，纠正了不重视教育工作的倾向，确定了各级教育行政机构的职能，密切了上下级的联系。

这次会议所传达的精神很好地被实践到了山东公学的办学活动中。山东公学的办学初衷，是为了培养建国人才，救济失学青年，也为了培养抗日根据地所急需之文教干部。因此，山东公学办学初期，学员多是来自党政机关及部队的青年干部。公学师范班特别重视以音乐为主的文教宣传方面内容的教学，从抗战实际需要出发，重视对学生识谱教唱能力的培养，并突出音乐社会功能的教育。山东公学为根据地培养了大批的基层文教干部，在抗日宣传与根据地教育工作上起到了重要作用。1945 年抗战胜利后，山东公学改称"鲁中公学"，并于 1948 年结束其历史使命，停止办学。作为山东公学创始人之一兼首任校长的田珮之，在 1941 年 6 月学校逐步走向正轨后，调任山东抗日救国协会宣传部部长、山东省行政委员会委员兼教育处长，公学校长由原副校长朱寰阶担任。

三、任职临沂山东大学

抗日战争胜利后，田珮之受党的委托，积极参加山东大学的创办工作。1945 年 8 月，山东省政府委员会举行第一次会议，决定由杨希文任省政府教育厅厅长，孙陶林任副厅长，并作出以下决议：（一）在临沂成立山东大学，由李澄之任校长，田珮之任副校长，仲星帆任秘书长，立即筹划建校招生工作。（二）设立山东大学管理委员会，由黎玉、李澄之、田珮之、杨希文、陈沂、孙陶林、薛暮桥、仲星帆、张凌青、刘导生、白备五、张立吾十二人任委员。接着调来一批教师和干部，选用临沂城东教会的经文书院作校舍，学校宣告成立。因当时迁至四川停办的国立山东大学尚未复校，为示区别，多称其为临沂山东大学。解放战争后期，华东大学在临沂山东大学和华中建设

① 姚宏杰：《中国革命根据地教育史事日志》，山东教育出版社 2020 年，第 344 页。

大学的基础上成立。新中国成立后，华东大学由济南迁至青岛，与国立山东大学合并。故临沂山大、华中建大和华大都成为山东大学历史上的组成部分，在校史中占有一定的地位。

新生的临沂山东大学的教学组织先设预科，招收高中程度的学生，经过半年至一年的学习，打好基础，再升入本科继续深造。此外，学校尚设有速成性质的会计训练班、合作训练班、邮电训练班、文化训练班等等。这些训练班多接收在职干部和高小程度的学生，经过三个月至半年的学习，分配到各业务部门工作。学校还有附设中学一所，由张立吾任校长。学校的教育方针坚持从实际出发，政治思想教育和业务知识教育并重，贯彻理论与实际相结合的教学原则，做到积极转变学生思想，树立为人民服务的观点，同时开展业务教学，提高科学文化水平，培养学以致用的人才。

据田珮之在文章中回忆，当时临沂山东大学办学条件十分艰苦，学校的校舍坐落在临沂城的东关，虽名为大学，但并没有几间房子。学习、办公、集合等活动场所一无所有。但是，当时的师生们发扬自力更生、艰苦奋斗的优良传统，很快在空旷的学校驻地上建起了一座座整齐的校舍。作为副校长的田珮之也积极地参与到群众劳动中去，他还带领着同学们开垦菜园，并鼓励从敌占区来的同学们积极参与革命劳动。

田珮之对这段生活的回忆中，充满着对艰苦奋斗精神和革命乐观主义精神的感悟，他还对那时的学习生活回忆道："我们认真坚持了理论联系实际的好学风。当时的教材是由各系的教师自己编写的，学习的方法是在自由民主的空气下，自学为主并与辅导相结合。因为处在革命大变动时期，大家对政治时事是非常关心的……条件虽然如此不好，但学生们的学习热情却很高。"[①] 教学过程由教师作启发报告，学生阅读文件，进行准备，教师给予辅导和指导，展开讨论，然后进行学习总结。教师在讲课中注意理论联系实际，结合形势任务，结合学生思想，做到有的放矢。讨论中让学生充分发挥自由

---

① 政协山东省临沂县委员会文史资料研究委员会：《临沂文史资料》第1辑，政协山东省临沂县委员会文史资料研究委员会，1982年，第93页。

思想，展开争论，辨明真理。总结由教师和学生共同进行，进一步解决理论上思想上存在的问题，巩固学习收获。这种把转变学生思想放在首位的教学计划，在当时的历史条件下，不但是必要的和行之有效的，而且大受学生欢迎。正是这段时间在艰苦环境中的磨炼，让山东大学的教职工与学生们养成了优秀的教风、学风。

学校上课后，于1946年1月5日举行隆重的开学典礼。山东省政府主席黎玉、省参议会副议长马保三、省政府各厅负责人等三十多位领导同志莅临参加。此时校长李澄之已当选为山东解放区各界人民代表去重庆参加会议。大会由副校长田珮之主持。他报告了筹备经过后，提出临沂山东大学是山东解放区首创的高等学府，肩负着党和人民的殷切期望，并重申了学校的教育方针是坚持理论联系实际，培养有政治觉悟，有文化科学知识和业务能力的建设人才。他要求大家刻苦改造世界观，树立为人民服务思想，勤奋学习，遵守纪律，尊敬师长，团结互助，努力完成学习任务。在山东大学担任副校长的这段时间里，田珮之思想觉悟与理论水平都有了很大的提升，并于1946年5月加入中国共产党。

四、创建山东师范学院

山东解放后，田珮之参与创建山东师范学院的工作。山东师范学院的前身是设立于1947年，由原山东政治学院改建的山东师范专科学校，该校于1948年改名为山东省立师范学院。解放济南后，该校一小部分师生随国民党南逃，但绝大部分师生都留在了济南。因此，中共中央华东局决定在解放区创办的华东大学的基础上，抽调部分干部和师生，吸收旧山东师院的部分师生，成立华东大学教育学院，并调派时任临沂山东大学副校长的田珮之担任华东大学教育学院院长。1950年9月，中共中央华东局决定，华东大学与山东大学合并，原华东大学教育学院的人员与山东省行政干校调出的部分人员，在济南城南营盘街原济南蚕桑学校旧址筹建山东师范学院，并任命田珮之为山东师范学院第一任院长。9月18日，华东大学66名学生转入山东师范学院。10 月 15 日至 25 日，学校招生报名，10 月 27 日至 29 日举行入学考试。建校初期，全校教职工 81 人，其中教师 34 人，干部和其他管理、后勤人员 47 人。教师队伍中教授 10 人、副教授 9 人、讲师 5 人。学校设有国文、史地、教育、数理化、博物、艺体等 6 个系，第一届招收新生 301 人，学制 3 年。全院仅有图书 8000 册，体育场长度不足 60 米，校舍狭窄，设备简陋，办学条件极为艰苦。①

作为第一任院长，田珮之对山东师范学院的学科建设作出了不可磨灭的贡献。在山东师范学院任职期间，继续践行在山东大学副校长任上提出的办学方针，为山东师范学院招揽了大批人才。1951 年 7 月，山东师范学院从苏州华东革命大学和天津华北革命大学又聘调 20 多名教师，著名心理学家章益、教育学家傅统先等一批专家、教授来校任教，师资队伍进一步壮大。山东师范大学古典文学学科的开创者和中文学科奠基人之一著名学者庄维石、心理学家章益等人的回忆中，都提到了田珮之院长对他们的推荐和照顾。在田珮之校长任期内，山东师范学院发展为 8 个系，图书增加到 5 万余册。学校在千佛山下确定了新校址并开始动工兴建。

1952 年，田珮之调任华东师范大学研究部主任兼政教系主任，1956 年又调到北京师范学院任副院长、教授。在北京师范学院副院长任上，田珮之仍然不改初心，举荐人才，广受好评。1987 年 1 月 14 日，田珮之病逝，终年 83 岁。

田珮之切身实践了他在临沂山东大学任职时提出的办学理念，为多所大学在初创期举荐、发掘了大量人才，打好了学科基础，为革命教育事业作出了极大的贡献。正如他在回忆临沂的那段艰苦创校的生活时，脑海中回荡的山东大学校歌所歌唱的那样："我们要做革命的先锋队，为人民事业，为祖国建设，贡献出我们的一生。"

---

① 《山东师范大学》编写组：《山东师范大学》，山东友谊出版社 2000 年，第 4 页。

山东师范大学的奠基人余修

| 王绍之 | *

余修（1911—1984），山东济南人，又名鲁方明、鲁广益、鲁仲益，笔名鲁灵光、郑则等。新中国成立后历任华东大学教务长、山东大学教务长、山东师范学院院长、中共山东省委文教部部长、山东省副省长等职。曾当选为中共第八次全国代表大会代表，中共山东省第一、二次代表大会代表，政协山东省第四、五届委员会副主席。

一、早期革命经历

1911 年 5 月 1 日，余修生于山东济南北园沃家庄。余修的父亲鲁佛民出生于济南一个没落的书香门第，自幼接受传统文化教育，成为一名私塾教师，辛亥革命后又成为一名律师。因酷爱读章太炎的文章，他曾直接写信给章太炎，得到太炎先生多次接待，并由此投身国民革命，于 1926 年冬由中央特派员吴芳介绍加入中国共产党。余修的哥哥鲁伯峻早年考入山东师范讲习所，为父亲革命思想所感染阅读大量进步书籍报刊，其间结识王尽美，成为山东最早的共产主义者之一，参与创建"励新学会"。1927 年，鲁伯峻被绿林军阀张宗昌杀害于千佛山刑场。鲁伯峻遇难后，尤其坚定了二弟鲁广益（即余

---

* 王绍之，山东师范大学齐鲁文化研究院文学专业博士研究生。

修）的革命志向。

1925 年，余修经关向应介绍加入共青团，开始了他 60 余年的革命生涯。这段时间他曾任青岛胶澳中学团支部书记、共青团青岛地委学委。1928 年，他受组织调遣到山东省委秘书处做抄写工作，兼团省委宣传部的工作。1929 年山东党团组织遭受破坏，根据组织安排赴北平，在没有接上组织关系期间，余修每天出入图书馆，阅读了大量书籍。1931 年，余修进入弘达学院高中三年级就读。"九一八"事变发生后，他积极参加各项救亡活动，广泛接触进步人士，撰写诗文，抒发爱国激情。随之被北平中国大学吸收为旁听生，翌年考入该校国学系。

余修青年时期即爱好文艺，从学生时代起就团结一些进步青年创办革命文艺刊物《晓风》周刊社，在备考中国大学的这段时间，他还参加了北平的左翼文艺运动。在北平中国大学求学期间，余修两次聆听了鲁迅革命文学演讲会，积极参加"一二·九"运动，参与组建了北方左联，发表了一大批进步诗文，团结群众，开展抗日救国工作。1936 年 2 月，余修在北平中国大学经邹恩珣介绍入党，同月被捕，他在狱中作《满江红·二月雪》一词，词中流露出革命者大无畏的英雄气魄和身处险境依然忧国忧民的博大胸怀："国破何惧铁窗寒，破浪前进趁征帆。男儿驰驱许国日，脱去长衫跨征鞍。"[1] 这首词后成为中国大学校歌词，激励和鼓舞了许多革命青年。

抗战爆发后，余修奔赴延安。到达延安后，余修逐渐担负起培养行政干部的重任，历任陕北公学队主任、延安行政学院教务主任、延安大学预科副主任兼党总支书记，完成了从革命青年到革命教育者的转变。1937 年，余修参加北平作家协会，在上海《光明》半月刊发表报告文学《北平作协成立大会速写》，诗作《悼国殇》《战士颂》等。同年到延安后，曾任《解放日报》助理编辑、新华总社秘书等职，发表《延水》（收入诗集《延安颂》，1978 年，陕西人民出版社）和《十二月的记忆》等诗文，曾将他记叙陕甘宁边区

---

[1] 山东省中共党史学会：《山东党史人物传·社会主义时期》第 1 卷，中共党史出版社 2004 年，第 304 页。

生活的诗五十首结集为《脚印集》，未及出版，即在撤离延安时散失。1945年日寇投降后，余修任北平执行部新闻发布组"解放三日刊"支部书记、延安新华总社秘书，后于1947年调任渤海区党委秘书长。

二、参加山东省首批新型高校创建工作

解放后，发展社会主义教育成为当务之急，余修积极参加山东省首批新型高校的创建工作。1948年4月，中共华东局为了迎接革命在全国的胜利，适应开辟华东新解放区工作的需要，决定在临沂山东大学和华东建设大学的基础上，重新组建华东大学，招收新解放区具有中等学校以上文化程度的青年学生，进行政治思想教育，为革命的发展培养干部。同年5月，华东大学首建于山东省潍坊市，校址选在潍县城东乐道院中。院内树木葱茏，房舍齐整，附近有菜园花圃、小河流水，环境颇为清新宜人。同年9月4日，华东大学正式开学，学校决定先设大学预科部和临时研究班，预科部招收初中毕业和高中肄业的青年学生，学习期限暂定一年；研究班招收高中毕业和大学肄业的青年学生，学习期限暂定二年至三年。

1948年9月24日，我军全歼守敌，解放山东省会济南。华东大学行政会议经讨论决定，立即向华东局请示去济招生和将来学校迁济问题。经过请示汇报后，华东局批准迁济。1949年5月，为加强华东大学的领导力量，山东分局调任原中共渤海区党委秘书长余修为华东大学教务长，并承担时事政策授课任务。在华东大学创建的这段时间，余修担任教务长职务，负责统筹教学工作。作为一位具有丰富经验的教育工作者，余修懂得教育规律，了解青年人的心理特点，始终坚持进行正面教育，引导启发，循循善诱。

1949年8月下旬至9月上旬，黄河出现60年罕见的洪水高峰。济南地势低洼，洪水威胁着数十万人的生命财产安全。华东大学接到参加黄河抢险的命令以后，立即成立黄河抢险指挥部，由余修任总指挥，胡克诚任副总指挥，武杰任政委，学员1600人编为四个大队，奔赴黄河大堤。经过10天10夜的战斗，初战告捷。10月上旬，黄河又出现第二次特大洪峰，比上次更凶险。

上级决定把险情最大的堤防——段庄至杨庄一段，交给最有战斗力的解放军、济南铁路局、华东大学三家负责，明确要求保住大堤，保证济南60万人民安全。华东大学四个大队1600名师生在余修等校领导的带领下重上大堤，每天连续战斗近20个小时，经过半个多月的日夜奋战，终于保住大堤，保住济南安全。经过上级评定，华东大学荣立治黄二等功，在1200多位学员中，约400人荣立治黄一、二、三等功。在这次短短20多天的治黄战斗中，华东大学不但学员精神面貌大变，思想得到升华，而且学校的影响也得到扩大，赢得了社会声誉。

华东大学原是进行短期教育、培养革命干部的大学，向新型正规化发展，固然有其有利条件，但学科单一，师资不足，缺乏设备，没有校舍等等，这都不是能够轻易解决的困难。1950年10月间，上级领导经进一步研究，提出华东大学与山东大学合校、集中力量把山东大学办好的初步方案。这一方案经华东局批准，立即报中央教育部批准。11月初中央教育部下达华大与山大合校的指示，学校经过动员准备后即行搬迁，至12月底全部到达青岛。1951年春，华东大学与山东大学合并，结束了其历史使命。作为主要校领导的余修，也服从调配，改任合并后的山东大学党组副书记兼副教务长。华东大学是一所以政治思想教育为主、培养青年干部的革命大学，有着"干部仓库""干部储备所"① 的美誉。在不到三年的时间里，共培训了有社会主义觉悟、勇于献身革命事业的干部4000多人，对支援当时的解放战争和加速四化建设，都起到了一定的作用。

余修任山东大学党组副书记兼副教务长期间，协助华岗校长开创了山大的新局面。他认真地贯彻党的知识分子政策，带头在高级知识分子中做党建工作，例如著名农学家陈瑞泰教授就是余修介绍入党的。余修积极倡导领导干部兼课，自己也身体力行承担起文艺政策的教学工作。由于是领导干部亲自授课，取得了教学的主动权，也密切了余修与教师及学生之间的关系。这

---

① 山东省政协文史资料研究委员会：《山东文史资料选辑》第23辑，山东人民出版社1987年，第115页。

些有力措施，大大调动了广大知识分子的积极性。山大很快就成了拥有五院十八系的新型正规大学，在全国教育界享有盛誉。①

三、任职山东师范学院

1952 年，余修调任山东师范学院任院长（1954 年 1 月建立党委后任党委书记）。在他的带领下，学校规模不断扩大，教学和科研水平也得到很大提升，省内外影响力不断加强。余修上任时，山东师范学院刚由城内营盘街迁至山东医学院旧址。虽然学校面积有所扩大，但校舍仍十分破旧，教学设施简陋，科系不全，师资力量薄弱。余修到任后，牢牢抓住院系调整后学校各方面得到改善的有利时机，加强学习苏联的先进经验，增设有关学科，增添教学设备。此时正值全国高校院系调整，齐鲁大学的物理、化学、生物等系的师生、仪器设备等奉命调入山东师范学院。院系调整后的山东师范学院发展为 10 个系，270 多名教职工，其中教授 30 人、副教授 26 人。从全国招收了第一届 4 年制本科生，在校生达到 1300 多名。1953 年至 1957 年，国家开始实施第一个五年计划。学校按照中央"整顿巩固、加强重点、提高质量、稳步发展"的教育工作方针，积极进行各项事业的建设。1953 年，山东省人民政府撤销山东财经学院，其校舍和部分人员也都并入了山东师范学院。

1955 年，山东师范学院全院迁至千佛山下新校址。截至此时，全校共有 7 个科系（中国语文、历史、地理、数学、物理、化学、生物）和 2 个专修科（艺术、体育），20 个教研组，教学人员已增至 283 人，其中教授 28 人、副教授 25 人、讲师 49 人、助教 160 人，师资阵容较过去大为充实。学校规模也有所扩大，全校共有 80 个班，其中本科班 43 个、专修科班 36 个，现代文学研究班 1 个，学生共 2076 人。② 教学设备逐年增添，图书已达 24 万册，此外还有附属中学一所。学校的院系设置、校园环境、科研环境都得到极大的改善，已经基本形成今日山东师范大学之规模。

---

① 张杰：《张杰回忆散文》，泰安市新闻出版局 2001 年，第 12 页。
② 张登德、杨晓晨：《余修与山师》，《山东师大报》2023 年 11 月总 1684 期第四版。

在以余修校长为代表的老一辈开拓者的艰辛努力下，山东师范学院逐渐发展成为一所规模较大的高等师范院校。在余修任职校长的这段时间里，学校十分重视思想政治建设和民主革命工作，广大师生普遍参加了马列主义的理论学习和时事政治学习，广泛开展了"抗美援朝、保家卫国"宣传工作，积极参加了"镇反"运动和"三反""五反"运动，组织广大师生参加了农村土地改革工作，使他们经受了实际的阶级斗争和民主革命锻炼。

余修不仅经常组织马列主义、毛泽东思想的学习活动，还在马列主义教研室兼职讲课。在余修的大力支持下，1953年山师成立了校刊编辑委员会，山师校刊正式创刊。余修认为"校刊是进行思想教育的重要工具"，因此他要求全院师生员工重视、关心、积极配合校刊工作。就这样，校刊逐步成为广大师生开展批评和自我批评的阵地，在推进思想政治教育和指导学校工作中发挥重要作用。

作为新中国成立以来新创建的师范类院校，山东师范学院的师生们对师范教育的重要性还存在认识上的不足。余修响应全国高等师范教育会议号召，宣传高等师范教育优越性，帮助师生建立正确的认识。他还根据中央历次关于教育改革与改进教学的指示，在各方面进行了一系列工作，主持教学改革，提高教学质量。在他的努力下，扭转了山师师生过去存在的一些轻视师范教育的错误思想，奠定了学校良好的教风、学风。余修作为山师建校后的第二任校长，在任时间虽只有短短几年，却使山师的规模、基础设施、全校师生的思想理念、教学质量等均发生了极大的改变，在学校发展史上留下了浓墨重彩的一笔。

1956年余修离开山东师范学院，调任省委文教部部长、省委委员，以后又任副省长、省人民政府顾问、省政协副主席、省党史资料征集委员会副主任、省党史人物学会会长等职。1979年，余修加入中国作家协会。他结集出版的作品还有散文集《可喜的萌芽》（1958年，山东人民出版社）、《往事集》（1982年，山东人民出版社）；诗集《扬帆集》（1962年，山东人民出版社）等。1984年12月25日，余修在省委扩大会议期间，心脏病突发去世。省委书记苏毅然为他题词："一门忠烈，鲁士三杰。"

把新中国党的高等教育事业搞好，是余修孜孜以求的教育情怀，也是他以一生践诺的革命信条。余修是一名优秀的共产主义战士，也是一名优秀的教育家，一名出色的作家、诗人，为新中国的教育事业、文化事业作出了巨大贡献。他信念如炬的革命精神和孜孜以求的教育情怀，将永远载入中国革命和教育事业的史册。

马背上的书法家

——走进山东济南舒同故居*

| 常 晶 | **

"海右此亭古，济南名士多。"自古以来，济南这座老城就因温润宜居的自然环境和源远流长的历史文化而深受文人志士的青睐。多少文人墨客曾出生或客居泉城，留下诗篇万千，成为济南璀璨文化的醒目标签。济南的名人多，故居也多，其中，舒同故居就坐落在天下第一泉——趵突泉对面的南新街51号。

在一个初春的清晨，我瞻仰了这座远离城市喧嚣的小楼。穿过一条曲径通幽的深街长巷，走进一处清新雅致的庭院，我见到了这栋建于20世纪初期的二层小楼。小楼面积不大，朴素无华，岁月斑斓的白墙刻满了年迈的裂痕，雕花各异的门窗不再鲜亮，但依稀可见别具一格的纹样。旁边一棵几经狂风骤雨、宁折不弯的参天古树愈加烘托出小楼沧桑古朴的历史韵味。走近斑驳的白墙，褪色的门扉，生锈的铁窗，时光的痕迹仿佛映照出当年舒同展纸挥毫、笔走游龙、雄健洒脱的身影。

舒同，字文藻，号宜禄，1905年生于江西东乡一个贫苦家庭。1921年舒同考入江西省立第三师范学校，并与李井泉等同学发起"马克思主义研究

　＊　本文原刊于《学习时报》2024年3月29日A4版。

　＊＊　常晶，济南市委党校科学社会主义与统战理论科研部副教授。

会"。1926 年加入中国共产党。作为东乡第一批共产党员，他领导革命运动，建立东乡革命政权。大革命失败后家破人亡，亡命天涯，但坚定的信念与崇高的气节始终支撑着他，哪怕卖字为生也要找到党组织。他于 1930 年秋在抚州崇仁重回队伍，从此开启了戎马倥偬、南征北战的军旅生涯。

革命年代，舒同一手持枪，一手握笔，驰骋疆场，为革命成功不懈奋斗。从五次反"围剿"到二万五千里长征，舒同以笔为枪，书写革命口号，宣传红军政策，发表《向北进攻——胜利的开始》等文章，极大鼓舞了红军战胜困难的大无畏勇气。抗日战争时期，1939 年 9 月 17 日《抗敌日报》刊登了由舒同起草回复日军指挥官的《致东根清一郎书》，指出"日本军阀法西斯蒂，不特中国国民之公敌，实亦日本国民之公敌也"，抒发了民族解放的浩然正气，成为当时著名的讨日檄文。

沐浴着春天和煦暖阳，面前的小楼静静地矗立着，犹如一位古老的智者见证了历史的更迭。舒同的一生是革命的一生，也是书法的一生。书法为革命服务，革命为书法磨砺。金戈铁马的时代，风雨飘摇的沉浮造就了舒同雄风傲骨的性格与磅礴深厚的书风。舒同是中国书法事业的继承者和开拓者，中国书法家协会第一任主席。他自幼聪颖好学，5 岁读书练字，10 岁临摹颜体，14 岁被誉为"东乡才子"。参加红军后，战事之余，潜心书艺，寄情翰墨。毛泽东称他是"党内一支笔""红军书法家"。长征路上，尽管天上有敌机，地上有追兵，舒同的文房四宝却从不离身。一次在陕北的行军途中，他骑在马上，因为没有纸笔，便不停地在裤腿上划拉。被毛泽东看到，就笑着说："舒同，你成了马背书法家啦。"从此，"马背书法家"的美名就传开了。1936 年，红军到达陕北旬邑县时，为团结抗战，中央拟请当地一位叫萧之葆的前清翰林出任边区参议员，遭到了拒绝。毛泽东得知后就让舒同以中央名义给他写了一封信，宣传我们党的抗日统一战线主张。老夫子读信后连声赞叹"字美文雅"，感觉这封信不仅字写得龙飞凤舞，而且文笔极佳，称赞共产党内有人才，随即出山参政。

斯人已远去，书法千古留。难以想象眼前这栋看似不起眼的小楼竟然蕴藏着浓浓的文化气息。曾几何时，舒同在这里留下了飘洒圆秀、沉雄峭拔的书法墨宝。在漫长岁月中，不管是在炮火连天的硝烟战场，还是在命途多舛的峥嵘岁月，舒同始终没有中断对书法艺术的研学。他系统研习古代碑帖，师法颜真卿、柳公权等书法名家，但师古而不泥古，遵法而求新变，博采众家之精粹，大胆尝试，自成一家，创立了著名的"舒体"，以其特有的风格，独步当代书坛，深受毛泽东欣赏。1937年1月，中国抗日军政大学迁至延安，毛泽东推荐他书写中国抗日军政大学校名和校训"团结、紧张、严肃、活泼"。1938年11月，日寇飞机将延安的农贸市场夷为平地，毛泽东推荐他为"延安新市场"题名。新中国成立前后，我们党创立了很多报刊，刊头很多都是毛泽东写的，只是华东地区的人请毛泽东题写时，他就说，你们华东有舒同，那已经足够了。所以当时的报刊刊头，除了毛泽东题词外，就属舒同写得多。舒同在山东任职期间，毛泽东曾一年几次来到济南，每次都少不了与舒同谈论书法诗词。有一天晚上与舒同长谈书法直至深夜，舒同汇报他练写草书"蛇"字时说：我在少年时代，多次冒险进山，仔细观察蛇的行（走）、游（戏）、卧（眠）、攀（登）各种姿态，终于领悟到书写'蛇'字的秘诀。毛泽东说："书法这门艺术，应先与古人合，后与古人离，取诸家之长，创自己风格，这点你做到了。你这种认真琢磨的独创精神，应当继续发扬。"

传统文化传承弘扬

扁鹊与中医药文化

齐鲁中医药国际传播历史和面临的问题及对策研究

| 陈诗韵　王　璨　靳际宇　陈　战　刘晓杰 | *

党的十八大以来，以习近平同志为核心的党中央高度重视"中华文化走出去"工作。党的十九届五中全会提出，要将提升中华文化影响力作为"十四五"时期经济社会发展的主要目标之一，到 2035 年建成文化强国①。山东

---

　*　陈诗韵，山东中医药大学中医文献与文化研究院硕士研究生；王璨，山东中医药大学中医文献与文化研究院研究生；靳际宇，山东中医药大学中医文献与文化研究院研究生；陈战，山东中医药大学外国语学院教授，中医文献与文化研究院硕士生导师；刘晓杰，山东中医药大学校医院副主任医师。
　①　李潇君：《推动中华文化走出去增强国家文化软实力》，《光明日报》2021 年 6 月 16 日。

作为中华文明的重要发源地之一，其孕育和发展起来的齐鲁文化，是中国传统文化的瑰宝。作为齐鲁文化的重要组成部分，齐鲁中医药的发展对于促进中医药国际传播、提升中华文化影响力具有积极作用。如今，中华民族正在经历百年未有之大变局。面对严峻的国际形势，我们应该充分认识、正确对待、从容应对齐鲁中医药传播道路上面临的问题和困境，制定和落实行之有效的传播策略和途径，加快齐鲁中医药"走出去"的步伐。

一、齐鲁中医药国际传播历史

齐鲁中医药是中国传统医学流派的重要代表，发展历史悠久，具有鲜明的地域特色，其海外传播史料较为丰富。春秋战国时期，医宗扁鹊（公元前407—前310年），齐国卢邑（今济南长清）人，是我国古代最早将脉诊应用于临床的医学家，奠定了我国传统医学诊断法的基础，对中医药学甚至世界医学发展作出过积极贡献[1]。拉瓦尔（Lawall）在《药学四千年史》中记载："阿拉伯的部分解剖学知识从中国人处汲取而来。中国有名医扁鹊，苦心研究脉理，建立脉学，中国医学家至今仍沿用之。"[2] 繁荣扁鹊文化、弘扬扁鹊医学，对推动世界各国脉学发展，促进齐鲁中医药国际传播具有重要作用。公元前210年，秦朝方士徐福（今山东省龙口市徐福镇人）东渡日本，率领童男女三千人入海求仙，并带有百工技艺及医人。徐福作为中日文化使者，将中国先进的科学技术和医药知识传播至日本，有利于当时日本的医学发展和进步。两晋南北朝时期，王叔和（公元201—280年）是齐鲁名医的典型代表，他编撰的《脉经》系统整理了二十四种脉象，是我国现存最早的脉学专著之一。日本古代医学教育仿唐制，将《脉经》奉为经典。《脉经》还传播

---

① 王立涛、周建国、赵怡程等：《扁鹊故里（长清）人对扁鹊中医药文化的认知程度调查》，《中医学报》2015年第6期。

② 宋大仁：《中国和阿拉伯的医药交流》，《海交史研究》1980年第1期。

到西亚地区，许多重要的诊断学知识和脉学理论被阿拉伯医学借鉴和吸收①。北宋时期，齐鲁儿科名医钱乙（约公元 1032—1113 年）所著《小儿药证直诀》较欧洲首部儿科著作出版早三百年②，该医籍中经典药方六味地黄丸现已通过荷兰、德国、比利时等国检测，以药品身份获得部分欧盟国家的市场准入③，这些对于挖掘和应用齐鲁古方，突破齐鲁中医药海外贸易壁垒具有一定的借鉴意义。清朝年间，中国与朝鲜半岛地区海上往来密切，朝鲜王朝的《备边司誊录》详细记载了清朝十一艘山东海船遭遇风暴漂流到朝鲜半岛的航海史料，船上的贸易货物包括紫草、杏仁、防风、白蜡等中药材④。朝鲜王朝通过随船水手了解到齐鲁地区部分中药材的基本信息，增强了对齐鲁中医药的认识。

近代以来，旅居山东的西方传教士在传播西医的同时，成为促进齐鲁中医药文化和诊疗技术海外推广的媒介⑤。例如，曾任齐鲁大学校长的聂会东（James Boyd Neal，1855—1925）是山东现代医学的奠基者之一，他在行医和教学之余撰写和翻译了大量与齐鲁医学相关的文章、专著和工作报告，将齐鲁中医药知识介绍给西方社会，推动了齐鲁医学在海外发展⑥。20 世纪 50 年代，山东省成立了国营东阿阿胶厂，阿胶产品销往东亚、东南亚等地区。阿胶是齐鲁道地药材，也是"鲁十味"之一，其味甘、性平，归肺肝肾经，具有滋阴润燥、补血止血的功效。复方阿胶浆能够有效治疗登革热，现已成为印尼治疗该疾病的首个特效中成药⑦，这不仅提升了阿胶的国际知名度，也为

---

① 沙康：《中阿医学的交流》，《四川中医》1985 年第 6 期。

②《钱乙》，泰安市人民政府网 2017 年 2 月 13 日。

③ 石磊：《超浓缩六味地黄丸将首次以药品身份进入欧盟》，《医药经济报》2007 年 2 月 9 日第四版。

④ 袁晓春、张俊杰：《海上丝绸之路朝鲜史料中的山东海商》，《朝鲜·韩国历史研究》2016 年第 6 期。

⑤ 李照国：《中医翻译研究》，苏州大学出版社 2017 年。

⑥《齐鲁医院创始人之一聂会东的著作汇编〈聂会东文集〉出版》，山大视点 2019 年 4 月 12 日。

⑦《让世界爱上中医药　让阿胶再传三千年》，央视网 2017 年 12 月 25 日。

齐鲁中药材、中药复方、中医技术搭建了更广阔的贸易和交流平台。自 20 世纪 70 年代初美国兴起"针灸热"后，针灸逐渐被更多西方国家认可。1982 年，山东省组织专家学者编撰了《针灸穴位解剖图谱》，并翻译成多种外语，由山东科学技术出版社出版发行到美、法、德、日等 30 多个国家和地区①。山东以其深厚的中医药文化底蕴和知识储备为国际针灸教学和临床工作提供了专业指导。

进入 21 世纪后，中医药海外传播工作如火如荼地开展起来。全国名中医张奇文曾任山东省中医药研究所所长、山东中医药大学党委书记等职，多次前往澳大利亚进行学术交流和中医药传播工作。在他的积极推动下，澳大利亚维多利亚州于 2000 年宣布中医合法化，自此中医师在当地具有与西医师同等的行医资格②。山东省长期致力于提升国际社会对中医药的认可和支持，为促进齐鲁中医药的海外传播拓宽道路。近年来，山东省不断推动中医药教育改革和高质量发展，加强中医药高校和中医类院系的外语教学和国际教育工作，如山东中医药大学加大了在中医药典籍译介、中医英语复合型人才培养、建立海外中医诊疗机构等方面的工作力度，积极承担国家级、省级中医药国际传播科研项目，为推动齐鲁中医药文化走出去战略添砖加瓦③。

二、齐鲁中医药国际传播面临的问题

齐鲁中医药发展历史悠久、文化底蕴深厚，开展齐鲁中医药国际传播是落实和发展"中华文化走出去"和"一带一路"倡议的客观需要。但是，面对复杂的国际环境，齐鲁中医药依旧面临着文化内涵有待深入挖掘、中药材质量参差不齐影响海外出口、海外品牌建设与外宣工作推进缓慢，以及国际教育发展面临限制等诸多问题。

① 李照国：《中医翻译研究》，苏州大学出版社 2017 年。
② 李照国：《中医翻译研究》，苏州大学出版社 2017 年。
③ 李照国：《中医翻译研究》，苏州大学出版社 2017 年。

（一）文化内涵有待深入挖掘

山东省是文化强省，其丰厚的文化建设成果和独特的文化资源有利于中医药事业的发展。长期以来，政府重视中药材资源普查和中医药产业调查研究工作，强调中医药品牌建设与行业融合发展，促进了齐鲁中医药现代化发展。但面对历史悠久、底蕴深厚的齐鲁中医药文化，山东省学术界对其内涵研究尚不够透彻，挖掘尚不够到位；虽然能够掌握中药材资源详细情况，明确中医药文化阵地建设任务，打造了诸多中医药生产基地和医疗诊疗机构，却暂时无法准确界定齐鲁中医药文化的概念，明确其内容与范围；而内涵界定不清必然会加剧文化泛化现象，难以树立良好的国际形象①。因此，进一步挖掘文化内涵，是深化发展中医药产业的基础，是打造山东特色中医药的前提，也是推动中医药国际传播的关键。

（二）中药材质量参差不齐影响海外出口

山东省作为中药材资源和中药生产大省，种植历史悠久、经验丰富，种植规模庞大、品种优势明显。省内有天然中药材近1500种，占全国总量的10%以上，其中植物类中药品种1299种②。山东省高度重视道地药材科技创新和质量发展，遴选出具有明显地域性特色的"鲁十味"药材，走在国内中药材管理的最前列。但是，目前山东省侧重于国内产业，在中药材的海外出口和国际贸易等方面发力不够，国内外中药材管理失衡不利于齐鲁中医药"走出去"。由于山东中药材种植人才面临总量不足、基层人才缺乏、技术指导不够等问题③，无法满足国际严苛的市场准入条件和高标准的药材进口要求。另外，山东省不少地区仍采用较为粗放的农田管理模式、标准不一的施

① 王树华、杨春恒：《"新常态"背景下齐鲁中药文化的保护策略研究》，《亚太传统医药》2018年第3期。

② 李松涛、曹宏伟、车勇等：《山东省中草药种植产业发展现状分析》，《中国市场》2016年第31期。

③ 李松涛、曹宏伟、车勇等：《山东省中草药种植产业发展现状分析》，《中国市场》2016年第31期。

肥和打药方式，省内的中草药面临较为严重的品种退化、农药残留与重金属超标等问题，导致出口药材的安全性和质量受到质疑，面临被外商退货的风险。山东省作为中药材种植大省，得天独厚的种植环境和药材资源优势却无法发挥，严重影响了齐鲁中医药的国际声誉和市场收益①。

（三）海外品牌建设与外宣工作推进缓慢

截至目前，我国传统中医药文化已经传播至世界 196 个国家和地区②，对这些国家和地区的医学事业和医疗发展产生了不同程度的影响。齐鲁中医药根植于齐鲁文化，具有明显的地域性特色和独特的诊疗体系。相较于其他医学体系，齐鲁中医药理论基础更加细化，辨证施治更加具有针对性，但在国际上却受众较少、知名度较小，这是因为：一方面，齐鲁中医药国际传播工作主要依靠政府部门、高校和医疗机构，甚至依靠这些机构在省内多地设有医养开发区，如山东自贸试验区济南片区、东阿经济开发区等③，但各开发区专注于当地特色中医药产业发展，缺乏区域间联动，导致齐鲁中医药出口较为零散，整体力量不足，难以形成规模化品牌效应；另一方面，山东省官方机构和民间企业缺乏有效的沟通协商和合作机制，社会力量不足，民间企业对齐鲁中医药的海外推广较少、渠道较窄，无法产生较大影响力。近年来，山东省取得了丰富的中医药科研成果，并且将其广泛应用于国内临床和市场，但是海外宣传推广不够及时，导致齐鲁中医药产品出口种类变化小、更新少、创新力不足，国际传播的力度和效果不够理想。另外，齐鲁中医药的品牌保护和知识产权维护意识不足，境外专利申请数量较少。由于缺少话语权，齐鲁中医药面临被打压排挤、被窃取经验成果等风险。

---

① 李松涛、曹宏伟、车勇等：《山东省中草药种植产业发展现状分析》，《中国市场》2016 年第 31 期。

②《国家中医药管理局推进"一带一路"建设工作领导小组办公室关于印发〈推进中医药高质量融入共建"一带一路"发展规划（2021—2025 年）〉的通知》，中国政府网 2022 年 1 月 15 日。

③《山东省人民政府办公厅关于印发〈中国（山东）自由贸易试验区联动创新区建设实施方案〉的通知》，山东省政府网 2022 年 3 月 17 日。

（四）国际教育发展面临限制

国务院印发的《中医药发展战略规划纲要（2016—2030年）》明确提出，要积极推动中医药海外发展，推进多层次的中医药国际教育交流合作，吸引更多的海外留学生来华接受中医药教育①。这不仅对中医药教育国际化提出了要求，也明确了发展方向。但是，面对复杂的海外环境，山东省中医药国际教育仍面临诸多问题。首先，山东省中医类高等院校数量较少，综合类院校中医学科发展相对局限，专科院校科研成果提升缓慢，国际教育整体水平不高、影响力不强，与国内北京、上海等发达地区相比还存在较大差距，缺乏竞争力。其次，山东省中医药国际教育人才培养体系不完善，师资力量参差不齐。省内教师中医药理论基础扎实，临床诊疗技术水平高，但外语水平较低，国际交流和教学经验不足，导致中医药国际传播缺乏复合型人才。国外学者前来山东接受中医药教育，学成归国在当地医院和诊所从事中医诊疗工作，或在当地学校承担中医教学工作，但由于回国后参与跟诊、研讨、交流的机会较留学期间减少，其中医药诊疗水平难以持续提升，容易出现教育固化的现象②。

三、齐鲁中医药国际传播策略

2022年，山东省卫生健康委联合多部门印发的《山东省国家中医药综合改革示范区建设中医药文化建设专项行动方案》提出，中医药文化建设专项行动要努力在齐鲁文化研究、品牌打造、文化传播等方面实现新突破，推动实施中医药文化弘扬及传承工程，充分释放中医药的多元价值③。因此，推动

---

① 《国务院关于印发中医药发展战略规划纲要（2016—2030年）的通知》，中国政府网2016年2月22日。

② 程革：《"一带一路"倡议下中医药高等教育国际化面临的挑战与战略选择》，《中医药管理杂志》2022年第7期。

③ 《健康山东》：《推动实施中医药文化弘扬传承工程，山东明确六方面主要任务》，中国中医公众号2022年7月5日。

齐鲁中医药国际传播，要制定行之有效的对策，深化在文化内涵、中药材质量、中医药话语权与知识产权保护、教育与人才培养等多方面的海外交流与合作。

（一）不断完善和提升文化内涵，增强国际影响力

《山东省中医药文化弘扬传承工程实施方案》指出，要深化对齐鲁中医药文化精髓的研究，全面厘清齐鲁中医药文化内涵与外延，构建核心价值体系，并阐释现代价值①。

首先，应该充分挖掘和明确齐鲁中医药文化的内涵，保护和利用这些文化资源，将中医药文化研究纳入中华优秀文化弘扬传承工程，开展齐鲁文化与中医药融合发展研究，积极推进中医药文化遗产保护②；并系统研究梳理齐鲁中医药文化传承脉络，推进古籍经典研究保护，整理与普查历代医家理论，多拿出一些具有齐鲁中医药特色和国际影响力的研究成果。其次，聚合优势，充分展现齐鲁地区特色，提升齐鲁中医药文化自觉和文化自信。山东省应加大力度传播齐鲁中医药"医乃仁术"的核心思想，做好齐鲁中医药学典籍的译介工作，积极宣传"儒医文化、扁鹊故里、针砭发源地"三张名片③。山东中医药大学就很重视针灸教育，开办了扁鹊班，着力挖掘医宗扁鹊的精神内涵，使学生"悟道明理得法、精医会针懂药"；并通过策划承办"第八届世界儒学大会——儒家思想与中医药文化专题论坛"，将儒医文化推向高层次国际学术平台。2017年，世界针灸学会联合会对外交往委员会秘书处落户山东中医药大学，这是对齐鲁针砭文化的认同，也是对山东省中医药事业发展的

---

① 张梦雪、陈高潮：《山东省五部门联合印发中医药文化弘扬传承工程实施方案》，《中医药管理杂志》2021年第16期。
② 健康山东：《推动实施中医药文化弘扬传承工程，山东明确六方面主要任务》，中国中医公众号2022年7月5日。
③ 张梦雪、陈高潮：《山东省五部门联合印发中医药文化弘扬传承工程实施方案》，《中医药管理杂志》2021年第16期。

肯定①。因此，山东应该充分利用前期优势，抓住发展契机增强国际影响力。

（二）充分发挥中药材种植优势，提高中药材质量

《山东省中医药发展"十四五"规划》要求，进一步加大工作力度，积极打造齐鲁道地药材品牌，推动全省中医药产业高质量发展②。山东省人民政府《"十强产业"2022年行动计划》提出，要扩大道地药材规范化种植养殖规模，制定和修订道地药材标准，提升中药材质量③。因此，应充分发挥省内种植环境和资源优势，提升药材整体质量，充分把握国外进口标准，增大药材出口量，还需加强中药材产品创新，促进国内外市场协同发展④。

1. 加强中药材的规范化建设力度。山东省应当制定和完善中药材质量标准体系，加快提升全省中药材栽培技术水平，鼓励从业者前往中药材种植强省进行实地考察，学习先进的管理经验。山东省还应当对比海外进出口标准，减少和控制化肥和农药的使用量，强化对农药残留和重金属的检验，建立齐鲁中药材可追溯体系，使中药材质量安全可控。例如，可引进欧盟GACP认证标准和种植管理规范，学习美国食品和药品管理局（FDA）《植物药行业指南》等政策法规。通过借鉴国外先进经验，制定符合国情、省情的种植规范，降低出口壁垒，满足国际市场对植物药的高标准、严要求，加快齐鲁中医药产业国际化的步伐⑤。

2. 完善中药材育种选种和科研创新工作。山东省应当遵循中药材的生长

---

① 王文姝、崔国军、郭立伟、王原：《山东中医药大学——擦亮"三张名片"唱响山中医品牌》，《大众日报》2022年6月30日第十六版。

② 山东省卫生健康委员会：《〈山东省中医药发展"十四五"规划〉政策解读》，2021年9月9日，山东省中药协会网站。

③ 山东省人民政府办公厅：《山东省人民政府办公厅关于印发"十大创新""十强产业""十大扩需求"2022年行动计划的通知》，鲁政办字〔2022〕28号。

④ 王锦、张华：《"一带一路"倡议下齐鲁中医药文化对外传播路径研究》，《中国民族博览》2020年第5期。

⑤ 王宁、马婷、张成博：《"一带一路"背景下齐鲁中医药产业国际化发展研究》，《山东中医药大学学报》2020年第1期。

规律，挑选适宜的地势和土壤，明确中药材最佳人工种植环境，引导科研院所、高校开展中药材选种育种工作①。例如，可鼓励山东农业大学、山东中医药大学、山东省中医药研究院等机构联合开展工作，群策群力，优势互补。山东省政府还应当将政策和保障落实到位，加强与医药企业的信息共享和沟通合作，鼓励民间资本做好中药材及其产品的开发工作，拓宽海外市场。通过推动省内优势药材的国际化，选择市场潜力大、发展前途广阔、竞争力强的品种，如金银花、桔梗、黄芩、西洋参等，提升其种植规模和药材质量。还要不断提高道地药材，如长清瓜蒌、平阴玫瑰、东阿阿胶等的出口量②，充分发挥齐鲁中医药的独特性和不可替代性。

（三）深化知识产权保护，彰显中医药国际话语权

山东省相继出台了《山东省中医药产业发展规划（2022—2025年）》《山东省国家中医药综合改革示范区建设中医药文化建设专项行动方案》等一系列政策文件，进一步强调了在国际传播中的中医药话语权和知识产权保护的重要性。山东省政府应当加强国际交流合作，推动齐鲁中医药国际品牌建设，充分展现中医药自身的权威性和主导性，统筹规划齐鲁中医药国际传播的相关事宜③，加快推进齐鲁中医药"走出去"。

1. 加强中医药知识产权保护。防止国内外对中医药的恶意诋毁污蔑、抄袭盗用等行为。山东省政府应当建立健全本省中医药知识产权保护体系，强调知识产权的重要性，提高省内中医行业对知识产权的保护意识和保护能力④。山东省应当加大对齐鲁中医经方、验方、秘方的发掘和应用，设立专项

---

① 张敏、李如是、张晓玉：《擘画中医药发展创新蓝图 中药材种植需夯实"基本盘"》，《证券日报》2022年6月28日A4版。

② 王志芬、刘喜民：《山东中药材种植现状及其发展对策》，《山东农业科学》2010年第1期。

③ 王锦、张华：《"一带一路"倡议下齐鲁中医药文化对外传播路径研究》，《中国民族博览》2020年第5期。

④ 新华社：《中共中央办公厅国务院办公厅印发〈关于强化知识产权保护的意见〉》，中国政府网2019年11月24日。

基金以鼓励中医药企业申请国内外专利①，并针对知识产权问题提供海外维权援助服务，健全多种海外沟通渠道和调解机制，给予权益人全面的应对指导，保障中医药从业者的合法权益在海外不受侵犯。

2. 充分尊重中医药的权威地位，加强中医药国际话语权。我国政府需要在提升中医药文化认同、减少中医药贸易壁垒、加强中医药行业准入等方面充分发挥引领作用。山东省应当在齐鲁中医药文化输出、中医药诊疗技术推广，以及齐鲁特色中药材出口等方面展现独一无二的地域优势和能力，提升齐鲁文化的影响力和国际声誉②。在新冠疫情期间，齐鲁中医药界积极参与了国内外的新冠救治，如山东省中医院配制了肺得宁合剂、银柴感冒颗粒、桂柴散寒颗粒、金柴清热颗粒四种中药自制剂，通过社会团体和医疗队运送至国内外抗疫一线，取得了良好效果。山东省中医院药学部表示，在疫情期间，有不少德国、英国和美国患者提出向医院购买自制剂的申请，且需求量较大；该医院还将汤药加工成颗粒剂，既方便了运输又符合国外患者用药习惯③。总之，山东省中医院的中药自制剂配伍得当，在抗疫中发挥了良好的治疗作用。山东省应当总结过往经验，不断开展齐鲁中医药科研创新，提高疾病防治水平，持续为世界人民的健康贡献山东智慧和山东力量。

（四）推进中医药国际教育，培养中医药国际人才

在"中华文化走出去"背景下，齐鲁中医药的价值日益受到世界关注，中医药国际教育迎来新的发展机遇。《山东省中医药文化弘扬传承工程实施方案》提出，要加强中医药教育队伍建设，引导各中医药机构、文化组织和专家学者积极参与中医药文化研究和传播④。首先，要加快推进齐鲁中医药国际

① 《山东济南加强中医药知识产权保护》，中国中医药网 2020 年 9 月 4 日。
② 新华社：《中共中央办公厅国务院办公厅印发〈关于强化知识产权保护的意见〉》，中国政府网 2019 年 11 月 24 日。
③ 杨飞：《中药制剂中心战"疫"记：保内需援海外》，中国新闻网 2020 年 4 月 3 日。
④ 张梦雪、陈高潮：《山东省五部门联合印发中医药文化弘扬传承工程实施方案》，《中医药管理杂志》2021 年第 16 期。

教育。政府应不断拓宽齐鲁中医药教育形式，利用互联网和新媒体，全方位、多层次、宽领域地传播齐鲁中医药文化。鼓励科研单位和高校与出版社合作，推动中医药成果的对外翻译出版，促进与国际社会的多学科交叉沟通。山东省应当借助孔子学院坚实的基础和影响力，建设具有齐鲁中医药文化特色的扁鹊中医学院，推动齐鲁中医药走进"一带一路"共建国家①。山东省中医药院校和开设中医相关专业的高校应该积极建设和发展留学生教育，如山东中医药大学大力开展留学生学历教育，覆盖本科、硕士研究生和博士研究生三个层次，开设了中医学、中药学、针灸推拿学等特色优势专业；此外，山东省还应整合省内中医药科研力量，打造一流中医药学习交流平台，切实推动中医药国际教育的发展。其次，要重视齐鲁中医药国际人才的培养。山东省中医药院校要立足于中医药理论基础和文化内涵，建设齐鲁中医药优势学科，加强与国外高校的交流合作，培养更具有国际视野和国际竞争力的国内中医药人才②。例如，山东中医药大学为贯彻落实党的二十大关于教育、科技、人才战略部署，积极开展了"2023 年新青年全球胜任力人才培养项目"③。山东省还应当重视中医英语教学和翻译人才的培养，加强师资队伍建设，促进中医药国际教育的高效发展。省内中医药院校应当积极响应"一带一路"倡议，在海外中医孔子学院积极宣传推广中医药文化，或派遣国内科研专家和学者出国交流，吸引海外留学生来华学习中医药知识和技术④，不断加强国际化人才建设。

---

① 王宁、马婷、张成博：《"一带一路"背景下齐鲁中医药产业国际化发展研究》，《山东中医药大学学报》2020 年第 1 期。

② 张梦雪、陈高潮：《山东省五部门联合印发中医药文化弘扬传承工程实施方案》，《中医药管理杂志》2021 年第 16 期。

③ 山东中医药大学国际交流合作处：《学校举办 2023 年新青年全球胜任力人才培养项目开班仪式》，山东中医药大学网站，2023 年 3 月 27 日。

④ 王锦、张华：《"一带一路"倡议下齐鲁中医药文化对外传播路径研究》，《中国民族博览》2020 年第 5 期。

四、结语

　　博大精深的中医药学是中华民族的伟大创造，凝聚了中国人民和中华民族的智慧①，不仅为振兴、发扬中华传统文化作出了突出贡献，还对世界医学文明的发展起到了积极作用。齐鲁大地有着优质的中药材种植环境、丰厚的中医药临床成果、深厚的中医药文化底蕴，还具有健全的中医教育体系。面对严峻的国际形势和难得的历史发展机遇，齐鲁中医药应当顺应时代发展需求，积极响应我国"中华文化走出去"号召，凭借优越的地理环境、历史文化和政策支持条件，充分发挥自身的中医药资源优势，建立健全齐鲁中医药海外长效发展机制，脚踏实地地走好国际传播的每一步。

---

① 新华社：《习近平对中医药工作作出重要指示》，2019 年 10 月 25 日。

济南扁鹊医药文化遗存考察及深度思考

| 袁　婷　王振国 | *

扁鹊作为我国传统医药学的开创者，在中国历史上具有举足轻重的历史地位。济南作为扁鹊故乡，对扁鹊文化和扁鹊遗存的发掘整理工作已经展开，但并未将其提升到城市形象代言人的高度。继续深入挖掘扁鹊医药文化遗存，并合理开发和利用，是当前亟待解决的问题。

一、"方者宗"扁鹊

《史记·太史公序》记载："扁鹊言医，为方者宗，守数精明。"① 当前医史学界也普遍认同，扁鹊方者宗即医之宗。但笔者认为，这种观点实际是缩小了扁鹊的历史贡献，降低了扁鹊的历史地位。事实上，司马迁笔下的方者宗，是方技、方术之宗。

《汉书·艺文志》对"方技"的解释为："方技者，皆生生之具，王官之一守也。"② "生生之具"提示方技是与生命密切相关的学科且具有"技"的特点。方技并不等于医学，范围要比医学更广，是医药养生与神仙家杂糅不

---

　* 　袁婷，山东中医药大学外国语学院讲师；王振国，山东中医药大学教授。

　① 《史记》，上海古籍出版社 2011 年，第 2500 页。

　② 《汉书》，中华书局 2007 年，第 351 页。

分的体系，除实用医药知识外，还包括养生术、神仙术等技术。

笔者认为，在西方称之为"轴心时代"的公元前 500 年前后（注：老子约出生于公元前 571 年，孔子约出生于公元前 551 年，扁鹊约出生于公元前 407 年），当老子在论"道"，孔子在讲"儒"的时候，扁鹊也开创了以医学为核心的方技体系。鉴于扁鹊与老子、孔子同时代且为方技的开创和传承作出的伟大贡献，故被司马迁称为"方者宗"。

二、扁鹊医药文化遗存与济南

本课题组经过考察发现，济南地区存在扁鹊医药文化遗迹 7 处、相关文物 2 件、民间文学类非物质文化遗产 1 件、戏曲剧目 1 件，具体如下。

（一）遗址

1. 长清卢国故城遗址。扁鹊里籍历来争议很大，其中较为广泛的说法是：《难经正义》引《难经八十一难序》"（秦越人）家于卢国，因命之曰卢医也"。唐代济南人段成式在其《酉阳杂俎》中记载，"卢城之东有扁鹊冢，云：魏时针药之士以厄腊祷之，所称卢医也"。《济南府志》（清道光二十年）记载，"秦越人墓在县境，旧志卢地有越人冢，即扁鹊也"。

1985 年、1987 年国内中医、历史和考古学界的专家学者两次聚会于山东长清，召开"扁鹊（秦越人）里籍论证会"，一致认为扁鹊的里籍是齐国卢地，即今山东长清。2009 年史兰华、张在同主编的《齐鲁诸子名家志·扁鹊仓公王叔和志》提出扁鹊、仓公、王叔和是山东地区扁鹊医学体系的代表人物。

济南市长清区归德镇坟台村古称"卢城洼"，即卢国故城遗址所在地，为春秋时期卢邑的都城。卢国故城遗址被列为长清区重点文物保护单位、济南市级文物保护单位、山东省重点文物保护单位。2015 年位于济南园博园（位于长清区）内的卢故城纪念馆建成开放。

2. 莱芜嬴城遗址。《史记·扁鹊仓公列传》记载，"扁鹊者，为医或在齐，或在赵，在赵者名扁鹊"①。曹东义认为，赵国人不称秦越人，而称扁鹊，是因为赵氏以鸟为图腾，是司马迁所说"在赵者名扁鹊"的根据所在②。对此笔者认为，曹东义的观点恰恰揭示了扁鹊东夷人的身份。

《史记·赵世家》记载，"赵之先，与秦共祖"③。《史记·秦本纪》记载，"秦之先。是为柏翳，舜赐姓嬴氏"④。杨东晨指出，伯益是秦赵的同一祖先。⑤ 东夷嬴族诸侯国，是尧、舜、禹时部落联盟机构首领皋陶、伯益后裔在夷地建立的国家⑥。济南市莱城区羊里镇城子县村嬴城遗址，是新石器时代至汉代的遗址，被国务院公布为第七批全国重点文物保护单位。莱芜嬴城，即春秋时齐之嬴邑，是秦赵始祖伯翳获赐嬴姓的食邑所在。

2011年9月，中国先秦史学会主办的首届中国（莱芜）嬴秦历史文化学术研讨会确认："莱芜是嬴姓发源地，嬴秦文化源头，始皇嬴政祖先繁衍生息之地，即'伯益封地嬴秦祖里'。嬴族是东夷文明的重要组成部分，嬴姓族西迁陇右戍边，把东夷文明带到西部。"这一认定或许能够揭开扁鹊行医"或在齐，或在赵"，其晚年又入秦行医的真正原因。

（二）墓葬：济南扁鹊墓

位于黄河北岸的鹊山是济南"齐烟九点"最北面的一座山。鹊山之名，来自扁鹊。传说扁鹊曾在山上炼制丹药，死后葬于山脚下，为纪念扁鹊，遂称此山为鹊山。目前鹊山西麓有扁鹊墓，墓前石碑署"春秋卢医扁鹊墓"并有清乾隆十八年（1753）重整字样。1995年被列为济南市重点文物保护单位。2015年被列为省级文物保护单位。扁鹊葬于鹊山的传说口耳相传，历经两千多年。扁鹊死于陕西，此墓应为其家乡人为纪念扁鹊，希望叶落归根、

---

① 《史记》，上海古籍出版社2011年，第2115页。
② 曹东义：《扁鹊文化与原创国医》，中国医药科技出版社2017年，第11页。
③ 《史记》，上海古籍出版社2011年，第1404页。
④ 《史记》，上海古籍出版社2011年，第117页。
⑤ 杨东晨：《秦人远祖是东夷嬴姓少昊族》，《陕西师范大学学报（哲学社会科学版）》1986年第1期。
⑥ 杨东晨：《东夷嬴族的西迁和秦国的建立》，《陕西理工大学学报（社会科学版）》1989年第4期。

魂归故里而建立的衣冠冢。

（三）画卷：鹊华秋色图

元代赵孟頫《鹊华秋色图》，中国古画，图卷、纸本、设色画，纵
28.4cm，横93.2cm，原属故宫旧藏，现藏于台北故宫博物院。《鹊华秋色图》
描绘的是济南鹊山、华山及济水、鹊山湖的自然风光。

（四）景观：历下八景之"鹊华烟雨"及历下十六景之"翠屏丹灶"

鹊山与华山（古称华不注）遥相呼应，若离若合，时隐时现，云雾缭绕，
如二点青烟，古称此景为"鹊华烟雨"，是古历下八景之一。《鹊华秋色图》
更使得鹊山声名鹊起。

明崇祯六年的《历乘》也就是最早刻本的《历城县志》，将此景列为
"历下十六景"之一"翠屏丹灶"。明代历城人刘敕在《鹊山》一诗中写到：
"西北开青嶂，无峰山自奇。丹炉还历历，明月故迟迟。""青嶂""无峰"
"丹炉"正是"翠屏丹灶"的真实写照。翠屏指山无主峰，远望横列如屏；
丹灶指山西谷中原有丹炉，相传是扁鹊炼丹处，时有缕缕青烟，袅袅上升，
隐现于绿荫之中①。

（五）建筑

1. 济南药王庙。位于济南滨河新区的药山是齐烟九点中面积最大的一座
山。传说扁鹊尝百草，在药山发现阳起石。徐北文指出"扁鹊是济南人，济
南自古就有扁鹊活动的大量传说。扁鹊来药山，当为阳起石，到明代后期，
阳起石基本挖没了，但药山之名和扁鹊的传说却一直流传下来"②。药山上曾
建有药王庙，是祭拜扁鹊的庙宇。由于年代久远，现只剩建筑残迹。

2. 济南药王楼和扁鹊祠。济南药王楼位于天桥区东工商河畔宏济堂文化
广场，以"老宏济堂和扁鹊故里、药王文化"为主题，通过传承历史文化，
营造浓厚的中医药文化特色经营场所。"扁鹊祠"位于药王楼内，从外观上看
更接近一座神龛，神台之上扁鹊居中，其左侧为李时珍，右侧是乐镜宇。三

---

① 刘权、许保增：《鹊山——鹊华烟雨埋医圣》，《走向世界》2012年第9期。
② 李贞寅：《神医扁鹊与长清》，《齐鲁晚报》2012年12月4日B03版。

座塑像神态安详，各持有代表性器物。塑像和祠内外均施以彩绘。

（六）汉画像石：济南大观园汉墓"扁鹊图"

1954 年 7 月，山东省文物管理委员会在济南大观园商场地下发现的汉墓内，南门两壁石上，雕刻两个立形人物，东壁的上身作人形，下身有鸟尾，正凝视手持的凿形砭石，叶又新认为这是神医扁鹊①。据王献唐先生观察，此墓时代当在东汉末期②。

（七）扁鹊传说（济南市级非物质文化遗产）

2008 年 6 月，济南市豫剧团报送的"扁鹊的传说"进入济南市人民政府公布第二批市级非物质文化遗产名录。

（八）柳子戏：《东方圣医》

2018 年 7 月，由山东省柳子剧团创排的历史原创戏《东方圣医》在济南梨园大戏院首演。该剧目以扁鹊的故事为素材，艺术地展现了扁鹊与以虢国国师为代表的迷信势力较量、斗争的过程，塑造了扁鹊"医者为仁""治病救人"的鲜活形象。

三、扁鹊医圣故里、千年医药文化与"鹊华"景象的融合重构

通过对济南扁鹊医药文化遗存的初步考察整理，发现扁鹊千年的历史人文因素对济南这座城市的深刻影响。扁鹊作为中华医学的大宗师、齐鲁大地"十二圣贤"之医圣，同时也是济南这座城市荣耀的历史代表人物，还亟须加强研究与宣传，大力推动扁鹊文化的创新性转化和创造性发展。

（一）重构济南"鹊华印象"

如何真正将扁鹊的历史地位和影响力挖掘出来，成为济南亟待解决的课题。为了能够真实恢复扁鹊医圣故里的影响力，笔者特别建议：重构济南"鹊华印象"。将扁鹊医圣故里、千年医药文化与济南"鹊华秋色"景象融合重构，生成全新的济南"鹊华印象"，作为与"天下第一泉"并称的济南第

---

① 叶又新：《神医画象石刻考》，《山东中医药大学学报》1986 年第 4 期。
② 山东省文物管理委员会：《济南大观园的一个汉墓》，《考古通讯》1955 年第 4 期。

二张城市人文名片。

2005年吴良镛院士受济南市政府之邀对济南的规划提出建议：拓展城市空间和提升城市美誉度，构建"济南鹊华历史文化公园"和"鹊华秋色博物馆"。吴良镛院士的这一建议主要是从赵孟頫的"鹊华秋色图"和鹊山华山黄河一线的地理自然环境出发着眼。笔者对此非常赞同，同时建议应当将"鹊华"人文景象与扁鹊医圣故里、千年医药人文相融合，构建全新的济南"鹊华印象"。

（二）扁鹊文化的创造性转化和创新性发展

深入开展扁鹊文化研究，探究扁鹊文化的时代价值和现实意义，提出扁鹊文化的创造性转化和创新性发展措施。

首先，探究扁鹊故里、扁鹊"方者宗"地位、扁鹊齐鲁医药文化源流等内容，从扁鹊医圣角度展示济南的历史底蕴和文化自信；占领学术制高点，将"中国（济南）扁鹊与中医药文化国际论坛"打造成济南扁鹊故里和医药文化的宣传主阵地。

其次，以济南鹊山扁鹊墓的文物资源和"鹊华"景象资源为基础，扩建扁鹊墓为扁鹊祠，整合"中国（长清）扁鹊中医药文化节"和"国医节"，恢复对扁鹊宗师的纪念活动。与儒、道相关领域的专家学者，共同对"扁鹊：中华传统医学大宗师"的画像、祭祀、礼仪、规范等内容开展学术研究。

最后，整合扁鹊医药、文化、历史资源和健康产业，利用济南的省会优势以及鹊山地处山东省新旧动能转换先行区的历史契机，将"中国（济南）扁鹊与中医药文化国际论坛"与扁鹊宗师纪念活动合二为一，以复建的济南鹊山扁鹊祠为核心，打造"鹊华印象"医养健康小镇。文化搭台，经贸唱戏，共同推动扁鹊文化向健康、有序和可持续的方向发展。

传统文化传承弘扬

商埠文化

济南商埠区保护与更新策略研究

| 李建军 | *

1904 年，济南自开商埠，为这座城市乃至中国的发展添上了浓墨重彩的一笔，"百年商埠"至此开启了传奇的发展历程。由此，济南的城市建设第一次打破了老城区的束缚，拓展了向外发展的空间。津浦、胶济铁路在这里通达，使济南由一个政治中心一跃而成为山东内陆第一大商贸中心和华北地区重要商品集散中心、文化传播中心，极大促进了济南及山东近代化的发展。

济南自开商埠后，新兴商埠与千年古城形成了中国少见的"双子城"城

* 李建军，济南市政协委员、市中区政协常委、九三学社市中区副主委、济南市老建筑文化旅游促进会会长、小广寒文旅公司总经理。

市发展格局，其"开风气之先、创至善之业"的先锋精神使济南的经济、文化实现了快速发展，大幅提升了济南的城市地位。多个国家相继在济南设立领事馆和领事代办处，外国商业资本纷纷涌入，数不清的银行、洋行、医院、学校、老字号及商场在商埠扎堆，华洋建筑林立，数不清的"第一"在济南诞生：第一座城市公园"中山公园"、第一座专业电影院"小广寒电影院"、第一家民族资本工业"济南电灯公司"、全国第一座铁路公路立交桥"济南天桥"、第一家自然博物馆"广智院"、第一座邮政局"山东邮务管理局"、第一家戏院"兴华茶园（现在的北洋大戏院）"、第一个洋行"礼和洋行"、第一家外国银行"德华银行济南分行"……济南的工商业在国内城市中的地位扶摇直上，历史与现代、传统与时尚，冲撞而又和谐地与济南文化融为一体。

一、济南商埠区历史资源的现状

（一）全国重点文物建筑

济南商埠区的建筑风格丰富多样，有德式、日式建筑，有中西合璧的建筑，还有中式风格的建筑。目前散落在商埠区（包括市中、天桥、槐荫）的各类历史建筑 100 多处，其中全国重点文物保护单位 11 处，省级文物保护单位 26 处，市级文物保护单位 17 处。部分历史建筑在发展中形成了新的文化、商业业态，成为城市重要的文化名片。

1. 胶济铁路火车站济南旧址

胶济铁路火车站济南旧址位于济南市天桥区经一路 30-1 号，站房大楼于 1904 年动工，1915 年建成并投入使用。这座典型的德式巴洛克风格车站建筑曾经显赫一时，八根高大粗壮的爱奥尼柱至今还能显示其身份。1939 年，胶济铁路济南站被改为济南铁路局机关，楼前为停车场，后作为济南铁路分局、济南铁路办事处。2013 年国务院核定其为"第七批全国重点文物保护单位"，2016 年活化利用为胶济铁路博物馆，成为重要的爱国主义教育基地。

胶济铁路济南火车站旧址　庄宇/绘

2. 济南府电报收发局（车站邮局）旧址

1883 年，济南自济宁将津沪电报支线引入城内，并在巡抚衙门设官办电报局，揭开了济南电信事业的第一页。1904 年，在经一路纬三路路口建设成立了济南火车站电报支局（济南人称"济南府老电报大楼"）。1914 年，日本继承了德国在济南开设的邮局，将电报大楼改作"济南野战邮局"。1929年后一直作为车站邮电局，部分用于开设招待所，一直由邮政局管理使用。

济南府电报收发局旧址　庄宇/绘

2004 年 5 月，因经一路道路拓宽，有关部门对建筑进行了改造重建，沿经一路的西翼采用平移法向北退后 13 米，保留了外侧的石材墙体，对建筑的北翼进行了"瘦身"，跨度随之缩短 13 米，结构也被改为框架结构。2013 年被国务院核定为"第七批全国重点文物保护单位"。2016 年，这座百年建筑重新改造，活化利用为华夏书信文化博物馆。

3. 交通银行济南分行旧址

交通银行济南分行旧址位于济南市经二路 148 号，由我国著名的建筑师庄俊设计，是一座仿希腊古典复兴风格的建筑。

交通银行济南分行北立面　选自《图说济南老建筑》　张勤/绘

日伪时期，交通银行济南分行曾改为中国联合准备银行。抗日战争胜利以后曾先后作为交通银行、中央银行、北海银行使用。新中国成立后，曾作为山东省人民银行办公楼。2009 年初，曾本着"修旧如旧"的原则对该建筑进行了一定修缮，其外立面以及形体不符合历史风貌的部分均进行了整修和粉刷，后作为山东省银监局驻地，如今作为中国银行保险监督管理委员会山东监管局的驻地。

4. 德华银行济南分行旧址

德华银行济南分行旧址位于济南市经二路 191 号，是一幢典型的巴洛克风格建筑，被称为商埠"最美天际线"。这座百年建筑的主体多为两层，局部是三，其中建筑的西南角是八边形的塔楼，二层以上是坡度陡峻高大的阁楼层。建筑的轮廓丰富，起伏自然。沿街的南立面和西立面阁楼窗上几个大小高低不同的山墙，为云形自由阶梯状，高低错落有致，非对称的自由布局，能保证观赏者无论在哪个角度都可以看到一幅流动性的建筑图景。是济南现存近代建筑中保存最好的德式风格建筑。现由中国人民银行山东省分行使用。2013年核定为"第七批全国重点文物保护单位"。

德华银行济南分行旧址　庄宇/绘

5. 济南德国领事馆旧址

济南德国领事馆旧址位于济南市市中区经二路193号院内，建于1901年，由东、西两栋楼组成。东楼建筑是东西连廊连接的两栋外廊式二层小楼，另加屋顶阁楼。建筑成开口向北的"凹"字形，屋面是双坡红瓦结构，立面为三段式对称布局，平面的南部呈波形阶梯状阁楼山墙，与纬二路东侧的德华银行隔街相望，形式上十分协调，作为办公兼宿舍使用。西楼为两层带阁楼和地下室，采用自由式布局，是典型的日耳曼别墅式建筑，作为领事的办公室和府邸。现由济南市行政审批服务局使用。2013年核定为"第七批全国重点文物保护单位"。

济南德国领事馆东楼旧址　西楼（贝斯别墅）旧址　王琴/摄

6. 上海商业储蓄银行济南分行旧址

上海商业储蓄银行济南分行旧址　王琴/摄

　　上海商业储蓄银行济南分行旧址济南市市中区经二路 23 号，建于 1901 年左右。建筑坐南面北，总共两层，立面处理简洁明快。在当时商埠区西洋古典建筑风格、中西交融建筑形式占主导的情况下独树一帜，是济南南埠区保留最好的一个老摩登建筑的代表。近年来业主将建筑的外观重新装修后，原有的风格特点没有保留太多。现由山东省农村商业银行纬二路支行使用。2013 年核定为"全国第七批重点文物保护单位"。

7. 山东邮务管理局旧址

山东邮务管理局旧址位于济南市经二路 162 号，是一处建筑群。1918 年 3 月，由天津外国建筑事务所建筑师查理及康文赛设计，天津的洋商承包施工，于 1919 年建成。

山东邮务管理局旧址　邮政大楼　庄宇/绘

山东邮务管理局旧址的主体建筑是邮政大楼。建筑平面基本是"凹"形，沿经二路北面的中间与两端稍作突出，分成五段，最终又在"凹"形中间成为短的"山"字形。建筑整个北立面采取对称手法，为法国古典主义五段式处理，手法严谨，庄重而华丽。邮政大楼建筑通高 30 米，是济南商埠地区当时最高大的建筑物。1950 年前后作为北海银行用房，后又作为山东省总工会办公用房，1958 年由济南市邮政局使用。虽然院落和建筑多有修改，但沿经二路立面仍为原貌。2013 年核定为"第七批全国重点文物保护单位"。现由中国邮政集团有限公司济南市分公司使用。

8. 山东民生银行旧址

山东民生银行旧址位于济南市市中区经二路 168 号，始建于 1932 年。建筑坐南面北，形式上繁下简、挺拔有力，以竖向的手法为主，正面面临经二路。

山东民生银行旧址　庄宇/绘

　　当时的山东民生银行是官商合办建设的地方性银行，这栋建筑于1932年至1939年期间是山东民生银行。1938年济南沦陷，日军进入济南，因原济南日本总领事馆已毁，山东民生银行曾为济南日本领事馆驻地。1939年至1945年为日本横滨正金银行，1945年改为山东省银行，该行除经营一般的银行业务以外，还负责发行经办山东省库券等。20世纪50年代作为中苏友好协会济南分会会址，之后先后由济南市文联、济南市亚非拉友好协会等单位办公。2013年核定为"第七批全国重点文物保护单位"。现由济南市京剧院使用。

　　9. 小广寒电影院旧址

　　小广寒电影院旧址位于济南市市中区经三路48号，建于1904年，是济南最早建成的专业电影院，也是国内现存最古老的电影院旧址，为巴洛克风格建筑。曾经繁荣辉煌，百年间亲历见证了济南商埠的风起云涌和电影技术在中国的传入发展，经历了数次更名与功能变换后淡出历史，衰落破败。

小广寒电影院旧址　庄宇/绘

2004 年，济南市市中区政府相关部门在普查时对"小广寒电影院旧址"进行了登记并给予挂牌保护。2009 年初，开始对小广寒保护修缮和活化利用。经过两年多时间精雕细琢的修复工程，这座沉浮百年的老建筑以小广寒电影博物馆和电影艺术餐厅的双重身份对外开放。经过十几年的发展，活化利用后的小广寒开拓了"政府主导加社会力量、老建筑与国宝、博物馆文化主题餐厅、公益性结合商业经营、单体保护复兴个案到引领推动老建筑行业发展"的创新模式，成为老建筑保护修复与历史遗存活化利用的标杆典范和可供借鉴的成功案例，2013 年核定为"第七批全国重点文物保护单位"，2022 年被山东省住建厅、文旅厅评为"文物建筑保护利用示范项目"。

10. 山东邮务管理局办公住宅旧址

山东邮务管理局办公住宅旧址位于济南市市中区经三路 77 号院内，始建于 1919 年，是山东邮务管理局的附属建筑，最初是山东邮务长住宅，曾多次易主。1937 年以前由时任山东邮务管理局多福森、卜礼士、海澜等多位邮务长居住。1945 年日军投降，该建筑被国民政府接收，作为时任山东省主席、第二绥靖区司令王耀武的官邸，曾接待过白崇禧、杜聿明等国民党高级将领。

山东邮务管理局办公住宅　庄宇/绘

　　1948 年济南解放后，作为山东省邮电管理局办公楼使用。这座老建筑迎来了新的历史。经历了电信体制改革的变迁后，现为中国联合网络通信有限公司山东省分公司使用。2013 年核定为"第七批全国重点文物保护单位"。2016 年保护修缮，改造成山东省邮电博物馆，现收藏邮电、通讯类文物 200余件，照片 400 余幅，是济南商埠文物建筑活化利用成博物馆的典型案例之一。

　　11. 德国诊所旧址

　　德国诊所旧址位于济南市市中区经三路 46 号，建于 1920 年左右。建筑坐落在大纬二路、经三路交叉口东南角，坐南面北。据考证原来是德国人所建的一个小诊疗所，建筑的正立面是两个六边形的三层阁楼，形式独特，在大纬二路上自北向南看去，与阁楼墙上的两个圆形窗洞夹着一个长圆券形的窗子，构成一幅生动活泼的建筑形象，俨然两个戴着草帽的雪人张望着南来北往的行人。德国诊所建筑体量不大。2013 年核定为"第七批全国重点文物保护单位"。现由山东省总工会使用。

德国诊所旧址　王琴/摄

（二）第一座城市公园：中山公园

济南中山公园位于济南市经三路 132 号，始建于 1904 年，属于古典园林式建筑，是山东省兴建最早的以公园命名的公共游览场所。现由济南市城市园林绿化局管理。

20 世纪 30 年代中山公园旧貌

中山公园北门　付强/摄

　　1904 年，在济南自开商埠后的规划中，确定在经三路与经四路、纬四路与小纬六路之间的八公顷范围内设立公园。这是当时国内在商埠区最早设立的公园，称"商埠公园"。

20 世纪 30 年代中山公园旧貌　　《励新》半月刊

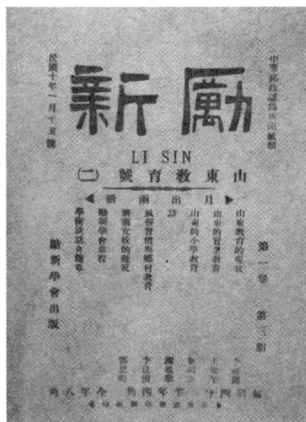

"商埠公园"是社会各界和中共山东早期党组织从事革命活动的场所。据记载，1920年10月20日由王尽美组织发起的"励新学会"，成立大会在公园"四照亭"召开。1924年9月8日，王尽美等领导的理发、印刷工会联合会等13个团体参加的反帝大同盟在公园举行万人大会，这次大会充分揭露了帝国主义侵略中国的罪行。大会要求废除不平等条约，把济南的反帝爱国运动推向新高潮。1925年5月30日，鲁伯俊领导新城兵工厂、铁路津浦大厂、鲁丰纱厂的工人集会于公园，声援上海的"五卅"惨案。半月后，由济南总商会、商埠商会、商业工会、银行工会等五个团体，在公园"四照亭"成立商界沪案后援会，商埠各商号也于十天后罢市，门首多贴"同胞惨死，休业致哀"的字样。6月29日，又在公园举行追悼大会，悼念在"五卅"惨案中死难的同胞，到会者达100多个团体，20多万人次。

1925年3月12日，伟大的革命先驱孙中山先生因病逝世，济南人民无不悲痛，于4月4日在公园召开追悼大会。大会筹委会护送孙中山遗像至公园安放，各机关、团体、学校、商号赠送的挽联挂满了公园。会上还散发了赞扬孙中山先生丰功伟绩的宣传品十万余份，为纪念这位伟大的革命家，把"商埠公园"改名为"中山公园"。抗日战争前，公园管理有序，市公署对入园游览、经营摊点、爱护公物、宴请宾客等有较详细、严格的管理办法，并委派管理员为公园管理者，负责处理公园一切公务。日本侵略军占领济南后，在公园建电台、盖神社、筑炮楼、挖战壕，致使公园面积急剧减小，风景减色，不复旧观，呈现一片凋零景象。

1948年，济南解放，公园隶属济南市建设局管理，1949年至1953年又划归济南市文教局，作为济南市的文化宣传阵地。在此期间，新建了济南市图书馆、阅览室、滑冰场，改建了电影院，为解放后的济南人民提供了工余饭后游览、娱乐、学习的地方，因此，又将"中山公园"改称"人民公园"。

1953年8月，公园重归建设局，由园林管理所具体管理公园各项工作，并进行了多年的整修改建，于1958年6月正式对外开放。

1981年改革开放的春风吹遍神州大地，园林事业迅猛发展，济南市委、市政府非常重视公园建设，拨出专款对公园实施全面改建，在两年的时间内，针对公园位置优越、面积狭小的特点，本着以植物造景为主的原则，采用小中见大的手法并结合我国传统造园艺术，力求在有限的空间设置更多的风景游览点，达到四季常青、步移景升的观赏效果。改建后的中山公园古朴典雅，花木茂盛，园容整洁，内容丰富。1986 年 11 月 12 日，在孙中山先生诞辰 120 周年之际，又恢复"中山公园"名称。

（三）复古与时尚：融汇老商埠

融汇济南老商埠项目东邻纬三路、西至小纬四路、北起经三路、南至经四路，是以济南商埠历史建筑、特色文化打造的一个商旅街区，有建筑、有美食、有文化、有故事、有品位、有夜市，是"一园十二坊"区域的活化转型代表。将经典建筑汇聚，用百年文化铸就，是敬献给济南的一座记忆之区、乡情之地。

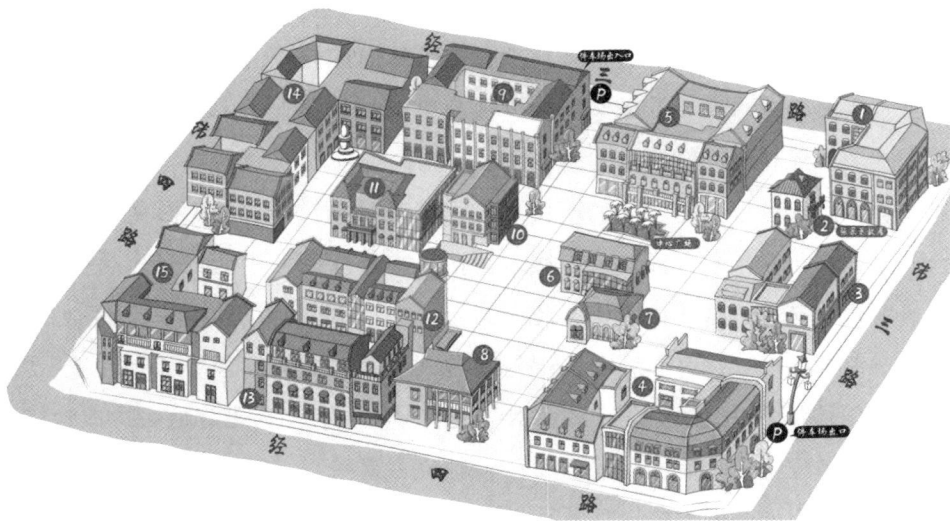

融汇济南老商埠项目总建筑面积约 85334 平方米，共十五栋建筑，以三层为主，局部四层、二层，整体风格高低搭配、错落有致；地下三层共计 640 余个车位。

融汇老商埠项目建设设计方案于 2012 年通过全国有关专家的评审，当年 9 月奠基，2013 年 5 月开工建设。项目开发过程中，坚持"修旧如旧、建新如旧"的原则，采用了"先加固、再顶升、后施工"、光纤光栅应变测试技术等先进的施工工艺和技术，力求最大化地保留和复原济南商埠区风貌特色，传承历史文化。项目在策划定位和规划设计上严格保护地段内现存文物、传统风貌建筑，在尊重历史的基础上，秉承了"应保尽保、风貌延续、活力复兴"的理念，做到了保护体现商埠区历史老建筑的真实景象。在建设过程中，通过迁建、移建、复建等方式，结合利用老旧材料、老构件进行传统立面建设，以中西融合、新旧结合为基调，将济南传统的商埠区建筑与充满现代感的商业融为一体，成为领略济南历史文化和现代生活形态的最佳场所。一步之遥，亦古亦今、亦中亦西。

融汇基于厚重的百年商埠文化底蕴，以文化植入作为项目策略，贯穿于项目规划、建设、招商、运营等操作全过程，从而形成本项目与其他商业项目的核心竞争力。在全新的艺术街区经营的理念下，集精品购物、旅游、餐饮、休闲、娱乐、商务、金融服务等多位一体，是充满活力的新都市主题旅游目的地和城市精英休闲购物聚集地，使百年商埠区成为济南首席文化地标和精致生活坐标、城市形象名片、开放精神领地、多元活力街区，是济南商埠完整历史风貌与文脉的重要组成部分。老商埠项目以"复兴与超越"为开发理念，复兴百年前商埠区的历史风貌和繁荣景象，并与当下时尚生活相结合，融合文化、旅游、商业，将城市记忆、文化片段、生活场景、商业空间有机融合，打造兼具文化传承、旅游观光、商业功能的百年商埠风情商业街。

融汇老商埠项目对2号楼、6号楼、7号楼建筑进行了原址保护建造。其中2号楼是张采丞故居，属于济南市级文物保护单位，为更好地保护该建筑，从建筑主体至室外小院，均进行了区域加固，未挖掘其建筑主体及室外小院的土方；院中的两棵大树也是项目内原来的树木；6号楼原为胜利旅馆，在项目开发之初已倒塌。

调取大量文献资料后，在建筑倒塌原址进行了原样复原，包括门窗的式样及室内的楼梯设置，都是按照原建筑进行的1：1比例还原；7号楼建筑也是济南市级文物保护单位，孟莎屋顶、老虎窗、小外廊的设计，是只有150多平方米的纯正德式建筑。

融汇老商埠 7 号楼宝隆洋行和 2 号楼张采丞故居的保护过程

　　为使该建筑展现昔日的光彩，在工程施工时，采取"先加固、再顶升、后施工"的保留建筑加固工艺，付出了数倍于"推倒重建"的成本，使得该建筑完美呈现。其托换桩加固技术，获得"国家技术发明奖""全国优秀工程勘察设计行业奖""优秀建筑工程设计二等奖""2016 年城市建筑设计奖""山东省优秀工程勘察设计成果一等奖"等。

　　为使商埠风貌得到良好的延续，对历史真实性地还原，充分有效地对老材料、老构件加以收集和利用，用真实材料、建造工艺通过片段记忆传承商埠区历史。三号楼建筑原为"军代处"，原址位于经三路南侧，即现项目 9 号楼建筑所在地；该建筑呈 U 型院落两层建筑设置，其建筑风格很具有商埠时期建筑特点，故而经过测绘论证，现按原样 1∶1 的比例迁至纬三路西侧；8 号楼建筑的设计，借鉴了原位于经七路路南的《支部生活》编辑部的前廊式的建筑风格。10 号楼建筑的设计，借鉴了原懿范女子中学修女楼的立面形式。15 号楼建筑主街比邻中山公园一侧，建筑山墙参照济南天主教方济各会仁慈堂的墙面处理，以三开间的山墙面作为主立面，山墙上端五阶跌落的马头墙是中国传统建筑做法，再加上石墙基、灰砖清水墙体，老济南的风貌一览无遗。

融汇老商埠街区打造了丰富的文化旅游特色商业业态，包含冷湖书园、济南老字号、特色餐饮、酒吧、咖啡馆、济南名小吃和地方特产，为广大民众提供了文化、旅游、休闲娱乐的场所。2018 年 12 月，融汇老商埠获评为国家 AAA 级旅游景区。

二、济南商埠区保护与更新策略分析

习近平总书记指出，文化是城市的灵魂。城市历史文化遗存是前人智慧的积淀，是城市内涵、品质、特色的重要标志。要妥善处理好保护和发展的关系，注重延续城市历史文脉，像对待"老人"一样尊重和善待城市中的老建筑，保留城市历史文化记忆，让人们记得住历史、记得住乡愁，坚定文化自信，增强家国情怀。

"千年古城、百年商埠"是文化济南建设"中优"战略的核心区域。近年来，市委市政府将济南商埠的发展提升为"中央商埠区"市级战略。济南的自开商埠，展现了锐意进取的商埠精神，是城市文化软实力和赋能经济发展的重要驱动力。在推进济南城市高质量发展时，我们需要建立更加科学合理的保护更新策略。

（一）保护更新可以借鉴的模式

从我国近些年城市更新过程中对于历史遗存的保护利用的实践结果分析，方式上存在着几种明显的模式，分别为上海的"新天地"模式、浙江的"乌镇"模式、北京的"南池子"模式、苏州的"桐芳巷"模式和福州的"三坊七巷"模式。本文从上述几种保护模式的开发过程、保护程度、最终结果等等方面进行分析，为济南商埠区的保护策略及城市规划提出了建设性的参考依据。

国内城市历史街区（历史文化保护区）保护更新模式的分析

模式	新天地	乌镇	南池子	三坊七巷	桐芳巷
土地出让程度	全部出让	小部分出让（非商业性）	小部分出让（非商业性）	除文物建筑用地外其余全部出让	全部出让
改造前后风貌协调程度	协调	协调	协调	不协调	基本协调
商业性开发程度	强	弱	弱	强	强
参与改造的主体	房地产开发商政府部门及其官员	社区居民政府部门及合作组织	社区居民政府部门及合作组织	房地产开发商、政府部门及其官员	房地产开发商、政府部门及其官员
参与者之间关系	房地产开发商与政府部门及规划设计部门之间进行协商	政府部门主导，社区组织及居民内部协商，设计人员	政府部门主导，社区组织和居民内部协商，设计人员	房地产开发商与政府部门及规划设计部门之间进行协商	房地产开发商与政府部门及规划设计部门之间进行协商
搬迁问题	搬迁所有原居民	搬迁所有原居民	搬迁所有原居民	少量居民经内部协商后搬迁	部分居民经内部协商后搬迁
技术材料	工业化生产、流行性材料、倾向清除与新建	工业化生产、流行性材料、倾向清除与新建	传统的新的地方性材料、适当技术、保护、整治与改造相结合	传统的新的地方性材料、适当技术、保护、整治与改造相结合	传统的新的地方性材料、适当技术、保护、整治与改造相结合
保护整治开发方式	除保留部分保护建筑外全部拆掉建高层建筑	除保留一栋保护建筑外全部拆掉，重建具有传统风貌的新建筑	保存文物建筑，保留并修缮老建筑的外表，室内现代装修	对大部分的建筑采用保存、保护、整治、修缮的方式	保留并修缮大量质量及风貌较好的四合院，对危旧房拆掉重建

"三坊七巷"和上海"新天地"的保护模式基本上采用出让大部分土地，由开发商与政府部门协作开发。上海新天地的保护采用修旧如旧的方式对传统里弄建筑进行开发保护，"存表去里"基本上改变了原有的功能，把传统的以居住为主要功能的社区，变成一个繁华的商业区，改变了街区原有的文化主体。上海新天地的"修旧如旧"更新内部功能设施的保护方法虽然有可取之处，但总体而言这种保护模式就历史文化遗产的保护，有其内在的缺陷性。

苏州"桐芳巷"也是采用出让全部土地，商品房开发的模式。除保留一栋质量较好的老建筑外，其余均拆除新建。其可借鉴之处是注重新建建筑的尺度、建筑风格与传统民居风格的协调，强调"再现和延续"古城风貌特色。道路规划基本保留原有"街、巷、弄"的传统街区格局，整个小区的风貌与古城整体风貌基本协调。其缺点是由于土地全部出让给开发商，受居高不下的房价及所得利益的影响，开发的住宅建筑具有了商业性的目的，而保护的目的居于次要位置，高昂的价格基本上改变了原有的社会网络，目前居住的大多数是富人，而不是该传统街巷文化的缔造者，长此以往，苏州"桐芳巷"的传统特色也将随着文化主体的逝去而落魄，传统的符号也仅仅作为一种外在的表现形式，失去其存在的价值和意义。

而"乌镇"和"南池子"大街的保护，从一开始就强调保护的目的是改善居民的生活状况、保护传统特色、延续历史文脉。这两种保护模式没有采用土地出让、开发商与政府联合开发的模式，而是采用政府直接管理、民众参与、开发商承建的基本原则，避免了以保护为幌子、以商业开发为目的的保护性破坏。这两种模式的共同特点，在于坚持政府主导的渐进式保护更新，坚持保护的原真性原则，在最大程度上保持了原社区网络的稳定，坚持居民参与的原则，坚持土地的非商业性开发原则。

上述几个城市的历史街区，原来基本上是以居住为主，而济南商埠区有其自身的特点，济南商埠区历史上是以商业经营为主，是济南20世纪初的贸易交流中心，济南商埠的沿街建筑基本上是经商的店铺，老字号、老银行、医院、邮电局等商业性建筑和领事馆建筑及教堂建筑。比如，经二路的瑞蚨祥绸布店、山东邮务管理局旧址，经三路的德国诊所旧址、百年影院小广寒、皇宫照相馆和经四路的大观园、英美烟草公司旧址等。因此，济南商埠区的保护应当立足商业开发、再现昔日繁荣的商业景象。因此，可以借鉴"南池子"大街政府监管、居民参与的管理模式，借鉴上海新天地"修旧如旧"功能更新的开发模式，借鉴乌镇保持新老建筑风格统一、脉络统一的保护方法，对商埠老建筑进行合理的修缮，恢复原有的面貌，注入新的功能体系，盘活传统的商业氛围，对新建建筑进行严格的控制，重点保护与整体保护的连续性、统一性，保持原有的沿街界面及空间格局，合理开发城市空间节点及商业节点。

济南商埠是特定历史时期形成的具有特定历史价值和文化价值的遗存，是塑造济南城市特色不可或缺的元素。历史街区并不像静止的文物那样，终究会随着时间的推移而变成永久性的历史，历史街区是动态的、有生命的，是由众多历史片段编辑而成的一部完整的历史史书，记载着不同时间不同人物不同的事件，它是延续性的、无终端的。

因此，济南商埠区的城市更新，应遵循文化遗产保护真实性和完整性的原则。不得改变文化遗产的历史原状，要尽可能地保护文化遗产所拥有的全部历史信息。将文化遗产及其周边环境作为一个整体，保护不仅限于其本身，还要保护其背景环境，特别对于历史性城市更要保护好整体环境，这样才能体现出历史原貌。"整体保护"并不是要"一切复旧"，而是指必须在"整体"的观念下，在控制旧城内新建筑的体量和规模的同时，保持历史街区城市空间发展的"动态整体性"，遵循旧城的固有肌理及其演变规律，保持传统城市空间的有机秩序和历史延续性。

对于济南商埠区而言，纯粹地保护一个建筑或保护一段历史街区，最终的结果还可能是破碎的历史片段，城市特色的塑造也不过是一句空话而已。没有整个历史街区提供的建筑背景和文化氛围，历史纪念物终不过沦为现代城市的一个小小的点缀而已，要想留住城市特色，延续城市文脉，就必须树立整体保护和更新的观念，维持和保全商埠区完整的历史脉络，就像一本书必须拥有完整的章节，才能被读懂一样，商埠区也需要保全作为一部完整史书的各个章节。

城市在长期发展演变过程中逐步形成物质空间结构特色，常常具有历史性，而商埠是济南城市传统空间结构的重要组成区域。传统物质空间结构是城市的灵魂和根基，保护传统物质空间结构，一方面可以延续城市的发展脉络，另一方面使城市拥有深厚的文化底蕴和文化内涵，这是塑造城市特色不可或缺的因子。

商埠区曾经是济南重要的商贸中心，经历了近百年的发展和演变而形成了其特有的功能结构。商埠的街道是按经纬设计的，东西为经，南北为纬，经路与纬路将商埠切割成大小不等的棋盘街区，沿街安排商业店铺，街区里面则建设里分或别墅，形成外商里居的空间格局。而这些中西合璧的沿街建筑、法国梧桐、高耸的尖塔、棋盘状的街道、往来的人群构成了商埠区特有的空间景观特色。这种空间格局是对特定历史时期、历史事件或历史人物的记载，是城市文化内涵的载体，是城市特色之根本，只有完整地保持这种格局才真正做到对历史的尊重，对历史脉络的保护。既要保护好沿街建筑、景观建筑、标志性建筑，也要保护构成商埠区空间形态的非物质界面，比如商埠区的色彩构成、空间尺度、街道景观等等。按照统筹规划的基本原则，在保证总体空间界面不被破坏的前提下，对那些构成商埠区物质空间形态的元素进行仔细地分类研究，确定它们的价值和作用。

按照保存、保护、整修、更新、活化利用的排列关系，对各构成要素进行分类。切实保护好各级文物保护建筑，详细研究后确定的优秀传统建筑属于"准文物"建筑，不得改变文物建筑的原状，不损毁、改建、添建或者拆除。保护现状完好、标志性、对构成历史街区的风貌和主要空间界面有不可替代作用的、代表城市地域特色的或代表某种特定建筑类型的建筑物、构筑物，也就是建筑质量和建筑风貌都比较好的建筑。整修那些立面和形体上不符合历史风貌的建筑，通过整饬恢复建筑的原有风貌或者减小它们与历史街区环境的冲突。更新功能不符、对周边环境风貌有较大冲突和视觉障碍、有条件拆除的建筑物，活化利用有文化历史背景载体的文物建筑。通过分类而确定适当的保护模式，使保护有据可依，有章可循。

特别注意的是，在保护文物建筑、历史文化遗存的时候，在发挥其文化价值的同时，也要注重挖掘它的经济价值。如果我们只是长期进行保护、修缮，而不能让它发挥出应有的经济价值，人们就会怀疑保护它们的重要性和意义。这也是关于文物建筑、历史遗存保护与活化利用的核心所在，即老建筑的可持续性发展。

（二）文化赋能促进保护更新

德国哲学家伊曼努尔·康德说过："缺乏文化的城市，生活是盲目的，脱离了城市生活的文化是空洞的。"正如我们无法想象，一个记忆不健全的人将如何面对未来的生活一样，一个文化遗产得不到妥善保护的城市也很难找到持续发展的动力。反之，一个城市有了文化遗产的存在，就有了历史底蕴，就有了文化含量，就有了文明的气息。由此可见，文化决定了一个城市的命运。只有延续和保护城市所潜在的物质文化和非物质文化，才能使城市获得成熟的、高贵的、文雅的气质。

所谓文化，是一种抽象的概念。从广义上讲，文化就是人类活动的总和；而从狭义上讲，则分为物质形态的文化和非物质形态的文化。比如，城市在历史发展过程中的整体结构形态，包括城市职能在空间结构中的表现，以及传统的空间肌理（如道路空间形态），城市的传统建筑风格等等那些可以引起视觉反应的事物，这是物质形态的文化。如信仰、思想、观念、习惯等等与人的思想相关的隐形的文化，这些是城市文化的"根"，是城市能够健康发展的保证，这是非物质形态的文化。

济南商埠区是济南近代史的写照，通过近百年的演变，逐渐形成一种特殊的文化形式，即商埠文化。这种文化扎根于中国传统文化，又受西方文化的影响，是一种中西合璧的文化形式，是商埠区的特色所在。要保护商埠区的文化特色，除了保护那些显性的物质形态文化外，重要的是要保护那些非物质形态的文化，它们直接影响和决定了物质性文化形态的特点、形式及发展方向，是物质性文化形态的风向标。这些文化的载体就是商埠区的原居民所构成的社会网络，他们的活动、思维、创作、灵感造就了现在商埠区的空间格局、街道尺度、建筑风格等等，因此，要保护好商埠区的文化特色，首要任务就是维系原居民的生活社区，改善他们的生活环境，提高他们的生活质量，延续这种特定的文化氛围。

商埠区的历史是城市文化不可磨灭的印记，不管商埠区曾经承受过多大的灾难或者经历过多么辉煌的时刻，都已经作为历史的痕迹写进城市文化的史册里。它们与古老的泉水文化、名士文化等中国传统文化一同续写着济南的特色历史。从历史角度去评判时间，今天只不过是明天的历史，作为现代人，我们所要做的不仅是要创造今天的奇迹，为城市的明天增添光彩，还要守护那些祖辈留下的历史遗存，他们也是一座城市完整历史史书中不可或缺的一部分。

（三）合理保护、有序更新、活化利用

商埠区的道路是典型的棋盘式结构，纵横以经、纬命名，道路格局相对比较完整，这种小网格道路格局是济南商埠区的经典，是现代城市规划比较先进的设计方法。虽然商埠区建成比较早，但很符合当下全球提倡的小交通方式，具有前瞻性。只是最近几年有些地方被拆掉了，破坏了完整性，因此对道路的改造更新应在满足城市交通需求的前提下，尽可能保持其原有宽度，以保持商埠区街坊的空间尺度，凡涉及道路拓宽和市政设施的建设等问题必须在充分论证的基础上进行。

相对大规模改造而言，小规模改造的最突出优点就是它的"小而灵活性"。与大规模改造相比，无论是在资金筹措、建筑施工，还是在拆迁安置方面，小规模改造都明显具有较大的灵活性。同时，由于改造规模小，资金在筹集与运作中的中间环节也比较少，因此，改造的成本也比较低，远远低于大规模改造。此外，小规模改造一次性投资少，不易受现状环境和现有技术条件的制约，反而更容易与旧城历史环境相协调。济南商埠区与其他城市的历史街区相比，规模较大，因此，对其进行保护与更新的难度大。如果采用化整为零的方法，在不违背整体保护的原则下，从小地段、小街区入手，逐次完成整个商埠区的更新，未必不是一种有效的选择。

商埠区在发展过程中逐渐形成了东西合璧、中外兼备、多元并存、风格独具的特色历史街区，有着深厚的文化底蕴。随着新的城市建设的开展，许多老的商铺和民居被拆毁，高楼拔地而起，遗留的历史建筑年久失修，街巷衰败不堪，商家外迁。一批价值较高的文物保护单位多年被使用单位占用，而使用单位长期不履行法定职责，致使这些建筑类文物保护单位失修严重。部分建筑类文物保护单位因使用单位、使用人的乱拆乱建，已破坏了其原有的格局及风貌。而那些私人占用着的历史建筑，现在多数已成了"大杂院"，且无钱维修，状况堪忧。此外，还有些闲置的历史建筑，因年久失修多已成危房。这就面临着如何处理发展与保护的问题。纯粹的保护，仅仅是延续商埠区的生命，而不能使其获得新生；而不顾一切地发展和改造，则只能葬送济南商埠特有的文化特色。可见，两种极端的方法都不适合商埠区的保护。重要的是要找到能够兼顾两方面因素的切入点，这个切入点就是对商埠区建筑群进行改造性再活化利用，注入新的功能，激活商埠活力，实现商埠再生。

澳大利亚的《巴拉宪章》肯定了"改造性再利用"，对某一场所调整使其容纳新功能，这种做法因为没有从实质上削弱场所的文化意义而受到鼓励和推广。改造性再利用的关键是为历史建筑寻找到恰当的用途，这种用途使改建场所的重要性得到最大程度地保存和再现。对于济南商埠历史建筑的保护，济南要走出一条自己的路子。2009 年，国家级文物建筑"小广寒电影院"以政府和民间共同参与的方式，将百年的老建筑进行了修缮和活化利用，打造的电影主题博物馆和艺术餐厅，历经十多年的发展，博物馆公益接待游客三十多万人次，成为济南的一张文化名片，2021 年 10 月 19 日，《人民日报》在《老建筑展现新风采》的文章中，特别提出"开展经营，山东省济南市的小广寒电影院等，被改为餐厅、博物馆，创造消费新活力"。

由此可见，历史文物建筑继续使用与合理使用是统一的，使用性质上是合理的，当原用功能已丧失时，保持建筑外观、维持建筑安全运行的功能是一种选择，而对其进行部分的改造，注入新的功能，使其适应新时代新的社会需求将是一种更加合乎现实的选择。老建筑因其承担新的功能而具有了新的存在价值和意义，在历史的长河中它将扮演永不熄灭的文化火焰，见证城市的发展和文明的延续。

（四）创新发展，建立特色商业步行街

商埠区作为历史遗存是建设特色济南不可或缺的一部分，因此需要精心保护，同时，商埠区也是城市建设不可忽略的一个区域，也要像新城那样更好地发展，两者到底如何结合，实际上是一个新旧如何协调统一，如何处理好新旧关系的问题。商埠区目前的新建筑，包括高层建筑建得不少，但就新建筑形式与风格而言，令人满意的作品不多。原因当然是多方面的，客观地讲，要创作出社会满意的精品，尤其是创造有中国特色的现代建筑，具体到商埠区则是创造出有商埠区风味的现代建筑，的确不是一件容易的事。

从城市规划角度来看，应该有一个给建筑创作创造条件、定好位的问题。也就是在什么地段给建筑设计出好题目。新建筑以什么样的身份、什么样的形式出现在商埠区是一个关键性的问题，它涉及与旧建筑的关系，与周边环境的关系，以及功能定位的问题。这些烦琐的关系都需要在进行规划的时候统筹考虑。确定了新建筑的身份，就可以赋予恰当的功能及在商埠区扮演的角色；另一方面，则是对新建筑数量及位置的控制，有限度、有节制、有选择地引进新的建筑，并且严格控制建筑的高度，维持商埠区现有的天际线。只有这样做才能从根本上解决好发展与保护的问题。大规模的建设对有着百年历史的商埠区而言无疑是伤筋动骨的破坏。

从建筑细节的角度来看，新建筑要表现出对商埠区建筑文化的谦恭与尊重，要更多地考虑与老城区传统建筑风貌的协调，包括体量、尺度、色彩、造型等诸方面。在格调上应当保持与商埠区建筑的协调，而不应当使新建筑在旧城核心过于强调突出自己，搞更多的所谓强烈对比的创新，去有意制造与传统风格相区别的更大的艺术冲突和景观冲突，甚至还强辩是"对比式协调"。这是对新建筑文脉承续与创新关系的认识误区，是造成新老建筑"打架"的重要原因之一。要明白商埠区主角是历史建筑与风貌。旧城区内应强调更多的"和谐式协调"，但这也不是要去复制"假古董"，全做成仿古式建筑。若采取"对比式协调"，还有一种处理手法，就是主动甘当配角，以纯粹现代主义形式同传统风貌相区别，但须弱化其体量和形态。亦如慕尼黑旧城中的现代建筑，在尺度、体量、色彩上与环境相协调，外形简洁大方，不过

分突出自己，但仍是环境的有机组成部分。人们也并未因其配角角色而忽略其重要性。那种力求淡化文脉传承，外在形式全面创新的现代化创作的探索完全可以规划到旧城以外去大显身手，大可不必硬挤到旧城市中心去扩地盘、抢市场。

处理好新旧建筑关系是城市艺术水平的集中体现和关键问题，也是难点问题。在一个城市区段内，不但新与新之间要对话，新与旧之间更要有沟通对话，而不是相互对立。现在问题是对立太多，对话太少，以至造成总体不协调。每个建筑都想当主角，各行其是。在处理手法上新旧建筑拼接生硬，缺乏过渡及艺术的连续性与演变性，最终导致现在商埠区新老建筑之间的矛盾关系。

在商埠区恰当地引进新建筑，一方面，可以弥补旧建筑功能的缺陷，恢复商埠区的商业功能；另一方面，则可以延续商埠区的文化特色，实现商埠区的可持续性发展，为济南旧城区经济的发展提供有力的保障。

随着城市的发展，商埠区因种种原因而走向衰落，而最重要的原因就是商埠区内部商业结构性老化，旧的产业结构不能适应新时代发展的要求而逐渐被新兴的商业区域所替代。最终商埠区被闲置，失去它应有的作用。对商埠区的保护与更新，不是要像保护一个文物那样，延续它的生命，而是要实现通过对商埠区的更新、改造实现它的新生，再现昔日辉煌的商业氛围，这种保护模式才能真正适应商埠区将来的发展，才能真正体现商埠区的特色。目前，商埠区的发展是保护基础上的散户式的发展，星星点点，没有重点，没有相对完整的商业街及综合商业城，这就导致了现在商埠区依旧受到冷落。虽有些较为优秀的建筑散落在各个街道，但没有形成较为系统的空间界面，影响力不大，也不会引起人们的注意。因此，要实现商埠区的复兴，首先要重塑商埠区的商业氛围，笼络商埠区的人气，只有这样，商埠区才能真正作为济南的特色街区而长期存在。

建立特色商业步行街区，为商埠区的历史环境注入生机和活力，是历史保护工作成功与否的关键。清华大学胡绍学教授与其指导的博士生梁乔共同提出的"历史街区保护中的双系统模式"就为这个问题的解决提供了很好的思路。"双系统模式"是将历史街区的保护工作分为两个系统：系统一是物质形态系统，即历史街区内构成城市历史价值与风貌的物质环境的保护，为城市保留的地方性历史文化系统；系统二是关注历史街区中居民的经济、生活的系统，即为历史街区营造现代生活系统。两个系统结合起来，可以使历史街区具有新的活力和生命力，实现可持续发展。建立商埠特色商业步行街属于系统二的内容，它作为现代城市生活不可或缺的商业形式，为济南商埠区注入了现代生活系统。一方面，作为城市商业街而成为市民热衷于消费与休闲的场所，另一方面，作为济南特有的历史街区而成为外地游客乐于光顾的又一特色景区。两方面的因素，则可以作为商埠区活力和生机的催化剂而大幅提升商埠区的商业氛围，为商埠区的复兴打下坚实的基础。

建立特色商业步行街区应注意以下几方面的问题。首先明确以人、商业、文化为商业区未来发展的核心要素。通过对商埠区历史文化的追溯和现实状况的分析，可以发现要体现商埠区的重要价值，其中人、商业、文化三要素是关键。

"以人为本"是21世纪永恒的话题，应以人的尺度、人的需求及人的活动为根本出发点，充分提供问询、通讯、纳凉、休憩、售报、饮水、如厕等功能和公共服务设施，为消费者提供必要的休息场所来缓解购物疲劳，同时促使消费者进行二次选择。这既体现了对"人"的细致关怀，还能聚集人气，达到留住消费者的目的。

从济南商埠区的商业历史发展过程来看，商埠区从清末到20世纪90年代初一直都是济南的商业中心，是济南商业历史文化的物质传承。应对商埠区目前遗留的大量宝贵的历史文化进行合理规划，挖掘历史文脉，安排与之匹配的相关文化产业，突出中国传统建筑特色和文化底蕴，利用原有文物建筑加以改造，辅以城市公共绿地和休闲空间，对中西文化交流和特色商业经营进行合理对接，形成城市新的亮点。商埠曾经作为济南商业中心区，具有商业发展的许多优势，如品牌、区位、规模等，要在现有基础上，注重强化商品文化内涵，突出特色，结合商业发展的自身规律，引进新的设计理念，通过逐步的调整和更新实现商业繁荣，以应对日趋激烈的商业竞争，提高街区竞争力。

商埠区的特色在于中西合璧的多元建筑文化。济南开埠后，世界各地各种风格和流派的建筑先后出现在商埠区，与中国传统风格的建筑共同形成了近代商埠区的建筑文化，其浓厚的异国情调实不逊于号称"万国建筑博览会"的上海和天津。因此，营造特色商业街区，就要保护好、规划好、利用好商埠区的近代建筑。政府要制定相关优惠政策，鼓励老字号回迁，延续街区商业文脉。特别需要加强的是打造"夜经济"，做好街区、老建筑的亮化工程。现在的商埠街区晚上的道路如同夜上海，但是所有的老建筑却没有展露出最美的状态，这是商埠目前最大的遗憾。如在发展特色商业步行街的时候，将"夜商埠"亮化彻底落实。

三、结语

济南商埠区保护与更新是一项长期工程，按照"中优"战略和"一园十二坊"发展规划，必须明确商埠历史街区的地位、作用和重点，突出传统风貌特色，补充与尚未规划及所在区域既有规划的内容衔接情况，深化商埠区历史研究，精炼历史文化价值，形成保护名录，细化分类保护、管控的引导性措施，加强对街坊的研究。在刚性控制基础上，探索建立引导及宣传机制，充分调动社会力量参与，挖掘时尚与传统相结合的平衡点，不断深入和完善，确定科学的原则和方法，以便在今后遇到新的矛盾和问题时及时地、科学地对应解决，从而避免重复的探索过程和不必要的经济浪费。我们只有通过科学的更新方式，把商埠历史街区的文化印记融入现代社会中，重现济南商埠所特有的商业氛围，使其文化脉络在历史的长河中绵延永续，真正实现商埠的复兴。

迈过时间的长河，商埠的历史与文化已沉淀为这座城市独特的记忆和标识。而这里现存的经纬街巷、历史建筑、红色文脉、商业文化……就是这座城市的"根"与"魂"。济南商埠现存最为珍贵的就是经纬纵横城市格局和历经百年沧桑岁月的老建筑。"走在经纬路上，记忆回到从前，大辫子公交车……中山公园秋雨缠缠绵绵。走进经纬之间，时光有你陪伴，火车站传来的钟声，岁月拍成老照片……心有多远，路有多宽……"走进济南老商埠，耳畔回荡着《经纬之间》，这首温暖的旋律，深情地歌唱出济南人浓烈的乡情乡愁，传递了这座城市澎湃向前的力量。

现在的济南商埠，经历过风雨沧桑，承载着集体记忆，记录着昨日的辉煌，憧憬着美好的明天。

济南商埠区保护与提升的思考

| 董建霞 | *

今年是济南开埠 120 周年。济南市政府工作报告中提出"高标准保护提升明府城、老商埠等传统特色街区"。老商埠是"济南近代城市史活的教材",保护提升商埠区,传承城市记忆,复兴商埠活力,对于推进文化强市建设、推动济南高质量发展具有重要意义。

一、商埠区开放与发展的历程

(一) 商埠区开放的背景与范围

鸦片战争后,西方列强纷纷强迫中国开放通商口岸。1842—1912 年,中国开放的条约口岸达 56 处[①],大量主权、利权丧失。为保护主权,发展工商,晚清政府提出自开商埠政策。1898—1924 年,共自主开放商埠 52 处[②],济南是全国第 9 个自开商埠的城市。

胶济铁路通车是济南开埠的直接动因。1904 年 6 月,德国修建的胶济铁路将修至济南完工。为隐杜觊觎、保全主权,5 月 1 日,山东巡抚周馥与北洋

---

* 董建霞,济南社会科学院历史文化研究所所长。
① 孔庆泰:《1921 年以前已开商埠》,《历史档案》1984 年第 2 期。
② 杨天宏:《口岸开放与社会变革——近代中国自开商埠研究》,中华书局 2002 年版。

大臣兼直隶总督袁世凯联名上奏"查明山东内地情形请添开商埠折"，奏请将济南及铁路沿线重镇周村、潍县同时自开商埠。15 日，清廷允准，济南自开商埠正式奏准。1906 年 1 月 10 日，济南举行开埠典礼。

商埠区划定在距离老城数里的西关外，东起十王殿（今馆驿街西口），西至北大槐树，南沿赴长清大道（今经七路一带），北至胶济铁路以南，共 4000 亩①。后因工商繁盛，居民剧增，商埠界限先后三次拓展，最终范围为：西至南、北大槐树（今纬十一路），南至经七路，东至顺河街（普利门一带），北至官扎营，面积约为 6 平方公里②。

（二）商埠区在济南城市发展史上的意义

自开商埠是济南由封闭走向开放的第一步，是济南城市发展史上具有里程碑意义的事件，也是全国自开商埠中的成功典范。

1. 形成济南城市发展格局。商埠区突破城墙束缚，划定在老城之外，新旧城区相互独立而又密切联系，既保持了古城风貌的完整性，延续了历史文脉，又拓展了城市发展的新空间，揭开了济南城市发展的新篇章，从而奠定了济南城市东西带状发展的格局。

2. 奠定济南在山东的经济中心地位。明清时期，山东经济中心在运河沿线的济宁、临清、聊城；1855 年黄河铜瓦厢改道截断大运河，烟台（1861 年）、青岛（1898 年）、威海（1901 年）相继被迫开放，山东经济中心随之转移到东部沿海。济南经济地位之前尚不如济宁、临清，之后更无法与烟台、青岛相比。开埠前的济南只是山东省的政治文化中心，开埠的实施和胶济、津浦铁路的相继通车推动其经济迅猛发展，济南由此跃升为山东乃至华北地区重要的经济中心，山东形成济南、青岛两核经济发展格局。

3. 彰显济南开放包容的文化基因。商埠区引入了现代城市规划布局、经营管理的理念，有经纬相间的开放布局、城埠分治的管理新机制、中西融合

---

① 叶志如：《清末济南潍县及周村开辟商埠史料》，《历史档案》1988 年第 3 期。
② 姜连忠、周星升、陈洪金：《济南商埠区更新发展思考》，《规划师》（济南专辑）第 23 卷 2007 年。

的建筑风貌等。商埠区成为济南对外开放的窗口，成为华洋商行林立、中外商民云集、多元文化融汇的繁华市区，涌现出孟洛川、张采丞、乐镜宇、苗星垣、苗海南等创新创业的杰出代表。开放包容、融汇创新的精神成就了商埠区的繁荣兴盛，内化为城市发展的基因。

二、商埠区保护提升的建议

（一）商埠区保护利用的现状

商埠区基本保持了近代时期的街巷肌理、空间结构，还保留着许多独具特色的风貌建筑（各类历史建筑 100 多处，其中国家级重点文物保护单位 11 处，省级重点文物保护单位 26 处），蕴涵着丰富的历史文化信息。但自上世纪八九十年代始，济南城市的商业中心从商埠区逐渐转移到古城区，曾经繁华的商埠区日趋没落。近年来，济南市不断推进商埠区的保护利用，如融汇老商埠的更新改造，小广寒、阜诚信、丰大洋行等历史建筑的修复与活化，大观园的提升，"一园十二坊"传统风貌区规划出台等，取得了阶段性成效和良好反响。但整体看来，商埠区保护提升工作仍然面临诸多问题。

一是活力下降，特色渐失。大量商家外移，经济衰败，商业萧条，商埠区日趋沉寂；二是整体风貌陈旧，文脉难以延续。传统民居破旧，基础设施配套匮乏，居住环境较差。街景杂乱，诸多历史建筑亟待修缮维护，城市历史文脉的价值未能充分挖掘、展示和利用；三是管理权责分散。商埠片区分别由市中区、槐荫区、天桥区管辖，历史建筑产权归属分散，给整体保护提升工作增加了难度。

（二）商埠区保护提升的建议

1. 加强统筹协调，加大推进力度。近年来，市委、市政府高度重视济南古城与商埠保护提升工作，成立了由市委、市政府主要领导任组长的济南古城保护提升工作领导小组，取得了阶段性成效。商埠区分属不同区管辖，任务繁多，更需强化统筹安排，建议充分发挥古城保护提升领导体制和工作机制的作用，创新推动济南中央商埠区发展促进中心工作体系，合力推进各项工作。

2. 加强顶层设计，强化高标准规划建设。坚持保护优先、规划引领，高起点制订中长期保护提升规划，加快规划编制整合，一体化完成商埠片区保护提升与特色开发的整体规划设计方案，做实核心区与传统风貌区的街区、建筑、空间、风貌的设计和管控，实现在保护修复中提升商埠历史价值和文化品位，将商埠区打造为优秀传统文化示范区、新型文旅商融合发展区、高品质城市生活区。

3. 突出历史特色，打造济南近代历史文化风貌区。对商埠片区全域开展整体形象管控，深入挖掘商埠区多元风格历史建筑、特色里弄民居和老字号文化内涵，严格保护既有的文化传统空间、特色建筑和街区肌理。各类建筑分类施策，文保建筑以保护为主，开展保护式修复；历史建筑以利用为主，进行文脉延续的生长性修复；一般建筑，围绕塑造场所精神改造重建。保护经纬分明、法桐成荫的路网格局，建设经二路、经四路特色历史文化街区，展现商埠区的历史真实性、文化延续性和风貌完整性。

4. 坚持商埠姓"商"，打造文旅融合新天地。商埠活力在商业和人气。通过以文物节点、重要公共空间及特色景观节点串联，打造"儒商文化""铁路文化""红色文化""曲山艺海文化""多元建筑文化"等文化探访和街区体验路径，塑造商埠文化品牌，形成商埠区民国风情文化体验带。挖掘商业历史资源，围绕消费商圈提档升级和"一园十二坊"风貌区业态，积极探索"老建筑+新消费""原场景+新体验"等发展模式，营造新型文旅商住业态环境和新消费集聚区，塑造网红打卡地，续写商埠区的新华章。

5. 提升商埠品质，打造传统街区宜居典范。保护城市肌理、街区风貌，以"绣花"功夫提升城市功能品质。合理改造大生里、德邻里、隆新里、福音里等众多里弄院落，采取小规模、渐进式、持续更新的路径，改善人居环境，保护历史底蕴，让历史文化和现代生活有机融合，重新激发商埠区居住潜力和发展动力。

6. 传承历史文脉，打造展示优秀传统文化示范工程。古城与商埠集中展现了济南不同时期、不同风格的城市风貌，共同架构起济南城市发展演变的脉络，是宝贵的历史文化遗产。延续古城与商埠历史文化根脉，保护城市发展的连续性，展现商埠区济南近代历史文化风貌，构建与古城区交相辉映、生生不息的历史画卷，将古城与商埠打造为展示中华优秀传统文化、提升城市文化形象的示范工程。

胶济铁路与近代山东之变

| 陈宇舟 | *

胶济铁路是山东第一条铁路，山东是承袭了几千年的孔孟之乡。探寻胶济铁路与近代山东政治、经济、社会之变的关系，从更宏观的视角来看，毋宁说是齐鲁大地上，近代西方殖民扩张背景下的工业革命，对中国传统农业发展模式的对撞与冲击。

一、胶济路权更迭是近代山东政治之变的重要推动因素

胶济铁路来到山东，与国际政治关系密不可分，其修建之初就深刻烙上了德国殖民主义的印记。二十年后，又在中日关系成为主导的中国近代史中，成为入侵的通道、争夺的目标、谈判的焦点、民族的心脉，影响着近代山东一次又一次的大变局。

（一）胶济铁路成为中德双方在山东政治角力的目标

1898 年 3 月 6 日，中国清政府被迫与德国签订《胶澳租借条约》，由此胶州湾让予德国，打破了山东原有政治格局。胶澳沦为德国在远东的第一块殖民地，德国同时获得了胶济铁路的修筑权和沿线采矿权。一纸租借条约，表

---

* 陈宇舟，胶济铁路博物馆馆长。

面上是将德国势力控制在了沿海港口区域内，但随着铁路的修筑，德国的势力范围必然扩至整个山东。德国以"租借"的形式实现了长期霸据胶州湾的目标，"租借"二字"以面纱遮盖的让与"，保留了大清国的些许"颜面"。此后短短数年，俄国强租旅顺、大连湾，英国强租威海卫，法国强租广州湾，列强再一次掀起了瓜分中国的狂潮。

山东作为农业为主的地区，土地是人们赖以生存的基础。由于贫困、灾荒、政治搜刮和社会不平，动乱时常发生。在这样一个充满不安定因素的地区修建第一条铁路，本身就是一个巨大的挑战。在随后的胶济铁路修筑过程中，德方的野蛮行径又加剧了与当地民众的矛盾，导致严重暴力冲突的多次发生，成为义和团运动的序曲。山东官员与德方也展开激烈的政治博弈，既有此前"胶州湾事件"中，主张军事对抗被撤职的山东巡抚李秉衡；也有此后"高密抗德阻路"冲突中，暗中支持被调离的山东巡抚毓贤；更有德国人眼中认为"开明"，却最难对付的继任山东巡抚袁世凯、周馥。他们以签订《胶济铁路章程》、宣布济南自开商埠、修建独立的津浦铁路济南站等措施，围绕胶济铁路努力遏制德国势力向山东内地的渗透。

（二）胶济铁路始终是中日两国争夺焦点

1914年"一战"爆发，获得英、法承诺远东利益的日本，趁德国无力东顾之机对德宣战，联合英军出兵攻占德国殖民地胶济湾和胶济铁路全线。"一战"结束后，胶济湾及胶济路权的归属又成为巴黎和会中国代表团的核心诉求，中国代表团据理力争，要求日本直接归还山东权益未果，引发五四运动，中国拒签凡尔赛和约，由此引发旷日持久的"山东问题"。直到华盛顿会议召开，在多方干预下，中日签署《解决山东悬案条约》，日本归还胶济湾，中国赎回胶济铁路，"山东问题"才告一段落。20世纪上半叶，日本三次出兵山东，均将胶济铁路列为首要占领目标，每次占领后全线重兵布防，以运输保障军需供应和经济掠夺。胶济铁路就像"中国之喉"，被日本紧紧地扼在手中。

（三）胶济铁路成为山东政治势力斗争的舞台

1923 年，胶济铁路建成 19 年后终于回归中国，各方政治势力也在胶济铁路纷纷登场。胶济铁路管理局的负责人，或是留美留日的才俊，或是交通部的司长，或是主持过铁路修建的工程师；身后或有金融财团的支持，或有政治派系的撑腰，或有美日等国的后援。短短八年间，负责人走马灯似的换了 12 人，其根源是"交通系"与"地方系"在胶济铁路的明争暗斗。

刚刚诞生的中国共产党，也在胶济铁路开启了山东工人运动大幕，进而一跃登上近代山东的政治舞台。中共一大后，济南党小组代表王尽美、邓恩铭回山东开展工作，产业工人密集、辐射面广、影响力大的胶济铁路成为党组织开展工作的首选。1925 年 3 月，胶济铁路总工会正式成立，成为青岛历史上第一个行业总工会，下设青岛、高密、坊子、张店、济南、四方机厂等 6 个分会。7 月，以胶济铁路总工会等行业工会为基础，成立了"青岛工界援助各地惨案联合会"，成为青岛第一个全市性工人联合组织。随后，中共党组织逐渐遍布胶济铁路全线，在曲折中发展，在发展中壮大。抗战时期，中共领导的铁道游击队，更以胶济铁路作为抗击日伪统治的有力武器，抢夺物资、毁坏铁道，令日军疲于应对。随后经过解放战争，胶济铁路回到人民手中，浴火新生。

二、胶济铁路重构交通体系是近代山东经济之变的主要因素

胶济铁路打破了千年以来地域的界限，重新构建起新的山东交通体系，传统的农工商模式为之一变，它犹如一架有力的引擎，为区域经济发展注入了强大动力，推动了山东经济的现代化进程。

（一）铁路重构近代山东海陆交通新格局

胶济铁路通车前，山东传统的交通工具是主要依赖人力、畜力、风力为代表的帆船和骡马车等。交通路线主要是以京杭运河为主的水运系统，以鲁中山路和南北驿道为主的官道系统。

在胶济铁路建设过程中，将铁路与公路网、河运线连接，以具备良好的

通达条件，方便周边城镇货物的集散发运，成为同步考虑解决的问题。1902年胶济铁路通至潍县半年多后，连接潍县县城与火车站的公路建成，20米宽的路堤从火车站笔直地通向主城门，整个路面铺设了方形花岗岩。随后，在青州府和周村也修建了通往火车站的公路。由济南府通往济南府东站和西站的公路，则由山东巡抚衙门负责修建。山东铁路公司还在铁路沿线的重要县城设置一些交通点，以补贴的形式支持交通点与铁路间的手推车常规运输，从而确保胶济铁路通车后山东铁路公司的切实利益。胶济铁路全线通车时，地方政府的官员普遍认可胶济铁路车站周边公路网的建设，是铁路公司积极适应当地环境的举措，同时也对山东经济社会发展产生了有利影响。20世纪20年代开始，山东境内大规模的公路修筑逐渐展开，原先许多重要的商路相继修筑改造成现代化标准公路，通行条件得到极大改善。

近代山东，小清河、运河、黄河三条河流是山东传统的商品运输通道。1905年1月，山东铁路公司同山东省农工商务局签订《小清河叉路合同》，由山东铁路公司承建自济南府东至小清河南岸黄台桥的铁路，由此小清河与胶济铁路运输实现连接。运河纵贯山东西部，清朝中叶之前南北商货往来大都通过运河运输。1855年后因黄河改道灌入运河，致使河道淤塞，航运受阻，漕运也由此改为海运。1901年被迫停止漕运，此后山东段运河淤塞更加严重。1912年津浦铁路全线通车后，原来北上南下的运河商品运输基本被铁路取代，并与胶济铁路签订《胶济津浦两路货物及乘客转运章程》，载货车辆在两路之间不再需要转装货物。黄河是山东与河南、山西、陕西诸省贸易的水运通道，各地运往山东的货物大都由黄河运至泺口，然后再从泺口转往各需求市场，或者从黄台桥转装小清河民船，由小清河运抵羊角沟海运出境。20世纪初，胶济与津浦两条铁路为了方便货物集散，分别在黄台桥、泺口修建了货运车站，通过过轨线相互连通，实现了黄河、小清河、胶济铁路、津浦铁路在济南的交会，连接起了山东水运和铁路两大运输系统，极大方便了周边省份商品在济南的集散。

初具雏形的公路网、河运线与铁路线运输既有竞争，又相辅相成，不仅延长了商路里程，更增加了商路网的辐射密度。铁路为主要纽带的新型交通网的形成，使过去只能在产地消费或靠落后交通工具近距离贩运的内地土货，如花生、烟叶、棉花、皮货、干鲜果品等，开始由县道、镇道运至铁路沿线各集散市场，然后再经铁路输往各通商口岸及消费市场。与此同时，天津、济南、上海等市场的进口货和其他日用工业品，如棉纱、棉布、煤油、火柴等，也开始沿着同一途径，按照相反方向输入到沿线城镇和乡村。

近代山东海运商路主要由省内沿海货运航路、省外沿海港口商运航路和通往亚洲和欧美的外洋航路三部分组成。随着山东陆运、河运商路的兴替和烟台、青岛等新兴港口城市航运中心的确立，胶济铁路和海运商路使近代山东融入世界经济发展的大格局中。近代山东由此形成了包括周边诸省在内，与国内沿海港口和东亚、欧美的商路通道，传统交通格局被打破，经济重心由沿运河纵向分布变为沿港口和铁路横向布局，济南成为全省最大的集散市场，青岛则迅速发展成为山东最大的对外贸易口岸，构成了以胶济铁路为主干，腹地中心与海港城市共生的"济南——青岛双核结构"，密切了整个华北地区与山东的贸易，沟通了沿海城市与广大内地之间的联系，更使整个山东融入世界贸易的网络之中。

（二）胶济铁路促进了山东农业种植产业化

中国是传统的农业大国，山东又是传统的农业大省，但由于人口众多、运输落后等原因，农产品的商品化程度并不高。陆路运输的高成本阻碍了低价值、大体积农产品的长距离商业流动。胶济铁路通车后，为区域间贸易的扩展提供了强有力的刺激，一些国内外市场需求量较大的农产品商品化程度迅速提高，出现经济作物的广泛种植。

铁路的开通增强了农户与市场的联系，推动了农业商品化进程，支持了同期工业化的发展，农业改进以近代市场经济的变迁为前提，反过来又促进了市场经济的发展。铁路带动了新贸易机会地区的农产品生产和销售的增长，以及商业种植和地区专业化生产，传统的农业种植结构开始朝着规模化、专业化、区域化方向快速发展，胶济铁路沿线各类市场逐步与国内外市场建立起了商业联系。

(三) 胶济铁路促进山东手工业生产规模化

19 世纪后半叶，越来越多的外国机制产品，如棉纱、棉布、五金、火柴、煤油、染料、纸烟等商品涌入山东，有的洋商还在当地投资办厂，以其价格低廉、使用方便等特点，先是烟台等沿海地区，随着胶济铁路的开通，迅速沿着铁路线向山东内地城镇扩散，依次出现了洋布冲击土布、洋纱取代土纱、洋铁代替土铁、洋蜡取代土蜡、洋火取代火镰、洋针代替土针、洋剪取代土剪、洋油代替豆油的趋向，一些传统手工业面对洋货的冲击，由于产量低、价格贵、质量差等原因，出现了滞销、衰落、歇业的现象。与此同时，一些符合商品化性质的手工业产品，出现了生产规模的迅速扩大，随着铁路广泛销售到内地省份。

20 世纪初期，资本主义从商品输出阶段发展到资本输出阶段，随着德日在山东的殖民扩张和洋商而来的资本投入，山东洋货进口结构逐渐发生变化。日、英、美等国在输出商品的同时，不断扩大资本输出规模，陆续在青岛、济南等地投资，开办以机器生产为特征的纱厂、火柴厂、面粉厂和卷烟厂等企业，并利用当地廉价的原料和劳动力，生产出大量制造成本低于进口的产品，然后通过华商销售网，使产品直接进入范围广大的内地城乡市场。纺织业、面粉业、火柴业、烛皂业的发展，使一向占主导地位的棉纱、布匹、火柴、面粉、烛皂、纸烟等洋货进口开始下降，而兴建工厂所需机器设备，以及工业原料的进口则逐年增长。例如，外资于 1915—1927 年间，在青岛先后设立并一直维持生产的工业企业共计 37 家左右，涉及所有重要工业门类，大多资本雄厚。其中日商 31 家，占绝对优势，为同期开办的民族资本企业资本额的 9 倍多。[①]

近代山东传统手工业最大的变化有"衰与荣"两个方面，或者在洋货的冲击下很快衰落，或者由于销量扩大寻求生产的规模化，有些传统手工业作

---

① 王守中、郭大松：《近代山东城市变迁史》，山东教育出版社 2001 年版，第 476 页。

坊向机器化发展，转型成为民族工业企业。考察其中的原因，无不与胶济铁路重构的近代山东交通体系，以及由此形成的内接内地，外联世界各地的新商路有莫大的关系，正是由于新商路带来的商品流通渠道的变化，引发了山东手工业生产向工业化转型的规模化趋势，出现新与旧、近代与传统、机器与手工、家庭副业劳动与手工工场生产混合的场景。

（四）胶济铁路对山东工业兴起与发展影响重大

近代山东工业从无到有，手工业和工业之间的这个"手"字究竟是如何蜕变的呢？究其原因，也还是这个"手"字，但却不是手工之"手"，而是市场之"手"，而这个市场之手能发挥作用的前提，恰恰是胶济铁路重构的山东交通带来的城镇连接、商品流通、市场形成，以及中外商人资本重组共同作用下的结果。如果没有近代山东交通的首先之变，产品的商品化、机器化、规模化、市场化也会缺少工业化方向发展的原生动力。

近代工业产生的条件主要有两个，即新的市场需求和大额商人资本，正是"新"和"大"打破了原有手工业的供需平衡。口岸贸易和洋货输入诱发了新的消费需求，传统产业家庭或手工作坊式的生产方式，旧的生产技术和操作工艺，从数量和价格上都不可能满足日益增长的新需求，只能由工厂化的机器生产和新的生产工艺来满足，只能在产业创新和产业改进的基础上加以解决，贸易和市场的扩大为工业的产生提供了诱因和条件。新的产品市场和商业流通模式为商人带来了丰厚的利润，造就了新的增量资本。以行栈资本为主的商业资本、买办资本、银钱业资本、参与农产品买卖的乡绅和富农资本、手工业资本等各业资本的积累，形成了私人资本社会存量的增长，为大额资本参与近代工业化进程提供了先决条件。

近代机器工业产生的同时，其兴衰就与三类市场的需求息息相关，即国内日常生活用品市场、手工业生产资料市场，以及对国内初加工品有大量需求的海外市场。投资主体出现了官办、外资、民族私营、官商合办、中外合资等多种类型。数量庞大的民族中小企业，虽然产品质量限制了其在城市上层社会的消费，但低廉的价格又使其得到社会下层消费的喜好，使得民族工业在进口洋货和外资企业包围之中得以生存发展。大型企业甚至出现了更高一级的股份制经营模式，一方面为不同阶层产生的增量资本投资工业提供了渠道，实现了投资者与经营者一定程度的分离，另一方面为工业生产集中化发展提供了条件。在工业化进程中，手工业受工业影响，逐步改进生产工具和采用新工艺得以生存，机器工业不断改进、创新、提升自身技术和管理得以壮大，形成了一种"二元结构"并存的局面。

新兴工业被需求结构变动，贸易和金融积累资本的杠杆所撬动，先集中于轻工业部门，后集中于制造工业，形成了机器工业本身技术的改进与创新，手工业逐步采用改良机械工具替代旧式工具两种方向。20世纪30年代中期，在市场需求和资本结构的共同作用下，山东新兴工业体系初步形成，由棉纺织、丝纺织、农产品加工、化工、机械制造五个行业构成，主要集中在济南、青岛、烟台、潍县等少数开埠城市，其他制造业只有个别企业，而没有形成行业。

（五）胶济铁路带动山东商业购销流通模式转变

开埠通商前，山东传统商业主要是以运河贸易、沿海民船港为依托的地方性商品集散市场，市场基本是封闭、半封闭的，与国外市场几乎没有联系，与外省市场的联系也十分有限，往往限于少数几个特殊地区和特殊商品。胶济铁路的开通和沿线诸多城镇开埠通商后，新的交通运输方式、商品购销模式、资本参与形式，使商品经营遍及商品流通各个领域，使商品流通在城市之间、城乡之间成倍增长，形成了从城市到乡村的大区域商品购销网，并始终同埠外、海外市场息息相关。行栈商、开埠城市贸易商、东南沿海商帮、大小洋商等新商人资本的核心，都成为市场重心转移和新贸易趋势的受益者。商品流通跳出了原来地方性的狭小圈子，整个山东商业也逐步改变了原来服务于地区和国内贸易的局面，而同国际市场发生着紧密联系。

口岸贸易为传统商业注入了新的市场因素，适应商品需求、供给、流通和消费变化的新商业模式开始出现，传统类型的市场也依其对口岸市场的关系而发生不同程度的变化，衍生出产地市场、专业市场、中转市场、集散市场、中心市场和口岸市场，一个开放的市场系统随之而起。其中，中心市场成为新旧商路交会，各地商品汇聚，连接原来几乎隔绝的地区性市场，主导着内地市场的商品流通。而口岸市场则成为连接内地市场、埠际市场、国际市场的纽带，改变着传统封闭式的市场格局。铁路影响下的新型商业购销流通模式，最终构建起了近代山东市场体系。

山东以胶济铁路为主干形成的新商路替代传统旧商道是近代商货运输最显著的变化。在山东广袤的大地上，产业改进从乡村到城镇，从商业、农业、工业到交通运输业，同工业化进程、手工业转型、农业改进相融合，改良了传统的生产技术，改变着传统产业结构，新的商品使产业与市场的变化相适应，加快了土洋货双向流通，国内工业品与农产品双向流通，形成的新商品生产流通体系，反过来又推动了近代山东经济的变迁。

三、胶济铁路的意象展现了全球化进程中近代山东人精神之变

对于山东民众而言，胶济铁路从铺设之日起，就不仅仅只是一种交通工具，更是一个中西较量的标志，是争议话题、冲突核心、文化现象、时代特征的典型代表。它给山东社会带来的影响远超它自身的功能性作用，甚至成为代表近代文化的新观念、新生活、新城市的意象。

（一）为时间标上刻度

中国传统社会中的民众，大多过着面朝黄土背朝天的日子，遵循的是日出而作、日落而息的生活方式，脑海中的时间单位是日月年，最精细的计时刻度也不过是"时辰""刻"。

铁路初到中国，对火车还道听途说的清朝官员，首先对用时间衡量的速度提出了质疑："查火轮车每时不过行五十里，中国驿递紧急文书，一昼夜可六七百里，有速无迟。今若俱由轮车递送，则驿站全废，且陆路之车驼俱归

无用。人以失业而愤嗟，马以失饲而倒毙，不独累及于人，抑且戕及于物。"[1] 那一刻，铁路被中国人看作一种具有威胁性、毁灭性的力量。

火车总是依照时刻表前行，相比畜力车、木帆船等传统交通工具，飞驰的速度和对时间的精确要求深刻改变着民众固有的观念，人们似乎总想不明白，这个大家伙为什么总是服从那一个个小方格里密密麻麻的数字。英国口语中标准时间称为"Railway Time"，以区别于当地时间"local time"，整个社会生活在逐渐纳入标准时间的体系之中。连洋人那里都被高看一眼的那个"铁路规矩"，使得中国传统时间概念不得不让位于小时、分钟等西方人规定的现代时间概念。

这种对社会活动精细、线性的时间分割，把民众从原有的生活方式中连根拔了起来，社会生活的节奏像开动起来的火车那般越跑越快，那张"神秘"的火车时刻表也深刻地改变和塑造着人们的行为模式，人们开始以时间而不是以空间来感知距离，原来去某个地方习惯说"有多少里地"，而现在往往会说坐火车需要"几个小时"。"准时"成为一个重要的现代生活法则，同时也影响、塑造着人们的心理和精神状态。时人作诗评价"风樯阵马不及追，瞬息已经数十里。江湾忽过吴淞来，海天空阔胸襟开"[2]。

1904年6月1日，胶济铁路全线通车。当时，济南青岛间最快运行12小时50分钟，平均时速约32公里。而铁路开通之前，济南到青岛的单程时间却要10天左右。

（二）将空间折叠起来

铁路作为一套将空间折叠起来的新行为体系引入中国，改变了人们的地理概念和对距离的感知。谭嗣同言："轮船铁路电线德律风之属，几缩千程于咫尺，玩地球若股掌，梯山航海，如履户域，初无所谓中外之限，若古之夷

---

① 徐致祥：《徐致祥论铁路之害折》，收入宓汝成编《中国近代铁路史资料（1863—1911）》（第一册），中华书局1963年，第104页。

② 龙湫旧隐：《乘火轮车至吴淞作歌》，《申报》1877年10月20日第2版。

夏。"① 原有道路是让旅行者自己适应大地的等高线，而铁路通过造路堑、路堤、隧道、高架桥等方式，夷平并征服了大地，在旧道路上能够感觉到自然地形的不规则性，被铁路强烈的直线性所取代，那条高于地面的路基硬生生地把大地分割开，像一条绳索迫使大地满足其对规则性的要求。

坐在火车上的旅客也是另一番全新的感受，发现并不仅仅是更轻松地移动，会感到自己与窗外空间的联系似有似无，可以看、可以听、可以感觉，可以更加强烈地审视快速流动着的大千世界。近处的一排排树木在眼前快速闪过，与稍远处田垄里农人的对视，远方层层山峦岿然不为所动。当把头伸出窗外，转弯处看到两根纤细、闪亮的铁轨向无尽的前方延伸开去，自己乘坐的火车时而一马平川地奔驰，时而勇敢地盘旋到山腰，冲过一道山梁，又悄悄地试探着前进，然后钻进幽暗的隧道，彻底失去与外部空间的联系，朝着神秘、未知的远方奔去。时人感慨"轮随铁路与周旋，飞往吴淞客亦仙。他省不知机器巧，艳传陆地可行船。身非著翅亦生风，恍坐轮船入海中。"②

铁路一方面通过速度大大减少了原来点与点之间的运行时间，从而缩短了空间；另一方面，在同样的时间内凭着比人力、畜力等交通方式快得多的速度，又大大延展出新的空间。可以说，铁路改变人们对时空认知的同时，让普通人的生活，乃至和原来相对而言比较静止的农业社会真正流动起来。正如维新派领袖康有为所言："夫铁路缩万里为咫尺，循山川如图画，收远边为比邻，以开民智，富民生，辟地利，通商业，起工艺，省兵驿，固边防，莫不由之。"③

（三）由铁路开启的想象与象征

胶济铁路被山东民众普遍接受后，不仅成为一种时尚便捷的交通工具，

---

① 谭嗣同：《仁学》，《谭嗣同全集》中华书局 1981 年，第 328 页。

② 张丽华：《1874—1877 年〈申报〉里的"吴淞铁路事件"》，《东方文化》2003 年第 5 期，第 65 页。

③ 康有为：《康有为请废漕运改以漕款筑铁路折》，收入宓汝成编《中国近代铁路史资料（1863—1911）》（第一册），中华书局 1963 年，第 206 页。

更激发着人们不同以往的想象。火车不再是神牛、异龙那般魔幻的怪兽，也不再是毁我村庄、占我农田恶魔般的梦魇，而是凝聚着资本，驮载着象征，带来了福音，激发着灵感，但也偶有灾祸的意象化身，划然长啸着刺入人们心灵深处使其无法自拔。

坐火车象征着一种平等，无论何种社会阶层，不分性别与尊卑贵贱，只要能买上车票，就可以享受列车在高速运行中的休闲与快乐，而不必担心以往乘坐二人小轿、四人中轿还是八抬大轿惹祸上身的"僭越"之罪。在火车上，人与人之间的相互注视也形成了一种新的现代生活体验，人们因此需要重新审视自己的角色、身份及与他人之间的关系，这对之前森严的社会等级结构是一个巨大的突破，旅客从一个单独的个体，转变成了大众的一员。

对铁路的想象不止于此。在亲人眼中乘火车等同于远行，意味着远离稳定、熟悉，奔向异数、变数，因此远行者特别需要亲人的依依惜别将这种稳定尽可能地铺续。对诗人来说，火车头是运动、力量和自信的象征，代表了进步和无止境的追求，在暴雪狂风的夹击下始终一往无前地奔向下一个车站，可以令人在长烟呼啸中悸动，在铁轨声浪中张开诗意的翅膀。对于保守派来说，慢速原始的交通方式是比较容易驾驭和控制的，可以有效地阻止非必要的地方联系和人口流动，维持前现代社会的稳定状态；而对于维新派来说，很多是最早体验火车游历的中国人，带回了种种海外见闻，他们对铁路的赞美不乏经国大业的宏论，是追求富强之国的现代性象征。

随后的几十年，山东民众逐渐习惯了铁路这一交通工具，学会了驾驭，也学会了制造，奔驰游弋在新的时空和文明的洪流之中，但夹杂着惊恐、屈辱、希望和骄傲的意象却一直持续着。

四、结语

19世纪中叶以前，作为"孔孟之乡"的山东，其发展一直沿着传统农业社会的轨道缓慢运行着。

当一个古老的国家、一片封闭的土地，被一股外来力量突然撞开厚重的大门，其固有的发展模式必然被打破，只得被裹挟着融入世界近代发展的轨道之中。而这个突破口，或者说近代山东之变的起点和初始动力，毫无疑问来自沿海。从与西方列强签订不平等条约被迫开埠，烟台口岸贸易推倒了第一张多米诺骨牌，随后德国强占胶澳、修筑胶济铁路使骨牌加速向山东腹地倾倒，进而带来了近代山东政治格局的改变、市场经济体系的形成，民众观念的转变和社会生活的变革。

半个世纪以来，纵观这条不过 400 公里的山东地方铁路，因为其地理位置，胶济路权成为中国政府及民众与西方列强争夺的焦点。德国的远东殖民战略由此向山东腹地渗透，日本三次入侵山东，由此影响中国。中国代表在巴黎和会把它视为"中国之喉"，中国民众为此誓死力争，成为近代山东政治之变的重要推动因素。还是因为这条铁路，早开埠 30 多年的烟台，其经济贸易似乎一夜之间就被青岛超越，由胶济铁路重构起的新交通体系，不仅渗透到山东的村村镇镇，还因其在济南与国内陆运、河运，在青岛与远洋海运的连接，使肇始于口岸贸易的近代山东经济产业从量变发展到质变。铁路从诞生之始，引起的社会之变就不是新式交通工具那么简单，胶济铁路来到山东也是如此。有惊恐的乡民要拆掉以后快，有年轻的后生要走近甚至驾驭。铁路系统的运行模式、时空概念让整个社会快速流动起来，由此出现的铁路意象在西方观念、城市规划、衣食住行、教育医疗、工商发展等诸多方面展现出来，成为近代山东社会之变中，中西文化冲突、碰撞、交流、融合的生动图景。

传统文化传承弘扬

黄河文化

黄河流域乡村生态振兴：
价值逻辑·实践图景·行动策略

——以济南"沿黄九美"片区为例证

| 胡爱敏 | *

　　黄河流域生态保护和高质量发展是习近平总书记亲自谋划、亲自部署、亲自推动的重大国家战略，是事关中华民族伟大复兴的"国之大者"。在新时代，黄河流域生态保护和高质量发展上升为国家战略。2024 年 5 月，习近平总书记在山东考察时强调，"山东要在全国发展大局中定好位、挑大梁"，"在

＊　胡爱敏，中共济南市委党校教授，博士，济南市委法律专家库成员。

推动黄河流域生态保护和高质量发展上走在前"①。2021 年 10 月 22 日，习近平总书记在济南指出，沿黄河省区要坚定不移走生态优先、绿色发展的现代化道路。② 这为我们推动黄河流域生态保护和高质量发展指明了方向。本文以"沿黄九美"片区为案例，分析在黄河国家战略、乡村振兴战略交汇叠加时期济南市的实践探索，提炼总结经验启示，以更快更好推动黄河流域乡村生态振兴。

一、黄河流域乡村生态振兴的价值逻辑

习近平总书记指出："生态文明建设是关系中华民族永续发展的千年大计，必须站在人与自然和谐共生的高度来谋划经济社会发展。"③ 黄河流域是中华文明的重要发祥地和传承创新区，是国家重要的生态屏障，也是我国重要的粮食生产核心区、资源能源富集区，在全国经济社会发展和生态文明建设格局中，具有举足轻重的战略地位。在新的时代背景下，推动黄河流域乡村生态振兴是实践发展的现实要求，有着重要价值。

（一）深入推进重大国家战略的需要

乡村生态振兴是乡村振兴战略和黄河重大战略两大国家战略的契合点之一。"三农"问题始终是"全党工作重中之重"④。党的十九大提出乡村振兴战略，二十大强调要全面推进乡村振兴，建设宜居宜业和美乡村，为新时代新征程全面推进乡村振兴、加快农业农村现代化指明前进方向。黄河流域生态保护和高质量发展于 2019 年起上升为重大国家战略，"大保护""大治理"成为这一战略的关键词。2021 年《黄河流域生态保护和高质量发展规划纲

---

① 《习近平在山东考察时强调以进一步全面深化改革为动力奋力谱写中国式现代化山东篇章》，《人民日报》2024 年 5 月 25 日第一版。

② 《为黄河永远造福中华民族而不懈奋斗》，《习近平谈治国理政》（第四卷），外文出版社 2022 年，第 367 页。

③ 《站在人与自然和谐共生的高度谋划经济社会发展》，《习近平谈治国理政》（第四卷），外文出版社 2022 年，第 355 页。

④ 《把乡村振兴战略作为新时代"三农"工作总抓手》，《习近平谈治国理政》（第三卷），外文出版社 2020 年，第 258 页。

要》中格外强调黄河流域面临的生态脆弱与承载力小等挑战，并从国家生态安全高度对流域生态保护进行全面系统规划。因此，黄河流域乡村生态振兴成为两大超级战略的高度契合交叉的区域。农业是生态产品的重要供给者，乡村是生态涵养的主体区。推动流域乡村生态振兴就是对两项重大国家战略以及农业农村优先发展总方针的具体落实和贯彻。

（二）推动城乡区域协同发展的需要

自黄河流域生态保护和高质量发展上升为国家战略以来，城乡区域之间的融合发展面临着新的关口。"在现代化进程中，如何处理好工农关系、城乡关系，在一定程度上决定着现代化的成败。"① 黄河流域的乡村振兴就是平衡城乡与区域关系的过程，开启了城乡融合发展和现代化建设的新局面。习近平总书记强调，"十四五"是推动黄河流域生态保护和高质量发展的关键时期，要抓好重大任务贯彻落实，力争尽快见到新气象②。黄河流域作为北方产粮主区、生态敏感区，流经的省（区）主要以农业为主，乡村面积广，地形地貌千差万别，生态保护与治理任务重，发展的可持续性值得关注。而与城市相比，发展中的不平衡不充分问题在农村表现得尤为明显。因此，黄河流域乡村生态振兴是要通过切实举措强弱项、补短板，逐步缩小城乡差距、协调区域间发展，建设美丽宜居的乡村，推动农业农村现代化，真正使乡村成为民众心目中的"桃花源""后花园"。

（三）持续站稳人民立场的需要

生态文明建设是关系中华民族永续发展的根本大计，乡村生态振兴更是事关民生和未来的重要工程。2024 年 5 月，习近平总书记在山东考察时指出，推进中国式现代化，就是要让人民群众的生活越来越好③。这就一如既往地点明了人民群众在中国共产党人心目中的位置，彰显了我们党的人民立场。

---

① 《把乡村振兴战略作为新时代"三农"工作总抓手》，《习近平谈治国理政》（第三卷），外文出版社 2020 年，第 255 页。

② 《为黄河永远造福中华民族而不懈奋斗》，《习近平谈治国理政》（第四卷），外文出版社 2022 年，第 368 页。

③ 《习近平在山东考察时强调以进一步全面深化改革为动力奋力谱写中国式现代化山东篇章》，新华社 2024 年 5 月 24 日。

2021年，在主持十九届中央政治局第二十九次集体学习时，习近平总书记又指出："建设生态文明、推动绿色低碳循环发展，不仅可以满足人民日益增长的优美生态环境需要，而且可以推动实现更高质量、更有效率、更加公平、更可持续、更为安全的发展。"① 乡村振兴战略与黄河重大国家战略的出台与强力推进，体现了我们一贯的人民立场。

人民群众是各项事业和政策的终极裁判员，人民群众的满意是各项举措的判断标准。生态宜居的美丽乡村是亿万人民美好生活的物质载体和精神归属。据此，习近平总书记强调："建设好生态宜居的美丽乡村，让广大农民在乡村振兴中有更多获得感、幸福感。"② 黄河流域乡村生态振兴事关民生福祉，是始终坚持以人民为中心的执政理念的要求，是不断满足人民日益增长的对黄河流域良好生态的期盼的关键步骤。

（四）传承延续历史文脉的需要

习近平总书记强调："黄河文化是中华文明的重要组成部分，是中华民族的根和魂。"③ 从生活世界看，黄河对沿岸人民群众而言意义重大，它作为母亲河，哺育流域的社会经济发展，塑造地理面貌、生态系统以及历史文化，为亿万人民群众提供了物质和精神的栖息家园。从大河文明的角度看，黄河是中华文明的典型符号，黄河文化构成了中华文明的主根主脉。黄河绵延流长，孕育了中华文明赓续千年的韧性，代表着中华文明突出的连续性，中华儿女对于黄河这一具有文化象征意义的河流感情深厚。因此，扎实推进黄河流域生态保护和高质量发展国家战略，实现黄河流域乡村生态振兴，讲好新时代"黄河故事"，是维系中华儿女对母亲河情感依恋的良好途径，是延续中华文明的有效举措，将为实现中华民族伟大复兴凝聚黄河力量。

---

① 《努力建设人与自然和谐共生的现代化》，《习近平谈治国理政》（第四卷），外文出版社2022年，第361页。

② 《习近平：建设好生态宜居的美丽乡村让广大农民有更多获得感幸福感》，《人民日报》2018年4月24日第一版。

③ 《黄河流域生态保护和高质量发展的主要目标任务》，《习近平谈治国理政》（第三卷），外文出版社2020年，第379页。

二、黄河流域乡村生态振兴的"沿黄九美"实践图景

黄河济南段全长 183 公里，流经 9 个区县和功能区。横卧于城市北部的沿黄风貌带，是千百年来黄河留给济南的宝贵地理遗产和自然遗产，也是济南市生态涵养的重要区域。为贯彻落实黄河流域生态保护和高质量发展战略，推进沿黄区域经济社会文化发展，济南市各区县都结合自身区位及区域特色，推出各自的建设目标与推进措施。黄河在槐荫区串起 29 个村庄，称为"七星九美十三香"，是槐荫区"城市边的梦想田园"目标的主要依托。"沿黄九美"是美里湖街道北部生态片区九个村庄的代名词，也是沿黄区域乡村振兴的新品牌。"沿黄九美"片区占地面积 8 平方公里，户籍人口 8794 人、1911户，一般耕地 8700 亩、基本农田 6520 亩。片区内有面积超千亩的美里湖湿地公园、黄河流域规模最大的人工银杏林、黄河大堤沿岸红叶李林，具有推动乡村生态振兴的良好禀赋。"沿黄九美"乡村振兴品牌打造秉持"文化引领、生态优先、产业融合、创新发展"的理念，既保持秀丽的自然风貌，也凸显黄河流域乡村优良生态，更展现璀璨的黄河文化。"九"既代表着沿黄河而居的 9 个村庄，也代表着 9 处美景、9 种美食、9 段故事、9 种风土人情，体现多维、多重之美。

（一）利用现有资源，绘就黄河生态画卷

基于"沿黄九美"片区自然资源与生态优势，槐荫区聚焦乡村振兴生态区建设，打好生态优先牌，做好沿黄 9 个村庄乡村旅游连片发展规划，以"沿黄观光旅游景观带"为建设目标，突出千亩银杏林、"李花大道"、湿地公园等重点景致，打造网红景点，于黄河沿岸形成了春花烂漫、夏荷依依、秋叶金黄、冬雪封河的优美自然景观，着力打造"人美""景美""乡风美""村容美""生态美""产业美""党建美""青春美""文化美"等为代表的"九美"乡村，描绘出黄河流域乡村和美生态画卷。

推陈出新创造良好水生态。着力推动玉清湖水库、小清河生态景观带、美里湖湿地的景观提升与水生态治理。美里湖湿地公园位于济南黄河湿地范

围内，总占地面积千亩，其中水域面积约一半。近年来，依托水环境的改善，公园的生态文化旅游服务能力得到提升，集垂钓、锦鲤、花卉等产业于一体，融水上娱乐、沙滩运动、蔬果采摘于一园，具备了成为乡村旅游度假胜地、康养福地、天然氧吧的环境条件。

以点带面打造网红打卡地。千亩银杏林沿黄河大堤绵延12公里，面积1100多亩，银杏树10多万株，是"全国银杏林示范基地"，其中美里湖段6公里杏林长势最好、景色最美，每年10月下旬到11月下旬，吸引数十万游客前来观赏。黄河大堤堤顶防汛路两侧的红叶李也已成气候，每年3月李花盛开时景色别致，形成了独特的"李花大道"。这两类以规模见长的景观资源，在精心包装后由融媒体传播，成为网红景点，辐射带动提升了区域内其他景点的人气。

（二）规划三大片区，重构产业空间布局

"沿黄九美"片区突出黄河文化主题，整合九村资源，打造集休闲农业、生态观光、医疗康养、民俗体验、文化创意等功能于一体的乡村振兴品牌，意在成为济南近郊乡村休闲旅游目的地、泉城都市田园综合体、黄河流域生态保护和高质量发展示范基地。该片区由三个部分构成。

西部突出乡村旅游。邱庄、鲁唐、北王三个村突出黄河文化、千亩银杏林和美里湖湿地资源，打造入湖步道、沿黄步道、"黄河落日"等网红打卡点，串珠成链。挖掘银杏林文化内涵，推出杏林学堂，形成集体感运动、研学旅游、亲子娱乐、素拓探险为一体的黄河文化体验之旅。首批齐鲁乡村振兴齐鲁样板村邱庄村以高端农业种养植、温泉水稻种植、农业研学等为主要产业，以绿色生态产业、农耕旅游、休闲观光游提高集体经济收入。推进米多多研学基地项目建设，积极引入山青世界青少年实践活动中心，发展黄河农耕园果蔬采摘、农作物种植等农旅融合活动，依托美里湖湿地公园建设黄河采荷湾、黄河垂钓园等，走好黄河乡村旅游、医疗康养的高质量发展之路，打造"沿黄九美"龙头。

中部突出休闲农业。范庄、郑家店、段庄三个村，地势平坦，耕地相对集中，水利设施完善。这一区块的产业重在连片打造高端农业示范基地，落实耕地保护和规模化经营奖励政策，积极与山东省供销社合作，推出"黄河五谷"品牌。这一区块还突出乡音乡愁、农耕体验，促进"绿色农业+文化旅游"融合发展，以休闲农业作为重要发展驱动力。

东部突出农业物联网。蒋庄、李家寺、刘七沟三个村，交通优势明显，位于黄河大坝千亩银杏林的东大门，村内主干道路是进出景点的必经之路。刘七沟村打造智慧农场，实现科技对农业生产的赋能。这一区块还将农业发展与槐荫经济开发区海那城、百联奥特莱斯等企业高度融合，推进一二三产业融合发展，让景区商贸旅游热点与"沿黄九美"自然风光旅游景点连接成片，互相补充。

（三）借助文化底蕴，强化生态文化宣传

"沿黄九美"片区地处黄河中下游，历史文化资源丰富。这里有邱庄村康熙三渡济水、邱家老沟河秦琼饮马等历史传说，有段庄村柳条编织、刘七沟村黑陶等民间手艺，有范庄村三代书法传承、鲁唐村京剧表演等传统文化，有"南刘北郑"书法家郑斯淦等历史名人，也有典型的二十四节气文化。这为黄河文化的弘扬与传承提供了良好的基础与素材。

深化文化记忆。深入挖掘黄河、美里湖和各村历史文化资源，以及杨庄引黄闸美里湖段有关历史，建设黄河文化记忆馆、黄河手工艺坊、黄河书画馆、黄河曲艺馆，举办"沿黄九美"黄河大合唱系列活动。围绕节气文化，组织开展主题宣传和活动策划，比如赏花节、采摘节、丰收节等，成立"二十四节气保育与发展联盟"，建设二十四节气主题广场，加强文化品牌培育和保护。2024年4月，组织举办"二十四节气·这里最槐荫"槐荫黄河生态半程马拉松比赛，吸引2000多名参赛者，赛程起点为小清河源头睦里闸，路线沿着黄河大堤展开，串联起紫叶李大道、睦里清源、槐荫黄河防汛文化广场、黄河千亩银杏林、槐荫黄河安全文化广场、美里湖廉洁公园等自然人文地标景点，展现了黄河春之美。组织开展"沿黄九美"故事会，组建拍客团，用镜头记录身边故事，全面展示黄河岸边人的精神风貌。

媒体融合传播。街道办事处开通视频号、抖音号、公众号，组建"沿黄九美"工作团队，引入乡村振兴社工站，通过视频、海报等方式加强宣传推介，引起了社会各界的广泛关注。与"爱济南"联合开展了"沿黄九美·文化记忆"系列宣传，与新时报联合推出了黄河岸边过年习俗系列活动，组织开展了摄影暨短视频大赛、写生活动、采风活动、抖音直播等。街道办事处与大众日报客户端联合开展"黄河岸边遇见春天"系列短视频宣传，中央电视台农业频道"我的美丽乡村"栏目走进邱庄，探访黄河岸边的文化习俗、产业发展，进一步扩大了"沿黄九美"的社会影响力。

三、黄河流域乡村生态振兴的行动策略

2023 年 4 月 1 日，《黄河保护法》正式实施，为推进黄河流域生态保护和高质量发展提供了有力法治保障。近年来，国家和地方都出台了诸多新的政策、方案与举措，如《中央财政关于推动黄河流域生态保护和高质量发展的财税支持方案》、山东省《支持黄河流域生态保护和高质量发展若干财政政策》等，是对黄河流域生态保护和高质量发展战略强有力的政策支持，也明确了任务路径。2024 年中央一号文件更强调，"打好乡村全面振兴漂亮仗，绘就宜居宜业和美乡村新画卷"①，加强农村生态文明建设。在这些政策的重要保障之下，要推动沿黄区域乡村生态振兴，关键是要厚植生态底色，突出发展特色，彰显乡村本色，平衡三对关系。

（一）实现生态保护与产业发展的良性互动，平衡绿色与金色的关系

习近平总书记强调沿黄河开发建设必须守住生态保护这条红线，指出要坚定走绿色低碳发展道路，推动流域经济发展质量变革、效率变革、动力变革②。要自觉践行绿水青山就是金山银山的理念，推动黄河流域乡村生态建设与高质量发展的共同促进，使得乡村既有宜居生态、田园风光之美，又有蓬勃的产业带动村庄发展、引导农民走向共同富裕。

要以绿色发展理念为引领，依托沿黄生态风貌带建设，推进东平湖、大

---

① 《关于学习运用"千村示范、万村整治"工程经验有力有效推进乡村全面振兴的意见》，《人民日报》2024 年 2 月 4 日第六版。

② 《为黄河永远造福中华民族而不懈奋斗》，《习近平谈治国理政》（第四卷），外文出版社 2022 年，第 368 页。

汶河等重点区域生态修复，建设黄河下游绿色生态廊道。依托自然优势发展特色产业，推动"一村一品一业"，培育绿色发展新动能，大力发展旅游、休闲、种植等产业。在这个过程中，要建立绿色低碳循环的农业产业体系，在健全生态保护和补偿机制的基础上，科学适度布局农业空间。要守住农业农村的生态红线，坚持生态和经济协调、人与自然和谐共生，不能以损害环境为代价来换取暂时的发展，摒弃损害和破坏黄河生态环境的经济增长模式。

沿着生态产业化的思路，致力于黄河流域生态资源价值的转化，全力打造绿色低碳发展先行区，坚定不移走生态优先、绿色发展的现代化道路，推动黄河流域乡村生产生活方式全面绿色转型，促成农业高质量发展。因地制宜构建"生态+"复合型产业结构，积极推动黄河流域生态农业、养生养老、森林康养、乡村旅游等产业的升级，把田园风光、湖光山色、秀美乡村塑造成金光闪闪的"聚宝盆"，让广大乡村既添生态颜值，又增经济价值，实现黄河流域乡村经济效益、生态效益、社会效益的有机融合。

（二）实现生态建设与历史文化的融合，平衡历史与现代的关系

在生态宜居和美乡村归园田居，是很多人的向往。乡村独有的田园风貌、乡土味道、地域风情、历史文化等，是人们蕴藉乡愁、回归自我、找寻本心的最有力缘由。黄河流域乡村生态振兴，离不开对黄河特色乡村历史文化的保护与延续。

要以齐鲁文化为旗帜，号召成立黄河文化保护传承发展联盟，打造具有重要影响力的黄河文化研究高地、中华文明传承基地、世界文明交流互鉴高地。在联盟的引导下，协调各地各级研究机构与人员等资源，深入挖掘黄河文化蕴含的时代价值，保护好黄河文化样态，讲好"黄河故事"。突出创意、科技、时尚三大元素，依托特色文化资源，通过创意手段推出丰富多彩的文创产品，构建乡村文创产业链条，增强市民体验感，实现黄河文化的创新性转化、创造性发展，弘扬黄河文化精神，延续历史文脉。利用好"黄河大集"平台与机制，以极具仪式感的方式汇聚乡村特色产品与文化产品，打造新的文旅消费场景，促进黄河文化廊道产业链、创新链的有机融合。

在黄河沿线村落规划与建设改造的过程中，特别要注意尊重历史、突出特色，注重对村落本身格局与特质景观的发掘与保留。不大拆大建、不简单地以新代旧，而是用最自然、最环保、最古朴的方式来建设美丽村庄。用本地的材料硬化村道和小巷，以植物进行村庄庭院绿化，使现代与古韵相得益彰，人与自然和谐发展。引进知名民宿品牌，针对一些体现民俗民风和当地建筑特色的闲置房屋，进行创意设计与改造，打造黄河主题特色民宿。聚焦吃、住、行、游、购、娱六要素，进一步完善停车场、公交线路等交通配套设施，解决黄河文化旅游"最后一公里"问题。

基于文化线路（Cultural Route）和线性文化遗产（Lineal or Serial Cultural Heritage）理念，组建黄河文化旅游发展联盟，积极串联整合黄河领域文化旅游资源，延伸黄河流域历史文化生态旅游链条，优化产品和服务，一体化打造、一体化建设、整体性提升，搭建大黄河农文旅融合发展新格局，全力塑造黄河生态文化旅游发展新优势、新亮点。

（三）实现生态文明共建共治共享，平衡外在推力与内生动力的关系

黄河流域乡村生态振兴的实现，需要诸多主体的合力共建，如源自党委政府的政策支持、财力支撑，来自企业的技术力量和创造，来自社会组织的专业服务，还有来自乡村内部的努力等。

继续强化政策支持与政策创新。贯彻落实近年来有关黄河重大国家战略的法律、规划、行动计划，促成各类主体间的协调配合，发挥合力。要聚焦流域生态环境突出问题，切实做好黄河流域农村生态治理，健全黄河流域生态保护与补偿机制。持续加大投入力度，以国家的黄河基金和省部级层面的基金为杠杆，引导金融和社会资本支持黄河流域乡村生态振兴。要通过评选现代农业强县、农业绿色发展先行县、农产品加工业高质量发展先行县、畜牧业高质量发展先行县等活动，大力推动高标准农田建设，提升粮食综合产能，促进农业高质量发展。聚焦科技创新在黄河流域乡村振兴中的驱动作用，对重点领域和核心技术加大科技支撑力。

要强化企业的创新主体地位。发挥农业重点企业、种粮大户、农业产业园的龙头作用，以其具有的天然优势融入乡村生态振兴格局。以解决突出环境问题为重点，推动技术和服务下乡，加大农村污染防治力度，采取有效措施，打好污染防治攻坚战。以环保科技企业的专业技术和服务为载体，推动黄河干流及大汶河流域率先完成农村生活污水治理任务，强化黄河水源、农业面源污染治理，着力改善水环境质量，改善土壤质量，维护土壤环境安全，增加优质生态产品供给，确保农村生态的良性运行。按照精细化治理的要求，逐步在广大农村推行垃圾分类，并加大农村垃圾分类处理技术的开发和推广，建成完善的生活垃圾分类处理系统。

借助社会组织的专业优势。发挥社会组织灵活、机动的服务主体作用，推动社会组织承接乡村生态保护、产业发展、文化传承等各类服务；大力开展农村人居环境整治行动，改善农村人居条件，实现基础设施和公共服务的城乡一体化。建设美丽乡村，维系农耕文明样态，推进城乡融合发展。建立健全适用于农村的环境管理和监控体制，并通过制度和法律法规的形式固定下来，构建长效机制。

要强化农民的主体意识、责任意识。乡村生态振兴的主体是农民，受益群体主要也是农民。因此，要充分尊重村民意愿和能力，因地制宜、以人为本，组织群众、发动群众参与黄河流域生态环境保护和乡村生态文明建设。充分激发农民主动作为、广泛参与的积极性，树立"绿色生态"理念，逐步养成利于生态保护和可持续发展的生产方式、生活方式，催发建设美好家园、守护良好生态的内生动力，实现良性循环。

济南治黄文化遗产
融入泉城文化景观建设的价值与路径[*]

| 梁　明 |^{**}

　　习近平总书记强调："要推进黄河文化遗产的系统保护，深入挖掘黄河文化蕴含的时代价值，讲好'黄河故事'，延续历史文脉，坚定文化自信，为实现中华民族伟大复兴的中国梦凝聚精神力量。"黄河治理的历史是一部中华民族发展史，黄河治理文化遗产是中华民族智慧的结晶，如何使黄河治理文化遗产所蕴藏的巨大潜能得到最大限度的发挥，这些都已经成了重要的时代课题。

　　济南，别称泉城，拥有着丰富的泉水资源和河湖水系资源。它们曾在济南筑城、漕运、防洪、输水、军事等方面发挥了重要作用，记录了济南城的历史变迁，对于济南城市空间特色的形成和发展产生了巨大影响。济南是黄河下游沿岸的重要城市，黄河水系资源是济南水文化的重要组成部分。济南段黄河是典型的"地上悬河"，两岸的劳动人民在黄河治理过程中留下了丰厚的治黄文化遗产，具有鲜明的地域特色，它所蕴藏的多重价值对于泉城文化景观建设以及促进济南文化经济高质量发展具有重要意义。

---

　　*　本文是 2023 年度济南市哲学社会科学课题：济南治黄文化遗产融入黄河国家文化公园建设的价值与路径研究（JNSK23C73）。

　　**　梁明，山东交通学院艺术与设计学院副教授、文学博士。

一、治黄文化遗产的概念与内涵

黄河流域幅员辽阔，上游大多流经高山峡谷，河床稳定，不易发生改变。中下游则河道平缓，水流速度降低，泥沙容易发生沉淀淤积，常常发生水患，因此黄河治理的重点多集中于中下游地区。所谓黄河治理，主要是指疏通黄河水道、消除黄河水患等活动。黄河治理文化就是中华民族在治理黄河的过程中所形成的一系列相关的文化现象，以及创造的物质、精神财富的总和。具有历史内涵的黄河水利工程遗迹、水利景观、港口码头以及相关的历史人物、典故、风俗习惯等都是黄河治理文化遗产。黄河治理文化遗产主要包括防灾工程设施资源、水运工程设施资源、灌溉工程设施资源、水源工程设施资源、相关伴生遗存、非遗以及有关黄河治理的人物、故事、技艺等。

二、济南治黄文化与泉城文化的关系

济南的河湖水系分黄河和小清河两大系统。黄河水系包括玉符河、北大沙河等。小清河水系由兴济河等 27 条南北向梳状河道组成。古城区内"四大泉群"星罗棋布，泉水流经护城河流入大明湖，再经东、西泺河汇入小清河。济南融山、泉、湖、河、城于一体，清泉涌动，河溪汇流，湖光山色，丰富的泉水资源和河湖水系资源，在城市空间特色的形成和发展中发挥着重要作用①。不同的水网环境在济南相互交织，相互影响，共同塑造了济南泉城独特的城市文化品格。从治黄文化的角度切入泉文化研究，有利于深入挖掘泉水文化资源，丰富泉城文化遗产的内涵，同时有利于整合济南文化资源加强泉文化的保护利用，以及促进济南文旅经济高质量发展。

济南市属于黄河流域下游的城市，境内黄河河道约 183 千米，占山东境内河道长度的三分之一左右。济南黄河文化上溯大清河文化及至古济水、漯水文化。因为济南境内的黄河河道前身是大清河，而大清河又是由济水和漯

---

① 于卫红、田洁等：《水韵泉城——济南水系特色规划研究》，《中国园林》2013 第 3 期。

水演变而来的。济水发源于河南省济源市王屋山，曾是一条具有全国性影响的河流，与河、江、淮并称"四渎"，是一条独流入海的河流。古济水自西向东横穿济南腹地，西接黄河，东通渤海，两岸是肥沃的平原，物产丰饶，孕育了济南早期文化和文明。魏晋以后，由于黄河屡次决口，致使河南济水断流，济水下游以巨野泽为源头。后又因黄河水的冲积，巨野泽消失，济水又以汶水为源头，水色愈发清湛，济水遂得"清河"之别名。北宋熙宁十年（1077）七月，黄河又在澶州溃决侵入清河，致使清河于历城东北改道，而循古漯水故道入海。这样，历城东北以下的原清河河道（即古济水河道）逐渐干涸。宋金之交，历城以东挑挖济水故道以通漕运。这条河始称小清河，而取道漯水故道入海的清河始称大清河。清咸丰五年（1855），黄河在铜瓦厢决口，改道北流夺占大清河河道，从山东利津入渤海后逐渐形成现行河道。济南城北的大清河，自此变为黄河，此道河段自古至今先后为济水、大清河、黄河所流经，堪称三河古道，至今蜿蜒流淌了160余年。黄河已成为济南的城中河，也成为泉城文化不可分割的一部分。

在治理黄河的过程中，济南地区涌现出了无数位治河功臣。如丁宝桢、张曜、刘鹗等。他们积极探索治河方策，积累了丰富的黄河治理智慧和经验，彰显着百折不挠的精神。他们为济南黄河治理作出了巨大贡献，济南百姓常常建祠立碑歌颂他们的功绩。张曜去世后济南百姓为他建立张公祠，篆刻了济南历史上著名的大王碑。在济南长期以来流传这样一个传说，说张曜死后化为了黄河的"大王"，每当遇到水灾，当地百姓就将它请到张公祠或其他庙宇进行顶礼膜拜，据说每次都能转危为安，十分"灵验"。可见济南城中数量可观的"龙王庙"，与人们所处的水文环境有着密切的关联，这也和人们对水的敬畏情感不可分割。而这种环境影响与情感表达自然也会融入与济南百姓生活息息相关的泉文化中，大明湖畔的藕神祠、北极庙等所体现的水神崇拜，说明人们常常祈求神灵保佑生活风调雨顺，以避免洪水的侵扰。这种求告神明禳灾避祸的方式，与济南百姓拜求"大王"如出一辙，生动展现出人们对于水的情感和态度。虽然黄河与泉水具有不同的水网分布，但是黄河对于当地人在理解人水关系、对待水的态度、水文环境处理等方面产生着重要影响。

因此，应将泉文化与济南治黄文化之间的关系进行系统性梳理，并将其纳入济南水文化中进行整体性挖掘、整理与阐释。

三、济南治黄文化遗产的类型与价值

（一）济南治黄文化遗产的类型

在文化学中，一般把人类的文化现象区分为物质文化、精神文化、制度文化三大类①。按照这种分类方法，济南治黄文化则可以分为治黄物质文化、治黄精神文化、治黄制度文化。如果从文化遗产学的角度来划分，济南治黄文化遗产可分为有形文化遗产与无形文化遗产两部分。其中有形文化遗产主要包括：治黄遗迹、治黄机构、治黄水工、治黄工具等，例如闸口、堤坝、祠庙、河道总督衙门等；无形文化遗产主要包括：治黄文献、治黄传说、治黄技艺、治黄机制、治黄方略等，例如清末张曜、刘鹗等人的治黄事迹，与水工设施修建有关的传统石砌技术、河工工具制作技术及堤坝的养护经验等②。

（二）济南治黄文化遗产的价值

第一，济南治黄文化遗产具有历史价值。历史上，黄河治理是国泰民安的重要保障，历朝历代的统治者都投入了大量人力物力修建黄河水利工程以扼制水患，治黄水平反映出不同历史阶段的经济与科技发展水平。例如，宋代能工巧匠设计的用于河底清淤的"铁龙爪"与"浚川杷"，充分反映了宋代机械制造技术的发展。济南治黄文化遗产包含着丰富的历史信息，对于济南治黄文化遗产的研究有利于更加深入地发掘历史细节，拓展历史研究的维度。

第二，济南治黄文化遗产具有文化价值。习近平总书记明确指出："黄河

---

① 王文章：《非物质文化遗产概论》，教育科学出版社 2018 年。
② 赵虎、杨松、郑敏：《济南黄河文化遗产构成体系及保护策略研究》，《中国文化遗产》2021 年第 1 期。

文化是中华文明的重要组成部分，是中华民族的根和魂。"① 济南治黄文化遗产蕴含着中华民族的民族精神和民族智慧，治黄精神、治黄方略、治黄经验、治黄技术等都是中华文化的重要内容，对治黄文化资源的开掘与整合有利于丰富中华文化的内涵，推动它的现代转化与创新发展。同时，济南治黄文化遗产的保护有利于讲好"黄河故事"，促进黄河文化的传承发展。黄河既是中华民族的母亲河，同时也是一条害河。黄河文化遗产与其他线性文化遗产的区别主要体现在治理文化中，或者说黄河治理文化体现了黄河文化遗产的主要特征，对济南治黄文化资源的保护与利用有利于深入挖掘黄河文化遗产的自身特色，准确把握黄河文化的精髓，从而促进黄河文化的活态传承，强化中华民族的民族凝聚力与文化认同感。

第三，济南治黄文化遗产具有生态价值。2021年10月9日，中共中央、国务院印发的《黄河流域生态保护和高质量发展规划纲要》就指出："要系统保护黄河文化遗产。开展黄河文化资源全面调查和认定，摸清文物古迹、非物质文化遗产、古籍文献等重要文化遗产底数。"② 黄河的有效治理是黄河流域生态发展的基本保障，而黄河治理文化遗产的保护与黄河流域生态可持续发展密切相关。济南黄河文化遗产尤其是济南治黄文化遗产充分表现出"自然与文化高度融合统一"这一基础特征③，体现了古人对人水关系以及人与自然之间关系的独特理解与掌握运用。黄河文化塑造出中华民族不屈的民族精神，而一代一代的中国人也在依照自身的文化品格与生活样式不断塑造着人水共生的黄河生态环境④。济南治黄文化遗产是中华民族智慧的结晶，济南治黄文化遗产的保护与传承对今日黄河流域文化生态与自然生态保护都具有

①《共同抓好大保护 协同推进大治理 让黄河成为造福人民的幸福河》，《人民日报》2019年9月20日第一版。
② 王喜成、王笑楠：《关于深入推进中原学研究的若干思考》，《黄河科技学院学报》2022年第6期。
③ 杨越、李瑶、陈玲：《讲好"黄河故事"：黄河文化保护的创新思路》，《中国人口》2020年第12期。
④ 梁明：《黄河治理文化遗产的多重价值与数字化保护》，《中国文化遗产》2023年第2期。

重要启示。

第四，济南治黄文化遗产具有经济价值。如果文化遗产本身或以其精神内容开发的衍生品能够成为人们消费的对象，文化遗产就具有成为文化资源，并且创造经济价值的可能性①。济南治黄文化遗产具有丰富的文化资源，它的发掘与利用可以创造巨大的经济财富。与济南黄河治理有关的历史传说、人文典故、民俗风尚等都是绝佳的影视、游戏素材；与黄河治理有关的工程遗迹、水利景观、港口码头等都是发展黄河文化旅游经济的宝贵资源。济南治黄文化资源是黄河文化经济发展的重要驱动力量，济南治黄文化遗产的保护利用对于推动黄河流域文旅融合发展以及延伸黄河流域文化产业链条具有重要意义。

第五，济南治黄文化遗产具有教育价值。济南黄河治理文化遗产所体现的治黄思想、治黄方略以及治黄经验至今仍有实践指导意义。文化遗产所体现的治水原理、水工技术等充满了知识性与趣味性，对于宣传普及水工知识与水利科技等具有重要教育意义；此外，济南治黄文化遗产体现着古代劳动人民与自然相抗争的民族气魄和民族精神。对济南治黄文化遗产的保护、阐释与利用有助于培养公民正确的世界观、人生观、价值观，对于为党育人、立德树人、文化育人具有不可忽视的价值。

四、济南治黄文化遗产融入泉城文化景观建设的价值

第一，有利于提升泉城文化景观的文化内涵。济南拥有泉、湖、河等丰富的水资源，具有悠久的水文历史。作为黄河下游沿线的重要城市，济南治黄文化遗产蕴含着的独特民俗文化、治黄方略、治黄经验、治黄技术等都是先民智慧的结晶，也是济南水文化的重要元素，对于济南治黄文化遗产的深入挖掘与系统阐释，为拓展、提升泉城文化景观的文化内涵提供了新思路与新途径。

第二，有利于增强泉城文化景观的教育意义。济南治黄文化遗产所体现

---

① 王晨、王媛：《文化遗产导论》，清华大学出版社 2018 年。

的治河思想、治河方略以及治河经验至今仍有实践指导意义。而济南治黄水工遗产所体现的治水原理、治水历程、水工技术等，对于深刻认识济南地区的水利科技与水利文化，具有重要教育意义。此外，济南治黄文化遗产体现着中国古代劳动人民与自然相抗争的民族气魄和民族精神，丁宝桢、游百川、张曜等人恪尽职守、鞠躬尽瘁治理黄河的历史事迹早已传为佳话，深刻影响着一代代济南人。这些文化内容的融入，必然有利于泉城文化景观教育价值的提升。

第三，有利于提升泉城文化景观的经济价值。近年来，随着黄河国家文化公园、文化生态保护试验区的快速建设，黄河流域生态保护和高质量发展的进一步推进，以及数字技术的广泛应用，济南黄河文化经济发展迎来历史机遇。济南治黄文化遗产具有丰富的文化资源，与济南治黄有关的历史传说、人文典故、民俗风尚等都是黄河国家文化公园景观设计的绝佳素材；与济南治黄有关的工程遗迹、水利景观、港口码头等都是发展黄河文化旅游经济的宝贵资源。对济南治黄文化遗产的保护传承与活化利用，为泉城文化经济的发展提供了丰富的文化素材，必然会促进泉城文化景观经济价值的提升。

五、济南治黄文化遗产融入泉城文化景观建设的路径

济南治黄文化是泉城文化的重要组成部分，在城市现代化的过程中，如何展现济南治黄文化特色，使其所蕴藏的经济和文化潜能得到最大限度的发挥，为济南的经济腾飞和社会进步作出新的贡献，这是泉城文化景观建设不可忽视的重要方面。

（一）加强济南治黄文化遗产资源发掘、整理与阐释，深化泉城文化景观内涵

应尽快搭建济南治黄文化遗产信息库，重点打造济南治黄文化遗产保护合作平台。广泛开展济南治黄文化遗产的普查摸底，准确界定济南治黄文化遗产普查对象和种类，加以认定、分类，建立遗产清单。深入挖掘整理枢纽工程、码头及漕运、具有历史文化价值的工业遗迹、建筑物、构筑物，以及

与之有关的典故、传说、文件、口述资料等视听资料和文字资料。初期多采用照片、摄影录像、测绘、激光扫描、图纸、口述历史和文字等形式整理和搜集相关信息，建立治黄文化遗产数据库。后期再根据遗产状况及特征对其进行分级分层，进而根据文化遗产活态保护目标选择不同的途径。

（二）凝练济南治黄文化遗产特色，赋能泉城文化景观品牌建设

济南黄河的历史可追溯到东汉时期，至北宋河道北移时，黄河在济南北境流经千年，今天商河境内的大沙河就是当时黄河河道。现行黄河河道自1855年开始流经济南，已有160余年的历史。黄河在改道初期曾经阶段性发挥了水运便利，并且境内泺口等河港码头在济南及区域的盐漕运输中发挥过重要作用，但是改道济南之后引发的洪水灾害也对沿线的人民和城市造成了巨大破坏。因此，有别于中上游的地市，黄河在济南流经的百余年，也是济南人民防洪抗洪的百余年，境内诞生了一些优秀的水利工程和治黄名人，济南治黄文化遗产在地理环境、历史文化、人文科技等方面都具有较为突出的特征，应着重从这些方面凝练济南治黄文化遗产特色，塑造济南黄河文化品牌形象，赋能泉城文化景观品牌建设。

（三）系统打造济南治水文化景观遗产旅游线路，促进泉城文化景观的特色化建设

济南地区拥有丰富的治水文化遗产，除治黄文化遗产外，济南的北水门、百花堤、百花台等都是著名的水利文化遗产，许多文人墨客在这里留下足迹，写下诗篇，为泉城文化的形成与发展作出贡献。应以黄河国家文化公园建设为契机，深入挖掘、系统整合济南治黄文化资源与明湖水文化资源，开发出以济南治水文化景观遗产为主线，与其他风景名胜和休闲娱乐为一体、具有影响力的济南治水文化景观遗产旅游线路，与区域经济互为补充，真正做到充分利用好、保护好水利文化遗产，有利于推动泉城文化景观的特色化建设。

（四）开发济南治黄文化产品，促进泉城文化景观品牌形象的传播

济南黄河治理文化遗产内涵丰富、涉及面广，应以文献资料与出土文物相印证的方式科学还原古代济南黄河治理场景概貌，并深入挖掘相关历史文化资源，揭示水利工程的科学原理，挖掘相关历史典故，民间传说、名人轶事、水利名称由来等，对黄河治理过程中著名的"人""事""物"进行梳理、归纳，构建历史脉络清晰的治黄文化素材库，进行影视、音乐、游戏等文化创意产品开发，促进泉城文化景观品牌形象的传播。例如，国家级非物质文化遗产"黄河号子"就可以作为数字音乐创作的优秀资源而发挥作用。河南省运用数字技术倾力打造的"黄河号子"舞台剧在河南艺术中心广场进行上演，取得了良好的社会反响。此外，与黄河治理相关的传说故事、小说、戏剧等也可以作为文化资源用来开发数字文化产品。例如清末张曜、刘鹗等人的济南治河事迹就可以作为影视创作的素材。

（五）加强济南治黄文化遗产数字化建设，提升泉城文化景观的文化影响力

数字技术能够生动地展现济南治黄文化遗产的科学性、教育性、地域性特色，促进济南治黄文化资源的开发和利用，从而更好地实现济南治黄文化遗产融入泉城文化景观建设。

首先，加强济南黄河治理文化遗产数据信息采集与体系化建构。充分利用地理信息系统（GIS）对济南黄河水系结构与环境资源进行信息采集，准确记录济南黄河水工遗迹的时空分布状况。利用全站仪、全球定位系统（GPS）、三维激光扫描技术对重要的黄河枢纽工程、水工遗迹、具有历史文化价值的建筑物、构筑物等实体进行测绘、计算、分析，构建出目标的三维模型以及线、面、体空间等各种制图数据。同时，调研搜集与济南黄河治理相关的典故、传说、技艺、文件、口述资料等视听资料和文字资料，通过文字、录音、录像等形式采集非遗传承人的资料，保证非遗资料的真实性和完整度，构建信息准确、内容系统的济南治黄文化遗产数字档案库。同时，对采集数据信息进行体系化建构。将数据信息分为有形文化遗产数据信息与无形文化遗产数据信息，将有形文化遗产数据信息分为治黄遗迹、治黄机构、治黄水工、治黄工具四类，将无形文化遗产数据信息分为治黄文献、治黄传说、治黄技艺、治黄机制、治黄方略五类。此外，详细梳理济南治黄文化历史发展，将上述信息分类按照历史发展顺序进行编排，结合文化遗产自身的社会历史背景与发展脉络，深入挖掘其政治、经济、文化等层面的价值，注重不同类型文化遗产信息资源之间的相互印证、相互阐释，构建纵横交错、排列有序、内涵丰富的济南黄河治理文化遗产数字化知识体系，促进公众对黄河治理文化遗产的进一步认知。

其次，加强济南治黄文化遗产信息资料的数字技术处理。应根据济南治黄文化遗产的历史特征，充分利用数字图像处理技术、全景拼图技术、数字建模技术、虚拟现实技术以及数字动画技术等技术设备，对有形文化遗产与无形文化遗产进行分类处理。对于文物古迹应充分利用虚拟技术依据史料进行真实还原，对实物与文献应进行高清拍摄、激光扫描；对于治黄仪式、治黄场景、治黄技术等应根据史料进行动态还原，并进行可视化设计，恢复文化遗产的历史面貌；对非遗传承人与技艺表演者进行动态捕捉，并结合口述资料在电脑系统中重建数字展演内容。运用图形图像软件 CorelDRAW 和 Photoshop 对采集图像进行优化和压缩；使用 Premiere、After-Effects 对技艺表演的音频、视频等进行后期剪辑、添加字幕等，使图像、视频、音频等各种信息资源进行相互融合、相互补充。

再次，构建济南治黄文化遗产资源综合管理平台。建立济南治黄文化遗产信息的采集、加工、存储和利用的管理信息系统，为管理部门、科研院所和普通用户提供一个完整、高效、一体化的管理服务平台。构建多媒体展示平台建设，主要包括博物馆、展览馆等多媒体展示和网上虚拟展示，并包含视频集锦、互动漫游、虚拟现实影像、数字电影等交互功能。同时利用与各种媒介联合营销的模式加以策划和展示，为向公众普及黄河水利知识创造有利条件。构建信息检索平台，按照济南治黄历史发展、济南治黄物质文化遗产、济南治黄非物质文化遗产三大部分进行信息分类设计，并对信息进行文字标注，设计关键词检索系统。构建产品开发平台，集成各相关企业开发的黄河治理文化创意产品，采集其基本信息、经营项目、产品服务等数据信息和文字、图片、视频等多媒体资源信息。济南治黄文化产品数据库采用电子商务模式，利用网络平台为创作者及其作品提供在线交易。构建文化互动平台，开发设计电子动漫解说员，便于在展览馆、博物馆中游览；策划参与性有奖活动，设计具有趣味性的拼图游戏、问答游戏等。同时结合自媒体工具，定期推送文化活动预告、历史知识讲解等内容。

最后，充分利用地理信息系统（GIS）和移动互联网技术开发济南治黄文化旅游电子平台。利用济南治黄文化资源数字化系统对治黄文化的旅游资源、服务机构进行数据采集和整合，建立全域旅游基础数据库，开发济南治黄文化电子地图，构建济南治黄文化旅游产业数据库，建立数据标准统一、业务系统集成、信息应用共享的全域旅游平台。游客可以通过网站、微信、移动终端、电话等方式预订旅游区服务，享受价格优惠、积分奖励等优惠，通过与虚拟旅游、行程定制、综合信息发布、互动分享评价等系统进行深度融合①，推动济南治黄文化数字资源与文化旅游产业的深度融合。

六、结语

济南拥有丰富的泉水资源和河湖水系资源，具有种类众多的水文化遗产，它们不仅在地理环境上错综交织，而且在文化内涵上密切关联。因此，对于泉城文化资源的挖掘与整合需要进行多角度的观察，才能够做到更加深入和全面。不仅需要站在现代人的角度去爱泉护泉，还需要站在古人的视角了解更多古代民俗文化传统，以及古人对待水的情感态度；不仅需要站在泉文化的角度收集素材，还需要站在更加宽广的历史地理背景下观察济南水文化的整体状况。济南治黄文化是泉城文化的重要组成部分，济南治黄文化遗产是先民智慧的结晶，具有历史价值、文化价值、生态价值、经济价值、教育价值，对于提升泉城文化景观的文化内涵，增强泉城文化景观的教育意义，以及提升泉城文化景观的经济价值等方面具有重要作用。

黄河流域生态保护和高质量发展，以及黄河国家文化公园的快速建设，为济南治黄文化遗产资源的开发利用带来了新的机遇。应加强济南治黄文化遗产资源的发掘、整理与阐释，从地理环境、历史文化、人文科技等方面凝练济南治黄文化遗产特色，塑造济南黄河文化品牌形象，赋能泉城文化景观品牌建设；应以黄河国家文化公园建设为契机，深入挖掘、系统整合济南治

---

① 林飞娜、郑萍、刘克：《基于电子地图的全域旅游平台（微信端）设计与实现——以天台山为例》，《测绘标准化》2019 年第 1 期。

黄文化资源与明湖水文化资源，开发出以济南治水文化景观遗产为主线，其他风景名胜和休闲娱乐为一体的济南治水文化景观遗产旅游线路，与区域经济互为补充，推动泉城文化景观的特色化建设；深入挖掘相关历史典故、民间传说、名人轶事、水利名称由来等，对黄河治理过程中著名的"人""事""物"进行梳理、归纳，构建历史脉络清晰的治黄文化素材库，进行文化创意产品开发，促进泉城文化景观品牌形象的传播；加强济南治黄文化遗产的数字化保护与活化利用，构建相关数字资源库、资源管理平台、文化旅游电子平台等，提升泉城文化景观的文化影响力。黄河治理是中华民族的伟大壮举，济南黄河治理文化遗产具有多重价值与丰富的文化内涵，将济南治黄文化遗产融入泉城文化景观建设，必然有利于深化济南泉水文化内涵，丰富泉城文化资源，促进泉城文化景观建设与文化经济的高质量发展，推动文化强省会战略的进一步实施。

文化遗产保护利用

活化与新生：探索博物馆文物保护利用新路径

| 李胜男　刘新智 | *

文化兴则国运兴，文化强则民族强。习近平总书记指出，文物和文化遗产承载着中华民族的基因和血脉，是不可再生、不可替代的中华优秀文化资源。博物馆作为存放文物的重要场所和保护文物的关键阵地，理应承担起探索文物活化利用新路径的社会责任。作为一座地方综合性博物馆，济南市博物馆一直以再现济南历史文化，展示济南城市形象为己任。近年来，济南市博物馆更是不断创新思路，加强文物保护及利用工作，提高文物研究阐释和展示传播水平，以物讲史、以文化人，让文物真正"活"起来。

---

* 李胜男，济南市博物馆办公室工作人员；刘新智，济南市博物馆专职副书记、副研究馆员。

一、文物保护工作的主要进展

（一）实施文物保护修复项目

1. 圆满完成馆藏书画保护修复项目

2023 年，济南市博物馆根据工作计划，有条不紊开展馆藏书画保护修复项目，对 85 件/套（136 件）书画文物进行保护修复，其中涉及二级文物 2 件、三级文物 54 件、一般文物 80 件，装裱款式有挂轴、册页、长卷、对联、条屏等。在项目开展过程中，跟乙方保持积极有效的沟通联络，认真做好修复期间的文物安全工作，保质保量完成预定工作目标，并于 2023 年 9 月顺利通过技术和财务双验收。如今，这批修复的书画已经完成交接入库和信息采集，并在《明·明德——中国古代传统文化中的价值观》等展览活动中发挥了重要作用。

2. 开展馆藏文物数字化保护项目

为适应新形势下博物馆的发展需求，提升博物馆的数字化、智慧化水平，济南市博物馆大力推进数字博物馆建设，开展馆藏文物数字化保护项目，在实施过程中工作人员及时提供文物信息、严格文物出入库、现场辅助采集数据，确保工作顺利进行。共完成涵盖陶瓷器、金属器、书画、玉器、杂项等类别共计 799 件馆藏珍贵文物的数字化采集工作，其中三维数据采集文物 364 件，二维数据采集文物 435 件。

3. 申报 2024 年国家文物保护项目

根据《山东省文化和旅游厅关于开展 2024 年度文物保护项目计划申报工作的通知》（鲁文旅保〔2023〕14 号）、《山东省文化和旅游厅关于 2024 年可移动文物保护项目立项的批复》《关于做好 2024 年度国家文物保护资金申报工作的通知》（鲁文旅财〔2023〕26 号）要求，济南市博物馆 2023 年及时完成"山东济南市博物馆馆藏书画文物保护修复项目""山东济南市博物馆馆藏革命文物保护修复项目"两个项目"申报方案"的编制、线上申报、线下评审、资金申报等工作。

4. 参与国家重点研发计划"馆藏中华古籍与近现代纸质文献规模化脱酸装备试制及实证"项目

2023 年，济南市博物馆参与由南京博物院牵头、山东省文物修复中心作为参与单位共同申报的国家重点研发计划"馆藏中华古籍与近现代纸质文献规模化脱酸装备试制及实证"项目。共提供我馆清乾隆至 1980 年期间的线装古籍目录 12 种 1007 册的目录清单，并对济南市博物馆馆藏 5 件/套 75 件古籍文物开展分析检测工作。

通过实施文物保护修复项目，既提升了济南市博物馆的文物保护水平，又丰富了文物保护内容。同时，经过修复的文物也避免了"藏在深闺"的命运，重新焕发了新生，不仅大大拓宽了展陈人员的文物拣选范围，也为下一步文物活化利用工作打下了坚实基础。

（二）开展文物藏品征集工作

藏品征集是博物馆拓宽藏品来源的重要渠道。根据国家、省、市相关通知精神，近年来，济南市博物馆陆续开展山东省社会发展变迁物证征藏、记录小康工程实物资料征集等多项征集活动。济南市博物馆主动公布征集政策和联系方式，广泛接受社会各界捐赠信息，积极联系拟捐赠市民或团体，在详细讲解济南市博物馆接受捐赠相关政策的基础上，就拟捐赠实物的来源、性质、年代、属性、价值等进行仔细辨别。如符合捐赠要求，还会严格捐赠程序，双方签署捐赠协议并签字确认，确保捐赠过程合法合规。与此同时，还主动出击，积极联系济南地区重点单位、重点社区、民间收藏家等，拓宽征集渠道和范围，征集工作取得明显成效。

在文物征集过程中，首先根据自身藏品情况和库房实际，确立了"精准征集、宁缺毋滥"的原则，即针对自身藏品的薄弱类别进行"精准征集"。文物征集的目的不是为了简单地增加馆藏文物数量，而是为了弥补自身藏品的不足。如果一个类别的文物数量已经很多，再进行征集只能是同质化的重复，最终会导致大量同类别文物藏在库房，失去活化利用的机会。同时，由于现有馆舍条件有限，文物保护的软件和硬件水平还有待进一步提升。因此，对于那些目前馆藏数量已经较多的文物类别或者保存情况较差的实物，我们会积极引导其捐赠给更加需要的区、县博物馆，或者保护条件更好的省、市博物馆。

2023 年度通过社会捐赠等方式共征集实物 28 件/套，33 件，2024 年第一季度通过社会捐赠征集实物 8 件。这些征集到的实物涵盖石器、陶器、骨器、书法、雕塑、化石、革命文物等多个门类，不仅丰富了济南市博物馆的藏品数量和种类，对研究山东历史时期的文化属性和社会风貌，鉴证山东当代社会发展变迁也具有十分重要的作用。

特别是 2023 年征集到的一批新石器时代北辛文化、后李文化、大汶口文化、龙山文化的陶、石、骨器，弥补了新石器时代馆藏藏品薄弱的痛点，对串联新石器时代文物序列，展示济南在新石器时代的文化面貌具有十分重要的作用。在完成信息采集之后，第一时间将这批文物通过《古城辉煌——济南历史暨馆藏文物展览》《汤汤大河生生不息——山东地区黄河文明特展》进行展示，真正做到了物尽其用，让文物活起来。

（三）完善藏品管理规章制度

1. 建章立制、规范管理

2023 年，根据上级指示精神，在已有规章制度的基础上，参考国家、省、市文物保护及管理方面的法律法规，借鉴其他博物馆等文博单位先进经验，结合工作实际，形成了《济南市博物馆藏品管理规定》《济南市博物馆藏品提用管理细则》《济南市博物馆藏品保管员工作守则》《济南市博物馆藏品档案管理规定》等规章制度，并及时向上级主管部门进行备案。

以上规章制度内容全面翔实，涉及藏品管理、藏品档案管理、库房管理、保管员管理、藏品提用等日常工作，特别是对陈列展览、文物鉴赏等工作中的藏品提用审批、包装、运输、点交各环节进行了细致的规定，明确对馆藏一级文物的鉴赏和一级、二级文物借出参展等事项，实行市文物局主要负责人审批的提级管理。

2. 加强管理、严格落实

在完善规章制度的基础上，注重对藏品管理人员的日常管理，强化对规章制度的严格落实。

其一，制度落实到人，明确管理要求。将规章制度电子版下发至每一位保管员手中，并签订《藏品和库房保管员（账目保管员）安全责任书》，将规章制度细化到人，每个类别的藏品保管员都有自己需要遵守的规章制度和操作规范，从而确保规章制度落到实处，一切工作有据可依、合法合规。此外，为起到提示作用，还将部分规章制度制作成展板，安装在库区醒目位置，要求保管员进入库区开展工作前认真阅读，确保各项活动合乎规范。

其二，加强人员培训，严格自查整改。注重对藏品保管员开展业务培训，支持保管人员参加馆内外相关培训。一是集中学习藏品管理法律法规和本馆藏品管理制度，二是针对藏品管理业务工作中的疑点、难点问题开展互动交流。同时，博物馆领导班子还不定期带领藏品保管员组织开展相关演练，模拟视察、鉴赏、文物提取等各种情况，要求保管员熟悉工作流程，明确自身责任，及时对库房及文物管理方面存在的问题进行严格自查，并积极整改，确保库房和文物管理工作顺利开展。

（四）加强文物保护普法宣传

1. 健全普法工作机制

一是加强普法工作组织领导，完善普法工作领导小组，为普法工作的全面、深入推进提供有力组织保证。二是制定普法责任清单和普法规划、年度计划，抓好任务分解，推动各项部署要求落到实处。根据博物馆工作性质，博物馆普法相关工作具体由党总支、陈列展览部、社会教育部、信息技术部、安全保卫部负责。三是加强普法队伍建设，在发动全馆职工加入普法志愿服务的基础上，面向社会招募志愿者成立普法队伍，为普法工作的扎实开展提供了重要支撑。目前，市博物馆共有普法志愿者230人，在依托博物馆阵地普法宣传的基础上，开展普法进学校、进社区、进企业、线上普法等活动。

2. 组织重点对象学法用法

一是定期利用办公会时间，围绕《中华人民共和国文物保护法》等有关文物保护的法律法规，面向中层及以上领导干部开展普法宣传，进一步凝聚博物馆干部群众学法用法的力量和共识。二是结合"三会一课"组织党员开展学法活动，提高党员干部法治思维和依法办事能力，充分发挥先锋模范带头作用。三是立足行业特点开展普法教育活动。深入挖掘馆藏文物中所蕴含的法治和廉洁文化元素，按照市纪委监委机关、市文化和旅游局要求，采取"廉洁元素文创＋主题展"的形式在山东手造展示体验中心举办《泉城清风——济南市博物馆藏廉洁文化主题文物展》。一个半月的展期中，共接待省市各界企事业单位等团体 120 余个，参观人次 10 万余人。此外，展览还走进佛慧山人防纳凉点和匡山街道老屯东路社区党群服务中心，收到良好的社会效益。

3. 推进法治文化建设

一是依托场馆强化法治文化阵地建设。印制《中华人民共和国文物保护法》等相关资料，利用展厅服务台、宣传架设置法治文化宣传角开展普法宣传，免费向公众发放宣传材料；通过播放电子屏、张贴宣传展板等形式，按普法主管部门要求宣传相关法律法规；打造法治文化主题宣传栏，实现普法教育长效化，营造浓厚法治文化氛围。二是加强媒体普法宣传。充分利用官方网站、官方微博、微信公众号等解读法律文件，宣传深入基层开展的普法活动情况，以生动实例介绍文物保护相关法律法规，传播法律文化，弘扬法治精神。

二、文物活化利用的措施与成效

（一）压实陈列展览主责主业

1. 基本陈列

《古城辉煌——济南历史暨馆藏文物展览》是济南市博物馆建馆以来首次举办的展览，全面反映济南历史文化的大型基本陈列。2001 年开放之初，以内容翔实、展品丰富以及在当时还算精良的展示设施曾广受好评。但随着时代的发展，展示设施日显陈旧，与国内新建馆新的陈列在设计理念、展示方式、制作方法、服务功能等方面的差距越来越大，不能满足人民群众日益增长的文化需求。后经 2008 年与 2017 年进行的两次大的提升改造，运用了丰富的展示手段，使济南发展的历史脉络及济南名士的风采得以系统完整地反映和呈现。

基本陈列共分两大部分，精选从新石器时代至中华民国的 400 余件（组）文物，辅以复制品、拓片等展品，通过实物、复原景观、遗址模型、图表、壁画、雕塑等形式，全面表现济南这座历史文化名城的文化底蕴和源远流长的人文精神。第一部分"回望千秋——济南历史"，较系统地反映济南城市的文明和发展，以济南地区出土和留存的珍贵历史文物为基石，以历史学、考古学等学科研究成果为依据，真实地展现了济南地区从史前文明直至明清时期绵延八千多年的发展与进步，表明济南地区是中华文明的重要发祥地之一。第二部分"珍藏永恒——馆藏文物"，所展出的青铜器、雕塑、石刻，全部是馆藏的文物珍品，是济南数千年文明史的缩影和历史悠久的见证。《古城辉煌——济南历史暨馆藏文物展览》的提升改造，深受观众欢迎与好评，于2018 年荣获第四届全省博物馆十大精品陈列展览"精品奖"。

2. 临时展览

2023 年以来，市博物馆加强文物合理适度利用工作，采取主办、承办、联办、交流等形式，共推出近 40 个线下展览、16 个线上展览。其中《汤汤大河生生不息——山东地区黄河文明特展》荣获第七届"全省博物馆十佳陈列展览"精品奖；《明·明德——中国古代传统文化中的价值观》入围 2024 年度"博物馆里读中国——弘扬中华优秀传统文化、培育社会主义核心价值观"主题展览推介项目名单。

第一，以馆内展览为主体。主办《林下风骨——明清文人结社与山左风流主题文物展》《金榜名传四海知——馆藏科举文化与明清状元主题文物展》《闲事长物——馆藏明清文人生活用品展》《烟云含逸趣——馆藏香炉精品展》，承办《"联通世界、传递友谊"——济南市外事活动礼品展》《独步南境——曲靖市博物馆藏爨体书法精品展》等临展，2023 年接待观众近 40 万人次。

第二，拓展线上展陈新模式。推出《卯兔迎春——济南市博物馆藏兔文化主题文物微展》《济南红色街巷》等线上展览 16 个 64 期，并联合中央电视台新闻频道、山东电视台、济南电视台及多家媒体推出展览推介与直播活动，扩大展览影响力。

第三，以主题展览为特色。举办《高举伟大旗帜 汇聚磅礴力量——深入学习贯彻党的二十大精神专题展》《传承雷锋精神 创造亮丽人生——纪念雷锋同志先进事迹图片展》《开天辟地的大事变——中国共产党创建史展览》等主题展览，传承红色基因，赓续红色血脉。《泉城清风——馆藏廉洁文化主题文物展》走进淄博陶瓷琉璃博物馆、山东手造展示体验中心、佛慧山人防纳凉点和老屯东路社区党群服务中心进行巡展，收获良好社会反响。

第四，注重馆际交流。推动我馆精品文物展览赴滨州市博物馆、淄博陶瓷琉璃博物馆、聊城中国运河文化博物馆、和政古动物化石博物馆、开平市博物馆、临夏州博物馆、西宁市博物馆等地展出，同步引入《邢侗"来禽馆帖"与邢慈静"之室集帖"拓片展》《河湟陶韵——青海彩陶艺术文物展》《开平碉楼背后的故事》《碑刻里的黄河文化》等多项展览在本馆展出。

（二）推动公众服务走深走实

1. 文化惠民

社会教育工作是博物馆为公众提供社会服务，履行文化职能的重要内容。市博物馆一直致力于弘扬中华民族传统文化，努力发挥"大学校"职能，让广大群众共享文化发展的成果。在宣教服务方面不断开创新的工作思路，如讲解接待、对外宣传、爱国主义教育、科普教育、志愿服务、举办讲座、开展三下乡活动等，架起了博物馆与广大观众沟通的桥梁。

近年来，市博物馆紧抓重要时间节点，例如雷锋月、国际博物馆日、文化和自然遗产日、建军节、建党节等，将流动展览、公益课堂送到学校、社区、军营、乡村、企事业单位等处，年均开展活动30余次，受益群众10余万人次。利用馆藏文物资源，甄选出适合制作成课件的内容，将文物图片、文字资料重新设计排版，完成流动展板和课件的制作。目前已完成的内容包括《开天辟地的大事变——中国共产党创建史展览》《传承雷锋精神 创造亮丽人生——纪念雷锋同志先进事迹图片展》《泉城清风——馆藏廉洁文化主题文物展》等8个主题教育展览和《古代体育图片展》《泉城古韵——济南的老建筑图片展》《济南名士多图片展》等9个传统文化类展览。

近两年，"红色课堂进基层""红色宣讲行走课堂""弘扬雷锋精神"等主题教育活动先后走进绿沁幼儿园、七里山小学、济南三中、山东师范大学、济南大学、泉景社区、32654部队、平阴县孝直村、起步区太平街道阎桥村、市委巡察办、山东省财金新能源产业有限公司等单位，受到广大群众的一致好评。

市博物馆"红色宣讲行走课堂"志愿服务活动荣获2023年第五届全省博物馆优秀社会教育活动案例；廉"物"润心——廉洁文化系列主题教育志愿服务项目入选2023年山东省新时代文明实践社科普及"五为"志愿服务重点项目；"红色课堂进基层"活动被评为2022年济南市"十佳"社会科学普及项目。

2. 公共服务

充分发挥全省爱国主义教育基地，科普教育基地，师德涵养基地，校外美育实践基地，中华优秀传统文化、革命文化、社会主义先进文化专题实践教学基地作用，做好参观游客的咨询、讲解、引导、统计等公共服务工作，与中国海洋大学、济南大学、泉景社区等多家单位举办共建签约活动。全年免费开放310天以上，节假日不休，并在重要时间节点、传统节日推出延时开放和夜场活动。年均接待观众近40万人次，其中青少年超过20万人次，接待团体500余个，近几年呈现巨幅增长的趋势。2023年荣获"首批省级校外美育实践基地""山东省第二批中华优秀传统文化、革命文化、社会主义先进文化专题实践教学基地"称号。

近年来，市博物馆持续推进对各项开放设施设备的升级改造，着力为广大观众提供优美舒适的参观环境。展览大厅入口设有服务台，提供咨询和引导服务；备有存包柜、雨伞架、火灾逃生面具、轮椅、急救箱等便民设施；添置有数字魔墙、液晶电视、讲解设备、触摸屏、AR互动投影，开辟观众休闲区；免费提供人工讲解和语音讲解器，显著位置悬挂讲解温馨提示和观众参观指南；印刷宣传册，免费赠予观众；多种形式开展观众调查，游客对博物馆的满意度达到100%。

3. 志愿服务

市博物馆目前有 2 个服务组织，分别为济南市博物馆文化志愿服务队、济南市博物馆志愿者之家。加强志愿者队伍建设，规范开展志愿者招募、培训、考核工作，目前博物馆共有已注册志愿者 230 名。志愿者主要负责的工作包括义务讲解、咨询接待、秩序维护、宣传推广、流动博物馆服务、社会教育辅助等。在岗期间，认真按照《济南市博物馆志愿者章程》开展志愿服务活动，2023 年以来，共计开展活动 1400 余场次，总服务时长 3077 小时。其中，讲解岗志愿者义务讲解 700 余场。志愿者认真负责的态度和热情真挚的服务，受到广大游客的一致好评。

为了给游客提供更好的参观体验，根据济南市文化和旅游局《关于推广实行持证导游进入博物馆带团讲解的通知》精神，2023 年，市博物馆与市导游协会联合开展导游讲解培训工作，并推广实行持证导游进入博物馆带团讲解办法。经过培训和考核，目前已有 20 名双证导游正式上岗，真正做到以观众为中心，为广大游客提供高质量的参观服务，《中国文物报》刊登报道。

近年来，济南市博物馆志愿服务组织荣获"最佳志愿服务组织""济南市青年志愿服务先进集体"等多项荣誉称号。

（三）推出精品社教研学活动

1. 依托传统节日，传承非遗文化

非物质文化遗产具有深厚的历史底蕴和独特的文化魅力，其传承与发展关系到中华文化的多样性。市博物馆推出"指尖上的传承"社教栏目，以传统节日为纽带并结合馆内相关文物元素，开展系列手作活动，进一步激发青少年对非遗文化的热爱与兴趣，更好地传承中华民族传统文化。

"指尖上的传承"寓教于乐，将知识讲授和手工活动相结合，让青少年在聆听中领略文化魅力，在实践中传承技艺薪火。例如，元宵节举办"绝代风华之錾胎珐琅"手工体验活动；端午节开展"巧手做香囊 鸠宝送安康"香囊手作活动；中秋节开展"非遗文化 薪火相传"社火脸谱绘制活动；国庆节举办以"巧手剪纸寄初心 红色传承迎华诞"为主题的剪纸活动；重阳节开展

"合真之道——中华药香文化"手工制香活动等。

2. 加强知识普及，推出"鸠宝课堂"

为发挥社科普及基地的重要作用，更好地传播传统文化知识，市博物馆以"鸠宝课堂"为主阵地，通过普及人文社科等方面的知识，形成线上线下的多渠道教育模式，进一步提高青少年的科学文化素养。

利用官方微信公众号平台，开展"文物中的二十四节气"系列馆藏文物作品赏析活动，从二十四节气中展现中华民族悠久的民俗文化和历史沉淀，从文物作品中感悟古代人民尊重自然、顺应自然、与自然和谐相处的伟大智慧；推出"寻找城市记忆 讲好济南故事——线上古建筑研学活动"系列推文，带领大家走进济南商埠区，探索小广寒电影博物馆、经四路基督教堂等文化建筑的遗存风貌；开展"蓝天时课"家庭安全急救公益课堂，内容包括心肺复苏、气道梗阻处置、外伤急救包扎、癫痫急救等各种理论知识讲解和实际操作，对于市民开展自救互救具有指导性意义。

3. 拓宽社教边界，打造流动济博

博物馆教育早已不再局限于单一的场馆之内，让文博资源流动起来成为当下博物馆发展的重要趋势。一方面，推出移动文博课堂，深化文化交流。市博物馆根据丰富的馆藏文物，精心策划并推出非遗拓片、烧箔书签、创意画盘以及拼宝拼图等系列课程，在雷锋月、全国助残日以及"518国际博物馆日"等重要节点，先后走进济南博乐特殊儿童关爱中心、舜耕小学、东城逸家中学等20余所学校，不仅为孩子们带来了欢乐和知识，更在他们心中播下热爱传统文化和艺术的种子。另一方面，开展各类研学课程，擦亮城市名片。市博物馆以自身藏品及其衍生文化为教育内容，通过课程教育或实地参与等方式，推出"研学+博物馆""研学+古建筑"以及"研学+红色"等系列课程。先后带领文博小使者走进解放阁、老舍故居、蔡公时纪念馆、宏济堂博物馆、山东泰峡天宝泰山玉石文化博物馆，以及老商埠、洪楼教堂和府学文庙等地。全年研学活动共计30余场，受益青少年2000余人次，社会影响力广泛。

4. 搭建展示平台，助力少儿成长

博物馆教育是对学校教育的重要补充，助力青少年健康成长成为博物馆义不容辞的一项责任。市博物馆精心策划的展示类活动，为青少年搭建了一个充分展示自我、尽情挥洒创意的广阔舞台。

第一，开展小小讲解员培训活动。从"小声音传递大能量"到"一探千年科举梦 争当小小状元郎"，再到"讲述·黄河历史"，这些主题鲜明的小讲解员培训活动一经推出便受到大家的热烈追捧，如今已发展成为济南市博物馆的品牌社教活动。

第二，举办作品展示类活动。主办《以古携今，书中华气势——庆六一少儿书法作品展》《七彩信封——青少年普法行动暨禁毒、网络安全海报、手抄报展》《国粹·楹联——少儿书法楹联作品展》等青少年作品类展览，每个展览展出作品上百余幅。

第三，开展舞台剧展演活动。陆续撰写《卧冰求鲤》《鞭打芦花》《涌泉跃鲤》《嫦娥奔月》等舞台剧剧本，先后开展"己猪纳福 济南名士""念亲恩 感亲意 抒亲情""传孝道 树家风"等20余场舞台剧展演活动，对于弘扬济南历史和济南名士，传承文化根脉具有重要意义。

（四）加快数字博物馆建设进程

1. 数字化管理

市博物馆以《济南数字博物馆建设方案》为指导，搭建济南数字博物馆平台，目前平台已上传一普藏品数据 27865 条，52007 件/套，图片数量 206711 张，约 1.95T 数据资料。依托"济南数字博物馆平台"，以网站、移动端 App、微信公众平台、360 全景漫游、三维漫游、文物 3D 展示等传播媒介和信息技术为手段，实现了文物数字化保护、文物物联网保护等目的。平台通过藏品管理系统、数字资产管理系统、公众服务平台这三个系统共同构建起济南市博物馆新的门户网站，成为济南市博物馆数字化成果最重要的展示和运用阵地。

2. 文物数字化保护

随着科学技术的发展，文物保护领域新技术、新手段、新方法层出不穷，可移动文物数字化保护是对文物的预防性保护，将文物本体的现状信息转变为可长期存储、方便随时提取利用的数据，从而提升文物保护、展陈、利用水平。

近年来，信息技术部陆续为济南市博物馆、历城区博物馆、长清区博物馆共计 1000 余件，套馆藏文物进行了 3D 展示制作。3D 展示技术将文物通过激光扫描建模、相机多方位摄像，获得整件文物所有角度的完整数据，将数据输入计算机的存储设备中进行记录保存，再经过相关软件的处理得到实体的三维几何模型。用户可以通过鼠标拖拽、放大、缩小、旋转查看文物的高精度三维模型，全方位无死角地观赏整件文物。通过 3D 展示，观众可以在电脑或手机上登录济南市博物馆官方网站、微信公众号，也可以在展厅通过电子触摸屏等设备，全方位、多角度、高清晰、自由自在地尽情观赏文物的全貌，这种参观感受无疑是对传统看展模式的全面颠覆。

为更好地开展文物数字化保护，市博物馆引入高清扫描仪，主要用于书画、古籍等文物的数字化采集。该设备具有高分辨率、高稳定性、速度快、扫描尺寸大的特点，在扫描过程中不接触文物本体，在无损扫描的同时对文物材质、尺寸进行高度还原，实现高保真图像信息采集。通过对这些文物进行数字化信息采集，为书画类文物的数字化保护、鉴定、修复、研究等提供了依据。

此外，文物三维数字化采集及二维影像采集近几年也在陆续开展中。其中"济南市博物馆馆藏文物数字化保护项目"于 2023 年 6 月完成初期验收，该项目完成 370 件珍贵文物三维数据扫描、加工、制作，438 件珍贵文物二维影像采集。对文物进行数字化采集、加工、存储与管理，可以提升数字化保护能力，也为下一步文物的数字化利用打下坚实基础。

3. 数字化宣传展示

新媒体环境下，博物馆在宣传展示工作中要全方位、多角度了解公众对文化的需求和获取渠道，利用各大新媒体平台，使文化传播工作达到最优化。市博物馆持续利用官方网站、微信公众号、抖音、微博、喜马拉雅等新媒体平台为公众提供与博物馆互动交流的途径，搭建博物馆与公众之间的知识交互平台。截至目前，抖音官方账号已发布短视频 107 个，观看量近 10 万余次；喜马拉雅官方账号发布音频 105 个，播放量 3.5 万余次；微信官方公众号除了发布相关信息外，还陆续推出"云上博物馆""鸠宝知识小课堂""文物速递"等系列内容，以推送文章、短视频、线上微展、网络直播等形式对济南市博物馆的精品文物、研究成果、数字资源、陈列展览、社教活动、青少年教育等及时迅速地进行宣传推广。

拓展宣传方式，打造足不出户、永不落幕的线上展览。目前共完成 360 虚拟展厅 8 个，在建三维数字展厅《古城辉煌——济南历史暨馆藏文物展览》1 个。虚拟展厅建设突破时间与地域的限制，可以有效满足观众参观需求，足不出户便可在任何时间、任何地点进行参观学习。

市博物馆还以馆藏珍贵文物"饮中八仙图""西汉彩绘乐舞杂技陶俑""潭西客夜图"为主角，制作了《饮中八仙歌》《西汉乐舞杂技陶俑》《泉城名泉数不尽 潭西精舍话古韵》三部动漫，让静态的文物变成动态的形象，活泼生动地从多方位、多角度对文物进行讲述，并深入浅出地延展出当时的社会风貌和历史习俗。

4. 数字化成果利用

一是将文物的数字化成果应用于跨界合作。2022 年，与山东广电合作，制作短视频《千年的陶鸟》。内容围绕传统节日——重阳节，从收藏的国宝级藏品"西汉彩绘负壶陶鸟"的功能出发，用现代人的视觉审美打破与古代"萌宠"的时空距离。该视频在微信公众号推文破两万，视频号转发破 1 万，抖音阅读超 5 万，微博话题超 630 万。

2023 年，与济南广播电视台合作，从 700 余件馆藏文物 3D 数据素材库中选定"西汉彩绘乐舞杂技陶俑"，配合完成首部 4K 超高清黄河流域文物活化系列短视频《从河说起》，通过年轻人喜闻乐见的说唱形式，让杂技俑"活起来"。该系列视频于 3 月 17 日在腾讯纪录片频道、优酷纪录片频道、爱奇艺平台上线，并在鹊华视频、天下泉城客户端上线。上线仅 10 天便取得不俗成绩，连续登上腾讯视频、优酷视频历史类纪录片实时热度榜前 3 名。3 月 23 日，《从河说起》上线"学习强国"App，5 小时内获得了 10 余万的点击量，并入选"近期热播"专栏。

2023 年 5 月，央视新闻客户端联合全国博物馆推出文博科普产品《文博日历》，"西汉彩绘乐舞杂技陶俑"再次惊艳亮相，陶盘中 21 个人物形象被央视官方称作"乘风破浪"的陶俑"天团"，网友们更是被深深吸引，直呼"泰酷辣"，并纷纷留言评论。

二是将文物的数字化成果应用于文创产品开发。充分利用文物数字化成果，提取文物中有趣的元素进行创作，开发出一系列独具济南市博物馆特色的文创产品，这些文创产品兼具美观性和实用性，赢得观众喜爱。

三是将文物的数字化成果应用于展陈提升。在展厅一楼休闲活动区安装多媒体互动墙，观众可通过电子触摸屏进行拖拽、放大、缩小、旋转，从而全方位、多角度、高清晰地观赏文物；在一楼展厅文创区安装画屏，投放数字化展示内容；在展厅二楼安装 AR 投影互动设备，制作"西汉彩绘乐舞杂技陶俑主题 AR 互动"游戏。这些数字展示技术以其交互性、沉浸感等特征为博物馆展览注入了新的活力。

四是将文物的数字化成果应用于文物研究。将文物数据，包括音频、视频、图像、文档等上传至济南数字博物馆平台，实现信息的采集、存档、检索、统计、管理等。济南数字博物馆平台的启用，方便了工作人员进行文物检索、开展文物研究、进行展览前期策划和筹备。平台定期上传讲座、文物专题知识课程等相关视频，供工作人员浏览学习。

（五）激发文创产品消费活力

1. 以馆藏文物为设计灵感，推动文创产品更新

作为国家文物局首批确定的全国 92 所文创开发试点单位之一，市博物馆依托馆藏文物资源和陈列展览、社教活动，挖掘传统文化底蕴，以消费者的

需求为动力、以创意为源泉、以文化为基础进行产品设计，在文创工作中积极打造文博创意品牌。通过促进专业设计与历史文化沟通与对话，将文物元素与产品相结合，做好"古为今用"工作。

市博物馆现已设计推出 20 大类、多个系列、100 余种文创产品，种类涉及日常生活的方方面面。这些产品既包括了与博物馆藏品直接相关的创意纪念品，也涵盖了更加多元化的文化创意产品。通过与本地艺术家、设计师和手工艺人合作，博物馆成功打造出一系列独特的文创产品。这些产品彰显了融合、创新、发展的设计理念，充分体现了文物的文化价值，不仅是博物馆的纪念品，更是文化的传播者，深受广大市民和游客的喜爱

2. 参加文创展会，助力文创产品"走出去"

每年以独立展位的形式代表济南市参加博物馆博览会、文化博览会、装备博览会等多场文创展会活动。例如，参加山东省 2023 年全省博物馆文创产品展销会并荣获"最佳组织奖"；参加第 31 届全国图书交易博览会；参加中博协"博物馆文创中国行之走边防"（即博物馆文创大集）活动、"一馆一品"十年文创产品成果展示活动。文创产品在全国文博文创产品评奖活动中也多次荣获"创新设计奖""最佳创意奖""工艺美术金奖"等多项殊荣。通过这些展会活动，很好地宣传展示了市博物馆文物创新活化利用的成果。

3. 打造文创销售休闲新空间

2023 年，重新整修展厅的文创营销区域，设置文创产品展示售卖区和茶歇区，吸引更多观众走进博物馆，打造文创新高地，激活文创新版图。新开放的文创空间，以"传承创新、文化高地、文旅融合"为主旨，融入传统、现代、科技元素，突出展示带有济南及周边地域特色的文创产品。比如，黄河五彩陶、济南兔子王、淄博琉璃等文创品牌和非遗产品，更有众多受人追捧的带有济南元素的"网红产品"，让到馆观众近距离体验济南地域特色历史文化的魅力。

4. 探索文创营销新模式

充分发挥国家文创试点单位引领作用，在文创研发中积极倡导合作共赢

的产业模式。一方面，与本地企业合作。与济南市著名旅游街区的知名文创店深度合作，精心打造文创专柜、文创体验馆，积极推动文旅融合发展，加强文化和非遗融合发展。另一方面，与文化机构、学校等多方合作。通过举办文创培训、创意大赛、文创市集活动，参加产业展会、论坛研讨，与星级饭店接洽探讨等相关文创实践活动，切实拓展文物合理利用的有效途径。

探索文创营销新模式，拓宽宣传展示新场景，不仅满足了观众把"博物馆文物"带回家的愿望，丰富了人民群众的精神文化生活，同时还可以宣传优秀传统文化，最终达到文物保护与文化宣传利用有机结合的目的。

三、济南市博物馆文物保护利用工作的提升路径

博物馆文物保护利用新路径的探索，是一个既涉及文化遗产保护传承，又关乎历史文脉活化发展的重要课题，意义重大且深远。做好博物馆文物保护和活化利用工作，推动博物馆高质量发展，需要多措并举，全面改进提升。

（一）加强人才引进，提升培养力度

博物馆是国家文明和社会进步程度的标志之一，是一个城市的文化客厅。随着济南经济的发展和人们生活水平的不断提高，群众精神文化需求也在日益增长，参观博物馆成为人们生活中越来越重要的内容。为适应新形势下博物馆行业发展要求，加强人才引进与青年人才培养力度，成为提升博物馆整体运营水平和文化影响力的关键。

1. 人才引进

博物馆文物资源丰富，涵盖了历史、艺术、科学等多领域的知识，需要专业人才来管理和解读这些文化遗产。这些专业人才具备的专业知识和技能，能够确保博物馆展品得到科学保护、准确解读和有效传播。

在评估博物馆现有人才结构和需求的基础上，我馆进一步明确需要引进和培养的人才类型，制定2024年人才引进工作计划，并提前与市人社局、市委编办沟通，及时申请用人编制，及时增编。结合博物馆新馆建设工程和博物馆空岗及近四年退休人员较多的实际情况，拟采用公开招聘、定向调动两

种方式，尽快完成人才引进工作。在新的扩编批复之前，尽快满编制招聘，同步开展新馆展览策划、文物信息采集、社教案例设计、文创产品研发等工作。通过引进人才，引入新的展览理念和展陈形式、创新文物保护利用方式、开发创意文创产品，不断为博物馆注入新的发展活力，为公众提供优质文化产品供给。

2. 青年人才培养

随着济南市博物馆新馆建设项目的推进，我馆的发展也将迈向快车道。然而，当前现有工作人员老龄化严重，专业技术人员断层、青黄不接，青年文博人才培养变得尤为重要。

为尽快提高馆内职工专业技术能力和水平，激活青年职工专业发展潜力，打造一支高素质、专业化的青年文博人才队伍，推动博物馆事业不断向前发展，制订了详细的人才培养计划。预期开展书画、玉器、杂项等几大专业方向的鉴赏鉴定类培训，并不定期开展展览策划、社教活动等其他方面的业务学习，所设置科目具有一定的完整性、系统性。初步计划在2—3年的时间内，使馆内新入职人员及青年职工掌握本人所研修的基本文物专业知识；4—5年内，达到同行业熟练操作及独立完成相关业务的专业技术，在各自部室及馆内工作中能够独当一面。通过针对性培训，成就一批能力过硬、学有所长的专业人才，满足博物馆事业高质量发展的需要。

（二）积极推进新馆规划与建设

济南市博物馆创建于1958年12月，现馆址坐落于千佛山风景区西侧，占地面积8500平方米，于1997年正式投入使用。由于当前场馆面积有限、设施陈旧，难以妥善保存和充分展示珍贵历史文物，阻碍了我馆事业进一步向前推进，新馆建设已经提上日程。

济南市博物馆新馆建设是济南市政府"十四五"规划重点文化建设项目之一，按省、市统一部署，计划于2024年开工。目前，建筑外观概念性设计方案已通过省市领导批准，市博物馆正在与项目设计方进行功能布局深化设计，方案正在调整落实中。下一步，将选配馆内骨干力量与新招聘的土建、安防、消防、给排水等专业人员，组建"济南市博物馆新馆建设工作专班"，深入新馆建设全过程，全盘统筹推进新馆前期建设、后期展陈布展、搬迁等相关工作。2024 年重点围绕新馆工程建设、展陈文字大纲及展陈形式设计框架构建、新馆配套硬件设施规划三个方面开展工作，确保新馆建设有序推进。

建设一个面积更大、设施更先进的博物馆，其一可以提升展示能力，利用更大的展示空间，将更多的文物呈现给公众；其二可以改善观众参观体验，通过引进现代设计理念，打造更加舒适、便捷的参观环境；其三可以进一步实现博物馆文物的数字化展示和管理，通过应用新技术、新手段，为公众提供更加生动、有趣的参观互动体验。

（三）发挥区域引领作用，推进文创产业发展

1. 牵头举办联合展览

为促进地区间文化交流与合作，丰富展览内容与形式，集中展示区域内各个博物馆的珍贵文物，积极发挥省会城市博物馆的引领带动作用，联合区域内博物馆共同推出大型联展，为馆际资源共享、优势互补搭建平台。

2023 年 12 月底，联合山东地区黄河流域九地市 15 家文博单位共同举办《汤汤大河 生生不息——山东地区黄河文明特展》。该展览由省文旅厅指导，市文旅局发起，省博物馆、省博物馆学会、黄河流域博物馆联盟支持，立足于山东地区黄河文明的源起与发展，以省会济南为引领，以黄河在山东的流经为序，遴选沿黄各地具有典型性与代表性的文物 200 余件。通过展出泰安大汶口遗址出土的白陶背壶、章丘城子崖遗址出土的蛋壳黑陶高柄杯等极具地域性色彩的展品，充分彰显出山东黄河文明兼容并包、同根同源的壮阔气质。展览荣获"第七届全省博物馆十佳陈列展览"精品奖。

此外，2024 年举办的《寻找博物馆中的龙——生肖龙文化主题展》《明·明德——中国古代传统文化中的价值观》主题展等，同样为联合多家单位，采取馆际合作办展的形式推出的展览。

2. 推进文创产业稳步发展

作为全国首批 92 所文创开发试点单位之一，市博物馆以"丰富人民群众精神文化生活"为已任，以"立足馆藏文物特色，挖掘泉城文化底蕴"为指导思想，以"创新、开放、共享"的理念保护和传承中华文化，用创意设计承载济南文化，稳步推进文创事业发展。

为推出具有地域性、精品性的原创文创产品，积极开展市场调研，摸清观众对于济南文化现状的了解情况，掌握观众对文创产品的需求，以及不同年龄段观众群体的消费观念、购买习惯等，为文博创意产品选择正确的生产和营销策略提供参考依据。同时，把握文化性、创意性、实用性三原则，开展文创产品研发设计工作，并依托博物馆陈列展览、馆际交流、社教研学等形式，进行相关产品的开发、推广、营销，探索文化创意产品的体验式营销新模式。

今后，将进一步理顺文创工作职能，及时调整文创发展思路，积极探索适合博物馆文创产业发展的运行模式，尽快使馆内文化资源融入旅游发展大市场，将博物馆的文物资源优势转变为市场优势，让文化遗产真正活起来。

济南市非物质文化遗产系统性保护实践路径研究

| 付伟安 | *

非物质文化遗产（以下简称"非遗"）是中华优秀传统文化的重要组成部分，是中华文明绵延传承发展的生动见证。我国自 2004 年加入联合国教科文组织《保护非物质文化遗产公约》以来，经过 20 年的不断实践与努力，探索总结出一系列科学、有效、具有中国特色的非遗保护理念和方法。党和国家历来重视中华优秀传统文化的保护传承，尤其是党的十八大以来，以习近平同志为核心的党中央高度重视非遗保护传承工作。2021 年 8 月，中共中央办公厅、国务院办公厅印发的《关于进一步加强非物质文化遗产保护工作的意见》中提出要切实提升非遗系统性保护水平。2022 年 12 月，习近平总书记对非遗保护工作作出重要指示强调，要扎实做好非遗的系统性保护。这标志着我国非遗保护工作进入了新的阶段，非遗系统性保护已然成为新时代非遗保护工作的引领性课题。

一、非遗系统性保护的基本内涵与现实意义

系统是"由相互联系和相互作用的若干元素（部分）结合而成的，通过边界与外部环境区分开来的，具有一定结构和功能的有机整体"。非遗系统性

---

* 付伟安，济南市非遗保护中心办公室主任、副研究馆员。

保护，即是系统论的理论思想在非遗保护实践中的具体呈现，将非遗保护视为一个活态发展的有机整体，以系统观点和理论认识与处理非遗的存续及运行方式，并协调和优化社会力量参与非遗保护的途径、效率与质量，从而建立起一个可持续发展的非遗保护制度和体系①。这既是哲学层面的认识论，也是实践层面的方法论。具体而言，非遗系统性保护基于非遗自身的系统性，旨在维护非遗的完整性、活态性，强调非遗保护是社会广泛参与的一体化实践，是更大社会实践系统的有机组成部分，其意义不仅仅体现在具体的非遗保护事项中，更在于推动非遗整体性高质量发展，为整体意义上的非遗项目、非遗传承人注入持久生命力。对非遗系统性保护的认识和理解，要从非遗本体和非遗保护两个层面的系统性入手。

（一）非遗本体的系统性

非遗项目不是单独的存在，而是依赖于一定自然和社会环境，依赖于人的主体价值选择、创造性思维活动以及代际互动交流，依赖于文化生产者与文化消费者之间的互动，这些主客观条件共同决定了非遗的确认、传承和发展，也决定了非遗独立存在的意义和自我系统性②。保护非遗，不仅要保护非遗项目和非遗传承人，还要保护好非遗赖以生存、发展的自然环境与人文环境，同时要及时修复非遗赖以生存文化生态系统，为非遗健康发展提供生生不息的源泉与动力，推动非遗保护"见人见物见生活"，为保护人类共同遗产和维护世界文化多样性作出中国贡献。

（二）非遗保护的系统性

非遗是与人民生活密切相关的各种传统文化事项，内涵丰富、形式多样，与农业、商业、轻工业、中医药、体育、宗教、民族等多领域有着广泛的联系，这意味着非遗保护工作不仅仅是文化部门的责任，还需要多部门全力协作、沟通交流，推动形成相互关联、相互促进的系统性保护格局。目前，我

---

① 刘托：《运城盐湖文化遗产系统性保护刍议》，《中国非物质文化遗产》2024年第2期。

② 宋俊华：《可持续发展理念与非物质文化遗产系统性保护》，《文化遗产》2023年第3期。

国非遗保护工作的原则是政府主导、社会参与、形成合力，政府部门与非遗传承群体、科研机构、企事业单位、社会大众以不同的方式参与到具体的非遗保护实践中，相互交流、增进理解，进而建立并强化共同体意识，对增进文化认同、坚定文化自信、提高社会凝聚力具有深远意义。

二、济南市非遗系统性保护的生动实践

多年来，济南市始终坚持以习近平新时代中国特色社会主义思想为指导，深入学习贯彻习近平总书记关于非遗保护工作的重要指示批示精神，充分发挥中国非物质文化遗产博览会举办地的溢出带动效应，积极探索非遗保护工作的特点、规律，创新非遗传承保护机制，强化非遗活态传承，不断提升非遗传承传播水平，扎实做好非遗系统性保护，较好地实现了非遗保护制度化、体系化、常态化发展，构筑起符合济南市情的非遗保护体系。2022年10月，济南市人民政府办公厅印发了《关于进一步加强非物质文化遗产保护建设"非遗名城"的实施意见》（济政办字〔2022〕55号），明确提出要进一步提升济南市非遗系统性保护水平，高水平高质量建设"非遗名城"，济南市非遗保护工作自此迈入非遗系统性保护新阶段。

（一）基本情况

济南市作为国家历史文化名城，历史源远流长，人文底蕴深厚，非遗资源丰富。目前，济南已建立完善的非遗名录体系，现有联合国教科文组织人类非遗代表作名录项目1项，国家级非遗代表性项目13项，省级非遗代表性项目108项，市级非遗代表性项目565项；现有国家级非遗代表性传承人8人，省级非遗代表性传承人68人，市级非遗代表性传承人278人。整体保护成果突出，建有泉水文化生态保护区、龙山文化生态保护区等2个省级文化生态保护实验区，省级文化生态名村、名镇4个；分类保护成效显著，济南百花洲传统工艺工作站是全国第一个地处城市中心区的国家级传统工艺工作站，也是山东省内唯一的国家级传统工艺工作站；济南明湖居书场和印象济南泉世界江湖艺社相声剧场获评全国首批非遗曲艺试点书场；在承办全国非

遗重点工作任务中彰显济南力量，成功举办七届中国非物质文化遗产博览会，先后举办全国非遗曲艺周、全国非遗扶贫工坊产品展示展销活动、全国非遗保护工作会议等全国非遗主题活动；在全国非遗扶贫品牌活动、全国非遗进校园优秀实践案例、全国非遗与旅游融合优秀案例、全国非遗工坊典型案例等各类评选活动中，济南屡获殊荣；春节期间组织的"视频直播家乡年"活动连续多年受到文化和旅游部通报表扬。

（二）重点工作与实施举措

1. 加强政策制度保障，建立健全非遗系统性保护体系

政策制度保障是非遗系统性保护的基石。济南市以印发《关于进一步加强非物质文化遗产保护建设"非遗名城"的实施意见》为契机，在市级层面建立了联席会议制度，坚持科学规划，强化顶层设计，健全非遗系统性保护机制，依法依规推动济南市非遗保护工作有序开展。充分发挥全市各级非遗保护中心、非遗场馆、各类社会组织机构的作用和力量，构建市区（县）联动、多部门统筹推进、社会广泛参与的系统性保护工作格局。强化激励措施，相继出台《济南市市级非物质文化遗产保护专项资金管理暂行办法》《济南市市级非物质文化遗产保护政策措施及实施细则》等，每年设立市级非遗保护专项资金700万至900万元，对市级非遗代表性传承人每人每年给予8000元的专项补贴，对市级非遗代表性项目给予一定的资金支持，扶持各类非遗传承传播活动开展。目前，全市已经形成了政府主导、社会各界共同关注和参与非遗保护的良好局面。

2. 完善非遗传承人保护工作机制，激发非遗系统性保护的原动力

传承人是非遗保护传承中的核心要素，是非遗系统性保护工作的重中之重。济南市先后出台《济南市非遗传承人人才振兴落实方案》《济南市级非物质文化遗产代表性传承人认定与管理办法》，进一步完善非遗代表性传承人评审制度，支持、鼓励符合条件的青年非遗传承人申报市级非遗代表性传承人，2018年济南市市级非遗代表性传承人专项补贴从2015年的4000元／（人·年）提高至8000元／（人·年），有效激发了非遗代表性传承人的工作热情。推进知名非遗传承人公开招聘学员工程，自2017年起，共扶持近40位非遗

代表性传承人面向社会公开招募学员，积极扶持非遗代表性传承人开设公益培训班，拓宽了非遗传承渠道，为非遗项目传承发展注入了源源不断的力量。创新实施优秀民间艺人扶持计划，根据济南市人才工作领导小组办公室印发的《济南市引进培养扶持文化艺术优秀人才百人行动计划的实施办法》（济人才办发〔2018〕7号），扶持20名传统音乐、传统舞蹈、传统戏剧、曲艺等表演类民间文化优秀人才，经费补贴标准为5万元/人，进一步夯实了济南市非遗人才传承发展的基础。积极组织非遗传承人参加全国、全省非遗传承人研修培训班，参训传承人累计150余人次，全面提升非遗传承人群体的传承能力与水平。

3. 创树非遗活动品牌，夯实非遗系统性保护基础

济南市一直秉承务实创新的工作理念，坚持将非遗与教育融合工程、非遗在社区、"曲山艺海"品牌重塑、传统工艺振兴等四项非遗基础性工作一体化推进，建立制度、政策、资金、措施等常态化、体系化工作机制，创树了一批知名非遗活动品牌。一是不断深化非遗校园传承工作。2018年，济南市文化主管部门与教育主管部门联合开展了"非遗传承与学校教育融合工程"，设置了市级财政专项资金，对进校园授课的非遗传承人进行经费补贴，并建立了完备的保障制度，在中小学校打造"带不走的非遗课程"，目前约160所中小学校与济南市非遗传承人签订了教学协议，构建了"一校一项、一校一特色"非遗教育格局，教学成效显著。2020年济南市"非遗传承与学校教育融合工程实践案例"入选全国第二届"非遗进校园"十大优秀实践案例。二是大力推进"非遗在社区"工作。自2008年始便坚持开展非遗进社区活动，2018年开始在全市范围内命名15个非遗示范社区；2022年6月，市中区被山东省文化和旅游厅确定为"非遗在社区"试点。多年来，"非遗在社区"工作逐渐由试点向纵深推进，通过试点引领、社区与非遗传承人共建、社区居民积极响应，彰显了非遗在社区的蓬勃生机，形成了"非遗保护人人参与，保护成果人人共享"的良好发展态势。三是重树"曲山艺海"品牌。济南素有"曲山艺海"的美誉，为传承弘扬济南市曲山艺海文化，市文化和旅游局印发《济南市建设"曲山艺海"大码头实施意见》（济文旅发〔2021〕55

号），进一步完善曲艺艺术保护传承工作体系，健全曲艺人才培养体系与曲艺艺术表演机制，优化曲艺"活起来、传下去、出精品、出名家"的良好环境。通过整合 4 家国有艺术院团成立济南市戏曲曲艺中心，进一步完善人才队伍结构，整合资源力量，为重现"曲山艺海"风采奠定了坚实基础。四是以传统工艺振兴计划激发非遗活力。高度重视振兴传统工艺，在 2017 年建立了首批市级传统工艺振兴项目库，对入选项目给予政策与资金的扶持，全面激发传统工艺项目的动力活力，目前全市已有近 30 个传统工艺被列入市级项目库。2023 年在全市遴选 147 个"泉城非遗坊"，扶持百花洲传统工艺工作站设立 90 家非遗工坊，助力传统工艺高质量传承发展，着力提升传统工艺项目社会效益与经济效益。

4. 创新实施多项行动计划，强化非遗系统性保护效应

聚焦"非遗名城"建设，自 2023 年始启动了"一十百千万计划"，即推动实施一个中国非遗博览会、十大非遗活动品牌、百名"泉城非遗人"、千个"非遗坊"品牌 IP、万名"泉城非遗娃"，建立了体系健全、特色鲜明的非遗名城建设系统。通过精心筹备中国非遗博览会，进一步提升济南市非遗品牌影响力；围绕"泉润非遗"品牌，举办非遗购物节、非遗志愿服务、非遗创意设计大赛、非遗技能比赛、非遗公开课、视频直播家乡年、寒暑假非遗研学月、非遗精英荟等十大非遗主题活动，形成集非遗传承、传播、销售等多功能于一体的平台体系；通过 5 年时间评选出百名"泉城非遗人"，建立起非遗传承人、非遗工作者、传播者、研究者等各类人才矩阵，汇聚社会各界人才力量，形成非遗系统性保护合力；在全市打造千个"泉城非遗坊"品牌 IP，支持非遗项目向品牌 IP 发展转化，构建"一村（社区）一坊、一坊一品"的业态体系，着力增强乡村（社区）文化认同感，充分发挥乡村特色文化发展潜力；通过推进非遗传承与学校教育融合工程，培养万名"泉城非遗娃"，真正实现非遗传承从娃娃抓起，激发非遗传承新活力。

在以"一十百千万计划"推动非遗名城建设的同时，进一步夯实非遗保护工作基础，重点推出《"光影里的匠心"济南市非遗项目记录工程》，首批选取锡雕、面塑、微雕、鲁绣、上杠高跷等 5 个省级以上非遗代表性项目进

行整体记录，并探索制定济南市非遗项目记录标准；重点加强非遗保护中心建设，不断强化市区（县）两级非遗保护中心人才队伍，提升工作人员业务能力，擦亮非遗主阵地服务品牌；实施非遗档案建设制度化试点工程，市文化和旅游局与市档案局携手制定非遗档案建设标准，开设非遗档案建设培训班，建立非遗专业化档案；强化非遗与旅游融合，开展"四个一批寻迹非遗"旅游推广计划，在全市设立一批非遗打卡点，推出一批非遗旅游线路，开发一批非遗旅游商品，打造一批非遗景区品牌活动；探索制定黄河泥陶塑、鲁绣、锡铁器制作技艺三年提升计划，突出黄河文化主题，强化分类保护，形成济南市非遗品牌项目优势，提升传统工艺整体品牌知名度与竞争力。

三、济南市非遗系统性保护的实践困境

总体来看，济南市已构建了较为完善的非遗系统性保护格局，各项非遗保护工作取得了显著成效，但随着经济社会快速发展和城市化进程的加快推进，非遗系统性保护工作仍面临不少问题，亟待解决。比如，非遗法律法规体系尚不够完善，非遗保障力度不足，多元主体参与合力不够强，非遗发展不平衡不充分，非遗创新创意发展的能力动力不足等表现得较为突出。

（一）法律法规体系不够完善

法律法规是做好非遗保护传承工作的重要依据。《中华人民共和国非物质文化遗产法》《山东省非物质文化遗产条例》分别于 2011 年、2015 年颁布实施，这标志着在国家、省级层面的非遗保护事业进入了依法保护的新阶段。近年来，虽然市文化和旅游局陆续出台了关于市级非遗代表性项目及非遗代表性传承人评审管理办法、市级非遗专项资金管理办法等规章制度，让部分重点工作有法可依，但仍缺少一部提纲挈领、系统全面的市级非遗保护条例。此外，在非遗保护实践中，全市各区县文化主管部门基本上是以上级有关法律法规作为开展本区县各项非遗保护工作的参考依据，并未正式出台区县级非遗系统性或部分重点工作领域的规范性文件。

由于尚未形成全面、完善的非遗法律法规体系，无法较好地为全市非遗

工作者、非遗传承人及相关人员提供权威、科学的法律保障与政策指导，这容易导致市区（县）两级文化主管部门制定的地方性非遗保护规划编制不健全，具体实施意见及保护措施不够详细，对非遗代表性传承人权利和义务规定不够明晰，对非遗代表性项目的管理不够科学等现实问题，特别是在区县非遗保护工作中问题尤为突出。比如，在非遗代表性项目申报过程中，出现"重复申报""刻意拆分项目申报""一人跨区县申报多个项目"等情况；在非遗代表性传承人申报过程中，出现一人申报多个非遗项目代表性传承人的情况；在非遗管理工作中，对于部分失去传承活力的"空壳类"非遗代表性项目以及不认真履行义务的代表性传承人缺少明确的处理办法。

（二）非遗保障力度不足

在专业保护机构保障方面，经市编办同意，济南市非遗保护中心于2010年在济南市群众艺术馆（现为：济南市文化馆）挂牌成立。济南市所属12个区县中，仅有历下区成立了独立建制的非遗保护中心，其余区县均未成立非遗保护专业机构，辖区内非遗保护工作均由各区县文旅局或文化馆某职能部门代劳。专业机构缺乏，且人员配备少、流动性大、专业知识欠缺，成为目前大多数区县文化部门面临的共性问题。

在专业人员保障方面，由于未能设置固定的编制，各区县从事非遗保护的工作人员轮岗十分频繁，无法形成稳定的工作队伍，直接造成了工作沟通、衔接不通畅，使得非遗工作效率大打折扣。部分区县文化部门编制较少，专职从事非遗保护工作的人员多则三两人，少则仅有一人，甚至个别区县文化部门安排编外人员（公益岗）负责本辖区非遗保护工作，在时间紧、任务重的情况下，无法保证工作质量。经调查，全市从事非遗保护工作的专职人员中，接受过专业系统学习、培训的人员屈指可数，大都缺乏非遗保护工作所需的综合知识素养与工作能力，无法为辖区非遗保护工作提供有力保障。

在专项资金保障方面，经调查，全市各区县只有历下区等经济条件较好的个别区县在本级财政预算中安排了一定数量的非遗保护专项经费，但金额也相对较少，而大多数区县尚未设立区县级非遗保护专项资金，非遗保护工作的必要开销一般只能通过文化馆免费开放专项资金予以解决，这与辖区内丰富的非遗资源及庞大的非遗保护工作量相比，资金投入愈发显得杯水车薪。由于专项资金保障不够充分，导致非遗传承人队伍建设、非遗相关设备购置、非遗传承基地基础设施建设等均受到一定制约，非遗资源的挖掘、整理、抢救、保护及活化利用等工作也难以有效开展，甚至部分已经记录、整理的非遗项目资料和相关实物也存在保存不当，面临损坏和流失的危险，更不具备创新性开展非遗数字化记录、保存、展示等相关工作的条件。即便是在使用市级以上专项资金时，个别非遗项目保护单位、非遗传承人仍存在资金使用不合理、不科学、不充分的情况，未能将来之不易的有限财政资金用在刀刃上，从而制约非遗的健康传承发展。

（三）多元主体参与合力不强

社会广泛参与、多元主体形成合力是推动非遗保护工作的重要途径。在我国的非遗保护实践中，政府部门作为保护主体主导着非遗工作的方向，非遗传承人作为传承主体承担着非遗保护的重要任务，科研机构、新闻媒体、文化企业等多元主体积极参与，共同推进非遗保护工作。在非遗保护实践中，多元主体参与非遗保护的合力还不够强。传承主体老龄化现象较为严重，新生储备力量不足，278 位市级非遗代表性传承人，年龄在 60 岁以上的老年人占比超过 50%，40 岁以下青年人占比仅为 5%。此外，大部分非遗传承人没有受过正规的系统教育，自身学识有限，对非遗保护工作的认知能力不足，也比较缺乏科学的传承理念与传承方法，这与新时代非遗保护工作的要求还有较大差距。由于学习非遗技艺的周期较长、难度系数较高、收益普遍较低，无法吸引更多年轻人从事非遗传承保护工作，即便有一些学艺精湛的青年传承人，也常常迫于生活压力或其他诱惑而转行另谋出路，这造成了部分非遗项目后继无人的尴尬境地。

作为非遗的守护者、参与者，社区（乡村）群众的关注度与参与度深刻影响着非遗的发展。由于普通民众一般不了解非遗的珍贵价值，意识不到非遗保护工作的重要意义，导致他们对非遗保护工作的关注度不够高，参与意愿不够强，直接影响了非遗保护工作的群众基础。众多驻济高校、科研院所多停留在非遗保护理论层面的构建，缺乏实践层面的应用，一些好的理论成果并未及时转化为非遗高质量发展的生动实践。大部分新闻媒体重点关注大型非遗主题活动和非遗热点话题，宣传报道碎片化，不成系统，很难引起社会的广泛关注与共鸣，整体宣传效果较差。部分文化企业往往会追逐更高的利润，而忽视非遗的本真样态，存在过度利用、开发的情况，助力非遗创造性转化、创新性发展的力度有限。

（四）非遗发展不平衡不充分

从非遗项目的自身条件、门类归属、等级划分、从业人数、发展规模、影响范围、发展潜力等多维度考量，济南市非遗项目传承发展呈现出"冷热不均""两极分化"的状态。就非遗项目级别来看，国家级、省级非遗代表性项目曝光度最高，有较高的知名度与影响力，更容易获得国家级、省级非遗保护专项资金，而市级、区县级项目数量较大，不仅社会知名度和影响力不够，资金扶持力度更是微乎其微，部分市级非遗项目及绝大部分区县级非遗项目几乎得不到专项资金支持。从项目类别来看，传统技艺、传统美术等传统工艺类非遗项目更具有生产性保护的价值与潜力，而民间文学、民俗类等无实体依托的非遗项目则很难体现其商业价值，特别是在国家颁布实施传统工艺振兴计划后，部分传统工艺类非遗项目抢抓机遇，实现快速发展。

即便是在发展态势较好的传统工艺类非遗项目内部，一部分依托大企业形成规模产业的非遗项目才是整个非遗领域的佼佼者。比如，国家级非遗代表性项目福牌阿胶制作技艺、宏济堂中医药文化以及省级非遗代表性项目仲宫白酒传统酿造技艺等，已经有了较为成熟的商业发展模式，自主发展能力很强，政府部门稍加扶持便可获得可观的社会经济效益。目前，政府部门有限的资金和相关政策更容易向这部分非遗项目倾斜，部分非遗项目保护单位挂满了各级政府部门授予的多种荣誉，获得了较多的财政资金和新闻媒体的曝光度，此"锦上添花"之举为该类项目平添了源源不断的动力。但是较为"冷门"的非遗项目，受限于自身级别低、影响力与知名度小，往往得不到各级部门与社会的关注、扶持，其中也不乏亟待保护的濒危项目，如果等不来"雪中送炭"，它们可能无法避免消亡的命运。

（五） 创新发展能力动力不足

创新发展是非遗保护工作的内在动力。近年来，济南市开展的非遗创新创意活动相对较少，组织的非遗创意设计大赛、非遗文创大赛等呈现的整体效果也乏善可陈，参赛的作品大都创新性不够，创意不佳，赛事活动本身也未能产生预期的社会效应，创新创意有效转化率较低，如今市场上成功推出的非遗文创产品也是屈指可数，各区县实施的"非遗+"战略，也大都停留在社会宣传推介阶段，真正落地见实效者较少。虽然已着力推进非遗数字化建设，但非遗代表性项目、非遗代表性传承人等相关档案资料还未完全实现数字化管理，全面、系统的市级非遗数据资源库尚未建立。虽然已成功举办七届中国非遗博览会，但非遗盛会的举办对全市非遗保护工作的影响比较有限，其品牌效应和社会影响力没有得到充分发挥，对济南市非遗持续发展的带动力、引领力也略显不足；虽然拥有龙山文化、泉水文化生态保护实验区等两个省级文化生态保护实验区，但目前相关区县对文化生态保护区建设重视程度不够，机构设置不完善，专业人才及配套资金不足，总体规划也不够完善、科学，宣传推广力度不大，并未形成持续性、稳定性、有活力的非遗保护系统。

四、济南市非遗系统性保护的路径探索

鉴于非遗系统性保护现状及存在的主要问题，结合济南市非遗保护的实践优势与先进做法，应有针对性地进行查漏洞、补短板、强弱项，通过建立健全非遗保护工作机制、形成非遗系统性保护合力、推动非遗融入现代生活、推进非遗与旅游深度融合、强化文化生态保护区建设等多措并举，探索新途径、实现新突破，努力开创非遗系统性保护新局面，力促非遗系统性保护工作再上新台阶。

（一） 夯实保护工作基础，建立健全非遗保护机制

通过贯彻落实国家、山东省出台的非遗法律法规及政策性文件，结合非遗保护工作的实际需求，加快推进非遗保护立法进程，及时出台济南市非遗

条例，建立健全非遗代表性项目、非遗代表性传承人考评体系及退出机制，建立非遗发展总体规划、非遗资金保障机制、非遗保护传承发展鼓励机制、非遗专业人才培养管理制度、非遗创新创意发展机制、非遗普查及档案管理机制、非遗知识产权保护机制等，进一步完善非遗系统性保护工作的顶层设计。支持、指导全市各区县研究制定本地区非遗法律法规，建立健全区县级非遗代表性项目、非遗代表性传承人申报、认定、管理等相关制度，构建更加科学、合理的代表性项目分类体系，全面夯实非遗项目保护单位的责任，进一步明晰非遗代表性传承人的权利与义务，强化对非遗代表性项目、非遗代表性传承人的评估与动态管理，完善退出机制。

在全市掀起学习各级非遗法律法规的热潮，切实做到有法可依、有法必依、依法行政、依法保护。督促各区县按要求将非遗保护专项资金列入本级财政预算，设立能满足本地区非遗保护工作需求的专项资金，进一步强化资金保障；鼓励各区县挂牌成立区县级非遗保护中心，建立健全非遗保护专业机构；鼓励各区县配齐配强非遗专业工作人员，强化对街道（乡镇）非遗工作的密切联系，常态化开展市、区县、街道（乡镇）三级非遗人才培训工作，不断提升非遗专业人才素养；支持全市相关单位开展非遗档案整理、非遗理论研究、非遗基础设施建设、非遗传承人队伍建设、非遗宣传推介等系列活动；支持非遗相关企业按照规定享受税收优惠政策。通过夯实非遗各项工作基础，建立健全非遗各项保护机制，为非遗系统性保护的高质量发展提供坚实的保障与支撑。

（二）扩大多元主体参与，形成非遗系统性保护合力

在政府部门主导下积极参与济南市非遗保护工作，形成非遗系统性保护合力，共同推动非遗保护工作形成可持续发展的良好局面。严格落实市政府办公厅印发的《关于进一步加强非物质文化遗产保护建设"非遗名城"的实施意见》，建立健全非遗工作联席会议制度，落实落细各成员单位职责分工，强化成员单位之间的沟通、协作，形成合力，将非遗保护与各成员单位业务工作相结合，联合印发指导、实施性文件，强化非遗在社会各领域工作实践中的作用，切实增强非遗融入、服务社会经济发展重点工作的能力。充分发挥协会、学会等社会组织的重要作用，支持、指导成立非遗行业协会，凝聚行业人才，优化行业资源，创新行业理念，引领行业健康发展，为济南市非遗传承发展贡献协会智慧与力量。

积极引导社会各界力量参与非遗保护工作。充分调动驻济高校、科研院所的资源优势，依托相关学科专业构建非遗项目传承新体系，系统培养不同类别非遗传承人的专业能力、创新意识，提升非遗传承人群体的综合素养。也可探索将非遗传承与高校学历、学位培养相结合的传承模式，在具备条件的院校率先开设非遗项目传承班，开展基于各类非遗项目的专科及以上学历层次的青年人才培养，切实为非遗传承保护工作储备青年力量。鼓励文化企业等企事业单位关注、参与非遗保护工作，合理利用非遗资源，通过研创、销售非遗产品，解决非遗传承人在产品设计、市场营销等方面的实际困难，通过组织非遗展示展演、非遗主题研学等活动，营造"人人争做非遗传承实践者"的良好社会文化氛围。积极搭建非遗传播矩阵，力促主流媒体开设非遗宣传专栏，对非遗进行持续性、系统性、全方位报道，充分利用地方网络名人宣传推介非遗项目，为非遗传承传播带来新活力，切实增强非遗的传播力影响力，不断促进非遗自身价值的更好实现。

（三）坚持创新创意发展，推动非遗融入现代生活

在非遗保护实践中，创造性转化、创新性发展，即是解决非遗如何"现代化"的问题，目的在于推动非遗项目从"活起来"到"火起来"，在新时代焕发新生机。"买卖是最好的保护，使用是最好的传承。"[1] 引导非遗传承人、非遗企业在创作非遗产品时，需将非遗项目中富有当代意义、具有永恒价值的传统文化要素提炼出来，与现代审美相契合，与当代社会需求相吻合，与新时代同频共振，师古不泥古，守正不守旧，创作出既有传统文化韵味又不失现代时尚感的"国潮"作品及成果。此类作品用现代艺术的表达手法将非遗进行重新诠释与创新，从而赋予了非遗作品新的生命力，使得非遗作品更有艺术美感、更有深度，也更易受到青年群体的认可与消费者的青睐。鼓

---

① 中国日报网，2018 年 7 月 27 日。

励非遗传承人成立手工艺合作社，通过"合作社+"发展模式，用数字化技术赋能非遗规模化、产业化发展，借助市场力量将非遗产品蜕变为人们日用而不觉的生活必需品，更好地满足人们对文化产品的多元化需求，让非遗成为现代生活不可或缺的组成部分。

近年来非遗保护实践发现，非遗文化与政治、经济、社会的协同与共建，形成新时期多领域联动的保护发展模式①。主动服务国家、山东省重大战略是非遗保护的题中之义。推动非遗主动融入黄河流域生态保护和高质量发展，黄河、长城国家文化公园建设，乡村振兴等国家重大战略，充分发掘保护、活化利用济南市黄河、齐长城沿线的非遗资源，推动黄河、齐长城非遗的系统性保护与传承发展，以两个国家级线性文化遗产形成辐射带动效应，有力提升济南市非遗保护传承发展质量与效益。依托各级非遗工坊，因地制宜，培育一批非遗特色乡镇、村庄，培养一批乡村振兴带头人，积极探索"非遗传承+就业创业+乡村振兴"的发展模式，激发非遗传承活力，凝聚乡村振兴强大力量，带动当地居民创业就业，巩固拓展脱贫攻坚成果，助推实现乡村文化、人才、产业等全面振兴，切实彰显非遗新时代价值。

（四）着眼"非遗+旅游"，推进非遗与旅游深度融合

2023 年 2 月，文化和旅游部印发了《关于推动非物质文化遗产与旅游深度融合发展的通知》（文旅非遗发〔2023〕21 号），推进非遗与旅游在更广范围、更深层次、更高水平上实现融合发展，推进文化自信自强，同时也实现非遗的系统性保护和生命力激活、旅游的文化内涵提升和行业高质量发展②。及时梳理济南市各级非遗代表性项目名录，遴选一批极具地方文化特色、被本地人广泛认可且具有较高社会价值与文化意义的非遗代表性项目，建立非遗与旅游融合发展的项目库。找准非遗与旅游融合发展的契合点，让民间文学类项目成为游客了解当地历史文化的生动媒介，让传统音乐、传统舞蹈、

---

① 林继富、闫静：《非物质文化遗产系统性保护内涵建设与实践模式研究》，《文化遗产》2023 年第 1 期。

② 张欣：《非遗+旅游：深度融合双向赋能》，《中国文化报》2023 年 8 月 12 日第 1 版。

传统戏剧、曲艺、传统体育、游艺与杂技等表演类项目成为游客欣赏当地传统艺术的生动体验，让传统美术、传统技艺、传统医药等传统工艺类项目成为游客可娱可购、可吃可赏获得多重体验的消费新动力，让民俗类项目成为游客深入了解、感受当地淳朴民风民俗的沉浸式场景，提升对中华优秀传统文化的认同感与自豪感。

主动对接济南市知名旅游景区、度假区等旅游空间，选择适合的非遗项目进驻旅游空间，打造一批特色鲜明、知名度高、传承效果好的非遗特色景区，进一步丰富旅游产品供给，支持、引导非遗传承人与景区、旅行社合作，共同研发、运营非遗旅游特色产品，鼓励在旅游空间设置非遗馆、传承基地、研学基地等设施场所，强化游客在旅游空间的非遗体验效果。支持济南市各级非遗传习基地、非遗工坊有机融入景区、特色街区、特色村镇等旅游空间，培育一批能满足游客多元化消费需求的非遗特色旅游线路。在国家重大节庆日和本地特色文化节期间，在旅游空间策划开展各类非遗展示展演活动、节庆赛事活动、民俗文化活动等主题活动，努力将非遗与旅游融合推向纵深，实现以文塑旅、以旅彰文，文旅互促共荣。

（五）加强文化生态保护，构建整体性保护新格局

2021年6月，山东省文化和旅游厅印发了《山东省省级文化生态保护区管理办法》（鲁文旅发〔2021〕18号），明确提出要坚持保护优先、整体保护、见人见物见生活的理念，既要保护非遗，也要保护孕育发展非遗的人文环境和自然环境。在以文化生态保护区建设为核心的非遗区域性整体保护模式下，应在广泛开展调研的基础上，尽快制定并实施《泉水文化生态保护实验区总体规划》，修订完善《章丘龙山文化生态保护实验区规划纲要》，坚持系统性保护观念，制定实施细则，完善保护区建设各项保障措施，明确建立文化生态保护区管理机构，配备专职工作人员，同时确立多部门联席会议制度，强化沟通协作，共同推进保护区保护和建设工作，加快构建非遗及与之相关的文化、社会、经济、自然环境等协调统一的整体性保护格局。

文化生态保护区内的自然遗产、物质文化遗产与非物质文化遗产虽然在具体形态、内涵功能上有所不同，但它们是同源共生、休戚与共的文化整体，应同时予以有效保护①。整体性保护非遗赖以生存的土壤和空间，就保护了非遗本体与非遗传承的基因，在旧城改造与城镇化进程中应尽量保留古村镇与老街巷原貌，妥善保护老建筑等历史文化遗存，保护原住民的生活方式，避免因过度商业化而导致文化生态环境遭受毁灭性破坏。对于已被破坏的文化生态空间，应秉承"以人为本"的原则，及时制定科学的补救措施，通过修缮、重现历史文化风物，恢复自然环境，尊重原居民的主观意愿，通过"非遗+旅游+产业"等模式，让原居民逐步回归生产实践与生活体验，让大家在非遗传承保护工作中切实受益。唯有如此，非遗保护的理念才能深入人心，才能增强文化自觉，坚定对本地优秀传统文化的自信，激发主动参与非遗保护的热情与积极性，努力提升非遗保护传承水平，激活非遗内在动力，从而让非遗传承进入区域自我发展的良性轨道。

五、余论

在非遗系统性保护的时代背景下，济南市依托独特的自然人文空间、丰厚的历史文化底蕴以及丰富的非遗资源，深入贯彻落实习近平总书记关于非遗保护工作的重要指示批示精神，紧密结合济南实际，积极推动非遗创造性转化、创新性发展，取得了显著成绩，整体工作处在全省乃至全国非遗保护工作前列。七届中国非遗博览会、2019 全国非遗曲艺周等全国性活动在济南成功举办即为例证。这背后充分彰显出济南市非遗保护工作各项举措的卓有成效。无论是作为系统性保护基础的政策制度建设，还是作为系统性保护重要举措的非遗与教育融合工程、非遗在社区等，抑或是融入现代生活的"非遗名城"建设，均是推动非遗系统性保护、整体化发展的重要驱动力。同其他城市相仿，济南市也同样面临着保障力度不足、参与合力不够、发展不平衡不充分等问题，因此要进一步健全全市非遗法律法规体系，加强非遗专业机构、人才和资金保障力度，强化多元主体参与非遗保护工作合力，持续提

---

① 魏嘉星、朱强：《文化生态保护区建设的路径探索与思考——以赣南客家文化生态保护区为例》，《赣南师范大学学报》2024 年第 2 期。

升非遗创新创意发展水平，从而进一步推动非遗系统性保护发展。

　　系统性保护是新时代中国非遗保护事业的重要特征，也是嵌入到具体时代发展的重要非遗保护举措，其因缘发展皆为非遗与时代互动。非遗是依赖人传承的活态文化，与文物等物质文化遗产最大的区别就是其与日常生活融为一体。每个时代都有每个时代的生活，非遗与时代、生活同步，当前非遗系统性保护的目的是让非遗保持既有活力的同时，更好地融入现代生活，实现自身时代价值。这是济南市非遗系统性保护的起点，也是终点。

济南战役遗址及纪念场馆的保护与利用研究

| 史宏捷　姜　洁 | *

　　习近平总书记强调，"红色资源是不可再生、不可替代的珍贵资源，保护是首要任务"，"加强革命文物保护利用，弘扬革命文化，传承红色基因，是全党全社会的共同责任"。红色资源是我们党艰辛而辉煌奋斗历程的见证，是最宝贵的精神财富。济南是解放战争时期关内解放最早的大城市。加强对济南战役遗址及纪念场馆的保护与利用，对于发扬"爱党爱军、依靠人民、英勇顽强、敢于胜利"的济南战役精神，传承红色基因，凝聚中华民族团结奋进的精神力量，必将发挥极大的作用。

一、济南战役遗址及纪念场馆概况

　　济南战役是解放战争时期山东战场规模最大的城市攻坚战，也是解放军解放山东全境的最后一次重大战役。济南战役迄今已经 70 多年，济南发生了天翻地覆的变化，可是战役的痕迹却无处不在：护城河畔的地标性建筑解放阁、城市 CBD 中的网红景点茂岭山、游人如织的济南战役纪念馆、深藏于济南南部群山中的战役指挥所……这些济南战役遗址及纪念场馆散落于济南市

　　*　史宏捷，中共济南市委党史研究院（济南市地方史志研究院）院长；姜洁，中共济南市委党史研究院（济南市地方史志研究院）科研处处长。

区与南部山区，基本情况如下。

（一）济南战役茂岭山战场遗址

位于山东政法学院院内。茂岭山原名五顶茂岭山，位于济南老城区东部，是进入济南市区的制高点和天然屏障。1948 年 9 月 16 日夜，济南战役打响，我华野 9 纵 74 团独立营 700 余人从东、西、南三个方向向茂岭山发起攻击，仅用两小时即占领了茂岭山主峰。茂岭山之战打开了解放济南的胜利之门。2009 年 9 月，为庆祝新中国成立 60 周年、发掘展示红色教育资源，山东政法学院在校内茂岭山南侧紧靠山体的位置，建起茂岭山战场遗址纪念墙，建成"解放济南战役茂岭山战场遗址"校内纪念广场，中央军委原副主席、国防部原部长迟浩田上将为其题字；2013 年 11 月，学校在此基础上建成红色广场，整合发挥红色教育资源优势；2020 年 9 月，与济南战役纪念馆联合共建德育教育基地；2021 年 9 月，以茂岭山战场遗址为核心，与属地党委政府合作建成"历下双拥公园"。

（二）解放阁

位于济南市历下区黑虎泉西路 2 号，坐落在原古城墙东南角的位置，隔护城河与黑虎泉相望，阁址是当年济南战役内城攻坚突破口。为纪念济南战役的伟大胜利，1965 年在济南战役内城攻坚战突破口遗址的旧城墙上建成 10 米高的石砌台基，1986 年又在台基上建起解放阁。解放阁采用中国古典建筑形式，金黄琉璃瓦，外用花岗石贴面。阁名"解放阁"为华东野战军司令员陈毅于 1965 年题写，台基东侧墙壁为《解放济南战役革命烈士纪念碑》，镌刻着在济南战役中壮烈牺牲的 3764 位烈士的英名。阁内有济南解放纪念馆。解放阁为山东省第一批重点文物保护单位、第一批省级爱国主义教育基地和首批山东省党史教育基地、济南市党史教育基地。

（三）济南战役纪念馆

位于济南市英雄山脚下。为了永久纪念济南战役的伟大胜利，更好地弘扬济南战役精神，1998 年 9 月 24 日，在济南解放 50 周年之际，山东省人民政府批准济南市委、市政府确定将济南革命烈士陵园烈士事迹陈列室扩建为济南战役纪念馆，并于 2003 年正式对外开放。中央军委原副主席、原国务委员、国防部原部长迟浩田题写了馆名。2018 年 9 月，纪念馆完成展陈首次升级改造。改造后的纪念馆仍分为陈列展厅和全景画展馆两部分，陈列展厅展陈面积 2699 平方米，现有文物藏品 794 件（套），陈列展出图片 500 余幅、革命文物 370 余件，年接待观众 60 余万人次。改造后的纪念馆进一步突出了济南战役在解放战争史上的地位和意义，明确了"爱党爱军、依靠人民、英勇顽强、敢于胜利"的济南战役精神，突出了济南第一团、济南第二团英模事迹，融入了习近平新时代中国特色社会主义思想等时代内容，实现了历史意义与现实意义的有机结合，是对济南战役史实更为客观和全面的梳理与讲述。

济南战役纪念馆被授予全国爱国主义教育示范基地、全国红色旅游经典景区、国家国防教育示范基地、全国关心下一代党史国史教育基地、全国爱国拥军模范单位、山东省党史教育基地、山东省退役军人思想政治教育基地等称号，已成为山东省及驻济部队机关开展褒扬先烈、爱国主义教育和革命传统教育活动的重要阵地，在褒扬英烈精神、弘扬红色文化、推进爱国主义教育、加强社会主义核心价值观建设和促进社会和谐等方面发挥了重要作用。

（四）郎茂山济南战役遗址

郎茂山位于济南市市中区南部，这里是济南战役的战场之一。郎茂山是济南西南部的一处制高点，国民党军队为了阻止人民解放军的进攻，把这里作为守卫济南城的一处外围堡垒。2007 年 3 月 27 日，郎茂山公园施工现场出土一块解放前由国民党军队所刻的石碑，上书"郎东堡垒"字样。从郎茂山挖掘出的石碑可知，该堡垒由国民党陆军整二师二一三旅六三七团一营据守。从碑文可看出，此碑是在 1948 年 4 月即济南战役前夕建立的。立此碑的目的很可能是国民党军为了鼓舞驻守堡垒部队的士气，企图守住该堡垒。但人民解放军的攻势强大，很快攻克了他们苦心经营的堡垒。在郎茂山山腰发现的几处已坍塌的石碉堡及位于碉堡下方约 80 平方米的地下防御保护，均作为济南（郎茂山）战役的历史见证。

（五）济南战役唐家沟指挥所旧址

位于济南市南部山区管委会柳埠街道唐家沟村。现有北屋 3 间、东屋 1 间，墙体下部为石砌、上部为土坯结构，瓦房屋顶。1948 年 9 月 16 日，济南战役攻城总指挥许世友在这里发出了济南战役攻城指令。1948 年，唐家沟村村长徐圣柱在兵团指挥所设立时，带领解放军战士四处寻找合适的房子院落，最后选中 5 家，分别作为伙房、指挥所、电话室、士兵宿舍及许世友的宿舍。指挥所当时的户主是曲廷贵，家中有父母、妻子共四口人，一家人将北屋、东屋、南屋腾出来让战士们居住。当时的作战地图就挂在屋内，屋内的老旧家具保存至今。由于当时保密工作做得好，村内群众并不知道来者是谁，济南战役结束后才得知是许世友等人。2021 年，济南战役唐家沟指挥所旧址入选山东省文化和旅游厅公布的全省第一批不可移动革命文物名录。2023 年是济南解放 75 周年，为扎实推进这处红色文物的展示利用，在柳埠街道党工委和办事处支持下，唐家沟村启动济南战役唐家沟指挥所旧址修复与陈列布展工作。

（六）济南战役山东兵团指挥所尹家店旧址

坐落于济南市南部山区管委会仲宫街道尹家店村，是山东省、济南市文物保护单位和山东省、济南市党史教育基地。1948 年 9 月 20 日，随着济南战役的不断推进，山东兵团指挥所在唐家沟驻扎五天四夜后迁于尹家店的"萃文堂"（原是村内的学堂）。1988 年 8 月至 9 月，由济南市政府拨款，在历城县文化局指导下，尹家店村委负责施工，对指挥所纪念地旧址进行了修复并对外开放。2008 年 7 月至 8 月，尹家店村委又筹集资金 10 万元对其进行整修。2012 年 7 月至 8 月，历城区博物馆对其进行施工作业，全面维修并重新布展。2016 年，济南市南部山区管理委员会成立后，历城区博物馆将大部分原展陈物品运回区博物馆收藏。2018 年 8 月至 9 月，由南部山区生态保护局组织招投标工作，完成对现旧址的施工修缮、改造提升，市委党史研究室帮助重新布展，用丰富的图片和文物再现了济南战役的光辉历史。2021 年，该旧址入选山东省文化和旅游厅公布的全省第一批不可移动革命文物名录。

二、济南战役遗址及纪念场馆保护与利用的现状

（一）拓展思路、与时俱进，创新开展宣传教育活动

解放阁每年结合 3 月 5 日学雷锋日，利用学雷锋志愿服务岗，组织展室

讲解员立足岗位开展常态化便民服务、旅游咨询、义务讲解、文明引导、保泉护泉等特色鲜明的志愿服务项目，通过志愿宣讲方式，进一步提升服务质量；结合五四青年节、七一建党节、八一建军节等时间节点，开展不同主题的红色教育活动，与高校大中专学生及济南市志愿者协会互动，定期开展文明服务、志愿服务活动，深挖历史资源，充分发挥红色教育优势，扩大解放阁社会影响力，不断提升第一泉知名度；班组相关成员每年赴大学校园及企事业单位等基层一线开展宣讲活动，以景区身边人、身边事为宣讲主题，让第一泉和解放阁广为人知。2023 年以来，积极开展学习贯彻习近平新时代中国特色社会主义思想主题教育活动。不断挖掘与解放阁相关的历史史实、文物史料等，精心设计教育载体，针对中小学生、高校学生、党员干部等不同群体开展多种形式的主题教育活动，达到以丰富的活动凝聚人、以健康的活动教育人、以高尚的精神塑造人的目的。

济南战役纪念馆自从党的十八大以来，在重要历史节点先后举办"纪念中国人民抗日战争暨世界反法西斯战争胜利 70 周年主题展""光辉的历程伟大的成就——纪念中国共产党诞辰 95 周年中国共产党历史及成就展""毛泽东主席为革命烈士纪念塔题词 70 周年展""'英烈魂强军梦'庆祝中国人民解放军建军 95 周年展"等主题展览，吸引数十万群众参观学习，取得良好的社会效益。2023 年，为配合习近平新时代中国特色社会主义思想主题教育走深走实，全力保障社会各界参观学习需求，园（馆）全体干部职工提高政治站位，锚定"高质量开展好主题教育"作为首要政治任务，坚持"突出重点、讲求细节"，认真统筹谋划、精心组织学习、发挥表率作用，时刻牢记岗位职责，挖掘红色资源、充实讲解内容、简化预约程序、提升服务质量，针对每项重大活动特点制定专项方案，确保各项参观接待活动顺利开展，展示了全体工作人员"守初心、铸忠诚、敢作为、强担当"的精神风貌。来自全国各地的党员干部和机关单位团体纷纷前去参观学习、开展主题党日活动，两个多月间共接待主题教育团队 1500 余个，服务 11 万余人，讲解 1500 余场。组织入党宣誓、墓区追思、纪念塔瞻仰等特色活动 700 余场，圆满完成省委省直机关工委、市委市直机关工委新党员代表入党宣誓仪式、红色研学等接待任务。2023 年，邀请济南市委宣传部、政研室、党史研究院的领导及专家来馆实地考察，征求意见，重新设计改造"新时代新泉城"展厅，并报市委宣传部审批，于七一期间完成安装。新的布展与时俱进，重点展出了党的二十大精神和加快建设"强新优富美高"社会主义现代化强省会的内容。

"解放济南战役茂岭山战场遗址"位于山东政法学院院内。山东政法学院就地取材，在"形势与政策""中国近现代史纲要"课中面向大学生开展"茂岭山红色大课堂"现场教学，师生们利用清明节、建党节、国家烈士纪念日、国庆节等重要节日节点与校内革命遗址亲密互动，沉浸式、互动式、体验式瞻仰和缅怀茂岭山战场英烈事迹。同时依托学校 2022 年山东省学校思政课教学改革重点项目《山东省大中小学思政课一体化建设路径研究》，面向中小学生开展大手牵小手红色主题研学活动，思政课教师、辅导员和青年学生累计在茂岭山战场遗址进行宣讲 200 余次，全校各基层党组织开展主题党日活动 50 余次。

（二）传承历史，打造红色旅游爱国主义教育大课堂

随着近几年主题教育活动的不断深入，解放阁已成为学生的校外活动场所、广大党员的爱国主义教育大课堂。作为山东省"红色沂蒙、英雄齐鲁"红色旅游主题线路点，解放阁的义务讲解，用丰富的历史细节、真实的人物情感，讲述济南战役激烈的战斗过程，让广大学生及党员干部重温革命历史、传承革命精神、坚定理想信念，充分发挥出红色旅游在社会主义核心价值体系建设和学习教育活动中的宣教感染作用。同时，为加强青少年素质教育，扩大青少年文化视野，探索更广阔的知识领域，解放阁充分发挥自身行业特点和优势，对前来志愿服务的各大院校学生志愿者进行讲解培训，并引导学生志愿者进行文明旅游宣传，让广大青少年亲身参与到展室的日常工作当中，激发爱国主义情怀的同时增长社会经验，一举两得。

济南战役纪念馆在《英雄山》报的基础上升级创办了《英雄山》期刊，进一步褒扬英烈精神，传承红色文化；按照"红色基因就是要传承"的工作要求，不断提升讲解服务水平，打造"英雄山薪火"宣讲团服务品牌；依托馆内丰富的红色教育资源，每年举办"小小讲解员"培训班，利用寒暑假开展"小小讲解员"红色研学活动。2023年,全市共有近百名中小学生报名参加,经过海选,为66名小选手开展公益培训,通过播音发声培训、讲解技巧礼仪教学、学习济南战役相关历史知识、声乐舞蹈指导及现场实践等方式,让青少年们在丰富的课程中深刻感受红色文化,感悟革命精神。

山东政法学院凭借茂岭山的红色资源,坚持开放办学,积极引入社会资源,助力红色革命教育向基层、向群众延伸,扩大社会影响力和辐射面。先后与济南战役纪念馆联合举办"济南战役流动展览进校园"、与中国收藏家协会联合举办"庆祝建党百年全国红色收藏珍品展"、与济南市体育局等单位联合举办"济南红色登山节茂岭山站活动"、与共青团历下区委等联合举办"新时代第一团"青年突击队授旗仪式、与省教育厅联合开展"打卡红色教育——抚今追昔茂岭山"专题报道等,成为社会各界开展红色革命教育、爱国主义教育、党性教育的重要场所。据统计,近年来机关企事业单位、中小学开展主题党团日、主题队日活动50余次。

(三)严格管理,建立健全各项规章制度

解放阁建立健全各项规章制度,将各项工作纳入规范化、制度化轨道。如为保证讲解质量实行电话预约制度,针对预约团队的实际需求提前准备有针对性的讲解内容,保证团队在解放阁参观学习有效果、有收获;建立健全解放阁工作岗位责任制,制定《解放阁展室岗位工作标准》,分工明确,各负其责;结合实际完善《解放阁客流高峰应急预案》《解放阁突发事件应急预案》,形成联动机制,班组上下形成安全防范氛围,随时积极应对客流高峰时段各类突发事件,确保参观游览秩序和游客安全。

济南战役纪念馆日常有讲解、接待规范及参观须知,对参观时间、预约讲解做了详细规定,严禁携带易燃易爆、管制械具等危险品入馆。遇法定节假日、重要纪念日、突发公共事件及设备维护保养等重大事项时,纪念馆将根据具体情况采取临时闭馆、取消预约讲解等措施,并制定预案。

(四)充分利用科技因素强化宣传效果

济南战役纪念馆除展厅外,还设有全景画馆,以声、光、电立体形式展现出济南战役攻坚战斗的激烈场景,以身临其境之感为观众接受爱国主义教育提供了鲜活的历史教材。基地还设立了可容纳 50 余人的多功能教育厅，可安排重温入党誓词，开展座谈交流等活动。2021 年以来，率先运用 DNA 新型技术为无名烈士寻亲，寻亲中心的工作人员先后组织了八次大规模实地走访，足迹遍布河北、山东两省 15 个市、100 多个村镇，行程 37000 多公里，让 102 位"无名烈士"重归"有名英雄"，在全社会形成了崇尚英烈、缅怀英烈、学习英烈、捍卫英烈的浓厚氛围。

利用茂岭山红色资源，山东政法学院积极推动红色文化传承联网上线，讲述红色故事、赓续红色基因，构建网上红色阵地。学校于 2019 年建成 VR 思政教育中心，拥有 VR 红色资源近百个，将虚拟体验教学与现场情境教学有机融合。实施"互联网+"思政创新工程，支持师生开展红色文化主题的网络宣讲、视频直播、微电影创作活动，师生宣讲员走上官方网站、微信公众号、短视频直播平台开展网络宣讲。2021 年，由学生创作的《建党百年，世纪献礼——茂岭山战役遗址》《溯悟茂岭》分获"山东高校好网民"微视频大赛团体一等奖、二等奖，学校连续两届荣获全省高校思政短视频大赛"优秀组织奖"。

解放阁（天下第一泉景区）通过微信公众号的"VR"智慧旅游功能向社会提供线上参观服务，增强了解放阁陈列展览辐射力、影响力。

三、济南战役遗址及纪念场馆保护与利用存在的问题

（一）场馆展陈设施设备老旧，不能及时维护

如黑虎泉畔的解放阁，由于地处环城河景观带，是第一泉景区的重要景点之一，参观游客量逐年增多。现在日平均接待量约 1600 人左右，节假日每日客流量 5000 人左右。由于资金紧张，解放阁参观一直是电话预约，日常预约工作相对落后，出入口缺少客流计数装置，无法实时掌握具体客流量，特别是节假日期间，不利于客流管控。解放阁始建于 20 世纪 80 年代，整个高台全部用浑厚的石块砌成，整个阁体非常牢固，但因年代久远、材料老化，近几年阁顶及长廊顶部的瓦片牢固度有所下降，遇大风大雨等恶劣天气，房

顶瓦片有掉落的情况，存在安全隐患。解放阁展厅内展陈设施设备也比较老旧，使用体验不太流畅。

济南战役纪念馆 2018 年完成首次升级改造，各种设施比较规范，但仍有美中不足之处。如二楼展厅展示的济南战役沙盘，本来应让观众直观地感受战役场景，但因为灯光不亮而无法正常观看，据工作人员说，沙盘一开始就不能正常使用。这些看似很小的瑕疵，实则很影响观感，也直接影响到宣传效果。

（二）展陈文字、宣传解说工作还存在不规范现象

某些纪念场馆的宣传内容未经专业人员审核把关，存在错字别字、表述不清等低级错误。如茂岭山现为济南城市 CBD 中唯一的一座山，树木葱茏，风景优美，可以充分利用游人多的优势加大对济南战役的宣传力度。除了政法学院院内山脚下的纪念墙和纪念雕塑，山路沿途和山顶上还设有一些宣传栏，游客经常驻足观看。这些宣传栏选择的内容还算到位，只是文字稍感粗陋，甚至有不少错字漏字。如文字介绍里面砚池山、燕翅山等表述不清，容易让人混淆，误导观众。除展陈形式相对单调外，对茂岭山红色文化资源的系统性、综合性挖掘、保护、研究、推广的力度尚有欠缺，在社会层面上的影响力不大。

解说方面，除了解放阁和济南战役纪念馆比较成熟外，其余战役纪念地的解说工作均不完善。如尹家店济南战役山东兵团指挥所，只有一位 60 多岁的周姓老人（曾任村会计）担任解说，没有形成规范完整的解说词，随意性较强。解放济南战役茂岭山遗址，日常也没有专职解说员，目前山东政法学院虽有一人可担任解说任务，由于工作原因，也不能随时预约。解说工作的不完善，势必影响宣传效果。

（三）偏远地方的遗址亟待抢救、修复

目前，位于市区的济南战役纪念场馆如解放阁、济南战役纪念馆、解放济南战役茂岭山革命遗址等，在保护利用方面相对来说比较成熟，而位于南部山区柳埠街道和仲宫街道的两处济南战役山东兵团指挥所，在保护和利用方面就有所逊色。两处指挥所相隔较远，又都位于山峪深处的村庄内，位置较为偏僻，对资源保护、学习参观和旅游开发均带来一定不便。济南战役山东兵团指挥所尹家店旧址历经几次修缮，场地、展陈等方面尚属规范，但由于地处偏远而观者有限。唐家沟济南战役指挥所旧址处于群山之中，开车都不便到达，更加偏僻难寻。

另外，一些地方干部群众严重缺乏文物保护意识，认为文物保护是文物部门和政府的事情，缺乏"守土有责"的责任意识。从唐家沟的情况来看，当年村长徐圣柱（已故）在济南战役前带领战士们勘察了多处院落，最后选定5家。而现在，当年作为指挥部的房屋仅保留着唐家沟149号一处尚可见当时面貌，其余四处均无处可寻，当地村民也鲜有人知。该房屋是济南南部山区典型的生土类传统民居，包括门楼、正房和东厢房，保存着"东南门、西南圈"的院落格局和土坯砖墙、木屋架、秫秸屋面构造等传统营造技艺。经年累月的雨水侵蚀和自然风化使建筑存在一些安全隐患，包括外墙裂缝、土坯砖砌体风化、檐口页岩破损、东屋山墙歪闪等，院内荒草丛生。结构上的病害威胁着遗产的"生命"，且已被周边新建民房所包围，成为文物"孤岛"。

直到2023年，恰逢济南战役胜利75周年，在柳埠街道党工委和办事处支持下，唐家沟村启动了济南战役唐家沟指挥所旧址修复与陈列布展工作，拟对现有遗址进行保护性修复，市委党史研究院及有关专家对展陈方案等提出意见建议。修复工程包括由南往北的一号、二号、三号院落。唐家沟村负责一号院和三号院的修复建设，一号院建为面积130平方米的展厅（内容为济南战役展开前后的相关情况），三号院建设面积80平方米，设计为纪录片观影室。目前一号院和三号院已完工并布置完毕，具备开放参观条件。二号院（济南战役指挥所旧址）由南部山区管委会负责招标修复，拟设计为指挥所场景重现，现在尚未动工。

四、济南战役遗址及纪念场馆保护与利用的建议

在2021年3月召开的全国革命文物工作会议上，习近平总书记要求"各

级党委和政府要把革命文物保护利用工作列入重要议事日程，加大工作力度，切实把革命文物保护好、管理好、运用好"。济南战役虽然距今已经 70 多年，但济南战役精神却历久弥新。新时代新征程，红色基因必须要传承下去。我们一定要真正地尊重历史，尊重革命先烈，增强保护历史的责任感，进一步加强革命遗址的保护工作，充分发挥红色场馆、遗址在弘扬红色文化、传承红色基因中的作用。

（一）增强文物保护意识，做好济南战役红色资源普查工作

从目前情况来看，济南战役红色资源保护不仅是政府和文物部门的事情，每一个公民都应该增强文物保护意识，自觉保护每一处革命遗址，做到"守土有责"，为本地区的红色文化传播作出自己的贡献。革命遗址比书面记录更具冲击力、更富真实性，其爱国主义教育的功能也更为强大。我们应该尊重历史，珍惜先辈留给我们的宝贵财富。

其次，开展济南战役红色资源普查工作，由市委党史研究院联合市文化和旅游局等部门对全市济南战役红色资源进行全面梳理，全面摸清全市济南战役红色资源底数，为进一步保护和开发利用奠定坚实的基础。

（二）多方联动，加大文物经费的投入力度

要加大对文物事业经费和文物保护经费的投入，设立文物保护专项资金。当前某些济南战役纪念场馆、遗址因资金问题疏于维护，难以起步，致使亟须维修的文保单位和文保点苦于资金短缺而无法实施维修。应根据需求从上级资金中列支经费作为文物保护专项经费，使濒临损毁的文物得到抢救性整修和维护，得到有效保护和管理。专项经费要专款专用，加强管理和审计。

在坚持政府投资的同时，创新思路，搞市场化运作，鼓励单位和个人参与文物保护和利用，按照保护规划要求，修旧如旧、建新如旧，保持遗产点传统风貌。同时，深入研究国家、省、市在文物保护方面的扶持政策，认真筛选包装文保项目，积极申报，争取立项，获得上级文物专项资金扶持。

（三）扩大济南战役红色文化的影响

济南战役揭开了三大战役的序幕，在济南历史上甚至在我国近现代史上都具有重要的地位。要充分认识济南战役在济南市红色文化中的重要位置，

抢抓机遇，大力宣传济南战役红色文化资源独特而重要的价值，提升社会各界爱护和保护济南战役红色文化资源的意识，充分发挥群众、文史工作者、爱好者、志愿者的作用，为济南战役红色资源的保护、开发、利用贡献力量。

要深入挖掘济南战役史料和济南战役精神内涵，扩大济南战役红色文化的影响。目前，济南战役的幸存者、亲历者大多已离我们而去，健在者也已年逾古稀。我们要抓紧时间采访，用声音、影像的方式抢救珍贵的史料，利用多媒体技术，将他们的回忆保存下来。打造一支由专家学者、专业讲解员、青少年学生、退伍老兵、社会志愿者等组成的红色文化宣讲员队伍，丰富拓展宣讲效果。加强红色教育场馆的讲解服务。切实发挥济南市党史史志专家库作用，组织专家学者对解说词、图文展板等进行再审查，规范讲解词；加强讲解员培训，培养年轻的讲解员，做好新老衔接；支持、鼓励配备智能导游、电子讲解等设施。

（四）打响济南战役红色旅游品牌

综观济南战役所有的纪念场馆、遗址，均有一个突出的特点，那就是与济南得天独厚的自然景色融为一体。解放阁伫立在黑虎泉畔，济南战役纪念馆位于游人如织的英雄山，曾经的茂岭山战场现在已成为集休闲娱乐健身为一体的山体公园，而位于南部山区的尹家店和唐家沟则保留着山区自然原生态的景观，这样就可以充分利用济南战役红色旅游景区人文与自然风光兼具、资源组合性好的优势，打造"一条龙"济南战役旅游路线，打响济南战役红色旅游品牌。

进一步将济南战役红色旅游景点与泉水旅游、文化旅游、乡村旅游、生态旅游、研学旅游相结合，"红、泉、绿、古、俗"互为补充，互相促进，加强资源整合，完善交通基础设施建设，提升公共服务水平和社会服务功能，可以使大家在饱览泉城美景之时，更能体会和平年代、幸福生活的来之不易，从而实现缅怀革命先烈、传承红色基因的目的。

文化产业创新发展

济南文旅产业发展报告

|门桂苍　黄宝兰|　*

文旅产业作为济南市十大千亿级产业，全域化发展、品牌化提升、融合化创新、优势资源集群化格局逐步形成，逐步发展成为我市战略性支柱产业，在推动经济社会发展、引领市场消费中发挥了重要作用。

一、全国文旅产业发展趋势和主要特点

文旅产业具有综合性强、关联度大、产业链长等特点，在文旅融合、大众旅游发展的背景下，文化产业化进程加快，传统旅游业"吃、住、行、游、

　*　门桂苍，济南市文化和旅游局产业发展处处长；黄宝兰，济南市文化和旅游局产业发展处四级调研员。

购、娱"等产业要素不断拓展升级，广泛交叉渗透到多个相关行业和产业中，如工业、农业、教育、康养、科技、生态等领域，形成了一个泛文旅产业群。

一是文化和旅游产业发展理念不断创新。在文化与旅游相融合的发展过程中，文旅产业不断涌现出新的理念和模式，重塑文旅产业发展理念，树立大文旅思维，构建大融合格局，是未来文旅产业的发展方向。

二是文旅产业市场规模持续扩大。近年来，文化和旅游融合发展不断提速，文化主题乐园、文化创意园、影视基地、体验式旅游、沉浸式旅游、休闲式旅游、度假式旅游、民宿旅游等各类文旅产品相继推向市场，文旅市场规模进一步壮大。

三是文旅产业发展领域日益细化。经过近年来持续探索发展，"文旅+"和"+文旅"不断发展，文旅产业的外延不断拓展，红色旅游、康养旅游、工业旅游、博物馆旅游等齐头并进，乡村文化旅游日渐繁荣，呈现出百花齐放的发展格局。

四是体验经济成为文旅产业新的增长点。文旅产业是现代科技的重要应用领域，有助于高新科技的孵化、应用与推广，并在一定程度上引领生活科技潮流，特别是随着AR、VR等虚拟技术的推广和应用，一些沉浸式、体验式文旅新业态、新场景蓬勃兴起。

五是城市即旅游的发展格局逐步形成。全域旅游加快发展，"城市即旅游，旅游即城市"发展理念更加深入，景区、街区、社区一体化发展进程不断加快，与城市园林绿化、河道治理、道路交通等各行业关联度更加紧密，文商旅体融合发展趋势更加明显，文旅产业已成为顶层设计推动下的全社会、各部门共同参与的民生产业、幸福产业。

二、济南文旅产业发展概况

近年来，在市委、市政府大力支持下，我市文旅产业发展进程持续加快、产业要素日益集聚、品牌影响不断扩大，经济规模迈入全市千亿级产业行列。

（一）文旅资源集聚优势明显

山、泉、湖、河、城为"泉城济南"提供了独特的生态旅游资源和历史文化资源。

一是生态资源丰富。泉水是济南城市的魂脉，四大泉域、十大泉群、千余处天然泉涌分布在全市的街、巷、庭、院和山区郊野。莱芜区、钢城区、南部山区群山连绵，千佛山、香山、华山、莲花山、棋山、马鞍山、鹊山、五峰山、锦屏山等30多座名山分布于城市及郊野。截至2023年，全市建成山体公园87处，成为全国山体公园最多的城市，获评住房和城乡建设部"中国人居环境范例奖"。全市拥有湖泊水库390座（大中型湖泊水库18座），黄河、大汶河、小清河等6条大型河流穿境而过，玉符河、兴济河等130余条主要河流纵横成网。省级以上湿地公园15处（国家级5处，省级10处）。温泉资源丰富，是自然资源部命名的"中国温泉之都"，全市10个县区均有温泉资源分布，尤以商河县最为集中。

二是历史文化厚重。济南有2600多年的城市发展史，有史前文化重要代表城子崖龙山文化遗址、体现人类文明进步的铜山古冶铜遗址、先秦时期的牟国故城遗址和嬴城遗址、开创长城建筑史先河的齐长城、曹刿论战的长勺古战场、始建于东晋的灵岩寺、体现济南古代城建史的明府城、孕育济南近代城市文明的老商埠，以及我国现存最早的地面房屋建筑孝堂山郭氏墓石祠、我国现存唯一的隋代石塔四门塔、我国北方地区典型的山村型古村落朱家峪等一大批文化遗存。据统计，全市共有市级以上文物保护单位437处、公共博物馆13个、档案馆13个、公共图书馆13个、文化馆（站）173个、历史文化街区3个。济南自古多名士，先贤虞舜、至圣孔子、神医扁鹊、贤相管鲍、名将秦琼、诗仙李白、诗圣杜甫、词人李清照和辛弃疾等众多历史名人在济南留下足迹。作为鲁菜的主要发源地，济南的高档酒店、精品饭店、特色饭店、美食城、美食街、娱乐餐饮、传统小吃店、庄户饭店等形成了多层次、多样化的经营格局。截至目前，全市餐饮企业及经营业户约2.7万家，一大批经典鲁菜、传统小吃、"老字号"餐饮名店，彰显济南本地特色，吸引八方来客。

三是革命遗址众多。济南这片红色热土，有着众多的革命文物、革命遗址。党的一大代表王尽美、邓恩铭在济南播下了革命的火种，济南战役、莱芜战役、大峰山革命根据地给这座千年古城留下了宝贵的精神财富。近年来，济南市委、市政府高度重视红色资源保护利用，出台革命文物保护利用工程实施意见，完成中共山东省工委旧址等一大批革命文物保护工程。整合济南战役纪念馆、英雄山革命烈士纪念塔、中共山东早期历史纪念馆、解放阁等，打造了济南红色研学旅游线路。蔡公时纪念馆、胶济铁路博物馆等特色"文化客厅"陆续面向社会免费开放，成为爱国主义教育基地。截至 2023 年，全市录入革命文物名录的革命遗址 96 处，这些文物承载着党和人民英勇奋斗的光荣历史，是开展党史学习教育的"活教材"。

（二）产业规模持续提升

一是产业规模不断扩大。2023 年 1—12 月份，全市 549 家以上文化企业营收 1225.15 亿元，同比增长 15.30%。2023 年全市旅游总收入 1132.88 亿元，接待国内外游客 1.06 亿人次，同比增长分别为 61.92%、65.46%。二是产业载体日益壮大。第四次全国经济普查统计显示，我市文化产业法人单位近 2.5 万家，较上周期统计增加 1 万多家。其中规上文化企业 549 家，100 亿的 2 家、营收 10 亿元以上的 19 家、过亿元的 142 家，互联网传媒集团、山东出版传媒集团等文化服务类企业，数字出版、创意设计、动漫影视等高附加值文化服务行业迅速崛起。截至 2023 年，全市省级以上文化产业示范基地 20 家；全市网络视听制作单位 521 家，全省占比 23%；旅行社 510 家，同比增长 31.1%，其中出境组团社 61 家、国内社 449 家，出境组团社数量全省最多；A 级景区共 89 家，其中 5A 级 1 家、4A 级 19 家；星级酒店 52 家，其中四星级酒店 24 家、五星级酒店 7 家；省级旅游度假区 2 处（雪野和五峰山）；省级以上旅游休闲街区 5 处，其中国家级 2 处；省级以上工业旅游示范基地 10 个，其中国家级 2 个；省级文旅康养强县 2 个，省级康养旅游基地、省级中医药健康旅游示范基地、省级、市级中医药健康旅游示范点共计 14 家；省级研学旅行基地 27 处；省级体育旅游示范基地 3 处；省级精品文旅名镇 7 个，省级乡村旅游重点村 25 个；省级旅游民宿集聚区 16 个，泉城人家民宿 133 家、724 个单体。旅游产业呈现错位布局、差异化发展、小集聚、大发展的特点。

（三）产业集群不断壮大

济南市精品旅游企业集群、济南出版产业集群、济南数字影音产业集群、济南创意设计产业集群荣获全省"雁阵型"企业集群称号，四大集群营业收入超过千亿，山东世纪开元、中国广电网络山东分公司、山东海看网络科技（山东）股份有限公司、省文旅发展集团、市文旅发展集团入选山东省"十强"产业集群领军企业。山东出版集团进入全国文化企业 30 强。济南双泽翻译咨询有限公司蝉联 4 届"国家级重点文化服务出口企业"。同圆设计院等大型文化企业在国内处于领先地位，基本形成领军企业引领、骨干企业支撑的文旅产业集群。

（四）文旅消费日益增长

一是文化惠民消费活动带动作用明显。截至 2023 年，共开展了七届文旅惠民消费季活动，投入惠民资金近 1.1 亿元，直接带动消费超过 5 亿元，综合带动消费近 30 亿元，有力促进了我市文旅消费升级。济南被评为首批国家文化和旅游消费示范城市。二是夜间文旅消费渐成热点。近年来，组织开展"泉城夜八点"活动，依托省会大剧院、开心麻花剧院、北洋大剧院等 30 余处重点场馆，举办戏曲、曲艺、杂技、歌剧、音乐、喜剧等文化夜场，重现济南"曲山艺海"风采；定时举办"泉城夜宴·明湖秀"，打造夜晚"船游泉城"系列产品；引导趵突泉、方特东方神画、九如山、野生动物世界等 10 余家景区推出夜休闲旅游节、消夏灯光节、音乐露营节、夜探动物城等 30 余项大型活动，推动济南由日间观光旅游向全天候体验旅游转变，城市吸引力大幅提升。目前全市获评省级以上夜间文化和旅游消费集聚区 9 家（其中国家级 3 家，省级 6 家）。

（五）城市影响力加快提升

2023 年以来，以宣传城市整体形象为目标，策划举办了"超燃五一乐游泉城"主题活动、"爱上济南"城市表白季、"美丽之都潮流一夏"2023 济南城市美丽季、"多彩金秋打卡泉城"济南漫游季等活动，形成了贯穿全年的城市节事活动体系。成功举办"东亚文化之都·济南活动年"闭幕式、国际短视频大赛、全国杂技展演、全国图书交易博览会、大学生戏剧节、"涌动泉城"游泉打卡、韩美林艺术展、中国非物质文化遗产博览会等重大文旅活动。策划开展了"泉水甲天下，幸福游济南"国际推广活动，组织 9 个访问团组赴 11 个国家和地区开展国际人文交流，参加了"中国（山东）·科威特文化和旅游年"、香港国际旅游展，举行迪拜济南文旅专题推介会，进一步扩大了城市吸引力和影响力。

（六）艺术精品大量涌现

2023 年，市文旅局认真落实市委关于市属国有文艺院团高质量发展专题会议精神，研究起草并以市政府办公厅名义印发了《关于推动市属国有文艺院团高质量发展的实施意见》，制定了《济南市属国有文艺院团绩效管理考核实施办法》，组建了济南市戏曲曲艺中心，在全省率先建立文化艺术专业高层次人才分类认定目录，探索设立"首席艺术家"，打造高层次优秀艺术人才队伍。《婚事》《反腐先驱邓恩铭》《家住小清河》等一批优秀剧目搬上舞台，《泉城记忆》等 4 个项目荣获第十一届全国杂技展演优秀剧目和优秀节目奖，《不一样的焰火》入选第二届全国优秀音乐剧展演，话剧《英雄山》作为纪念济南解放 75 周年献礼作品作专场汇报演出，受到各级领导和广大观众的交口称赞。"济南产"电视剧《大道薪火》2023 年在央视一套黄金时段热播，市文旅局与开心麻花联合出品的原创大戏《七平米》《我的妈呀》《天才少年》在济南首演，好评如潮。2023 年以来，市属院团荣获省级及以上重要艺术奖项 35 项，其中国家级奖项 18 项。

三、济南文旅产业面临的问题与挑战

文旅产业虽然发展势头向好，但随着经济社会快速发展，文旅产业发展不断面临新情况与新挑战。

一是项目要素保障有待加强。受文旅投资大、回报周期长、抗风险能力弱等因素影响，高端优质文旅项目落地较少，文旅项目招商难、落地难等问题仍然存在。影响项目落地的土地指标、规划调整、资金保障、电力设施等问题，单靠文旅部门协调难度大。

二是文旅消费规模有待加强。疫情对文旅产业的影响还没有完全恢复，还不同程度地存在着产品供给不足、品质良莠不齐等状况，文旅消费、文旅带动的综合效应还未达到预期。2023 年旅游接待人次虽然比 2019 年增长了6.5%，但旅游收入仅恢复到 2019 年的 89.4%。

三是产业核心竞争力有待加强。文旅企业总体规模不够大，与省会城市地位不够匹配；民营文旅企业小、散、弱，抗风险能力较低；航母型文旅企业欠缺，对产业带动力需进一步加强。缺少像大唐不夜城等代表地方文化特色、引爆型文旅特色项目，现有文旅项目升级迭代慢，大多以观光型为主，新业态、新产品和专业运营团队较为欠缺，造成少数文旅项目经营不善。

四、创新推动济南文旅产业发展的目标与路径

全市文旅系统深入贯彻落实习近平总书记关于文化和旅游工作的重要论述和指示批示精神，坚持以文塑旅、以旅彰文，推进文化和旅游深度融合、高质量发展，着力打造具有省会都市圈区域带动力和竞争力的文旅产业生态体系，全面构建黄河流域文旅产业新高地。

（一）坚持顶层设计，定位文旅新坐标

系统梳理济南历史文化资源和旅游资源，总结凝炼新时代城市文旅名片，以泉水文化为根，名士文化为脉，融汇龙山文化、商埠文化、红色文化等多元文化，与城市"山泉河湖城"自然禀赋有机融合，构筑济南特色文旅矩阵。擦亮"天下泉城"名片，结合"一环一湖"景观带和济南古城（明府城片区）保护提升工程，重点做好创意化的光影秀、场景化的小演艺、互动式的亲水平台、游船上的鲁菜宴席、堤岸上的文创市集、古街里的泉水人家、老城里的非遗手作等泉水创意业态，形成泉水文化和泉畔生活的集中体验地。在南部山区泉源地、百脉泉泉群、洪范池泉群等泉水资源丰富地区，打造泉水民宿度假、泉水古城旅游、泉水乡村休闲等泉水文化体验新模式。弘扬名士文化，深入挖掘大舜、杜甫、李清照、辛弃疾等名人历史底蕴和文化内涵，创作排演一批精品舞台艺术作品，提升李清照、辛弃疾、老舍等名人纪念馆，

推出名士主题旅游线路产品，高标准建设韩美林艺术中心、大舜文化主题的千佛广场，讲好济南名士故事。

（二）坚持系统谋划，塑造发展新格局

立足资源禀赋、产业基础，以文旅项目为支撑，优化打造"一核、两带、四组团"文旅产业发展空间布局。

一核：历史文化名城核心区。聚焦泉水文化，高水平打造泉水国际旅游标志区。重点提升五个特色片区：1.明府城片区。整合文化、旅游、商业等资源，构建"泉水人家、泉城记忆、曲山艺海、漫游济南"等主题产品，融入现代时尚元素，创建国家文化产业和旅游产业融合发展示范区，建设世界级城市休闲旅游目的地。该片区以"济南泉·城文化景观"申遗为统领，以济南古城（明府城片区）保护提升工程为支撑，统筹推进。2.老商埠片区。以传承商埠百年历史、弘扬优秀传统文化为基础，着眼"一园十二坊"整体规划布局，活化利用传统建筑，导入先锋商业、时尚文化、特色文创等业态，将老商埠片区打造成为济南历史文化元素与现代文化产业融合的老城复兴新名片。该片区依托商埠文化博物馆、小广寒博物馆、宏济堂博物馆等做好文化展示，以融汇老商埠项目、大观园和中山公园提升改造、济南宾馆更新为抓手，加快推进。3.千佛山片区。利用优美的山岳自然生态与深厚的大舜文化底蕴，突出保护与更新相结合，以"显山、彰文、融城、宜游"为理念，打造集观光游览、文化体验、健身休闲、研学教育等功能于一体的城市山岳型文化生态旅游区。该片区以千佛山广场建设和佛慧山景观提升等为依托，统筹大千佛山片区保护提升。4.洪楼片区。发挥百年山大文化优势，展示中外融合、古今融合、城校融合的洪楼片区独特文化氛围，打造丰富多样的城市空间。该片区依托洪楼广场更新提升，推动业态升级，引入时尚消费、艺术活动和夜间休闲等项目，打造济南文旅商融合发展的活力新区。5.小清河—黄河南岸片区。延伸南北文化中轴，传递泉城文化—小清河文化—黄河文化，打造两岸协同、拥河发展的桥头堡。用好天桥区工业遗存，提升"D17文化创意园""鲁丰创意1908"等文化产业园区，加快推进小清河两岸景观提升和业态打造，发展城市旅游、文化艺术、创意设计等文旅业态，规划建设商贸物流基地、黄河创意基地、新型产业基地，打造文化创意产业高地。

两带：1. 黄河文化旅游带。发挥 183 公里济南段黄河整体带动和线性串联作用，聚集整合沿黄地区历史文化与自然资源，统筹推进黄河沿线文化遗产保护、生态环境景观提升和公共文化服务设施建设，打造沿黄高品质文化旅游廊道。主要协同发展五大特色文旅板块：传统古村板块，依托平阴、长清黄河沿线北市、翟庄等传统古村落，融合采摘、观光、农耕、特色饮食等产业项目，发展特色民宿，培育"沿黄乡村记忆之旅"；湿地绿洲板块，依托黄河槐荫段济西湿地、泉城稻花香田园综合体、玉清湖公园、玉符河湿地公园、美里湖湿地公园、千亩银杏、赛石玫瑰园等多处生态资源点，培育"沿黄生态休闲之旅"；精品展示板块，以黄河天桥段、起步区段为重点，推动提升建设黄河文化传承基地、百里黄河风景区、市博物馆新馆等一批重大文旅项目，充分展示黄河文化、齐鲁文化，讲好济南黄河故事；农耕田园板块，整合历城段、章丘段黄河沿线村落民俗、田园综合体、特色农业种植园区等资源，策划黄河农耕文化展示馆、黄河特色传统村落、黄河绿色高效农业产业园等项目，培育"沿黄都市田园之旅"；风情体验板块，围绕济阳段黄河健身公园+斜庄文化、葛店黄河公园+鱼米稻香两个中心点，打造集斜庄文化、沿黄采摘、水稻种植、水产养殖、旅游观光以及民宿于一体的"稻花香·黄河情"之旅。2. 齐长城文化旅游带。依托济南境内 218 公里齐长城遗址，注重保护传承、加强研究发掘、完善环境配套、推进文旅融合，建设齐长城国家文化公园。实施齐长城定头崖西山段、锦阳关段、青石关段、黄石关段等一批遗址保护工程，加快建设齐长城一线五村、广里源头和章莱齐鲁古道等文旅融合项目，分类推进管控保护、主题展示、文旅融合、传统利用等主体功能区建设，推进完善基础设施建设，打造齐长城步道、绿道系统，建立完善国家文化公园标识系统。

四组团：1. 东部现代旅游组团。以历城区、章丘区为重点，整合区内文物遗址、工业遗存、文化产业、自然生态等资源，依托齐鲁科创大走廊，以融创文旅城、明水古城、野生动物世界、华侨城欢乐荟等一批重大项目为支撑，加快文化旅游与科技深度融合，发展科技体验为主导的元宇宙、虚拟体验、亲子旅游等项目，做足文旅+科技的文章。2. 西部康养旅游组团。以槐荫区、长清区、平阴县为重点，整合区内生态湿地、医疗康养、文博场所、特色农业等资源，重点建设国际医学城、扁鹊康养小镇、玉符河生态风貌带、芳蕾玫瑰田园综合体、阿胶古镇、网络视听产业基地等项目，做足文旅+康养的文章。3. 南部生态休闲组团。以南山、莱芜区、钢城区为重点，立足优美的生态资源、丰富的旅游资源、深厚的文化资源，提质发展乡村旅游、精品民宿、森林康养、山水度假、红色研学等业态，重点打造西营、雪野民宿集聚区，推进马鞍山清宁小镇、莲花山茶旅融合项目建设，支持雪野湖创建国家级旅游度假区，引导钢城区打造辛庄乡村振兴农文旅示范区，做足文旅+生态的文章。4. 北部温泉度假组团。以济阳区、商河县为重点，围绕温泉、农业、鼓子秧歌等优势资源，以温泉为龙头，以康养为核心，以非遗文化为灵魂，提升建设商河温泉基地、北纬37度温泉悠养小镇、瑞阳温泉酒店、秧歌民俗村等项目，做足文旅+独特资源的文章。

（三）坚持项目引领，建设产业新高地

构建市、区县联动一体化抓文旅项目机制，提升推动项目建设能力水平。一是创新机制优服务。从文旅项目引进、落地建设、要素保障、督导考核等环节跟进服务。通过组织召开文旅产业高质量发展大会、重点企业重点项目品牌推介等多种形式，为文旅项目招商和建设加油助力。二是招大引强提品质。围绕建设更有吸引力的知名旅游目的地，聚力打造高度体验感和现代生活方式相结合的度假型项目。积极推动市博物馆新馆、埠村国际综合休闲度假区、济南文化艺术中心等重点项目加快建设，促进九曲黄河万里情等招商项目尽早落地开工。三是系统发力增后劲。依托大千佛山、上新街、一园十二坊等片区更新改造，积极参与打造文旅新业态、新场景、新消费。指导明水古城等重点项目正式开业运营，加快推进齐长城国家文化公园、世纪开元文化产业园等在建项目建设。

（四）坚持壮大载体，打造产业新支撑

加快培育文化产业园区（基地），利用我市工业门类齐全、旧厂房厂址众多的资源优势，积极盘活工业遗存，打造文化产业园区（基地）。重点打造济钢遗址公园、成丰面粉厂电竞新媒体产业园、579 百工集文创产业园、709 文化产业园等工业遗址项目，引入文化创意、影视制作、时尚音乐、剧本艺术等新业态，实现功能和空间再利用。加快打造乡村旅游示范高地，整合各区县乡村民居、农业园区、特色种植等资源，以推动"集聚化、精致化、特色化、时尚化"发展为目标，实施乡村"新空间、新场景、新活动"培育计划，重点打造长清齐鲁 8 号风情路、五彩山村、莱芜雪野雕栏山片区、平阴玉带玫香、钢城棋山等 5 个乡村旅游集聚区。加快发展高品质旅游住宿业，落实市政府《扶持星级饭店发展的若干政策措施》，将 2023—2027 年扶持发展星级饭店的目标任务分解到区县，力争到 2027 年，每个区县至少有 1 家四星级饭店，全市星级饭店数量突破 100 家。

（五）坚持深化融合，创新消费新场景

活化利用文化遗产，打造文化"两创"展示新空间，制定国家级、省级文物保护项目计划，推进城子崖考古遗址公园、大辛庄考古遗址公园、三官庙汉墓博物馆等文物项目建设。在公共博物馆推广持证导游进馆讲解，支持社会力量兴办博物馆。实施非遗名城建设"一十百千万"行动计划，推进历下区建设省级泉水文化生态保护实验区，打造一批"非遗+旅游"精品线路，让非遗"火"起来。发挥我市泉水资源优势，策划举办"涌动泉城"济南游泉打卡系列活动，包括游泉打卡（游泉护照）、国际定向寻泉赛、名泉楹联书画摄影展、"醉美泉水"短视频挑战赛、"宝藏泉水"旅游攻略大赛、"我和泉水的故事"主题征文等贯穿全年的六大泉水文化旅游活动。培育娱乐演艺新业态，围绕景区+演艺、商场+演艺、街区+演艺等，聚焦热门景区、中心街区、大型社区等空间载体，形成 1+N 旅游演艺产业布局。丰富夜间文旅消费载体，精心培育"泉城夜八点"夜游品牌，推出夜景、夜购、夜娱、夜食等夜休闲旅游项目，延长文旅消费链条。鼓励九如山、九顶塔、方特·东方神画、野生动物世界等景区，世茂宽厚里、印象济南·泉世界等街区，推出音乐节、艺术节等演艺活动。提升济南露营季活动影响力，引导打造精致露营地，引领休闲旅游风尚。打造可带走的"济南记忆"，发挥山东工艺美院等驻济院校智力资源，开发具有泉城文化元素的系列旅游商品、文创产品。实施

"非遗+"，推出一批泉城特色、游客喜爱、携带方便的非遗类伴手礼，完善设计创意、产品加工、宣传推介、渠道营销一体化文创产业链。

（六）坚持营销城市，提升文化软实力

转变营销理念，加快从推销旅游景点线路到做好城市整体营销转变。打造城市网红文化地标，策划"最济南"网络营销活动，打造网红特质的文旅新场景、新点位、新地标，推出泉城特色潮流歌曲、影视作品、网红地标、精品项目，通过抖音、小红书等年轻人喜欢的社交平台流量加持，提升城市关注度和影响力。创新主题营销活动，持续举办"超燃五一乐游泉城""爱上济南"城市表白季、城市美丽季、盛夏泉城狂欢季、金秋泉水旅游季、冬日济南冰雪季、新春民俗贺年季等系列活动，形成贯穿全年的城市节事活动体系。大力开展精准营销，面向大学生群体开展"读城"计划，邀请文化学者走进驻济高校，宣讲城市文化，推介文旅资源。顺应旅游市场散客化趋势，赴京津冀、长三角、珠三角等客源地市场举办"自由行产品分享会"，推荐济南网红打卡地、泉水体验地、潮流夜游地。加强对外文化交流，擦亮"东亚文化之都"城市名片，策划举办"泉甲天下美美与共"东亚文化之都系列活动，加强与韩国水原、日本和歌山、保加利亚卡赞勒克等友好城市的文化交流，组织开展外国人看济南、外国人游泉城等活动，启动入境旅游市场复苏计划，提升泉城国际影响力。

济南文创产品开发研究报告

| 张　宏 | *

一、济南文创产品开发现状

近年来，市委宣传部学深悟透力行习近平文化思想，立足繁荣文化事业、推进文化产业高质量发展，围绕"两创"和文化软实力建设，积极推动济南地域文创产品、文化衍生品、济南城市文化 IP 资源的开发工作，取得了初步成效。

（一）重构地域文化元素，提升济南 IP 资源的价值内涵

市委宣传部坚持守正创新，优化文化资源布局，从现代社会审美观出发多渠道多形式对济南地域文化元素进行重构，催生出一批颇受文旅消费者喜闻乐见的文旅产品。济南文旅集团管理运营的"泉城夜宴·明湖秀"项目于 2019 年起正式商演，是以泉城济南浓厚的历史文化和秀丽的自然风光为创作源泉，深入挖掘济南的泉水特色及人文元素而精心打造的一台大型水上动态实景表演。自商演以来，明湖秀共计 427 场演出，累计接待游客 11 万余人次，为前来参加山东国际友城合作发展大会的 33 个国家的 113 个代表团，以及在济南参加集训的中国国家跳水队等做专场演出，作为济南文旅 IP 的一张

* 张宏，济南市委宣传部文化改革发展处二级调研员。

亮丽名片，为点亮泉城"夜经济"、提升济南形象起到了一定的推动作用。

（二）重视培育系列地域文创产品，善打济南文化IP资源开发"组合拳"

市委宣传部积极培育创意设计产业集群，鼓励文创设计企业通过系列化设计丰富济南地域文化资源的开发利用，努力以简洁的设计元素形成规模化系列化产品，满足不同消费群体的多元消费需求。济南文旅集团策划推出的"明湖八景"奶茶、并蒂莲文创、趵突泉雪糕等成为济南重点景区消夏旅游的系列"网红"产品。

（三）引导地域文创产品的分层开发，形成济南文化消费全产业链需求

市委宣传部探索处理城市IP形象打造和地域文创产品开发的辩证关系，在城市定位及消费者的关注点中找寻平衡。在重点文旅项目审核把关方面，注重城市IP定位与项目本身最优的资源相吻合，以充分发挥项目带动产业链成长的价值。在文旅融合大背景下，锚定"文创+"作为文创产业高质量发展的主攻方向，努力激发"文创+产品""文创+商业""文创+美食""文创+民宿"等以满足市民游客"吃住行游购娱"全产业链的消费需求。

（四）创新体验性地域文创产品开发，打造济南文化IP影响力闭环

市委宣传部坚持社会效益优先、社会效益与经济效益相统一的原则，合理运用人文视角和创意思维解读阐发济南文化IP资源的时代价值，充分利用VR、MR、AR技术，拓展济南文创产品应用场景和体验环境，支持建设济南文创产品开发素材库和数据库，积极提供相关增值服务业务，推动济南文化IP数字信息资源的流通转化。

（五）推动地域文创产品跨界开发，铸就济南文化IP产业化强劲内核

市委宣传部为使济南文化IP适应当前市场变化和贴近市民生活，探索将地域文创产品的开发融入其他产业的多元发展中，彼此相互赋能，不仅夯实了对济南地域文化的价值内涵和文化元素的自信，也丰富了地域文创产品的内容和品种，实现了济南文创产品文化和产业的双重价值，有效地拉动了文化消费的增长。

整体来说，济南市文创产品的开发与政府部门政策支持、创作研发团队精心设计，生产部门、销售人员以及售后服务是息息相关的，济南市文创产品种类繁多，但在发展过程中还存在一些不足之处，仍需更进一步优化开发策略，才能获得社会效益和经济效益相统一的效果。

二、济南文创产品开发存在的问题

（一）联合开发、委托开发的机制尚未确立

地域文化 IP 资源的开发和利用，需要由主管部门、相关文化部门、旅游企业与文创公司形成联合开发、委托开发的机制，确保共同开发、共同受益，各方利益共赢。《文化产业促进法》（征求意见稿）发布之后，至今尚未实现正式立法。由于文化产业在调节政府与市场权益关系上无法可依，地域文化 IP 资源的利益保护和合理市场开发之间依然存在着一些体制机制鸿沟，制约着地域文化产品的充分开发。

（二）文创产品知识产权保护工作相对滞后

由于知识产权维权成本高、周期长，挫伤了许多文创企业开发地域文创产品的积极性。相关部门在文创产品知识产权保护方面工作相对滞后，难以对文创产品的知识产权实现有效保护，不利于激发文创产品设计者的积极性，形成促进研发、生产、销售的产业良性循环局面。

（三）文创产品产业链尚未完善成熟

我市文创产品从研发、生产、销售到爆款的周期相对较长，市场回馈机制不完善，整个产业链对市场的响应能力偏弱，亟待补链、延链、强链，进一步重塑文创产业链，提升价值链，培育壮大一批文创产业集群。

三、济南文创产品开发的建议

着眼于更好地发挥济南文化资源的价值，打造出更多更好的文创产品，发展济南特色文创产品品牌文化，建议加强济南特色文创产品的顶层设计和整体谋划，逐步形成多渠道、全方位支持文创产品开发的政策体系，撬动金融和社会资本投资文创开发领域，完善文创品牌建设和保护机制，重视数字化地域特色文创产品开发，规划建设文创实验区、文化数字化产业园，多措

并举，齐抓共管，形成文创产业多元化服务格局，让更多的人了解和认同济南特色文创产品，实现济南特色文创产业的可持续高质量发展。

（一）创建济南特色文创品牌文化，丰富价值内涵

济南特色文创品牌的地域性和独特性是济南文创产业的核心竞争力，要把品牌建设与丰富内涵紧密结合，形成协同效应，从而以品牌建设带动济南文化 IP 的价值实现。一要注重济南品牌文化的地域性和独特性。打破传统营销方式，以创新思维和手段，打造出最具济南特色文化代表性和独特性的品牌文创产品。二要强化品牌文化内涵建设。注重挖掘和塑造丰富、多元、深刻的产品价值内涵，讲好济南特色文创产品的品牌形象故事，牢固树立起提炼文创产品品牌精华、打造品牌特色等自主品牌意识，从而最终提升品牌在消费者心中的辨识度。三要突出品牌文化与数字营销相结合。通过线上线下互动、多媒体传播等方式，提高品牌的价值阈、认知率和美誉度，树立济南文化 IP 的口碑和声誉。

（二）提升济南特色文创产品品牌设计，实现创新发展

济南特色文创产品的品牌设计首先要结合市场需求和消费定位，深入挖掘济南独有的文化 IP 资源，打造对济南文化辨识度高的 IP 标识，通过品牌设计充分展示济南特色文创产品的个性内涵和地域特色，精准传达济南风情；其次要创造不同文创产品类型，覆盖更多的消费者层次，通过差异化、特色化的文创产品设计更好地引领消费潮流，打开多元化消费市场。

（三）研发特色文创数字产品，锚定数智赋能

济南文创产品开发亟须全方位数字化技术支持和资源整合，特别是在创意、设计、制作等方面。一要通过虚拟现实技术，打造济南特色文创产品的线上数字博物馆，不仅能够让济南特色文创产品摆脱时空限制，也能够有效促进济南文化 IP 的传播与提升。二要建立文创产品全方位智能化管理体系，进一步提高文创产品开发的效率，降低管理成本，实现产品设计、制作、检验及销售等流程的数智赋能，减少人力投入，提高文创产品质效。三要采用文创产品云系统智能管理模式，实现产品信息共享、远程监控，便于文创产品开发人员实时了解生产及销售情况，从而更好地进行研发管理决策。

（四）建设文化数字化产业园，提供多元服务

首先，搭建以"数字化+流通+金融服务"为核心的济南特色文创产品数字化流通平台，创新数字特色产业园线上运营模块，实现全流程化数字特色文创产业园的系统化与标准化建设。通过创建济南数字特色产业园，消费者可以在线上实时观看济南特色文创产品的生产以及加工全过程，从而进一步拉近消费者与特色文创产品的距离，使消费者进一步了解文创产品及济南传统文化的魅力。其次，开发在线数字特色文创产品个性定制模块，在拓宽流通渠道方面，要联结供需两端，让消费者直接享受到文化 IP 资源原产地的精品高端商品，降低流通环节所产生的成本；在产品营销服务方面，要推进管理服务线上线下相结合，加速济南特色文创产业实体经济向万物互联的智能化共享经济转型，激活济南特色文创产品数字赋能机制，为济南数字经济高质量发展凝聚新力量和新动能。

济南动漫产业发展报告

｜王振华　王　彬　王爱萍　吴婧雅｜ *

　　动漫产业是一个充满市场活力与巨大发展潜力的产业。党的二十大以来，在习近平文化思想的指引下，随着文化旅游深度融合、文化科技深度融合、文化旅游消费、数字经济发展、文化数字化战略、文化遗产保护传承等一系列重大战略的深入实施，济南市动漫产业取得了显著进展。然而，与国内同等城市相比，济南市动漫产业的整体发展水平仍存在一定差距，与济南市整体社会经济发展水平不相适应，也未能充分展现济南市深厚的文化底蕴，未能充分满足人民群众日益增长的精神文化需求。在当前这一历史关键节点，从济南市整体经济社会发展的角度出发，积极响应党中央进一步全面深化改革、推进中国式现代化的号召，系统化、整体性地大力发展动漫产业，具有多重深远意义。

　　为全面、客观展现济南市动漫产业发展现状，课题组对济南市动漫产业发展情况进行了系统调研。通过客观了解情况、广泛征求意见，并结合多渠

　　* 王振华，山东省动漫行业协会会长，山东世博动漫集团董事长；王彬，山东省动漫行业协会秘书长；王爱萍，山东艺术学院 2022 级数字媒体艺术方向硕士研究生；吴婧雅，山东艺术学院 2023 级数字媒体艺术方向硕士研究生。

　　调研过程中得到相关社会组织、动漫企业、从业人员，以及腾讯、阿里巴巴和巨量引擎（抖音）的大力支持。

道采集的全国、全省文化产业特别是动漫产业的统计信息，从动漫产业的特殊属性出发，注重可行性和可操作性，系统化整理了有关产业发展的建议和对策，形成本篇发展报告。

一、动漫产业概述

动漫产业是文化产业的核心板块，同时也是战略性新兴产业中数字创意产业的重要载体，更是推动未来产业落地的重要力量。

2006年，国务院办公厅发布了《关于推动我国动漫产业发展若干意见》，标志着动漫产业开始获得国家层面的政策支持。2008年，文化部等九部委联合发布《关于促进我国动漫产业发展的若干意见》，初步明确了动漫企业的认定标准。根据文化部、财政部、国家税务总局2008年发布的《动漫企业认定管理办法（试行）》，动漫企业的范畴涵盖了漫画创作企业，动画创作、制作企业，网络动漫创作、制作企业，动漫舞台剧（节）目制作、演出企业，动漫软件开发企业，以及动漫衍生产品研发、设计企业等。

自2006年至今的十几年发展历程中，动漫产业大致经历了三个阶段：2006—2010年的政策扶持阶段、2011—2015年加大扶持力度阶段，以及2016—2022年的深化改革阶段。2022年以后，动漫产业持续深化改革，北京、天津、广东、湖南等省级层面相继出台相关政策，推动动漫行业高质量发展。

近几年，动漫产业在全球范围内展现出强劲的增长势头，尤其在中国，近十年经历了迅猛发展，并呈现出以下主要趋势和特点：动漫市场总体增长迅猛，国产动漫占据市场主场地位，中国风格动漫占据主导潮流，产业政策驱动力越来越精准，动漫产业边界拓展越来越宽，产业的经济贡献度越来越高，科技融合应用程度越来越深，市场竞争力越来越回归内容，市场传播手段越来越多元化，产业的国际影响力越来越强。

动漫产业是一个复杂且多元化的行业，其产业链涵盖了创意、生产、发行、消费以及技术、人才、资金、知识产权等多个环节。总体来看，动漫产业的产业链构成主要包含原创服务领域、原创生产领域、衍生产品领域、发行传播领域、行业赋能领域、跨界融合领域、技术服务领域、人才服务领域、资金服务领域、知识产权领域。随着新一代信息技术的广泛应用，动漫产业涌现出诸多新模式、新业态，同时，随着生成式人工智能的快速发展，整个产业正处在深刻变革的前夜。

二、济南动漫产业发展现状

经过十几年的发展，济南市动漫产业已经发展到专业化、规模化的阶段，每个细分领域都有领头企业或独占企业。据济南市动漫游戏行业协会统计，济南市规模较大的动漫企业有160余家，在某一领域有领军地位或在某一领域独占的动漫企业10余家，相关从业人员达到三万余人，并且聚集了众多的动漫爱好者，仅动漫社团就达到了60余家，成员总数量超过十万人。

济南市动漫企业在原创动画、原创漫画、应用动漫、动漫科技、动漫周边、动漫衍生品、动漫展览、动漫活动、职业培训、人才培养、研学旅游、虚拟体验等各个板块均有分布，产业链条基本完善。参与调研的动漫企业中，动漫相关专业人员占到了94%，学历结构以本科为主体，占到调查企业员工总数的54.9%；专科学历人员占比为36.3%，研究生学历占比约为8.8%。人才结构相对合理。

（一）动漫行业组织与代表性企业

1. 济南动漫游戏行业协会

济南动漫游戏行业协会，是济南市动漫产业领域内的行业性社会组织，自2007年成立以来，始终发挥着重要的引领作用。协会会员企业主要聚焦于动漫、科技和文化三大核心领域，业务范畴广泛，涵盖了原创动画制作、元宇宙应用与教学、应用动画和课件制作、漫画图书与网络漫画创作、音像制品制作、人才培训、网络游戏研发、玩具及动漫周边衍生品设计、IP设计及衍生创作等多个领域。

自成立以来，协会遵循济南市"政府主导、企业参与、市场运作"的发展模式,通过制定行业标准、规范行业行为,推动了动漫游戏行业的标准化、规范化发展,提高了行业整体水平。在资源整合方面,协会积极整合行业资源,促进会员企业之间的合作与交流,避免了资源浪费和重复建设。同时协会通过举办各类活动,为会员企业提供了展示实力、寻求合作的机会,促进了产业链的上下游合作。

协会通过积极向政府相关部门反映行业诉求,争取政策支持和优惠措施,为动漫游戏企业的发展创造了良好的外部环境。同时,协会积极参与实施国家动漫精品工程、国产影视动画扶持项目等,扶持原创动漫产品的创作生产,为优秀动漫创意和产品搭建产业化推广平台。

在人才培养方面,协会鼓励高等院校、科研院所和企业创办动漫产业基地,完善动漫教育体系,提升动漫工作人员的专业素质。同时,通过加强校企合作,积极探索产学研合作人才培养模式,引进和使用复合型人才,为动漫产业的发展提供人才保障。

此外,协会积极推动动漫游戏与其他行业领域的融合创新,如"动漫+文旅""游戏+""文化+科技""元宇宙+"等,为动漫游戏产业带来了新的发展机遇,也为地区经济、社会和文化的发展注入了新活力。

经过十多年的稳健发展,协会已成功构建了涵盖内容生产、内容传播、衍生变现等一体化的动漫游戏文化产业链,为济南动漫产业的持续发展作出了显著贡献。

2. 济南科明数码技术股份有限公司

济南科明数码技术股份有限公司是山东省乃至全国虚拟现实产业的领军企业,其在 VR/AR 技术开发与应用领域的成就斐然。公司于 2004 年成立,是山东省首家在 VR 领域成功挂牌新三板的上市公司。

科明数码凭借卓越的技术创新能力和深厚的技术积累,荣获了包括国家高新技术企业、双软认证企业、国家动漫企业在内的多项国家级荣誉,以及山东省"一企一技术"研发中心、山东省工业设计中心等一系列省级荣誉。

科明数码投入巨资建立了现代化的研发中心,配备先进的研发设备,并汇聚了一支由院士、博士及众多资深开发工程师组成的研发团队,致力于 VR

技术的深度研发与应用推广，不断突破技术瓶颈，引领行业潮流。同时，公司还与国内多所名校开展广泛合作，共同推进产学研深度融合，为行业发展培养高素质人才。

在产品与服务方面，科明数码提供了包括 VR 云平台、VR 教学资源以及多种 VR 教学设备在内的全方位解决方案。科明 365VR 教学云平台等云平台服务集成了丰富的 VR 教学资源，满足了不同层次的教学需求。同时，公司自主研发的 VR 黑板、VR 触控一体机等创新产品，不仅提升了教学效果和用户体验，还推动了传统教学模式的改革与创新。

在市场布局方面，科明数码已在全国范围内建立了广泛的市场网络。公司的"VR+"应用已在全国 30 个省市自治区落地推广，并与山东大学、哈尔滨工业大学等 1000 余所高校建立了紧密的产学研合作关系。

3. 济南左右动画设计有限公司

左右动画是济南市典型动漫企业，其业务范围涵盖动漫制作、原创 IP 孵化、仿真考培产品研发、教学资源库建设、管理软件开发、VR 虚拟现实技术应用以及实训室建设等多个领域。公司自成立以来，秉承"匠心智造、追求卓越"的核心价值观，致力于在动漫制作、软件研发、教育服务及虚拟现实技术应用等领域不断创新与突破，拥有 ISO9001 质量管理体系、知识产权管理体系等多项资质认证，荣获国家高新技术企业、山东省瞪羚企业、山东省专精特新中小企业等殊荣。

在动漫制作方面，左右动画拥有《德之韵》《星猫历险记》等多部广受好评的原创动画作品，社会公益项目《肺结核症状篇》动画在中国卫计委举办的结核病防治大赛中获奖。公司围绕左小呆、右小萌等多个原创 IP 形象，开发了丰富的周边产品，进一步拓展了品牌影响力。

近几年左右动画将业务重心逐渐转向教育领域，围绕中小学及职业教育需求，制作了大量高质量的教育动画。公司已成为学而思、新东方、作业帮、高途、字节跳动等知名教育品牌的核心供应商，每年为这些平台提供超过 1000 分钟的教育动画内容。

在职业教育领域，左右动画将动漫与虚拟现实技术深度融合，自主研发了多款适用于轨道交通、机械制造等行业的仿真培训产品，产品覆盖作业流程演示、工作原理分析、设备故障处理等多个环节。目前已为中国铁路集团、国家能源集团等多家大型央企、国企提供了专业的仿真培训解决方案，公司自主研发的列车技检仿真考培系统、货车制动阀智能培训系统等仿真产品已在多个铁路局和车辆段得到了成功应用，有效提升了企业的培训效果和安全生产水平。在人才配置方面，公司拥有一支由资深动画师、软件工程师及行业专家组成的研发团队，不断在动漫制作、软件开发、虚拟现实等领域进行探索与突破。通过自主研发，左右动画成功获得了数十项专利及软件著作权。

经过多年的不懈努力，左右动画在业绩方面取得了显著成果。公司不仅在国内市场占据了重要地位，还积极开拓国际市场，与多家国际知名企业建立了长期稳定的合作关系。

4. 山东世博华创动漫传媒有限公司

山东世博华创动漫传媒有限公司是山东动漫行业领军企业，是山东省动漫行业协会会长单位，是国家级动漫企业、国家高新技术企业、山东省软件企业，山东省重点文化企业、山东省文化产业示范基地、山东省产教融合型企业、山东省职业教育教师企业实践基地，被行业誉为"动漫跨界融合方案解决专家"。

世博华创在动漫领域深耕二十余年，核心业务包括动画原创、人才教育、版权交易、展览展示四大版块，拥有VR虚拟现实动画制作、产品研发、创意策划、人才培养、品牌运营五大中心。现拥有百余部原创动漫作品，出版多部漫画图书，自主研发了百余项计算机软件产品，获得了国家专利和计算机软件著作权，先后服务了文化数字化、城市规划、机械制造、工业生产、建筑地产、旅游、教育、医疗、军事、餐饮、服务业等多类行业的千余家企业，为促进我国服务业转型升级和创新发展、新旧动能转换积累了大量实践经验，成为动漫行业跨界融合相关产业的典范。

在原创生产领域，世博华创定位于优秀传统文化传承创新，致力于推动动漫创意跨界服务传统产业转型升级。公司通过IP全流程开发、IP形象文创产品衍生开发、IP形象影响力打造与推广、IP形象的可视化动态传播、IP形象的落地应用等方式，为城市及企事业单位打造出一系列 IP 形象，如扁鹊、辛弃疾、秦琼、李清照、大舜等"泉城抗疫天团"济南优秀历史人物 IP 形象、济南消费季吉祥物"多多""花花"、济南市投促局招商大使"小舜""小象"、济南机场清泉服务品牌"清泉朵朵"、济南海关"12360"IP 形象"关关"、济南铁路局 IP 形象"铁宝儿""南叔"、第七届全国残疾人职业技能大赛吉祥物"泉能能"、济南市妇女第十五次代表大会吉祥物"泉小荷"等一系列 IP 形象。济南优秀历史人物卡通系列文创产品采用传统鲁绣、瓷器、团扇等传统手造工艺，以灵动趣味的卡通造型赋予其崭新的现代气息，让古朴与新颖实现了完美的碰撞与结合。

在人才培养方面，世博华创探索的产教融合模式成为山东省校企合作、产教融合的典范，每年为影视动漫和数字创意行业输送千余名人才。十余年来，世博华创先后与山东轻工职业学院、江苏商贸职业学院、山东财经大学东方学院深度校企合作，共建了世博动漫学院、世博艺术与传媒学院、东方世博数字创意学院；与山东艺术学院共建了研究生教育联合培养基地，与山东城市建设职业学院校企合作建筑动画专业、数字媒体艺术设计两大专业。在教学模式上，世博华创逐渐打造形成了独有的"1+4+4+2"模式，增强了人才培养的适应性，实现了从学生到职业人的过渡，为全国影视动漫行业探索出了一条人才培养的新路子。

5. 山东馨漫园动漫文化发展有限公司

山东馨漫园动漫文化发展有限公司自 2006 年成立以来，始终致力于"动漫场景+教育""动漫场景+文旅"以及"手工微场景+连锁"等产业的深度产品研发与成果转化，专注于动漫主题实体场景的打造。

山东馨漫园动漫文化发展有限公司在中国动漫行业内独树一帜，成为首家将动漫与手工场景相结合的动漫企业。在"手工微场景+连锁"领域，公司旗下的"馨漫园"和"龙喵新语"品牌，在全国范围内拥有 1000 余家连锁店及直营店面，是中国最大的动漫衍生品连锁运营公司。

历经 18 年的发展，山东馨漫园动漫文化发展有限公司赢得了行业的广泛赞誉。公司是商务部备案的特许经营企业，同时也是山东省版权示范单位、全球服务贸易联盟会员单位以及济南市动漫游戏行业协会会长单位。此外，公司还荣获了山东民企杰出科技创新奖、济南市著名商标、最受投资者关注品牌等多项荣誉称号，并拥有80余项手工场景课程研发和动漫衍生品的自主知识产权。

6. 山东御书房动漫科技有限公司

山东御书房动漫科技有限公司成立于2010年，是一家集高端动漫影视、全景3D/VR软件开发、品牌创意等为一体的综合性全媒体数字化创意服务公司。作为国家高新技术企业和国家级动漫企业，御书房在动漫、VR、软件及文创领域均取得了显著成就，荣获了国家高新技术企业、国家级动漫企业、国家质量基础（NQI）动漫研发中心、山东省版权示范单位等称号，并在各类动漫及文创大赛中屡获佳绩，如创青春中国青年动漫创新创业大赛二等奖等。

御书房的产品和服务涵盖了动漫创作、电子音像与数字化出版产品、动画技术服务、影视广告、软件开发等多个领域。公司的代表作品包括长篇系列动画片《不一样的故事》、山东省首部爱国动画电影《湖上小八路》以及《文化中国·影像典藏》等。

在VR领域，御书房承接了包括国家电网智能化展厅系统、中储粮粮库VR实时数据传输及展示系统在内的多个重要项目。同时，公司还积极推动校企合作，与多所高校及企业建立了紧密的合作关系，共同推动VR技术的发展与创新。

御书房致力于打造具有影响力的原创IP品牌，如"鱼小丢"系列表情包及文化中国IP矩阵等。通过跨平台推广和多元化合作，御书房成功地将这些IP应用于多种场景和产品中，实现了品牌的最大化传播和价值提升。

御书房积极履行社会责任，通过创作《童眼识法律》系列普法漫画图书等公益项目，为青少年普及法律知识，提升他们的法治素养。该项目得到了教育部、司法部及社会各界的高度认可和支持，并取得了显著的社会效益。

7. 山东橙纸互动网络科技有限公司

橙纸互动网络科技有限公司作为数字创意与技术领域的先锋企业，业务领域广泛，涵盖唯美国风角色设计、沉浸式数字技术体验、直播解决方案及数字文化遗产保护等多个方面。

在唯美国风角色设计领域，公司拥有一支由顶尖艺术家和设计师组成的团队，他们凭借深厚的文化底蕴和精湛的技艺，创造出的栩栩如生、富有民族特色的角色形象。在沉浸式数字技术体验方面，橙纸互动运用 AR/VR、全息投影等先进技术，打造出身临其境的虚拟世界，让参与者在虚拟与现实之间自由穿梭，享受前所未有的体验。在数字文化遗产保护领域，橙纸互动展现出了强烈的社会责任感与使命感，运用高精度扫描、三维建模等现代科技手段，将珍贵的文化遗产转化为数字资产，实现永久保存与广泛传播；同时，橙纸互动还积极参与文化遗产的保护与修复工作，为传承和弘扬中华优秀传统文化贡献自己的力量。

（二）发展优势

1. 政策优势

济南动漫产业具备一定的政策基础，为动漫产业的发展提供了良好的环境和条件，激发了动漫企业的创新活力和市场竞争力。

《济南市"十四五"文化和旅游发展规划》《济南市促进数字创意产业发展行动计划（2020—2022年）》《济南市促进元宇宙产业创新发展行动计划（2022—2025年）》《济南市推动数据要素市场化配置改革加快数字经济发展行动方案（2024—2025年）》等一系列政策，在各个方向上提出了发展动漫产业的具体意见，为动漫产业的发展提供了明确的方向和目标，有利于动漫产业与其他相关产业的深度融合和协同发展。

在财政资金支持方面，济南市政府通过调整文化产业发展专项资金、服务业发展引导资金等专项经费的使用方向，加大对动漫产业的扶持力度；对于符合条件的动漫原创产品研究开发和创作生产的产业化项目，政府将给予优先扶持；设立动漫产业发展专项基金，用于支持动漫企业的创新发展和市场拓展。这些财政资金的投入，为动漫企业提供了重要的资金保障，有助于推动动漫产业的快速发展。

在税收优惠与减免方面，济南市政府也给予了动漫企业极大的支持，对符合条件的动漫企业及其自主开发、生产的动漫产品给予税收优惠政策，降低了动漫企业的运营成本，提高了其市场竞争力。此外，济南市政府还积极鼓励金融资本企业介入动漫产业，通过参股、控股或兼并等方式重组壮大现有企业；积极引导社会资本投资动漫产业，推动形成多元化的投融资体系。这些投融资政策的实施，为动漫企业提供了更多的资金来源和融资渠道，有助于推动动漫产业的规模化发展。

在公共服务平台建设方面，济南市政府搭建平台，建设国家、省、市三级动漫基地，并大力扶持动漫产业；在基地建设了无偿提供给企业使用的公共技术服务平台，免除入驻动漫企业一定期限的房租等费用。这些公共服务平台的建设和运营，为动漫企业提供了便捷的技术支持和资源共享渠道，有助于降低企业的运营成本和提高其创新能力。

济南市政府还积极实施国家动漫精品工程、国产影视动画扶持项目等，扶持原创动漫产品的创作生产；鼓励动漫企业举办和承办国际、省际、城际动漫交流和会展活动，大力培育动漫产业会展品牌。这些措施的实施，有助于提升济南动漫产业的原创能力和品牌影响力，推动动漫产业的持续健康发展。

2. 区位优势

从国际区位看，济南临近动漫产业强国日本与韩国，动漫产业具有得天独厚的对外开放条件。从国内区位看，济南位于中国东部，地处黄河下游，西接内陆，东临沿海，是京津冀和长三角的接合部。这一地理位置使得济南在南北经济协调发展中具有链接和纽带的作用，能够同时受到两大经济圈的辐射和带动。作为全国重要的交通、通信枢纽，济南拥有发达的交通系统，包括铁路、公路、航空等多种交通方式，为动漫产业的人才流动和信息交流提供了便利条件。

3. 文化优势

济南历史悠久，文化底蕴深厚。这为济南动漫产业的发展提供了得天独厚的文化资源优势。

作为一座拥有2600多年建城史的城市，济南孕育了丰富的文化遗产和历史故事，多种文化资源在这里交汇融合，形成了独特的文化风貌。这些文化资源为动漫创作提供了丰富的素材和灵感，使得济南动漫产业能够深入挖掘本土文化元素，创作出具有地方特色的动漫作品。

济南作为山东省会，是齐鲁文化的天然代表。齐鲁文化作为中华文化的重要组成部分，拥有悠久的历史和深厚的文化底蕴。这一文化根基为济南动漫产业提供了取之不尽的创作素材。从古代的神话传说、历史故事到近现代的民俗风情，齐鲁文化中的丰富元素都可以被转化为动漫作品的灵感来源。

同时济南作为南北经济协调发展的重要节点，能够吸纳来自四面八方的文化元素，形成多元化的文化氛围，为动漫创作提供了更广阔的空间和更多的可能性，使得济南动漫产业能够不断创新、突破，创作出具有时代感和创新性的动漫作品。

4. 人文优势

济南动漫作品所展现的济南人勤劳、坚韧、务实的精神，与动漫创作所追求的把握发展脉络、提炼时代价值、展现生活面貌、弘扬奋斗精神的理念高度契合。同时，济南人热情开朗、豪爽大方的性格，可以为创作团队营造一个更加开放和包容的创作与交流环境，有利于促进动漫产业中的创意碰撞和团队合作。

在把握文化导向方面，济南的总体人文环境具备先天优势，能够确保产业紧密围绕社会主义核心价值观，深入挖掘齐鲁文化的丰富内涵，创作出一批具有鲜明时代特征和浓郁地方特色的文化精品。

济南企业勇于担当社会责任的特性，确保了动漫产业在实现经济效益的同时，兼顾经济效益，有助于推动文化惠民工程的实施。同时这一特性能够促进文化产业与旅游、科技等相关产业的融合发展，为济南动漫产业的多元化发展注入活力。

济南城市的包容性为动漫产业的发展营造了一个宽松自由的环境，这种包容性使得济南能够接纳和融合各种不同的文化和创意，为动漫产业的创新与发展提供了广阔的空间；良好的营商环境也为动漫产业的繁荣提供了有力的保障，使得济南成为动漫企业投资和发展的理想之地。

5. 科技优势

大数据与新一代信息技术产业作为济南市四大主导产业之首，为发展动漫产业和推动动漫产业转型升级提供了显著的科技优势。济南在人工智能、量子信息、移动通信、物联网、区块链等领域的新一代信息技术产业蓬勃发展，已经成功跻身数字经济新一线城市行列，坚实的技术产业基础为动漫产业的发展提供了有力支撑。

6. 教育优势

济南作为山东省的省会城市，汇聚了众多高等院校，为动漫产业提供了丰富的人才储备和强大的智力支持。在济南25所驻济本科院校、18所驻济专业院校中，90%以上驻济高校均开设了动漫相关专业，以上相关专业大学生占济南总体在校大学生6%~7%左右，规模相当可观。大部分学校都与当地的动漫企业和工作室建立了紧密的合作关系，为动漫产业提供了持续稳定的人才供给，这些人才不仅具备扎实的专业知识和技能，还展现出强烈的创新意识和卓越的实践能力。

7. 消费优势

就济南本土而言，济南城市规模和消费规模为动漫产业发展提供了良好的市场环境。2023年全市社会消费品零售总额达到5199亿元，比上年增长6.6%，凸显了济南消费市场的活跃度和增长潜力。其中，线上消费达到429.2亿元，同比增长24.3%，显示出数字消费市场的强劲增长。就文娱消费而言，2023年济南居民人均文娱消费支出达到3321元，同比增长5.6%，反映出济南居民对文化消费的需求不断增加，文化消费市场呈现出蓬勃发展的态势。

三、济南动漫产业发展的困难与挑战

（一）济南动漫产业发展面临的压力

济南在2020年跻身特大城市行列，并即将迈向超大城市的门槛。在全国城市格局中，除了一线城市，济南与成都、武汉、杭州、西安、郑州、南京、合肥、沈阳、长沙、苏州、青岛等城市相比，动漫产业总体发展水平、行业影响力以及发展后劲仍显不足，面临着巨大的产业竞争压力。

成都不仅在国内游戏产业中占据领先地位，其动漫产业同样展现出强劲的发展势头，已成为我国动漫产业的关键枢纽之一；武汉作为中部地区的科教重镇和文化创新高地，近年来在动漫产业领域展现出了蓬勃的发展活力，正逐步构建起一个充满创新精神和市场竞争力的动漫产业集群；杭州目前已经是中国动漫产业的领跑城市之一，动漫产业生态链已经形成了一个闭环的产业生态系统。2022年以前，相比较西安、郑州、南京、合肥、沈阳、长沙、青岛等同等城市而言，济南在动漫产业的政策体系、从业人数、企业数量、经济贡献度等方面与这些城市大致相似。然而，近几年这些城市在动漫产业的发展势头以及外界影响力上，已经超越了济南，济南在发展动漫产业方面面临着不小的竞争压力。济南如何发挥省会优势，依托自身丰富的文化资源，在弘扬齐鲁优秀传统文化上，从而探索出一条具有自身特色的动漫产业发展道路，在文化软实力上超越同等城市，需要更加精准的引导和更强有力的扶持措施。

（二）济南动漫产业发展存在的问题

1. 对动漫产业发展战略定位不高

在过去十几年间，各地方政府在推动动漫产业发展方面普遍存在认识不足的现象。这背后涉及对产业价值的有限理解、资源配置的优先级考量以及市场成熟度的判断等多重复杂因素。然而，随着城市间竞争格局的演变，以及经济优化升级和高质量发展的需求日益凸显，国内各大城市已普遍提升了动漫产业的战略地位。

动漫产业作为文化产业的旗舰，是全产业链条的集大成者，代表着文化与科技深度融合的前沿阵地，扮演着数据要素创造发展新动能的重要角色，同时也是数字经济板块的关键组成部分。它不仅是传统产业、新兴产业与未来产业的中间纽带，更是激发城市创新活力、促进经济结构优化升级的有效驱动力。动漫产业的发展对于优化营商环境、吸引人才和投资、塑造城市品牌、提升文化软实力和城市影响力，以及增强城市核心竞争力具有重要意义。

相比之下，济南在提升动漫产业战略定位方面显得相对滞后。在产业认识上，济南仍将动漫产业局限于文化事务的范畴，而未能从引领产业、统筹全局的高度审视其定位，这限制了产业发展的格局。因此，动漫产业的发展在济南难以打破条条框框，难以有效整合资源，也难以充分发挥其赋能作用。

2. 扶持动漫产业政策体系不完善

济南在动漫产业发展上认识不足、定位不高，这一问题在动漫产业的政策体系上体现得尤为明显，具体表现在以下几个方面。

一是缺乏总体规划。自 2009 年济南市专门制定扶持动漫产业发展的意见以来，尽管后续的政策如 2015 年的《济南市人民政府关于进一步加快文化产业发展的实施意见》、2020 年的《济南市促进数字创意产业发展行动计划（2020—2022 年）》、2022 年的《济南市促进元宇宙产业创新发展行动计划（2022—2025 年）》以及 2024 年的《济南市推动数据要素市场化配置改革加快数字经济发展行动方案（2024—2025 年）》等均有所涉及动漫产业，但目前仍缺乏针对整个动漫产业的明确发展规划。这使得行业对政府发展动漫产业的目标感到模糊，济南是否要大力发展动漫产业的决心也不明确。

二是动漫产业政策系统化程度不足。动漫产业政策体系涵盖文化产业政策、文化数字基础设施政策、科技创新政策、教育人才政策、财政税收政策、知识产权政策、市场准入与监管政策、国际贸易政策以及区域协调发展政策等多个方面。然而，由于总体规划的缺失，政策体系缺乏全面性和协调性，不同政策之间难以形成有效衔接和配合，导致政策执行效果大打折扣，无法形成推动动漫产业全面发展的合力。

三是政策制定缺乏前瞻性和针对性。面对科技的不断进步和市场环境的快速变化，动漫产业政策的制定往往滞后于产业发展的实际需求，缺乏前瞻性和针对性，难以精准对接产业发展的痛点，无法有效激发产业的创新活力。

四是政策执行力度和效果不佳。政策执行机构之间存在职责不清、推诿扯皮等问题，导致政策执行效率低下。同时，政策执行过程中缺乏有效的监督和评估机制，难以确保政策能够落实到位并产生预期效果。

五是政策对新兴业态和中小企业的支持力度不足。当前动漫产业政策往往更加关注大型企业和传统业态，而对新兴业态和中小企业的支持力度不够，导致新兴业态难以获得足够的政策扶持和市场空间，中小企业也面临融资难、人才短缺等发展瓶颈，特别是动漫企业多属于小微企业，轻资产难以进行抵押贷款，知识产权评估和抵押机制缺失，针对动漫产业的基金也缺乏，这使得动漫产业多面临融资困境，无法实现指数式增长。

六是政策缺乏灵活性和适应性。政策难以快速响应市场变化和企业需求，调整周期较长且程序烦琐，导致企业难以及时获得政策支持以应对市场挑战。

七是政策宣传与解读不足。政策受益主体对政策内容了解不全面、不深入，难以充分利用政策资源促进自身发展。同时，这也容易导致政策执行过程中出现误解和偏差。

3. 企业对动漫产业发展前景信心不足

就山东市场而言，政府对扶持动漫产业发展的决心不足、产业政策体系不完善，加之近几年消费市场低迷、人才流失严重、科技创新动力不足等实际情况，动漫企业对产业发展前景普遍信心不足，具体表现在以下几个方面。

一是纯粹动漫企业数量减少。面对市场竞争的加剧和盈利压力的增大，许多动漫企业选择转型，转向动漫周边、委托加工和动漫定制化服务方向，甚至回归广告、策划、传媒等传统业务，以寻求更稳定的收入来源。这种转型虽然暂时缓解了企业的生存压力，但也导致了动漫产业的专业性和集中度降低。原本专注于动漫创作与生产的企业，现在不得不分散精力去应对其他业务，这不仅影响了动漫作品的质量和创新力，也不利于动漫产业形成规模效应和集群效应，从而对产业的长期稳定发展产生不利影响。

二是原创能力几近枯萎。由于资金短缺、创意人才匮乏以及市场导向的偏差，济南动漫产业的原创能力受到严重制约。多数动漫企业倾向于模仿或改编已有作品，缺乏具有自主知识产权和核心竞争力的原创动漫作品，导致市场同质化竞争严重，消费者审美疲劳。

三是商业模式过于依赖定制化业务。企业生存压力导致目前动漫企业的商业模式以定制化业务为主，但过度依赖定制化业务也给企业带来了不可估量的伤害。一方面，定制化业务分散了企业的精力，使其难以再触碰原创业务，从而削弱了动漫作品在市场上的竞争力；另一方面，定制化业务方向不稳定，导致动漫企业难以聚焦某一行业和领域，难以形成自己独特的风格和产品，也难以积累数据资源；此外，定制化业务市场竞争日益激烈，挤压了动漫企业的利润空间，影响其长期发展；最后，定制化业务往往更注重实用性和市场效果，相对忽视创意和创新，导致动漫企业在创意和创新方面的投入不足。

4. 企业对动漫产业商业规律认识不足

由于主流动漫企业的商业模式过于依赖定制化业务，导致整个行业对动漫产业的商业规律认识不足，这种状况反过来又进一步制约了原创生产的发展。

动漫产业的商业规律涵盖多个层面，包括如何深入挖掘优秀传统文化的宝藏，从中汲取灵感并提炼出具有普遍意义和时代价值的主题；如何紧密结合当代中国社会的发展脉络，通过动漫作品生动展现人民的生活面貌、思想情感和奋斗精神；如何巧妙利用传统文化的艺术形式和表达方式、表达素材，以含蓄而又富有内涵的手法进行创作；如何在过去与现在、传统与现代之间寻求平衡，创作出既有历史底蕴又不失时代感的作品，等等。

企业对动漫产业商业规律的认识不足，使得整个行业面临着守着金矿要饭吃的尴尬境地。济南作为一座拥有深厚文化底蕴的城市，其丰富的文化资源并未在动漫作品中得到充分的表达和呈现。相反，由于作品质量不高，直接表达传统故事的方式往往导致作品内容贫乏、形式单一，缺乏创新性和吸引力，因此未能产生具有一定影响力的动漫精品。这种状况不仅浪费了宝贵的文化资源，也严重制约了动漫产业的进一步发展。

5. 流量生存能力不强，传播渠道匮乏

济南动漫产业因产业布局的历史原因，正面临着优质传播途径匮乏、互联网发声渠道偏弱等重大挑战，具体来说，限制因素主要体现在以下几个方面。

一是济南缺乏本土的互联网传播平台。在社交媒体、流媒体平台、视频平台等领域，济南并不掌握主导权。大部分互联网厂商并未在济南设立分支

机构，仅通过代理商进行业务运营。这种模式导致济南在商业谈判中难以争取到优惠条件，商业灵活程度受限，且往往因追求短期利益变现导致在互联网平台上的发声非常被动，难以有效推广动漫作品。二是济南动漫企业普遍难以掌握流量生存的技巧。由于企业缺乏互联网思维和流量敏锐度，对互联网营销的手段和能力了解不足，更缺乏数据分析能力。这使得他们对用户行为和需求的把控非常滞后，无法精准定位目标受众，也难以制定有效的营销策略来吸引和留住用户。三是传统媒体播放系统在济南地区仍然处于相对垄断的地位。这些传统媒体播放系统通常采用"付费播放"的模式，这使得动漫作品难以通过这些传统渠道获得足够的曝光和关注。即使作品质量上乘，也可能因为缺乏足够的宣传和推广而黯然失色，无法获得应有的市场关注和认可。

6. 人才虹吸效应严重，培养能力不强

动漫产业作为创意和技术密集型行业，其发展亟需大量具备创意设计、动画制作、数字媒体技术和项目管理等综合能力的专业人才。然而，山东尤其是济南在动漫产业人才培养方面面临诸多挑战，人才产出机制不健全，且缺乏足够的产业支撑，这使得京津冀、长三角乃至珠三角地区对山东动漫人才的虹吸效应愈发显著。这一状况不仅加剧了济南动漫产业的人才短缺问题，也严重制约了其整体发展和竞争力提升。

具体而言，济南在动漫产业人才培养方面存在的问题主要包括：教育体系与市场需求之间的脱节，导致学生缺乏实际操作经验和行业认知；培训机构和课程设置不够完善，无法满足动漫产业对多元化、高层次人才的需求；企业内部的培训和发展机制不健全，难以吸引和留住优秀人才。同时，受传统观念影响，多数企业对动漫产业的全面把握不足，对人才需求的认识片面，往往用不合理的标准去衡量人才。加之缺乏完善的薪资福利制度，难以满足专业人才的预期，进一步加剧了人才外流现象。

尽管我省90%的院校都开设了动漫相关专业课程，相关专业毕业生基数庞大，但高端创意策划与经营管理人才仍然匮乏。各高校虽然在探索创新人才培养模式，但效果并不显著。在调研过程中，几乎所有企业都提到了人才缺失问题，更有一些企业有长期招聘需求。同时，对于动漫相关高端人才的吸引优惠政策也相对空白，这进一步加大了人才引进的难度。

因此，为了推动动漫产业的健康发展，需要政府、企业和社会各界共同努力，建立完善的人才培养机制和政策体系，为动漫产业提供有力的人才支撑。

7. 科技创新能力不强，缺乏深度融合

济南动漫产业在科技创新能力方面存在明显不足，主要体现在以下几个方面。

一是商业模式过于依赖定制化业务，导致企业研发投入不足。与国内动漫产业发达的城市相比，济南在动漫产业的技术研发投入上显得较为保守。资金支持的不足使企业难以进行前沿技术的探索和研发，从而限制了产业在技术创新方面的突破。同时，人才短缺现象也严重影响了产业的技术创新水平，并制约了内容创新和市场拓展的能力。二是技术更新方面存在滞后性。由于研发投入不足和高端人才短缺，济南动漫企业在引进和应用新兴技术方面相对迟缓。例如，虚拟现实（VR）、增强现实（AR）、人工智能（AI）等新兴技术在济南动漫产业中的应用还不够广泛和深入，这导致了产业在技术创新方面的竞争力相对较弱。三是产学研合作机制尚待完善。科研成果与产业实践之间的转化机制不够顺畅，导致一些具有创新潜力的科研成果难以有效转化为实际生产力，从而影响了济南动漫产业的科技创新能力。此外，济南在虚拟现实（VR）、增强现实（AR）、人工智能（AI）等领域的研究机构和企事业单位大多位于信息产业领域，对文化产业了解甚少，而文化行业中懂科技的人才也是凤毛麟角，行业壁垒严重，进一步制约了产学研合作的有效性。

8. 产业结构布局不合理，集聚效应弱

同样由于主流商业模式为定制化业务，原创生产的产业链条不完善，济南动漫产业面临着产业结构布局不合理、集聚效应不强的问题。

一是产业布局分散，缺乏集聚效应。尽管济南已建立了多个动漫产业基地，但这些基地的运营大多处于二房东状态，缺乏协同与配合，导致资源分散，难以形成合力。济南动漫产业中的企业规模普遍较小，缺乏具有行业影响力的大型龙头企业，这使得企业在市场竞争中难以形成强大的竞争力，难以吸引和留住高端人才，也限制了企业在技术创新和市场拓展方面的能力。由于产业布局分散和企业规模小等原因，济南动漫产业内的企业之间缺乏有效的协同和合作，导致企业在资源共享、市场开拓、技术创新等方面难以形成合力，降低了整个产业的集聚效应。企业常常面临项目多时工作人员不够用，业务量少时企业成本过大的问题，这不仅造成了资源浪费，也增加了企业的经营风险。二是原创产业链不完整。动漫产业链涵盖内容生产、内容传播和衍生变现等多个环节，而济南动漫产业在某些环节上可能存在缺失或薄弱，如衍生品的打样环节仍需依赖长三角、珠三角地区，产业链的不完整难以充分发挥产业链的协同效应。三是基础设施不完善。虽然济南市政府对动漫产业给予了一定的政策支持，但在基础设施建设方面仍存在不足。例如，公共技术服务平台、孵化器、加速器等还不够完善，难以满足企业快速发展的需求。

9. 知识产权保障不完善，保护意识弱

济南动漫产业在知识产权保障机制方面仍存在诸多不完善之处，导致侵权现象较为严重，主要体现在以下几个方面。

一是知识产权保障机制亟待加强。济南在法律法规的执行力度上尚显不足，对于盗版、仿制等侵权行为未能及时有效地进行打击，违法成本相对较低，使得侵权者敢于铤而走险。同时，监管体系尚不健全，存在监管盲区，对市场上出现的侵权行为难以及时发现和处理。二是侵权现象屡禁不止。尽管近几年图书、音像制品盗版现象得到了有效遏制，但在商标、衍生品仿制领域，恶意抢注商标、仿制衍生品、误导消费者、挤占正版产品市场份额等现象依然猖獗，严重损害了原创者的权益。三是公众知识产权意识淡薄。社会上普遍缺乏尊重和保护知识产权的意识，为侵权行为提供了滋生的土壤。这导致侵权行为在社会中得不到应有的谴责和制止，进一步加剧了侵权现象的蔓延。四是维权成本高、难度大。原创者在面对侵权行为时往往面临取证难、诉讼成本高等问题，导致维权难度加大。许多原创者因此选择忍气吞声，放弃维权，这不仅损害了他们的合法权益，也助长了侵权行为的嚣张气焰，形成了恶性循环。

10. 国际交流与合作有限，影响力不强

济南市动漫企业在国际交流与合作方面显得较为薄弱，未能充分把握和利用国际资源与市场机会，这在一定程度上制约了其国际化发展的进程，具体而言，主要体现在以下几个方面。

一是缺乏国际合作伙伴。济南市动漫企业与国际知名动漫企业的合作机会有限，难以借鉴和学习国际先进经验和技术，导致济南动漫企业在技术创新、内容创作和市场运营等方面与国际先进水平存在明显差距。二是海外市场拓展不足。济南市动漫作品在海外市场的知名度和影响力较低，企业在海外市场推广、品牌建设和渠道拓展等方面的投入明显不足。这使得海外观众对济南动漫作品的认知和接受度有限，未能有效开拓海外市场并实现国际化发展。三是国际交流平台欠缺。济南市动漫产业缺乏与国际动漫产业界的有效沟通和交流，无法及时了解国际动漫产业的最新动态和趋势，这导致企业在制定国际化发展战略时缺乏前瞻性和针对性，难以准确把握国际市场的机遇和应对挑战。

四、济南动漫产业发展建议

动漫产业是文化与科技的融合，济南文化底蕴深厚、科技创新活跃，发展动漫产业有着得天独厚的优势，但济南动漫产业的发展现状，既不能适应城市之间文化软实力的激烈竞争，也不能适应全球文化创意产业的剧烈变化，转型升级已经是迫在眉睫。本文系统梳理动漫企业和从业人员提出的意见建议，归纳为政策层面、理论层面、资金层面、原创层面、传播层面、科技层面、人才层面、产业层面八个方面的内容，具体如下。

（一）政策层面

1. 提升动漫产业的产业定位

文化软实力是城市竞争的核心要素，它集中体现了城市知名度和美誉度、城市创新与创造能力、城市居民身份认同、城市生活质量与宜居性、城市教育与智慧资本、城市社会包容程度、城市可持续发展能力等，它不仅反映了城市的内在品质，也是城市竞争力的关键所在。济南市需要提升文化产业的战略地位，将其作为推动城市发展的重要力量，提升城市的形象和软实力，增强城市吸引力，提升城市的知名度和美誉度，并且通过文化创新来激发城市活力，通过文化产业的集聚效应和赋能作用，促进经济结构的优化升级，推动经济高质量发展。

相对其他产业，从投资规模、人才需求、技术需求等各个方面来讲，发展以动漫产业为首的文化创意产业是相对容易的，并且在当下动漫产业大变革的历史时期内，抓住发展机遇也是相对容易的，济南应当也必须将大力发展动漫产业提到议事日程上来。优先发展动漫产业有其必要性和必然性。

一是投资价值。从城市投资的角度看，相比较其他产业而言，发展动漫产业投资少、见效快、长尾效应强，并且随着信息技术进步，其生产成本不断在下降，生产效率在不断提升。从经营城市的角度看，发展动漫产业带来的经济效益和社会效益却是巨大的，不仅能够快速吸引资本，还能有效提升城市形象。相较于其他文化产业形态而言，动漫产业同样具备这个优势。

二是聚集效应。动漫产业高度依赖于数字技术，技术与创新的共享能有效降低研发成本，相比于出版、音乐等资源集中型业态具有更强的集聚效应；动漫产业需要的人才专业范围广泛，有强烈的交流学习意愿，容易形成人才集聚区；动漫产业供应链长、上下游企业合作紧密，并且可以通过联合营销、品牌合作等方式形成品牌效应。

三是赋能效应。动漫产品具有高增长性、高附加值、低能耗、低污染的特点，同时因其独特的创意和艺术性，容易拉动娱乐和文化消费，并且随着传播渠道变得更加多样化，市场需求持续增长。另外通过产业链的延伸，可以为各行各业赋能，容易形成多元化的产业结构，提高经济的整体竞争力。在济南优先发展动漫产业，可以培育新的经济增长点，促进经济结构的优化升级。

四是创新驱动。发展动漫产业容易推动虚拟现实、人工智能等产业的发展，尤其是推动算力中心落地实施具有重要意义，同时技术进步反过来可以促进动漫产业的创新，形成良性循环。

五是产业带动。动漫产业能够与游戏、影视、出版、音乐等其他文化产业相互渗透，形成多元化的文化生态系统，带动其他文化产业发展，能够产生协同效应，促进整个文化产业的繁荣。

六是品牌效应。动漫产业能够有效地传播地域文化，形成独特的文化品牌，IP 品牌与城市品牌具有先天的强融合能力。在济南优先发展动漫产业，有助于提升城市的知名度和美誉度，塑造独特的城市品牌形象。通过打造具有地方特色的动漫产业项目和动漫品牌，可以吸引更多的游客和投资者，可以改善外界对济南城市的总体印象，改善营商环境，同时能够增强市民的文化自信和文化自觉，提升城市的凝聚力和向心力。

2. 抓紧制定总体性战略规划

济南市目前缺乏推动动漫产业高质量发展的专项战略规划。在文化创意产业中，将动漫产业置于优先发展的战略地位，需要首先制定产业发展规划。

一是明确表达市委、市政府对产业发展的期望，包括预期达到的市场规模、技术水平、创新能力和国际影响力等，为动漫产业的发展提供明确的方向和目标，为吸引投资、聚集资源、推动协作等各个方面提供政策保障。

二是明确打造公平、透明、高效的市场环境。通过良好的政策设计减少企业的不确定性，并通过合理的税收优惠、资金支持、科技扶持、人才扶持以及简化行政程序等措施，为动漫企业提供必要的经济激励和便利条件，同时促进知识产权保护，鼓励原创内容的开发，保护创作者的权益，激发产业的创新活力。

3. 确立产业发展目标

党的二十届三中全会提出，到 2029 年文化方面需要完成的改革任务是"增强文化自信，发展社会主义先进文化，弘扬革命文化，传承中华优秀传统文化，加快适应信息技术迅猛发展新形势，培育形成规模宏大的优秀文化人才队伍，激发全民族文化创新创造活力"。这五年是济南动漫产业转型升级的窗口期，济南动漫产业发展水平要与济南社会经济发展水平相匹配，建议制订发展目标。

一是注重区域协调，利用济南在科技、文化、教育、人才等领域的优势和特色，加强济南在动漫产业链中的关键环节。通过与京津冀、长三角地区的互补与联动，打造一条既展现地方特色又实现区域协同发展的道路，将原本被两大区域虹吸的劣势转变为发展优势，提升济南城市圈的整体实力和国际影响力。

二是推动原创生产，逐步推动动漫产业向全年龄层受众和多样化品类发展，推出一批具有影响力的优秀传统文化动漫产品，打造一批具有本土特色和国际视野的动漫 IP，使济南成为齐鲁文化内容生产和文化输出的代表性城市。

三是提升传播效能，逐步构建一个全方位、多层次、立体化的传播矩阵，构建适应全媒体生产传播的工作机制，实现与主流数字媒体平台的无缝对接，并通过国际巡展、版权贸易、联合制作等方式逐步建立国际传播机制。

四是增强科技创新，依托济南在元宇宙、智能算力、人工智能等方面的科技优势，抓住动漫产业转型升级的历史机遇，整合科技资源和高校科研资源，探索动漫产业科技创新应用与创新模式，把济南打造成为文化与科技融合发展高地。

五是重视人才培养，逐步培育能够吸引、培养和留住顶尖动漫专业人才的环境，依托高校资源开展创新学科建设，培养具有跨学科背景的复合型人才，通过多种人才交流方式促进人才交流与创新，推进行业与高校的产教融合深化改革，把济南建设成为动漫产业产教融合高地。

六是推进产业融合，围绕济南发展战略布局，推动动漫产业与济南四大支柱产业和其他新兴产业的跨产业融合，以动漫方式宣传、推广济南产业优势，吸引人才和投资，改善营商环境，提升城市影响力。

4. 注重多板块政策体系协同

动漫产业是一个高度集成性的行业，涉及政策面宽泛，制定动漫产业政策体系，应当注重政策协同性，具体包括以下几个方面。

一是科技创新政策。协同省、市两级在元宇宙、人工智能、智能算力以及大数据、云计算等领域的配套政策，确保动漫企业能够获取最新的技术支持和资金扶持。

二是文化产业政策。协同省、市两级对创意内容、版权保护、文化传承等方面的扶持政策，提升动漫创作文化内涵，提升艺术价值，并保护原创者的合法权益。

三是教育人才政策。协同省、市两级教育培训、人才引进、产教融合等各方面政策，保障动漫行业的专业人才供给。

四是财政税收政策。协同省、市两级财政补贴、税收减免、贷款担保等财政与税收政策，减轻动漫企业的财务负担，增强研发能力和市场拓展能力。

五是知识产权政策。协同省、市两级对知识产权保护的相关政策，预防盗版和侵权，保障动漫创作者和企业的经济利益。

六是市场准入与监管政策。协同省、市两级对动漫企业市场准入政策以及监管政策，保证市场公平竞争，创造有序、健康的市场环境。

七是国际贸易政策。协同省、市两级涉及出口退税、关税协定、海外市场准入等政策，以促进动漫作品的海外销售和国际合作，帮助动漫企业开拓国际市场。

八是区域发展政策。协同黄河流域高质量发展战略、济南都市圈建设等区域发展政策，推动动漫产业集群的形成，促进动漫产业多元化发展。

九是数字基础设施政策。协同省、市两级文化数字化战略的推进实施，利用文化数字化工程推动生成式人工智能的加速发展，以及宽带网络、数据中心、云计算平台等的建设和升级，支撑动漫产业的科技深度融合。

5. 推动跨领域合作

动漫产业除去天然需要与信息技术、游戏、影视、教育、旅游、体育、会展、出版等产业进行深度融合之外，围绕济南市数字济南、工业强市等战略部署，制定动漫产业政策需要与先进制造、生物医药、新能源、新材料以及现代服务业等其他各行各业进行协同融合，以发挥动漫产业在品牌与营销、创意与美学、教育与培训、娱乐与体验、创作与传播、创新与协作、跨界与整合、公益与影响等各个方面的强大赋能能力，加速跨领域合作进程，推动产业生态的多元化和丰富性。

6. 搭建政府与企业交流平台

加强政府、行业协会、企业、教育机构和消费者之间的沟通与合作，形成共识，共同推动动漫产业的发展。政策的制定和执行需要充分考虑各方的利益和诉求，确保政策的公正性和可持续性。

依托省、市两级动漫行业协会，发挥行业组织作用，搭建政府与企业间的交流平台，让企业及时了解政策，让政府准确了解企业所需，减少中间环节，实现信息互通，同时协会协助政府加大对政策宣传推广力度，提高企业学习意识，双方形成合力，保证政策贯彻落实。

（二）理论层面

动漫产业具有强烈的意识形态属性，也有其特殊的产业发展规律，尤其是在当下优秀传统文化方向的动漫创作和传播，尚未形成产业方向的认识体系和方法体系，在很大程度上制约了产业的发展。

为了确保济南动漫产业健康持续发展，应当推动社会科学院、高校、行业协会联合开展动漫领域相关认识体系和方法体系的研究，以指导行业遵循思想导向、把握创作方向、把握创作规律、把握传播规律、把握市场规律，同时指导政府合理制定行业政策。

1. 探索以"两个结合"为基础的认识体系

"两个结合"是习近平新时代中国特色社会主义思想的重要组成部分，反映了我党对马克思主义理论与中国国情、文化传统相结合的深刻思考。就动漫领域而言，需要解决什么是中华优秀传统文化，有哪些构成，有哪些层次，哪些是精髓，哪些是糟粕等问题，需要解决中华优秀传统文化如何与当代中国精神和中国价值相结合的问题，这是在哲学和社会科学层面需要研究的问题。这对指导动漫创作与传播而言，是一个非常现实的问题。

2. 探索以"讲好中国故事"为基础的方法体系

一是深耕优秀传统文化与现代价值观。即动漫创作如何深入挖掘优秀传统文化的宝藏，从中汲取灵感并提炼出具有普遍意义和时代价值的主题，又如何结合当代中国社会的发展脉络，展现中国人民的生活面貌、思想情感和奋斗精神，让动漫作品成为连接过去与现在，传统与现代的桥梁。山东动漫创作普遍存在这个问题，被业界称为"严肃动画"，既缺乏如何挖掘、凝炼文化资源的方法体系，也缺乏如何展现当代精神的方法体系。

二是创新叙事手法与视觉风格。中国话语和中国叙事体系的构建，需要在叙事手法和视觉风格上进行创新，既要保留中国文化的独特韵味，又要符合当下审美趋势，使作品易于被观众接受。我们如何借鉴国际动漫产业的成功经验，同时融入中国元素，创造出既有中国特色又具国际视野的动漫作品，是需要深入研究的现实问题。

三是进行多元化内容生产和国际交流。动漫产业应当涵盖广泛的主题，从历史传奇到科幻未来，从日常生活到奇幻冒险，以满足不同年龄层和兴趣爱好的观众需求。如何通过多元化的内容生产展现中国文化的多样性，同样缺乏方法论的指导。

（三）资金层面

1. 合理发挥财政资金引导作用

合理规划政府针对文化产业，尤其是动漫产业的扶持资金，在已有文化产业发展专项基金基础上，积极争取增加适当额度，专项用于动漫产业发展。

建议政府宣传经费的使用，合理向动漫类型适当倾斜，尤其是具有本土特色动漫作品的宣传推广，既能宣传济南文化特色，又能扶持动漫企业发展；同时，为原创动漫项目的开发、制作和推广提供财政补贴，尤其是对首次创作的独立动漫项目给予额外的资助。

2. 建立动漫产业投融资平台

鼓励引导各类文化产业投资基金、中小企业创业投资基金加大对动漫产业的投资，鼓励有实力的大型企业通过参股、控股或兼并等方式进入动漫产业，引导社会资本以多种形式投资动漫产业；推动政策性银行对符合条件的动漫企业提供融资支持；将符合条件的动漫企业纳入相关政策性基金资助范围；支持动漫企业上市融资。

3. 拓宽税收优惠政策

扶持动漫小微企业和创新型企业发展，对经认定的动漫企业自主开发、生产动漫产品，可享受国家现行鼓励软件产业发展的所得税优惠政策。对符合条件的动漫企业实施税收减免政策，比如降低企业所得税率，提供研发费用加计扣除，以及对动漫出口给予退税优惠，以此减轻企业负担，增加原创项目的财务可行性。

4. 探索资产评估机制

联合资产评估机构，参照国际通行的评估准则，结合国内法规和行业特性，探索建立科学、规范的无形资产评估标准体系，包括但不限于版权价值评估、品牌影响力评估、创意内容的商业潜力评估等。

建立无形资产评估数据库，收集和整理动漫产业相关的市场交易数据、行业平均回报率、成本变动趋势等信息。利用大数据、云计算等技术，构建无形资产评估信息化平台，实现评估流程的自动化和智能化，提高评估效率；完善与无形资产评估相关的法律法规，明确评估的法律地位，规定评估过程中的权利与义务，为评估结果的法律效力提供保障。同时，建立健全争议解决机制，为评估纠纷提供快速、有效的处理途径，推动无形资产评估工作，推动知识产权质押融资提质增量，解决动漫企业融资难题。

（四）原创层面

推动原创生产是转型升级的唯一途径，原创动漫生产是源头活水，是发展根基，是扩大产业影响力的唯一途径，是培育产业生态的核心竞争力。

1. 梳理文化资源凝练济南精神

济南文化底蕴深厚，政府、机构、企业、社会要共同盘一盘济南文化的家底，为各类型文化创作提供素材基础。济南作为历史文化名城、山东省会，是齐鲁文化交汇融合之地，既有文化内涵又贴近人们日常生活的文化内容俯仰皆是，能体现当代中国精神的创作素材也比比皆是。要系统化梳理济南文化的层次，哲学层面、美学层面、民俗层面、自然层面、人文层面等等，不必追求如何详尽完善，能够为文化艺术创作提供选题即可，这是挖掘济南文化、创作优秀作品、打造济南影响力的必要一环。

2. 建立动漫创作选题规划机制

坚持以人民为中心的创作导向，用好传统媒体，衔接各大网络平台，利用好国家层面展会、赛事，发掘一批优秀选题、优质创意和种子项目，在政策层面建立精品项目库、选题种子库，发布重点选题指引，引导行业形成"谋划一批、储备一批、创作一批、播出一批"的创作机制。加强与京津冀、长三角产业行业的沟通交流，支持共同选题、联合创作。

聚焦重大时间节点和培育社会主义核心价值观、弘扬中华优秀传统文化、建设中华民族现代文明等主题，从新时代人民创造、革命文化故事和经典神话、英雄传说、科幻作品、民间文学、民俗传统中广泛取材，加强创作统筹，重点引导扶持反映济南文化、具有传统美学的精品。

3. 加大优秀动漫产品扶持力度

筹划济南国际原创动漫节，组织数字创意创新创业赛事，引导突出齐鲁文化和传统美学风格。发挥网民和基层创作力量作用，发现民间创作人才，推出各类原创作品。鼓励各视听平台加大引导和投入，采购原创优质动漫，推动创作百花齐放。

4. 鼓励动漫多元创作

鼓励开展儿童动漫创作研究，建立少儿精品项目库并给予重点扶持。鼓励创作面向青少年的动漫作品。支持动漫形式创作公益广告。围绕济南产业布局，实施重点工程、前沿科技科普动漫重大选题计划。实施科普动漫发展行动，建立资源共建共享平台和科学顾问制度。支持相关评奖增加科普动漫类别。

5. 建立 IP 孵化机制

推动优质漫画 IP 改编为动漫游戏作品，鼓励建立动漫交易投资平台，创新动漫创投模式，加大对有潜力项目的扶持力度。鼓励投融资机构、新媒体平台对优质 IP 进行前置化商业打造，吸引投资机构采取股权融资方式获得直接融资。

6. 鼓励游戏原创

加强游戏产业协同创新。支持主题好、创意佳、质量高的优秀原创游戏研发、出版、发行。建立网络游戏重点选题库，鼓励龙头企业和成长型企业联合创新。支持游戏产业围绕新一代信息技术和制造业服务业融合等相关领域积极探索。落实网络游戏属地管理试点，提升审核效率，优化营商环境。

（五）传播层面

构建传播体系是产业转型的核心抓手，是提升自主创新能力的切入点，不解决传播体系的问题，资金、人才、科技等其他方面的扶持政策都会进入空转状态，整个产业也会依然处在外包服务和定制服务的弱势地位中。

1. 流量传播

一是构建与主要网络视听平台的协作机制。当前动漫短视频的传播、动漫电影的宣发、动漫产品的销售、动漫服务的推广等，主要依赖于网络视听平台尤其是短视频平台的分发，掌握流量入口就是掌握产业命脉，建议政府层面或者宣传文化部门建立与短视频平台的战略协作机制，利用短视频平台的巨大流量和传播能力，打开动漫产业宣发能力的窗口。

二是建立优秀动漫作品的流量补贴机制。利用文化产业发展专项基金，以及其他文化旅游宣传类资金，积极争取适当额度，用于优秀动漫作品的流量投放，尤其是具有济南本土特色的动漫作品的流量投放。政府扶持资金从补贴作品向补贴流量适当倾斜，一方面动漫作品可以起到良好的宣传作用和消费带动作用，另一方面还可以改善优秀动漫企业、优秀动漫作品创作容易、宣传推广难的局面，流量补贴能够切实为处于孵化期的动漫企业解决问题。

三是在流量补贴机制基础上建立优秀作品赛马机制。短视频、小投入、快产出的方式孵化IP，然后再融资、大制作的模式，是当下动漫企业进入快速发展的快车道，《中国奇谭》从2023年推出短视频，到定档2025年暑假，就是一个典型的案例。在流量补贴机制基础上，建立优秀动漫作品和动漫项目赛马机制，引导各类文化产业投资基金、创业投资基金等扶持基金建立投资平台，以多种形式孵化优秀动漫作品和优秀动漫项目。

2. 品牌传播

打造济南动漫集体品牌。制定品牌发展规划，设计品牌形象，发展品牌授权和形象营销。对获得各类政府扶持的动漫项目予以集体品牌认证，添加品牌标识。支持培育主业突出、原创能力强、行业影响力强的龙头企业。推动济南优质动画展播。发布济南年度动画片单,组织济南广播电视台、各区融媒体中心和重点网络视听节目服务机构开展主题动画作品展播。

3. 节展传播

着眼于构建一个多元化、国际化且具有高度影响力的动漫文化生态圈,统筹规划济南市动漫产业展览、会展、节庆和赛事活动;加强与京津冀、长三角、大湾区等先进地区交流合作,引进国内知名赛事,推动国际动漫类展览、节庆落户济南;在市级层面,应重点支持"齐鲁国际动漫博览会""世博动漫嘉年华"等节会品牌,提升活动的吸引力和参与度,逐步塑造济南动漫品牌。

充分利用地理优势和文化底蕴,将动漫活动与历史名胜、自然景观相结合,促进旅游与动漫文化深度融合,形成产业联动效应;鼓励举办动漫周边展览活动,聚焦联动儿童剧、亲子教育、动漫出版物等衍生品开发;聚焦游戏研发、赛事活动、促进消费等关键环节,吸引优质电竞资源集聚。

4. 国际传播

构建国际性动漫交流平台,提升动漫类节庆、会展水平,邀请世界各地的动漫艺术家、创作者、学者和产业界人士参加,通过展览、论坛、工作坊等形式,展示济南乃至中国动漫的最新成果,同时吸收国际动漫的先进理念和技术。

鼓励面向海外发行优秀原创动漫游戏产品,支持企业寻求与海外动漫产业的深度合作,包括但不限于联合制作、版权交易、技术共享等,通过与国际知名的动漫制作公司、发行商建立合作关系,将作品推向国际市场,同时学习国际先进的制作和营销经验。

发挥动漫游戏国际化表达优势,积极推动济南企业参加知名国际动漫游戏节展,提升作品的国际声誉;在国际交流中,应注重展现中国文化的独特魅力,尤其是在讲述中国故事、展现山东风情和济南特色方面下功夫;将济南的历史文化、风土人情、民俗传说等内容生动地呈现给国际观众,增强济南动漫作品的文化底蕴和艺术价值。

（六）科技层面

当下，科技深度融合是动漫产业转型升级的重大历史机遇，虚拟现实技术拓展了动漫产业的边界，生成式人工智能（AIGC）的快速发展，即将重塑整个产业生态。

1. 统筹推进生成式人工智能在动漫产业的应用

生成式人工智能（AIGC）目前发展依然很不成熟，信息及时程度、信息准确性、多模态交互、生产流程衔接等各个方面都存在着很大问题，版权风险、科技伦理风险、意识形态风险也同时存在，但是可以非常确定的是，在未来两到三年内，AIGC 将会在很大程度上提高生产效率，取得普遍化的应用。

目前限制 AIGC 的主要因素是算力、算法、数据，其中主要因素是中文互联网缺乏优质内容资源。与过去信息化、数字化时代不同，各类软件、App 的核心竞争力在于技术开发和流量推广，AIGC 类应用的核心竞争力在于优质数据资源。

建议配合文化数字化战略的实施，由宣传文化部门统筹推进 AIGC 在文化领域的应用。一是避免过去信息化、数字化时代无序开发带来的重复建设，避免数据孤岛；二是推进文化数字化工程所形成的数据资源能够直达基层，能够得到充分的利用；三是文化数字化工程所形成的数据可以规避互联网数据带来的意识形态风险和科技伦理风险。

统筹推进产生的不同领域的智能应用，可以形成应用矩阵，可以按照"谁投入、谁贡献、谁受益"的原则盘活文化数据资产价值。

2. 强化科技攻关，构架创新驱动引擎

面向驻济动漫企业征集科技需求，编制科技攻关课题指引。加大对虚拟现实（VR）、增强现实（AR）、人工智能（AI）等前沿技术的研发投入，特别是在动画渲染、角色建模、智能编剧等方面，以提升动漫作品的视觉效果和智能化水平。可以通过设立专项科研基金，吸引顶尖科研团队和企业共同攻克技术难关。

支持头部企业加强与驻济高校和研究机构的合作，建立产学研用一体化的动漫技术研究中心，促进学术研究成果向实际应用转化，解决行业共性技术难题，同时为动漫企业提供定制化的技术支持。

支持新技术在游戏领域的应用研究，鼓励游戏引擎等核心技术自主研发。将游戏渲染引擎、AIGC 等相关新技术纳入高精尖资金支持范畴。

3. 加强科技体系建设，完善动漫科技支撑网络

以行业协会为纽带，建立覆盖全市的动漫科技资源共享平台，整合硬件设备、软件工具、数据库等资源，为动漫企业尤其是小微企业提供低成本、高效率的技术服务。

健全科技成果评价与转化机制，设立专门机构负责对接科研成果与市场需求，推动科技成果快速转化为动漫产品和服务，形成从研发到应用的完整链条。

支持建模工具、3D 可视化、人工智能、区块链等新技术应用，推动尖端动漫技术与传统行业数字化协同设计场景落地应用。扶持校企共建沉浸式动漫体验馆。立足超高清产业链，推动硬件制造厂商与动漫生产机构合作，推动优质内容集成和版权保护，优化科技产业生态。

（七）人才层面

1. 推进济南市动漫产业市域产教联合体建设

制定《济南市动漫产业市域产教联合体建设指导意见》，明确建设目标、任务分解和实施步骤，同时设立专项基金，为联合体的启动和运营提供财政支持。为确保合作各方的利益均衡，创新利益分配机制，通过合理的回报体系，激发企业参与的热情，同时鼓励教育机构提升教学质量。探索多样化的校企合作模式，如共建实验室、订单式培养、现代学徒制等，以适应不同层次的教育需求和产业需求。

依托驻济高校，构建高标准实训基地，为学生提供实践环境，加速理论知识向实践技能的转化。建立集信息发布、资源对接、项目申报等功能于一体的在线产教融合服务平台，促进教育机构、企业、学生和政府之间的信息流通，提高合作效率。

支持举办高校动画短片创作、青少年动漫创作大赛。组织各类青年动漫

编剧、导演和理论人才培训。鼓励职业院校开设动漫及相关专业，推广教育部 1+X 动画制作等职业技能等级证书，开展动漫制作职业技能大赛。

重点推进"双师型"教师队伍建设，鼓励教育机构聘请动漫产业的专家和资深从业者担任兼职教师，同时支持教师赴企业挂职锻炼，提升教师的实践教学能力。实施订单式人才培养计划，根据动漫企业的具体需求，定制化培养动漫设计、制作、营销等方面的专业人才，确保学生毕业后能迅速适应岗位，减少企业培训成本。

鼓励产教联合体成员共同申报国家和地方科研项目，开展动漫内容创新、技术革新和市场拓展的研究，促进科研成果的产业化应用。举办定期的动漫产业创新论坛、技术交流会等活动，为教育机构和企业提供展示成果、分享经验的舞台，进一步激发动漫产业的创新活力。

推动驻济高校加强漫画、动画、数字媒体艺术专业规范制定和动漫专业标准化教程及教材开发，努力形成具高水平动漫类教材体系。

鼓励高等院校、科研院所和企业创办集人才教育与培训、技术研发与服务、龙头企业集约发展、中小型企业孵化以及国际经济技术合作等功能于一体的动漫产业基地。

2. 完善人才引进体系

落实人才激励政策。给予动漫产业相关的高级人才税收减免、住房补贴、子女教育优先安排等优惠条件。对作出突出贡献的个人予以表彰和奖励，以此增强城市对顶尖人才的吸引力。

组织国际动漫节、创意大赛、学术研讨会等活动，邀请全球动漫领域的专家学者、设计师和企业家来济交流访问，促进国际人才互动与合作。利用这些平台展示济南良好的工作环境和发展机遇，吸引海外人才的关注和兴趣。

鼓励高层次人才回济创业，支持顶尖动漫游戏团队落户济南。依托行业协会，建立海外营销数据库。动漫拔尖人才在科技、文化领域以及创新创业大赛获得国家级、省级、市级奖项的，或国家有关部门认定的世界级奖项的，给予一定奖励政策。

成立动漫产业人才引进基金，用于支持海外留学归国人员、行业精英的创业项目，以及为引进人才提供必要的科研启动资金和生活补助。

3. 推动济南动漫智库建设

推动建设济南市动漫产业智库，专注于产业政策分析、市场趋势预测、技术创新评估、文化价值挖掘等领域，为政府提供政策建议，为企业提供战略指导，为教育机构提供课程设计参考。

建立科学的智库运行机制，确保研究的独立性、公正性和时效性，包括设立专项基金，为智库的日常运营和重大项目提供稳定的资金支持；构建成果发布与转化平台，定期发布研究报告，推动研究成果向政策建议和商业实践的转化；建立智库绩效评价体系，定期评估智库的研究质量、影响力和社会效益，确保智库研究的实效性和公信力。

充分利用大数据、云计算、人工智能等现代信息技术，建立数据驱动的研究模式。通过构建数字化智库平台，集成文献检索、数据分析、在线研讨等功能，提升研究效率与成果的传播范围。

与济南市动漫产业市域产教联合体紧密协作，将研究成果应用于教育实践，同时吸收一线反馈，优化研究方向。与国际知名动漫产业智库建立合作伙伴关系，共同开展跨国研究项目，分享最佳实践，提升济南市动漫产业的国际影响力。

（八）产业层面

1. 推动动漫产业集聚

梳理济南市现有的动漫产业园区和文化产业园区，在明确产权责任的前提下，筛选条件较好的园区打造产业集聚的核心载体，推进动漫游戏产业集群发展。可以考虑在现有的科技类园区内孵化动漫产业园区，尤其是在区块链、大数据、云计算、虚拟现实、人工智能等产业发展较好的园区内，开辟动漫产业园，打破行业壁垒，促进文化科技融合。

完善园区配套基础设施，包括高速网络、展览空间以及生活配套服务等。用市场化手段在园区内打造专业化服务平台，提供市场调研、品牌推广、全媒体营销、法律服务、版权交易、资产评估、投融资服务等一站式服务。设立动漫技术实验室，为企业提供技术研发和应用支持，如虚拟现实、增强现实、动作捕捉、人工智能等。

招商引资措施适当向动漫行业倾斜，引入国内外知名的动漫制作公司，以及相关的上下游企业，如动画外包服务、后期制作、游戏开发等，促进资源优化配置和共享。可以由行业内领先企业发起建设，利用其品牌效应和行业资源吸引上下游企业入驻，形成产业链集聚效应。

鼓励私人资本、风险投资基金、私募股权等投资动漫产业园区的建设和运营，形成多元化投资格局，降低政府财政压力，同时引入更专业的市场运作经验。

2. 完善动漫产业链条

强化内容创作的核心地位。以行业协会为载体，建设原创动漫作品孵化中心，落实各项扶持政策，鼓励独立动画师和小型工作室进行原创故事和角色的开发。加强与国内外知名动漫院校及研究机构合作，定期举办创意工作坊和编剧培训班，提升创作团队的故事讲述能力和艺术表现力，为产业链源头输送高质量的内容素材。

推动技术革新和工艺升级。以骨干企业为依托，用市场化手段建立动漫技术研发中心，专注于虚拟现实、增强现实、动作捕捉、3D 打印、人工智能等前沿技术的应用研究，提高行业技术融合能力。

推进衍生品行业渠道拓展。构建全面的授权管理体系，突破文创概念，加强与礼品、旅游产品、节庆用品、民俗用品、家居装饰品、服装服饰、家居日用品、玩具等领域行业协会、销售渠道、电子商务平台的合作关系，建立异业联盟，推动动漫衍生品、文创产品回归传统渠道。

推进动漫产品全媒体推广。落实动漫产品营销推广和流量投放扶持政策，加强与各短视频平台的合作关系，建立济南动漫全媒体推广中心，为动漫产品的推广营销和流量投放提供解决方案，精准触达目标受众，增强用户黏性。推动与动漫主题相符的品牌进行联名合作，例如快消品、电子产品、服装等，通过联名产品将动漫 IP 植入日常生活场景。邀请知名动漫博主、网红进行内容共创，利用他们的影响力带动话题热度。同时，鼓励用户参与创作与分享，激发用户创作热情，形成二次传播效应。建立完善的用户反馈机制，通过社交媒体监听、在线问卷调查等方式，收集用户对营销活动的反馈，及时调整策略，确保动漫推广活动的持续优化和效果的最大化。

推进消费市场培育。通过举办动漫文化节、动漫电影周等活动，营造浓厚的动漫文化氛围，提升公众对动漫艺术的认识和欣赏水平。同时，利用社交媒体和网络平台，加强与粉丝群体的互动，收集反馈，指导产品和服务的改进，形成良性的市场循环。

3. 发挥行业赋能作用

推进动漫产业赋能文化产业发展。引导旅游景点将优质动漫 IP 影像产品、卡通形象、线下游戏纳入旅游路线设计、展陈展示、讲解体验。支持旅游景区、博物馆、商圈、交通枢纽等引入动漫游戏场景，打造旅游体验新模式。支持演艺剧目动漫角色与真人角色混合演出，推动动漫元素融入沉浸式、体验式演出场景，丰富演艺新空间。鼓励舞台演艺剧目大规模应用数字动漫科技手段。

推进动漫产业赋能支柱产业发展。在大数据与新一代信息技术领域，懂技术的不懂文化，懂文化的不懂技术，应当以行业协会牵头，通过建立文化科技产业联盟的方式，加强沟通与交流，孵化新模式、新业态。在智能制造与高端装备、精品钢与先进材料、生物医药与大健康领域，应当建立济南动漫异业推广联盟，促进动漫技术、虚拟现实技术在各行各业的应用，同时发挥动漫在创意设计、教育培训、品牌故事、公益科普等方面的作用，赋能支柱产业。

推进动漫产业引领新兴产业联动。在空天信息、新能源、绿色环保、量子信息、生命科学等领域，利用动漫技术推广智能设计与仿真，开展相关产业动漫科普活动，建立跨行业合作机制，促进动漫企业与新兴产业之间共享资源、技术交流和市场开拓。

以企业跨界联合提报的方式，举办制造、医药、健康、环保等多领域虚拟仿真和虚拟现实作品大赛，配合全媒体营销手段，推广济南支柱产业布局和新兴产业布局，服务济南总体战略布局。

4. 促进区域协调发展

推动黄河流域高质量发展战略下的动漫产业联动。深入挖掘黄河流域丰富的文化资源，结合本土历史故事、民俗风情和自然景观，打造具有鲜明地域特色的动漫 IP。与沿黄各城市共同发起"黄河动漫联盟"，定期举办动漫创作大赛、文化论坛和产业博览会，搭建起一个开放共享的平台，促进人才、技术、资本的自由流动，加速动漫产业的集群化发展。

推动济南都市圈内的动漫产业协同发展。在济南都市圈内，重点推进动漫产业园区的建设，通过提供优惠政策和优质服务，吸引上下游企业集聚，形成动漫创作、制作、发行、衍生品开发等全产业链的协同效应。加强与周边城市高等院校的合作，共同开设动漫专业课程，举办各类实训营和创意大赛，为都市圈内的动漫产业输送创新力量。推动都市圈市场一体化，构建线上线下相结合的营销网络，举办济南都市圈动漫嘉年华，辐射全国乃至国际市场。

推动济南都市圈范围内各城市出台更多支持动漫产业发展的政策措施，包括但不限于设立专项基金，为动漫项目提供启动资金和融资担保；简化跨区域合作的审批流程，为企业间的技术交流和资源共享创造便利条件；以及提供税收优惠、场地租金减免等的扶持措施，推动动漫企业的跨区域联动。

5. 加强产业保护管理

建立健全版权登记和保护机制，简化版权登记流程，提高效率。支持利用区块链等数字加密技术加强版权保护，降低企业维权成本，营造良好发展环境。加大执法力度，严厉打击盗版侵权行为，建立快速反应机制，包括但不限于法律诉讼、行政处罚等手段，震慑潜在的侵权者。此外，推动建立版权交易和授权平台，提供透明、公正的版权交易环境，促进合法授权和版权流转，激活市场活力。

加强动漫游戏监管，探索建立动漫企业信誉评价体系，设立中腰部企业白名单制度，规范动漫产业的经营秩序。制定和完善行业标准，包括产品质量、安全标准以及服务规范，确保所有动漫产品和服务符合国家法律法规要求。加强市场监督，定期开展专项整治行动，打击不正当竞争行为，如虚假宣传、低俗内容、侵犯消费者权益等问题，维护公平竞争的市场环境。建立消费者投诉和反馈机制，及时响应市场动态，保护消费者合法权益。

推动行业自律，形成良好的行业风气，鼓励动漫企业签署行业自律公约，承诺遵守法律法规，尊重知识产权，提供优质产品和服务。

文化"两创"典型案例

历城区文化"两创"发展报告

| 济南市历城区委宣传部 |

  历城，因"舜耕历山"而得名，文化底蕴深厚，是济南的重要核心城区之一，素有"齐鲁首邑"之称。近年来，历城区以"文化历城"建设为引领，全面推进文化"两创"工作。2023年初结合实际提出"四带一心"（沿黄河、小清河、胶济铁路、旅游路四条文化体验带，唐冶公共文化服务中心）发展布局，统筹全区农科文旅融合发展，实现了整合资源、聚力发展。历城区积极发展文化事业和文化产业，不断发挥地域文化优势，城市软实力实现较大提升。

一、历城区文化资源情况

  "先有历城县，后有济南府"，历城南依泰山，北揽黄河，人文古迹众多，在济南历史文化当中具有独特地位。张马屯遗址是济南最早的文化遗址，证明九千多年前济南就有先民居住；大辛庄遗址是殷墟之外唯一发现甲骨卜辞的遗址；1928 年在历城县龙山镇发现的城子崖遗址，奠定了济南作为中华民族发祥地之一的地位。历经夏商时的谭国、春秋时的泺邑、秦时历下邑等时期，历城于公元前 153 年设县，西晋永嘉年间济南郡治迁至历城，明初又成为省治，自此"齐鲁首邑，方物之盛，区域之广，甲于通省"。1929 年民国设济南市，将历城县城划为济南城区。1987 年历城撤县设区。几千年来，鲍书牙、闵子骞、终军、秦琼、房玄龄、辛弃疾、赵孟頫、张养浩、李攀龙等本籍或客籍名士，为历城留下无数壮美诗篇。近代以来，历城也站在开放前沿。洪家楼教堂、胶济铁路、山东大学等，见证了中西碰撞交融的百年进程，王尽美、邓恩铭等在历城县城点燃了山东的革命火种。一代代先辈为历城人民留下无数宝贵的文化遗产，等待我们去继承、挖掘，开创新的文化辉煌。

二、历城区"两创"工作开展情况

（一）激活考古文化

争取 400 多万元资金，实施国家级文保单位洪家楼教堂的抢修工程，完成了洪楼教堂的保护规划；协调社会资金 1700 万元，完成省级文保单位方济各会神父修士宿舍的加固和抗震工程；策划和推进大辛庄考古遗址公园规划建设，列入全市黄河文化十大工程；完成历城区博物馆数字化保护工程、馆藏金属文物修复工程，在全市区县博物馆中率先完成藏品建账建档工作；省文物保护与修复中心、省考古研究院、水下考古研究院、考古博物馆、科技考古中心、石刻及石窟寺研究保护中心等单位，入驻历城唐冶片区。

（二）创新名士文化

结合闵子骞文化传说，连续举办五届孝文化节，扩大传统文化影响力；以历城非遗木偶戏为载体，创作《少年闵子骞》《少年辛弃疾》等剧目，扎实推进木偶剧进校园，扩大木偶小剧场在济南周边城市覆盖率，增加历城名士对外影响；弘扬名士廉洁文化，依托省级文保单位房彦谦墓建设廉洁文化主题公园，在济南高铁新东站广场建成廉洁教育广场，讲述济南名士故事；举办"中华美德学堂""稼轩故里文化讲堂""开明·微论坛"等，让名人轶事从典籍纸堆走向生活叙事；打造张振杰故居、景晓村纪念馆、田遨纪念馆等新名士纪念场所；启动"口述历城"录制计划，对历城区70岁以上老文艺家、老党员、老干部、老教师、老军人进行专题口述资料采写；坚持《历城历史文化丛书》编写，不断充实丰富，补充研究素材。

（三）弘扬开放文化

足球"村超"、篮球"村BA"相继火爆出圈，吸引游客20多万人次；山东手造历城区展示中心升级，新设综合展销区和山东手造直播间，手造类面积增加到3000平方米；新建16个山东手造销售专区，累计打造非遗工坊44个，新增区级鲍山刻瓷展示体验中心1个；省委宣传部、省商务厅等12个省直部门联合认定山东省特色服务出口基地3个；济南国际陆港成为"山东手造"出口企业聚集区，根据山东手造搭乘中欧班列出海拍摄的《山东手造"出圈"国际市场》宣传片，在秋季黄河大集启动仪式上发布，被各大媒体转发。沿黄河文化体验廊道，2023年打造了1000亩"水美乡村主题公园"，80亩"荷花溪田"农文旅项目，其中20亩巨型稻田画成为市民打卡点；小清河十里花海、百合园、油葵园等项目开门纳客。沿胶济铁路文化体验廊道；环联1904火车夜市新址落成，成为济南夜经济和网红打卡的热门地；579百工集立足打造有烟火气的城市，举办机车节、汉服节等各类活动，获评省级夜间文旅聚集区，社会影响力越来越大；甄家村作为廊道建设重点村，投资272.81万元，齐鲁样板美丽乡村建设基本完成。

（四）赓续红色文化

历城区高度重视爱国主义载体提升，投资800万元实施历城县府老城墙战斗遗址保护工程；与省委党校合作共建了5000平方米的历城党史教育馆，通过声光电和数字智能控制技术，还原史实场景，展示中国共产党在不同历史阶段的奋斗历程；神武革命烈士墓、济南一中校史馆、泰山军分区歼灭伪三团团部旧址、洪家园烈士墓等多处红色遗迹入选《山东红色基因（济南卷）》。相继出版《历城英模人物》《历城党组织的建立及革命斗争历史（1921—1949）》《1948 年历城解放故事》《永远跟党走》等图书；与山东青年政治学院文化传播学院合作，启动了历城红色资源挖掘与保护工程，根据历城烈士的事迹，策划《大学生讲述革命烈士故事》栏目，在"学习强国"发布了 6 期；编创大型红色纪录片《历城画卷》，以宏观视角讲述历城百年党史故事；拍摄《致敬老兵》《我是一个兵》公益短片、录制《老兵口述历史》系列短视频等党史学习教育可视化教材，记录身边英雄，重温英雄事迹。

（五）繁荣公共文化

历城区文博中心总建筑面积 1.5 万平方米，文化馆、图书馆均被评为国家一级馆，博物馆被评为国家二级馆。14 个街道分别建成了文化馆分馆和图书馆分馆，街道综合文化站及社区（村）综合性文化服务中心实现全覆盖，全区 8 个街道和 17 个社区（村）建立了历史文化展示厅，已建成泉城书房 5 家。总投资约 15.3 亿元的历城市民中心，建筑面积 20.2 万平方米，功能涉及新文化馆、档案馆、方志馆、组织部管档中心、妇女儿童活动中心、老年大学等。历城党史教育馆、全福街道泉城书房、虞山书院泉城书房等入选全国最美公共文化空间。

（六）培育数字文化

超算中心、浪潮 IBM 产业园、中国智能骨干网等项目的落地，为历城区引进和培育数字产业提供了基础设施和载体；3 家企业在省数字平台审批通过为山东智造龙头企业，"好客山东云游齐鲁"智慧文旅平台、全球旅游目的地产品分销云平台、"数字沉浸式显示技术"和"裸眼 3D 显示技术"被认定为山东智造拳头产品。围绕电竞产业发展，2024 年 4 月 10 日成立了济南市电竞游戏产业联盟，4 月 20 日在融创中心举办 2024 穿越火线职业联赛春季总决赛，系山东首次承办此等级的赛事，历城区的数字文化产业正在加速聚集。

（七）传承非遗文化

实施了两期历城民歌抢救性保护工程，提升民歌 21 支，黄河号子 5 支；出版了《历城民歌》音乐专辑和《历城民间音乐拾遗》图书；专辑首发活动在中央电视台、央视网、央广网、中国文化报、人民网、新华网、凤凰新闻、澎湃新闻、腾讯网等进行报道，关注量超过五千万；扎实开展历城民歌进校园，确保近十万中小学生每人学会一首历城民歌；传承发展省级非遗项目梆鼓秧歌，《梆鼓声声庆丰收》参加山东省第三届优秀广场舞作品展演，获得展演奖；开设了木板大鼓传习班，让濒临消失的传统民间歌舞再次成为"活的艺术作品"；结合黄河文化挖掘保护，对传统民歌中的《黄河号子》《山东夯号》进行了恢复和再创作，并与原创合唱作品《破阵子》组合为《山河颂》大型实景演出，组织全区 3000 名群众合唱，新华网、人民网、央视频、"学习强国"等进行了报道；提升历城非遗济南木偶戏，实现三个突破式创新：技术创新，木偶 AI 自动播放；内容创新，根据历城名士、抗战故事新创《少年闵子骞》《炮楼战》等新剧目，呈现时代精神；模式创新，不但大量建设固定剧场，还开发了移动小剧场，实现流动播放。

（八）宣讲传统文化

历城区将理论宣讲与新时代美德健康生活方式、全环境立德树人、移风易俗等结合，与山东大学合作共建，依托山东大学儒学高等研究院、中华美德教育学院、中华美德教育基金会，在历城区建立合作平台、校外教学基地，在机关、企业（园区）、村居、学校、文化场所设立"中华美德学堂"，开展传统文化研究、传播与理论宣讲工作和儒学、儒商文化研学活动，携手建设"美德历城"。推出"传统节日与中华美德""历城名士的廉洁文化思想""习近平法治思想"等系列品牌课程，现已完成挂牌学堂 363 个，举办各类活动 2000 余场，实现机关、学校、企业、社区（村庄）等全覆盖，2023 年初被市委宣传部授予全市宣传思想文化工作创新案例称号。历城区教体局积极开展"美德教育"，打造了"勤志大讲堂"；历城区慈善总会面向弱势群众，推出了"幸福家园"大讲堂；历城区稼轩文化交流协会坚持打造稼轩故里文化品牌，持续举办"稼轩故里文化讲堂"；文艺志愿者服务中心和文史哲阅读博物馆定期举办"张炜读书会"，形成历城区文化宣讲的平台矩阵。

（九）开展群众文化

一是以文艺精品创作为抓手，提高群众文化供给水平。双子影业完成《最后的心愿》《奇幻之家》拍摄；以历城区全国脱贫攻坚先进个人李洪文为原型创作的蟠龙梆子电影《二十二万公里》首映,"三让三提升"宣讲经验做法得到邓云锋副省长签批肯定;根据历城故事创作的木偶剧《少年辛弃疾》《少年闵子骞》《炮楼战》,在重庆巡演受到欢迎;创作山东快书、诗歌、吕剧小戏等文艺作品60部,小戏小剧不断推陈出新;历城文化丛书累计出版30多册,《历城村庄故事》《典籍中的历城》《口述历城》等短视频作品累计拍摄200余部,留下历城文化记忆的宝贵资料。二是以文化"两节四集四赛"为抓手,提升城市文化对外影响力。成功举办农民丰收节、水美稻乡开镰节、乡村露营音乐会、唐王白菜草莓文化旅游节等活动,丰富了农民生活;先后举办历城区全民足球赛、机关篮球赛、荷花路街道篮球赛等一系列赛事,朱家村蹚出了足球文化带动乡村文化振兴的新路子;举办四季黄河大集系列活动,华山湖景区成为全市举办黄河大集活动的主阵地,历城区承办的山东省秋季黄河大集启动仪式,大众报业新闻作品单日阅读量6000多万,新黄河新闻作品阅读量过亿,登录热搜榜;山东省全环境立德树人心理健康主题宣讲、德育文化节等活动,被人民日报、光明日报等央媒报道;非遗桥氏木作、华山风景区、历城民歌《抓子歌》等,先后被央视1套、4套、15套报道;组织外国人参观手造展示中心、历城博物馆、秋季黄河大集等各类活动,中国网、济南国际传播中心等报道,对外传播再上新台阶。

三、历城区文化"两创"工作存在的问题

历城区文化"两创"工作取得了显著成效,特别是在"非遗"两创和"非遗进校园"方面,做出了一些尝试,效果较好,但调研发现仍然存在以下问题。

一是从对"两创"的认识理解看,普遍进行了学习,也认识到了重要性,但是认识和行动脱节,多数单位未积极主动落实;二是从"四个讲清楚"的成果成效看,干部、党员、青年学生等觉悟普遍提高,"四个自信"进一步巩固,增强了"两个维护"的自觉性和坚定性,但是基层干部埋头干事,不能总结经验、形成模式,影响了效果;三是从文化资源的挖掘运用看,整理村志镇志、维护老街巷、老建筑等文化自觉开始出现,但主要是乡贤、民间知

识分子在做，总体水平不高、影响不大，近些年来的快速城市化和大拆大建，对文化资源的破坏趋势，没有根本改观；四是从传统美德的继承发扬看，有关部门树立的各种典型并不鲜见，但在民间影响不大，典型出现具有偶发性，工作成效呈现碎片化，现代生活方式对传统价值观的解构、对传统伦理道德的消解还在加剧，乡风、民风、街坊舆论对个人道德的影响弱化；五是从推进"两创"的载体渠道和方式方法看，缺乏制度性安排，人才建设及资金等方面投入不足。

四、关于加强改进"两创"工作的建议

从实践和调研发现，基层对"两创"工作非常重视，但由于缺乏统一的引领和指导，自主工作弹性较大，因而在做法和效果上千差万别。因此，建议如下。

（一）加强顶层设计

出台指导性文件，统筹全区文化"两创"工作，制定目标，强化保障，整合文化资源，以解决各部门各街道开展"两创"工作时的自发性、随意性和碎片化问题。

（二）成立研究基金

市级统筹，区级配套，根据需要动态设置课题，调动高校、科研院所开展理论研究。研究成果通过基层宣传部门层层上报推荐，以加强基层宣传部门与驻地科研单位的互动。区县没有区管高校，没有社科联等专门组织，区县党校、宣传部理论科等基本没有理论研究能力，相关人才、资金和工作机制都不具备。因此，必须探索机制，加强与驻地高校、科研院所的合作，解决人才短板问题，同时树立问题导向，引导科研单位解决实际问题，把论文写在大地上。

（三）完善文化图谱

由于多次区划调整，今天的辖区与过去相比变化很大，导致文化叙事断裂。例如城子崖遗址今属章丘区，张养浩故居属于天桥区，辛弃疾故居由高

新区代管，南部山区脱离历城区管辖，导致开展"两创"工作时束手束脚，既怕引起跨区县争议，又不愿为他人作嫁衣裳。建议市级牵头完善文化图谱，整合区县力量，提高文化遗产利用效率。

（四）讲好文化故事

从熟悉的人物身上挖掘新鲜的故事，从熟悉的故事中提取新鲜的价值，把熟悉的价值以新鲜的形式呈现。要适应小众、圈层的特点，因人施策，对不同的人，用不同的语言讲故事。比如，在内容上围绕社会主义核心价值观24个字，用好齐鲁名人、济南名士文化资源，从地方传统文化中汲取营养，讲好身边的故事。在形式上，多挖掘山东传统美德故事，通过故事、漫画、木偶、皮影等形式，进校园、进课堂、进课外读物，从小培养孩子的文化自豪感。

（五）抓好文艺创作

非遗"两创"是很好的切入点。历城区结合历城故事创作的木偶剧《炮楼战》《少年闵子骞》《少年辛弃疾》，都是精准面向儿童，紧切时代痛点创作的小成本文艺精品；支持柳子戏剧团重排《江姐》，推动柳子戏与五音戏结对子，恢复五音戏常态化演出等，抓住老年观众。这些创新剧目或重排经典，蕴含深厚的文化底蕴和价值观念，真正能把"两创"和社会主义核心价值观、新时代文明实践结合起来，讲好中国故事。

（六）融入乡村振兴

最重要的是通过"两创"，把文化赋能和发展生产结合起来，把传统智慧和现代生活结合起来，带动乡村文化振兴、产业振兴。例如荷花路街道的稻田画项目和足球主题公园项目，把农业、文化、旅游、体育等元素结合起来，闯出了一条文旅发展的特色道路。

（七）推进对外传播

文化是对外传播的绝佳素材，品牌是文化传播的成熟载体。在宏济堂阿胶、黄金鑫意银器等文化产品走出国门的基础上，对泉水、泰山、黄河等众所周知的文化符号，进行重新审视，提炼共同价值，赋予新鲜元素，搭建情感桥梁，推出成熟产品，能够起到事半功倍的作用。

章丘区文化"两创"发展报告

| 济南市章丘区委宣传部 |

习近平总书记强调，"中国文化源远流长，中华文明博大精深。只有全面深入了解中华文明的历史，才能更有效地推动中华优秀传统文化创造性转化、创新性发展，更有力地推进中国特色社会主义文化建设，建设中华民族现代文明"。总书记在山东考察时，强调山东要担负起新时代的文化使命，在推动文化繁荣、建设文化强国、建设中华民族现代文明上积极作为，对深入挖掘中华优秀传统文化精华，坚持创造性转化、创新性发展提出了具体要求。

近年来，章丘区深入学习贯彻习近平总书记关于弘扬和传承中华优秀传统文化的重要指示精神，抢抓黄河重大国家战略机遇，立足自身实际，挖掘优势资源，激发创新活力，制定实施方案，从加强挖掘与保护、促进活化与转化、强化阐释与传播、推动共建与共享等方面，不断探索和推进中华优秀传统文化"两创"工作。

一、章丘区文化资源基本情况

章丘是千年古县，历史悠久，文化底蕴深厚，先后被评为全国文化先进县（市）、中国书法之乡、千年古县、中国黑陶之乡。章丘人文荟萃、名家辈出，孕育了唐代名相房玄龄、一代词宗李清照、近代儒商孟洛川等历史名人。

章丘历史文化源流呈现出"后李文化—晚期北辛文化—大汶口文化—龙山文化—岳石文化—商周文化"的先秦文化序列,是山东地区古文化发展脉络无缺环、最清晰的古文化中心之一。现有不可移动文物 322 处,各级文物保护单位 209 处,其中国家级文物保护单位 6 处、省级文物保护单位 12 处、市级文物保护单位 47 处、区级文物保护单位 144 处。可移动文物馆藏数量 3 万件(套),在济南市各县区排名首位。章丘境内有 5 处文物遗迹发掘被评为年度"全国十大考古新发现"(1990 年城子崖龙山与岳石文化遗址、1997 年西河遗址、2000 年洛庄汉墓、2003 年危山汉墓与陪葬坑及陶窑、2017 年焦家遗址),有国家考古遗址公园 1 处、省级考古遗址公园 1 处、国家一级博物馆 1 处、国家三级博物馆 1 处。有国家级非遗项目 1 项、山东省级非遗项目 11 项、济南市级非遗项目 47 项、章丘区级非遗项目 100 项,非遗传承教育实践基地 5 处,申报认定了省级非遗工坊 2 处、市级非遗工坊 14 处。共有各类非遗博物馆、展览馆 30 余处。培育打造传统文化、红色记忆、地理标识产品等专题博物馆80 余处,成为体验历史、传承文化、感受乡愁的重要文化空间。龙山黑陶产业协会被评为山东省级生产性保护示范基地、山东宏济堂阿胶有限公司被评为山东省级非遗生产性保护示范基地。章丘立足龙山文化、清照文化、儒商文化、铁匠文化等优秀传统文化优势,全面推进中华优秀传统文化创造性转化、创新性发展,被评为国家全域旅游示范区、2022 年度优秀文旅营商环境标杆城市、山东省文旅康养强县等。

二、章丘区推进文化"两创"工作的基本情况

(一)加强文物保护,焕发古迹生机

一是加强科学规划。在遗址保护展示方面,先后完成《城子崖遗址保护总体规划》《东平陵故城文物保护规划》《城子崖遗址公园规划》等 3 部规划和《东平陵故城东城墙抢救性保护工程及施工图设计》等 11 个专项保护方案及施工图设计,为大遗址保护"定基调""绘蓝图"。在规划方案的基础上,积极争取上级专项补助资金 6000 余万元、地方财政配套 3000 余万元,开展

大遗址本体保护展示工程施工，为大遗址保存状况"换新貌"。二是推进重大项目。以城子崖遗址、东平陵故城、焦家遗址等 3 处遗址入选国家文物局《大遗址保护利用"十四五"专项规划》为契机，扎实推进城子崖西城垣展厅内遗迹本体渗透加固实验项目、东平陵故城东城墙抢救性保护工程等 6 个国家和省文物部门立项项目，加强文物安全巡管，建立基层文保员公益岗队伍，完成山东省文物安全天网工程建设，实现对 13 处省级以上文物保护单位的全覆盖。三是加强修缮提升。先后投入资金 7000 多万元，对城子崖国家考古遗址公园及博物馆、东平陵故城、汉王陵遗址公园等进行改造提升，完善遗址公园配套硬件设施，推动城子崖国家考古遗址公园成功创建 3A 级景区。提前谋划文物保护工程，积极争取上级专项资金，完成城子崖北区城垣遗迹本体保护工程、章丘老县委旧址（一期）保护修缮工程、博平刘家祠堂、梭庄古建筑群、三德范古建筑群等 30 余处文物建筑保护修缮和展示工程，古建筑本体保存状况得到根本性改善，传统文化展示和宣传教育功能不断提升。章丘老县委旧址修缮保护工程获评第一届山东省优秀革命文物保护工程，孟氏故居活化利用项目获评首批山东省文物建筑活化利用优秀案例，官庄街道石匣村被评为山东省乡村文化建设样板村，普集街道三山峪村获评全省第二批红色文化特色村。

（二）坚持文物"活化"，加强保护利用

以区内各博物馆为载体，充分利用 3 万件馆藏文物，积极推进文物活化利用。章丘区博物馆是济南市唯一的区县级国家一级馆，建筑面积近 3 万平方米，展陈面积 9000 多平方米，馆藏文物近 2.6 万件；城子崖博物馆建筑面积 4000 平方米，展陈面积 3000 平方米，馆藏文物 2000 多件。一是抓好馆藏文物"活化"。策划丰富的博物馆研学活动，让馆藏文物活起来。城子崖遗址博物馆"史前文化研学"项目荣获全国考古遗址保护展示十佳案例、被公布为省级"华侨国际交流基地""中小学研学基地""教师实践教育基地"等称号，入选山东省最美公共文化空间。章丘区博物馆"穿越两千年，玩转汉文化"暑期研学营活动与城子崖遗址博物馆"原始部落进校园"荣获"全市博物馆优秀社会教育活动案例"荣誉称号、"奇妙博物馆之旅"获得山东省第四届"博物馆十佳社会教育案例"。2023年，两馆共组织社教活动近300场，接待观众54万人次。二是抓好文物"活化"传播。推送《溯源龙山》《如果国宝会说话》、大型纪录片《城子崖》等作品，先后在中央电视台播出；推出"黄河文化的日出：山东龙山文化图片展"，在尼日利亚、韩国等线上展出。"两馆"已成为传播章丘优秀文化的靓丽名片，《石上千秋——章丘石刻艺术展》获得第六届（2022年度）"全省博物馆十大精品陈列展览"优秀奖。2020年开展的"奇妙博物馆之旅"获得山东省第四届"博物馆十佳社会教育案例"。三是抓好文创产品开发。区博物馆、城子崖遗址博物馆立足资源优势，积极开发文创产品和研学项目，35件馆藏文物参展长沙"雄踞东方——山东地区汉代文物特展"，水晶当卢、李清照茶具等参展第九届中国博物馆及相关产品与技术博览会。在2019年全国大运河文创大赛获得一金六银的好成绩，章丘区博物馆文创产品"一刀圆尺"荣获2021年全国百佳文化创意产品。

（三）强化非遗传承，促进"手造"发展

章丘境内有城子崖遗址、焦家遗址、东平陵故城等重大遗址，章丘梆子、三德范芯子等国家级和省级非物质文化遗产。我们立足自身实际，将遗址保护和非遗传承作为中华优秀传统文化"两创"工作的重要抓手。一是加大推介力度。组织"大学生读城"计划，推荐优秀非遗项目参加中国——东盟（南宁）非物质文化遗产周、黄河流域文旅合作发展大会、非遗购物节等宣传展示活动，扎实推动非物质文化遗产传承发展。积极组织"章丘手造"参加各级展览会博览会，友谊葫芦非遗工坊入选全国"非遗工坊典型案例"，龙山德功黑陶、章丘铁锅入选"山东手造·优选100"；在2023山东工艺美术博览会暨山东手造精品展中，章丘铁匠荣获金银两项大奖，蒲苇草编手工技艺《李清照词》荣获金奖，20余件文创产品入选山东省文创产品网上商城。组织传统技艺、传统美术、传统医药等项目，入驻"山东手造（济南）展示中心""高速公路服务区"、景区、学校等。在传统节日、文化和自然遗产日、国际博物馆日、中国旅游日等期间，组织丰富多彩的宣传展示活动。二是举办特色活动。以"清新遗人""遗路故事""遗路花语""遗路有你""遗武

抗疫"五个"遗"为主，融合非遗项目展示、视频宣传、故事汇登形式宣传推介非遗，开展线上线下展示展演近百场。开展文化进校园、进农村、进社区等，济南"非遗公开课"系列活动在我区清照小学启动。推进"非遗进高校"，组织非遗项目走进山东技师学院，举办"文化和自然遗产日"非遗展示暨非遗高校双向推介活动，提供非遗项目单位与驻章高校之间的双向选择、交流互鉴，搭建"非遗进高校"良好平台。三是搭建展示平台。打造济南葫芦博物馆、章丘梆子戏剧博物馆、三涧溪村博物馆、三德范庄博物馆4家省级备案认定乡村博物馆，明水浅井粘土矿入选"第五批国家工业遗产""工业文化专题实践教学基地"，明水浅井粘土矿工业文化博物馆、友谊葫芦博物馆获批省级设立备案博物馆；评选非遗传承教育实践基地5处，优秀非遗传承人10位，第二批区级传承人45名，认定非遗工坊20个，建设"山东手造"章丘展示体验中心，面积600平方米，展示体验涉及30余家非遗企业产品300余件。组织章丘铁锅、德功黑陶、章丘点银壶、沃泰龙山瓷长期入住明水古城，组织20余家非遗项目不定期走进明水古城。建立文化资源档案和"文化E点通"公共数据平台，对十批非遗名录等进行挖掘保护。

（四）突出地方特色，打造城市品牌

城市发展既要有筋骨肉，更要有精气神，文化是一座城市精气神的源头。我们将文化融入城市建设，推出"中国龙山泉韵章丘"城市区域品牌，为城市塑形铸魂。一方面丰富文化内涵。以闯关东文化、铁匠文化、儒商文化"三大硬核文化"为支撑，以"敢闯敢创、善作善成""千锤百炼、精益求精""诚信明礼、互利共赢"为内涵，以听觉、视觉、行为识别"三大系统"助推落地，推出《魅力章丘人》视频作品10部、城市区域品牌短视频15部、《中国龙山泉韵章丘——"两创"故事汇》20期，制作《中国龙山泉韵章丘》城市形象宣传片，深入挖掘区域文化内涵。新创小剧作品近40件，小戏小剧线上展播与线下展演活动共165场。沉浸式穿越剧《又见伊人》在第十八届全省读书朗诵大赛中荣获"一等奖"。另一方面发挥自身优势。整合龙山文化、清照文化、泉水文化等历史文化资源，融合章丘铁锅、章丘大葱、龙山黑陶等特色元素，创作《幸福泉》《章丘造》《章丘情》《章丘美》等系列原创城市主题歌曲，推出李清照、孟洛川等人物主题海报、传统节日海报、微信表情包近百组，位列"2020中国城市品牌形象百优县市"榜单第七位，建立了沟通历史与现实、拉近传统与现代的文化体系。

（五）加强研究阐释，提升传播水平

中华文化博大精深、内涵丰富，我们坚持把深入全面研究、准确完整阐释、多种形式传播作为基础工程，努力推进传承发展工作。一是向上借势。积极参与"中华文明探源"工程、"考古中国"项目，配合山东省考古院、山东大学分别做好城子崖、焦家等遗址考古工作，助力考古发掘成果研究及社会传播。加强与山东大学儒学高等研究院、山东省儒学发展促进会等紧密对接、战略合作，广泛开展课题研究和研讨交流。邀请中国文联、人民日报专家学者探访龙山，《龙山寻根》等文学作品在《人民文学》等期刊刊发，提升了龙山文化影响力。二是向下阐释。充分发挥龙山文化研究机构阵地作用，推动龙山文化进校园、进社区、进农村。成立"龙山书院"，在村镇和企业挂牌设立龙山书院授课点，邀请专家学者、社会知名人士授课，建立山东儒学发展促进会章丘分会，依托新时代文明实践中心、所、站、基地等阵地开展"中华优秀传统文化进村居"宣传宣讲活动，提升群众文化素养，夯实传承发展基础。三是对外传播。承办第22届国际历史科学大会——龙山文化卫星会议、"文化和自然遗产日"山东主场等对外文化交流活动，纪录片《城子崖》英文版在中国国际电视台纪录频道播出，推动文化走出去。在中国农民丰收节庆祝活动、中国（国际）文化旅游博览会、"好品山东·品味章丘"特色产品展销推介会等活动中融入黄河文化、龙山文化元素，儿童剧《蛋壳陶寻亲记》年播放500余场，打造黄河文化、龙山文化对外传播符号。

（六）坚持文旅融合，拓宽创新路径

文旅融合是实现中华优秀传统文化创新性发展、创造性转化的重要途径，章丘区坚持以文塑旅、以旅彰文，扎实推进文旅融合发展，通过2个省精品文旅名镇辐射带动，打造文化旅游片区。成功创建国家全域旅游示范区，获评优秀文旅营商环境标杆城市、全国市辖区旅游综合实力百强区、全省文旅康养强县，上榜2023"多彩中国畅游齐鲁"网红打卡地名单，"古城泉韵·

文旅融合"被国家文旅部作为典型案例推广。一是推进项目建设。落实全市"项目深化年"、区委"深化'六大行动'，推动高质量发展"部署安排，突出发挥明水古城、诗韵泉城影视文化基地、文祖甘泉旅游综合体等大项目的牵引带动作用，一体化推进齐长城、胶济线、黄河沿线文化景观打造和文旅项目建设。全力推进齐长城（章丘段）国家文化公园建设，坚持保护优先，系统开展齐长城文化旅游资源梳理搜集，推进沿线博物馆、非遗馆、村史馆等场所功能提升，丰富齐长城文化主题元素。二是举办节庆活动。坚持以文塑旅、以旅彰文，大力发展文旅新质生产力，围绕"溯源龙山""印象龙山""品味龙山""活力龙山""生态龙山""美誉龙山"等六大板块，举办过半年暨乡村振兴戏剧节、齐长城艺术节、2024 驻章高校大学生歌唱大赛等"泉在济南·龙山文化旅游季"活动，打响龙山文化旅游品牌。聚力打造"三大文旅片区、一大节事活动"，将全区分为南、北、中三大区域，南部突出山水休闲、中部突出泉水和文化，北部突出黄河风情，全年持续组织"乡村好时节"系列活动，形成"3+1"工作机制。过半年暨乡村振兴戏剧节作为助力乡村振兴的典型案例被山东省文旅厅发文推广，成功探索中华优秀传统文化"两创"章丘实践。三是推动景区焕新。持续推进 A 级景区提升，支持景区丰富产品、创新业态、完善设施、提升服务。明水古城国际泉水旅游度假区 2023年迎接了山东省文旅高质量发展项目观摩，成为文化传承发展重要阵地；重点推进朱家峪景区提升、野生动物世界"线上动物园"落地，"线上动物园"获评多彩中国（山东）网红打卡点，成功创建山东省 2023 智慧旅游样板景区；百脉泉酒文化旅游区获评省级文明旅游示范单位；指导三王峪景区按照4A 级标准进行综合提升，加快龙山文化"两创"示范基地、七星台摩旅营地、香草园乡村振兴综合体、赵八洞景区综合提升等项目建设。四是乡村旅游提质。针对休闲、度假、研学、团建等新型业态，研究细化各项措施，引导各镇街培育特色亮点，加快培育龙山文化片区、泉水度假片区、山水休闲片区、黄河风情片区、乡村记忆片区，打造章丘旅游的"五朵金花"，推出串联各片区的旅游线路 5 条以上，实施重点民宿项目 5 个以上，2023 年新增省级精品文旅名镇 1 个，总数达到 3 个，省景区化村庄总数达到 21 个，创建省级民宿集聚区一处，形成省会近郊乡村旅游精品目的地。五是拓展丰富业态。大力发展文化旅游新业态，协调做好"文旅+"的文章，加快农文旅融合、文体旅融合、工业游拓展、红色游深化、研学游提效、消费街区培育融合发展，更好地活跃市场促进消费。

（七）盘活文化资源，促进文化繁荣

一是挖掘本土元素。深入挖掘全区社会主义先进文化、红色文化和优秀传统文化资源，推出一批反映时代精神、弘扬优秀传统文化的文艺作品，达40件以上；注重平台搭建，常态化组织开展采风、研讨、推介、展示等活动，提升全域旅游知名度和影响力。二是健全服务体系。健全完善"区—镇（街）—村（居）"三级文化场馆、文化设施，努力打造15分钟文化服务圈，为广大群众提供更便捷的文化服务。完善区图书馆、文化馆总分馆运行机制，做好区博物馆国家一级馆复评工作；目前，章丘区文化馆、图书馆、博物馆均属于国家一级馆，村（社区）综合文化服务中心实现全覆盖，另有农家书屋525个，新增4家省级备案乡村博物馆、1家省级备案国有行业博物馆。推动民星大舞台整体提升，章丘区拥有基层特色文艺队伍300多支，以芯子队、舞龙队、扁鼓队以及五音戏表演队伍等为主，基层文艺骨干达2000余人，全区525个行政村都有自己的特色文艺表演队伍；每年开展各类线上读书、阅读推广、展览、公益讲座、文物赏析，线下文化惠民演出进社区、戏曲进乡村、公益辅导培训、广场舞大赛、全民阅读、公益电影放映、文化进景区、非遗进景区、进商超等系列文化活动1000余场。三是推出重大作品。配合中央电视台、山东电视台拍摄纪录片和专题片《洛庄汉墓》《中华文明探源·城子崖遗址》《城子崖》等，以三涧溪村为故事原型的电视剧《三泉溪暖》在央视热播，聚力推进文艺创作繁荣发展，讲好章丘故事；创作《幸福河畔谱华章》《黄河新曲》《黄水谣》等黄河文化主题作品，推出"大河奔腾——黄河文化图片展"，展现黄河流域生态保护和高质量发展成果。

（八）坚持产业带动，促进成果转化

产业是实现中华优秀传统文化创造性转化的重要载体，我们充分发挥龙山文化、铁匠文化、清照文化等资源优势，创造一批中华优秀文化创造性转

化成果。一是创建产业基地。创建以乡村振兴动能转换为主题的科创孵化基地——龙山味道梦工厂，孵化文化收藏、传统新造、农副产品三大体系，涵盖龙山黑陶、龙山水豆腐、龙山小米等九大子品牌300多类产品，产品远销欧洲国家，仅龙山小米一项就从最初仅存的二三十亩发展到3000余亩核心种植区域规模，带动群众就业增收，"两创"成果带动产业振兴。二是打造特色品牌。制定章丘铁锅、龙山黑陶等行业标准，推进产权保护，打造区域公共品牌，引领行业高质量发展。2023山东工艺美术博览会暨"山东手造"精品展中，章丘铁匠荣获金银两项大奖，叫响章丘特色文化品牌。三是培育研学产业。以非遗项目保护与传承人培养为重点，成立章丘非遗联盟，打造龙山黑陶历史研学馆、孙铁匠铺工坊、葫芦非遗工坊等研学基地，探索"非遗+研学+旅游"模式，以研学融合为特色，以非遗体验为核心，以产教融合为路径，延长文化产业链条，吸引群众尤其是青少年学生积极参与，年接待5万余人次，推动研学产业壮大发展，为传承弘扬优秀传统文化夯实群众基础、注入新鲜血液。

（九）坚持以文化人，涵养文明风尚

积极探索中华优秀传统文化介入社会生活的可行路径，不断涵养文明和谐的社会风尚。一是融入文明创建。将中华优秀传统文化融入精神文明建设，创作五音戏作品《新时代文明实践歌》，将弘扬优秀传统文化和弘扬社会主义核心价值观一体推进，加强社会公德、职业道德、家庭美德、个人品德建设。二是融入日常教育。全区中小学长期开展经典诵读、诗歌艺术节、主题征文等活动，定期组织传统文化大比拼、国学小名士、诗词大会等专项活动，将优秀非遗项目列为一校一品、一校多品中特色挂牌项目，为青少年学生系好传承弘扬中华优秀传统文化的第一粒扣子。三是融入社会治理。将传统文化融入社会治理体系建设，以历史文化名村为重点，深入挖掘、继承、创新优秀传统乡土文化，将传统文化优秀遗产和现代文明相结合，深入阐发团结友爱、扶危济困的优良品德，发挥其道德教化、凝聚人心的功能，为社会治理营造良好氛围。

三、章丘区"两创"工作中存在的问题

一是对本地区优秀传统文化的利用开发不够。主要是对做好新形势下优秀传统文化传承保护的创新之举不多，将文化遗产保护与经济社会发展紧密结合不够。比如，章丘扁鼓、旱船、舞龙、秧歌等非物质文化遗产项目没有得到及时发掘整理和合理利用，有些项目展示也还局限于节庆、会展活动，深度开发利用不够。二是优秀传统文化传承与弘扬体制机制还需完善。优秀传统文化传承工作涉及文化、教育、发改、市场监管等多个部门，具体工作也往往归属多个部门。受部门职能分割和权限不同的影响，现实工作中还没有完全形成相互配合、齐抓共管的传承保护工作机制。三是优秀传统文化保护与传承工作保障措施需改善。部分文化遗产保护经费投入与实际需要相比有较大差距，基层文化遗产保护事业管理和专业技术人员欠缺现象普遍，文物保护管理机构工作人员不足，有的非物质文化遗产项目后继乏人。四是中华优秀传统文化的传播社会参与度还不高。当前不管是历史文物保护，还是非物质文化遗产保护，乃至中华优秀传统思想文化的传承和弘扬，政府"办文化"的现象仍然比较突出，社会力量参与的渠道不够畅通，参与意愿不够强烈，难以形成全社会参与的合力。

四、推进章丘区文化"两创"工作的对策建议

（一）加强交流合作

加强与上级文化部门和组织的交流合作，在龙山文化、清照文化等中华优秀传统文化保护传承发展等方面共同展开攻关，同时积极向上为我区文物保护单位、重大文旅项目、文化创意企业争取政策、资金，助力打造坚强"两创"阵地。

（二）推进重点项目

贯彻落实全省文化遗产保护传承座谈会和全省文化产业高质量发展工作推进会会议精神，加快城子崖遗址西城垣保护展示项目、东平陵故城东城墙

抢救性保护项目和明水古城剩余工程建设，加强辖区内重点文物保护利用，丰富城子崖遗址展陈展览内容，提升明水古城的文化承载功能，推动文化遗产高质量保护传承、文化产业高质量发展。

（三）促进文旅融合

以组织举办"泉在济南·龙山文化旅游季"系列活动为抓手，发挥明水古城、华侨城等重大文旅项目的辐射带动作用，设计推出龙山文化、清照文化、闯关东文化等相关研学线路，组织龙山黑陶、章丘铁锅、点银壶等非遗产品展示展销，开展黄河西瓜、高官寨甜瓜、章丘大葱等特色农产品采摘活动。

（四）加强宣传推介

支持相关企业和个人创作一批能够体现章丘特色的"两创"文艺作品和文创产品，争取在展览展示活动和"学习强国"等上级平台展出，提升章丘"两创"成果知名度，并通过电视、报纸、"两微一端"等载体，宣传全区中华优秀传统文化"两创"工作先进典型、示范案例、重大成果，营造弘扬传承发展传统文化氛围。

济阳区文化"两创"发展报告

——打造"济阳@黄河"文化品牌　提升城市软实力

| 济南市济阳区委宣传部 |

文化是一个国家、一个民族的灵魂，是民族生存和发展的重要力量。党的十八大以来，习近平总书记高度重视文化传承发展，发出大力弘扬中华优秀传统文化的号召，强调要在新的时代条件下推动中华优秀传统文化创造性转化、创新性发展。山东省委、省政府"走在前、开新局"，提出"打造文化'两创'新标杆""塑造文旅产业新优势"，大力实施"山东手造"推进工程等。济南市委、市政府锚定"文化强市"建设目标，持续推动优秀传统文化传承发展。

济阳因济水而名、伴黄河而兴、居泉城而盛。神奇的北纬 37°穿境而过，奔腾的岁月长河沉淀了无数的历史资源，赋予了济阳鲜明的地域特色和厚重的文化底蕴。为抢抓黄河流域生态保护和高质量发展战略机遇，彰显黄河文化时代价值，济阳着眼地域历史文化资源和自然禀赋，围绕"一河一线一新区"（"一河"即黄河，赋予了济阳全市最长岸线和深厚文化底蕴；"一线"即北纬 37 度黄金纬度线，赋予了济阳秀丽自然风光和丰饶物产，国字号农产品和特色美食令人回味无穷；"一新区"即济阳是省会新区，毗邻起步区，是全省唯一的海峡两岸产业合作区）特色人文基因，打造"济阳@黄河"文化品牌，不断提升文化软实力，赋能经济社会高质量发展。

"济阳@黄河"是济阳在落实文化"两创"过程中的创新表述。"济阳@

黄河"通俗讲就是"黄河，黄河，我是济阳，我是济阳"。这样一种呼叫，实质上是通过"@"这个联结符号，来实现一种"有机联系与互动机制"的构建，就是要在济阳与黄河之间，强化"有机的联系"，强化"积极的对话与互动"。"济阳@黄河"文化品牌的打造，对推动黄河文化创造性转化、创新性发展，赋能城市软实力提升，促进文化效益、经济效益和社会效益融合迸发产生积极作用。

一、济阳区文化"两创"资源基础及任务目标

（一）济阳区历史文化与自然禀赋基本情况

济阳于金太宗天会七年（1129）置县，因位于古济水之北而得名。济阳隔黄河与省会济南相望，黄河、徒骇河、徒马河穿境而过，河道纵横、水源丰富，地势平阔，自古以来便是农业发展的重要区域；因濒临黄河（古时的济水、大清河），为水运之要津，陆路之要冲，历来为经济和文化交流的门户。

济阳历史悠久，底蕴深厚，是一座人文之城。济阳自新石器时代即有先民活动足迹，文明数千载。2500年多前，至圣孔子游历济阳、聆听韶乐，留下了"子在齐闻韶，三月不知肉味"的千古美谈。千百年来，济阳涌现出了高风亮节的邢义、经学大师张尔岐等一批历史名人，养育出了不畏强暴的孙九龙、智勇双全的姚殿同、视死如归的傅怀伦等英雄先烈。

济阳境内有丰富的历史遗迹和非物质文化遗产。济阳有大汶口时期玉皇冢遗址、全国重点文物保护单位刘台子遗址、西周贵族墓群、闻名遐迩的孔子闻韶台遗址，还有展现大汉雄风的三官庙汉墓、雕贴精美灰雕的民国建筑群卢氏旧居等20余处文化遗址。此外，非物质文化遗产也十分丰富，有始创于"龙山文化"、传承至今的黑陶工艺，更有形成于夏商时期、享誉海外的国家级非遗鼓子秧歌，这些民间技艺不仅是工艺的展示，更承载了地区的历史记忆和民族情感。

济阳与黄河有着深厚的血脉联系。历史上，黄河数次改道，与济阳产生

联系，特别是 1855 年，黄河夺大清河道入海，自西南而东北流经济阳的崔寨、回河、济阳、曲堤、仁风等 5 个街道（镇），于仁风镇老桑渡村出境入惠民，过境长度 56.5 千米。济阳是黄河下游地区流经长度最长的区县，也是唯一一个中心城区紧邻黄河的区县。济阳人民在认识黄河、治理黄河的过程中，逐渐塑造了开拓奉献、自强不息的优秀品格。黄河岸边的千年生活实践，具化为黄河文化鲜明的特色建筑、艺术风俗，如黄河千年遗韵——三官庙汉墓、黄河滩区的特色建筑——高台民居、黄河之舞——济阳鼓子秧歌、黄河母亲的馈赠——沙土裤等，无不带有黄河的烙印。

济阳地处北纬 37 度黄金纬度线，四季分明，气候温润，"细风吹雨弄轻阴"的平原美景抬眼皆是；60 公里的黄河岸线，3 万公顷的林地覆盖形成了"九曲黄河万顷绿"的独特景观。济阳生态农业发达，"一镇一品"特色鲜明，曲堤黄瓜、仁风西瓜、黄河稻米闻名全国，"稻花香里说丰年"的田园意境让人流连忘返。

不管是地理优势、历史文化还是得天独厚的黄河禀赋，都为济阳推进文化"两创"提供了丰厚土壤，为传承发展优秀传统文化、融合创新现代文化提供了独特条件和无限可能。

（二）文化"两创"任务目标

在"济阳@黄河"文化品牌探索与实践中，济阳区以打造"黄河以北文化高地"为目标，锚定济阳地域历史文化研究促进主题，努力延展"地域历史文化挖掘研究推广、山东手造济北展示体验销售体系搭建、'济阳@黄河'主题文化论坛交流"三条主线，积极打造黄河文化"两创"的"输出地""孵化器""智力库"，着力推进文旅融合，赋能乡村振兴，以文化软实力提升推动经济社会的高质量发展。

二、济阳区文化"两创"工作的主要做法与成效

（一）深化地域历史文化研究，打造文化"两创"的"输出地"

儒家文化教化、黄河文化浸染，让济阳积淀了丰厚的历史文化遗产。为

了让优秀的黄河文化焕发生机，济阳区聚焦"济阳@黄河"地域历史文化研究促进主题，对济阳闻韶文化、黄河文化等进行深入挖掘整理，组织开展地域历史文化研究阐释和宣传推广。

一是成立济阳地域历史文化研究促进会（简称"文促会"）。文促会设立7个研究委员会，以保护传承弘扬黄河文化为着眼点，对济阳闻韶文化、非遗文化、地域文化、民俗文化、民间传统手工艺等进行深入挖掘整理和研究阐释，开设专属公众号宣传展示传统文化精髓。目前已撰写刊发《经学大师张尔岐的教学制学生涯》《传承黄河文化 坚定济阳自信》《济阳黄河文化保护传承和路径研究》等研究成果300余篇。济阳地域历史文化研究系列丛书《千年一脉闻韶台》已完成二次校稿，拟于近期印刷。

二是联合山东大学建立儒学与黄河文化研学基地。基地以山东文化体验廊道重点村——济阳街道董家村为依托，积极开展多角度、多领域的研学行动，汇聚高端资源，为更好挖掘儒家文化和黄河文化内涵提供了智力支持。目前正积极对接山东大学，为设立"济阳@黄河"课题研究做准备。

三是开展主题文化创作活动。全市"百名作家写黄河"活动中，济阳6篇作品榜上有名；以济阳与黄河的历史缘分为主脉，编纂出版《济水之阳·黄河故事》大型读本，通过近200个故事，全方位展现济阳人民与黄河的过去与现在，诠释黄河文化赋予济阳人民的优秀文化基因。

四是成立书法、音乐舞蹈、摄影、美术、文学创作五大协会。协会吸纳300余名专业会员，举办各类展览、公益培训、摄影比赛、舞蹈大赛等主题服务活动200余场次，以灵活多样的形式积极参与"济阳@黄河"主题文艺创作，从不同纬度深入挖掘济阳深厚文化底蕴，不断推动文学成果创造性转化。美术家协会副主席李苏兰获得济南市"海右"宣传文化领军人才称号，摘得第十三届山东省"泰山文艺奖"奖项，她创作的农民画《黄河情·盛世欢歌庆丰年》获得民间文艺类三等奖，三幅作品《山海经系列插图》入选中国美术家协会"书香中国——中国第三届插图装帧艺术展览"；济阳区作协会员线上线下发表文学作品600余篇（首），济阳本土作家齐建水的长篇小说《粮安天下》入选济南市"海右文学"精品工程第三批扶持作品，杜秀香《〈典籍里的中国〉之我观〈汉书〉篇》获第二届"最美中国"当代诗歌散文一等奖。

五是打造济水韶音博物馆。依托深厚的闻韶文化资源,济阳区成功打造了目前山东省内黄河以北最具民俗特色、面积最大、展品最全的农耕文化博物馆——济水韶音博物馆。博物馆以"望得见山、看得见水、记得住乡愁"为主线,内设闻韶书院、古镇春秋、济阳老粗布等二十余处展厅,上至几百年,下至近现代的各种老式家具、家电、瓷器、农具、书籍等,几乎囊括了北方农村所有的生活起居和日常用品,成为黄河农耕文化沉浸式体验打卡地。以该博物馆为核心游览点,济阳区打造了十条精品研学旅游线路,日参观量上百人次,越来越多的地域历史文化逐渐走进大众的烟火生活。

(二)建立山东手造济北展示体验销售体系,打造文化"两创"的"孵化器"

立足丰厚的优秀传统文化沃土,济阳区强化"守正、创新、融合、发展"指导思想,突出"文化+市场+产业+融合"发展定位,以"济北手造"区域文化品牌打造为突破,搭建"八个一"工作框架,助推优秀传统文化实现活化传承,积极赋能乡村振兴。

济阳以济水根脉为主线,对标"山东手造"这一省级文化名片,以"济北手造"为主打品牌,积极盘活手造资源,成立山东济北文化发展有限公司,建成1000余平方米的"山东手造"济北展示体验中心,遴选黑陶、刻瓷、柳编、老粗布等60个展览品种、300余件手造产品纳于其中,"济北手造"主打产品10类,包括黑陶、老粗布、黄河五彩陶等200余件,并专门设置手造技艺展示体验区,全面提升了手造技艺可观、可感、可欣赏的艺术魅力。

我们将传统非遗资源和现代文化元素结合起来,实施"传统工艺+"行动,支持黄河五彩陶制作技艺改良创新,创新研发"黄河五彩陶瓶"和12类石渡陶系列饮具,让更多文创产品符合时代需要、反映时代精神;与各大院校顶级设计师合作,结合传统手工艺与现代设计元素,创造出一系列适应现代市场需求的创新产品。例如,成功将手工编织技艺应用于现代家居装饰品,引导济阳剪纸将非遗技艺作品转印至日常生活用品,为"济北手造"传统手工技艺实现创造性转化、创新性发展提供了现代创意元素和市场消费导向。

　　"山东手造"济北展示体验中心前端连着手造产品加工制造，包括 22 个加工企业、56 个专业合作社、1900 余个个体加工户；后端连着市场销售，打造"农村胖丫"等 5 个线上电商平台，建立 23 个线下销售专区，建成 2 处"济北手造"生活馆，不仅展示了丰富的传统手工艺品，还提供了优秀传统手造技艺与现代文明相互链接、互动体验的平台。2023 年以来，"济北手造"在各大手工艺博览会、展销会、节庆活动频频亮相，先后参加了第四届中国国际文化旅游博览会、第 32 届全国图书交易博览会、国际泉水节、第二十届中国（深圳）国际文化产业博览交易会等大型文化活动，吸引参观者 150 万余人次，"济北手造"品牌迅速叫响。2023 年，中心实现直接营业收入近千万元，带动全区特色产业销售及研学收入近亿元。

　　"济北手造"展示体验中心的建立是济阳区激活传统手工艺资源的一个创新举措。按照"八个一"工作框架，成立济阳地域历史文化研究促进会，注册山东济北文化发展有限公司，建立山东手造济北展示体验中心，搭建线上线下销售体系，打造"济北手造"区域文化品牌，明确济北手造十大主营产品，专门组建"济北手造"工作推进专班，有效保障了工作顺利推进。目前，济阳正积极探索"济北手造"市场化运作新路径，积极助推文化产业实现创新发展。

　　"济北手造"文化"两创"品牌受到了中央及省市各级媒体的广泛关注和高度评价。人民日报，济南日报头版头条，山东电视台"晚间新闻"栏目头条，济南电视台新闻栏目及省市 10 余家主流媒体对"济北手造"工作给予深度报道，部分区县及市直有关部门单位前来参观学习。"农村胖丫"等本地网红前来打卡宣传并直播带货，"济北手造"影响力进一步扩大，赢得了基层群众的高度认可。

　　（三）强化"济阳@黄河"文化论坛交流，打造文化"两创"的"智力库"

　　济阳区成功举办"济阳@黄河"文化论坛，从黄河文化的创造性转化创新性发展、黄河文化在济阳的历史积淀、黄河文化与济水精神等多个方面，对黄河文化特色进行了深入探讨交流，为如何讲好黄河故事、增强文化自信提供了有益借鉴；举办"济阳@黄河"主题文化公益大讲堂，常态化宣讲黄河文化;区委党史研究中心利用史志典籍,对黄河文化进行了不懈探索和挖掘,进一步增强了文化自信。

为将"济阳@黄河"文化论坛的理论动力转化为积极实践,助推文化效益最大化,济阳立足当地农业特色和丰厚文化底蕴,助力回河彩塑、"小磨香油""浆水豆腐"等手造技艺项目发展壮大,鼓励现代文旅企业创新发展,重点将手造销售体验和旅游研学相结合,着力构建"济阳@黄河—济北手造"研学旅游体系,以"品味四季 乐享济阳"为主题,围绕"参与感经济"做文章,大力发展节庆展会经济,激活文旅消费市场。

2023年以来,济阳精心打造30个研学点位并串成10条精品研学线路,其中易丰居龙格黑陶研究院、山东手造济北展示体验中心、区博物馆、济水韶音博物馆等4处旅游研学品牌基地纳入全市研学地图,济南龙格黑陶成功入选济南市级非遗工坊项目库名单,成为济南市首批市级非遗工坊。创新举办文旅资源推介会,举办仁风西瓜文化旅游节、垛石番茄研学旅游季、济阳区春季车展、济阳新市啤酒牛奶嘉年华、济阳首届啤酒音乐节、济阳回河啤酒嘉年华、闻韶圣地农民丰收节、2023济南市"冬季黄河大集"启动仪式暨济阳区第三届番茄创意生活节等大型节庆展会活动,吸引游客67.5万人次,带动周边消费7800万元;结合10条研学线路,与多家研学公司和旅行社建立合作关系,深入开展"文旅+研学",积极打造"大河韶韵·研学济阳""走济阳·看家乡"两大研学品牌。依托山东旺旺食品研学基地、山东金晔食品研学基地、长田实践教育基地、辰阳宝盛温泉基地等研学基地,积极开展历史文化、生态农业、特色工业等主题研学活动300余期,吸引济南及周边学生8万余人次前来参观体验,带动相关收入700余万元,研学旅游热度不断攀升;累计推出优秀传统手工技艺、历史文化融入文旅宣传短视频20余部,抖音、视频号点击量突破5亿次,其中"吃瓜将军'薛仁贵'与济阳文旅局长话西瓜"短视频火爆朋友圈,以一场别出心裁的"千年对话"赋予了文旅融合发展新路径。

济阳还组织开展"济阳@黄河"主题文化旅游展、济北手造产品陈列展、黄河生态科普展、黄河文化摄影展等系列文化活动,"楞赛的济阳年味儿"春节系列文旅活动、"济阳@黄河"全民文化艺术节、"仁风鼓子秧歌展演"等惠民演出，"戏曲进乡村""群众性小戏小剧"接连不断，越来越多的地域优秀传统文化开始在现代烟火生活中"活"起来、"动"起来，文化"两创"工作迈出坚实步伐。

2024年，济阳区以"泉在济南"系列活动开展为契机，聚焦市级拳头产品，充分结合济阳特色，积极打造网红打卡场景、美食消费场景、文旅体验场景，高密度策划宣传活动。其中，农业嘉年华活动吸引中央人民广播电台、经济日报、农业日报、人民网等30余家中央和省市媒体广泛报道。制作"水韵济阳 鸟的天堂""风味济阳——把子肉"以及济北手造系列精品短视频60余条，累计播放量破百万，9条短视频入选"泉"在济南系列精品素材库；仁风富硒西瓜主题微短剧《见·笑》引发全网热烈反响，浏览量累计达50万余人次。"济阳@黄河"文化品牌影响力不断扩大。

三、济阳区开展文化"两创"工作的经验及启示

打造"济阳@黄河"文化品牌，既是统领济阳优秀地域文化传承发展的品牌战略，又是时代背景下济阳助推黄河流域重大国家战略在济南落地生根的文化实践。在品牌打造过程中，济阳区从人才建设、守正创新、宣传引导和机制保障等方面持续发力，总结有关经验及启示如下。

（一）人才队伍建设是推进文化"两创"的强力支撑

2022年以来，济阳成立济阳地域历史文化研究促进会，联合山东大学设立了儒学与黄河文化研学基地，面向全区内外吸收了90多位文化研究高素质人才，打造了一支有情怀、有能力、有格局、有影响的重要文化研究团体；继山东省青少年宫"济阳鼓子秧歌传承基地"建成、济阳鼓子秧歌国家级传承人姚大新被省青少年宫聘为艺术总监之后，济阳区又与山东传媒职业学院开展合作，济阳鼓子秧歌国家级传承人姚大新受邀前往山东传媒职业学院、山东省青少年宫、山东体育学院、北京舞蹈学院等多所高校指导授课，为传承发扬国家级非物质文化遗产储备了更多"青春力量"，为推动地域优秀传

文化传承发展提供了充足的人才保障。

（二）守正与创新并重是推进文化"两创"的强劲动能

济阳积极做好"文化+"融合文章，强化在传承中创新，在创新中传承，不断推动优秀传统文化与历史挖掘、惠民服务、文旅产业发展相结合，使其在手造产品提档、旅游线路打造、研学活动开展中"活"起来、"动"起来，带着优秀的历史基因、崭新的时代面貌走进现代生活，以可亲、可感、可及、可用的物化特征，成为提升城市文化软实力、赋能经济社会发展的强大动力。

（三）立体化宣传是推进文化"两创"的有力抓手

全媒体时代，必须坚持移动优先策略，通过构建跨媒体、跨平台、跨领域的协同传播体系，牢牢掌握舆论引导、文化传播的主动权与主导权。"济阳@黄河"文化系列行动积极抢占移动互联网阵地，通过中央、省、市媒体及各级客户端集中宣传报道，图文并茂、视频直播等形式的短精文化宣传品层出不穷，让优秀的传统文化走进现代大众视野，用现代文明视角演绎传统文化独特魅力，迅速扩大了"济阳@黄河"文化品牌知名度、影响力，极大提升了优秀文化传播效果和社会影响。

（四）机制健全是推进文化"两创"的根本保障

在深化地域历史文化研究，推动文化"两创"过程中，济阳坚持"党委主导、政府引导、文化引领、市场推进"联动推进机制，凸显企业主体、引导社会参与。济阳将"济阳@黄河"文化发展战略与区委区政府重点工作相结合，党委主导成立"文促会"，设立"济阳@黄河"城市软实力发展基金，为文化研究促进系列行动提供资金保障。政府指导、监督济阳历史文化资源的挖掘、研究及阐释工作，多方搭建平台和载体，不断激活优秀传统文化原动力。山东济北文化发展有限公司作为文化发展引领团队和市场主体，实行"专业公司+展示中心+系列产品+市场运营"的一条龙营销模式，强化对手造产品的保护研发、创新提质及包装营销，强化对手造企业的经营指导、规模拓展和市场运作，有效助推传统手造产品与现代市场需求的精准对接，积极助力文化效益向市场效益的有效转化。

四、济阳区文化"两创"工作存在的问题

（一）传承力和原创力不足

"济北手造"要实现市场化发展，就需要传承与创新并重，需要产品"量"和"质"的双重提升。手造的灵魂是传统手工技艺，而手工技艺的传承，需要历史背景和文化实践的双重附加，并非一朝一夕可以达成，"吃功夫、重实践、见效慢"制约着手造产品"量"的增加。而在生活节奏不断加快的今天，大量的年轻人更喜欢用数字化、高科技手段来演绎文化，展示手工技艺，而对其背后的文化基因和深邃内涵掌握不够、不透。文化支撑的不足，体现为工艺创新能力的不足，"手造产品呈现简单、肤浅，缺少灵魂"是当代手造技艺面临的发展困境，制约着手造产品"质"的保障。如何既保持传统文化的精髓和特色，又能实现文化的创新性发展，是一个需要认真思考和亟待解决的问题。

（二）资金和人才短缺，制约文化产业发展

文化"两创"需要深耕根系、久久为功，这项事业周期长、要求高，需要大量的资金投入和人才支持。比如，文化"两创"的落地离不开文化产业的发展。而文化产业发展又需要大量的资金投入，包括基础设施建设、内容创作、市场营销等方面。然而，文化产业目前尚属于新兴产业，政府和社会资本投入相对较少，导致文化产业的发展面临资金短缺的困境。人才缺乏也是制约文化两创发展的关键因素之一。文化"两创"需要既懂文化又懂创新的人才，他们需要具备跨学科的知识和技能，涉及艺术、设计、营销、金融、科技等多个领域。然而，目前这类人才在市场上非常紧缺，特别是在一些中小城市和欠发达地区，更是"一才难求"。文化产业的发展缺乏产业链各环节的高层次人才，文化"两创"步伐受到很大制约。

五、推进济阳区文化"两创"工作的思考及建议

（一）加强政策引导，优化发展环境

应注重传承与创新的有机结合，既要深入挖掘传统文化的精髓和价值，

又要注重吸收现代文化的有益成果，推动优秀传统文化的创造性转化和创新性发展。继续加大对文化产业的支持力度，完善相关政策法规，为文化"两创"提供良好的发展环境。同时，加强市场监管，打击侵权行为，保护创作者的合法权益。

（三）深化科技创新，推动融合发展

通过实施"文化+"行动，把文化带进经济社会发展各个领域，鼓励文化企业加强与科技企业的合作，充分利用现代科技手段实现文化与科技的深度融合，强化文化产品研发与创新，使其更具创意和吸引力。比如，设立济阳地域历史文化研究促进"闻韶奖"，对"济阳@黄河"主题文化研究创作成果进行集中评选奖励，强化优秀文化创新作品全媒体传播，推动文化"两创"遍地开花。

（四）拓宽融资渠道，吸引优秀人才

建立多元化的融资体系，为文化"两创"提供充足的资金支持。比如，立足济阳地域历史文化资源亮点，积极筹建"济阳@黄河"文化发展基金，为地域历史文化研究系列行动提供资金保障。同时，建立健全人才培养机制，持续加大人才培养和引进力度，为文化创新提供坚实的人才保障；注重营造良好的创新环境，激发创新人才的创造活力和潜力，夯实文化"两创"人才根基。

（五）强化品牌建设，提升市场竞争力

注重文化品牌建设和推广，通过打造具有鲜明特色和独特魅力的文化品牌，不断提升文化产品的辨识度、知名度和美誉度，以品牌引领持续强化文化产品的深厚内涵和市场竞争力，不断拓展市场空间，扩大市场份额，提高文化产品的市场占有率，实现文化效益最大化。

"山东手造"推进工程中的"济南探索"

｜张锡杰｜*

"山东手造"是山东省推动中华优秀传统文化创造性转化、创新性发展打造的重点工程。2022 年 3 月初，山东省委宣传部、省文化和旅游厅等 8 部门联合印发《"山东手造"推进工程实施方案》，正式启动"山东手造"推进工程，《方案》从十个方面对"山东手造"推进工程作出了系统部署，特别是对于"山东手造"的宣传推广作出了明确要求。本文将立足"山东手造"的成因机制和时代价值，整合济南在"山东手造"推进工程中的具体实践，对"山东手造"的传播推广策略进行深入研究。

一、"山东手造"的成因机制和时代价值

（一）"山东手造"的概念范畴

"手造"意为手工制造，作为一个新词汇，在历史典籍和现代文献中并无相关记载。2022 年 3 月，山东正式启动"山东手造"推进工程，根据山东省委宣传部等印发的《"山东手造"推进工程实施方案》，"山东手造"是依托非遗或传统工艺，通过创意新造，构建符合现代社会审美趋势，体现山东文化创意和齐鲁文化内涵，能够满足新时代人民群众个性化、品质化、情感化

＊　张锡杰，济南社会科学院科研部人员。

消费需求的手造产品体系。由此可见，山东手造作为一个新兴词汇，是对山东省非遗文化和传统手工艺的集中概括，其概念范畴是动态的，可以从多个角度加以分析。

从生产产品的角度看，从狭义上理解，"山东手造"仅包括山东地区传统手工匠人凭借纯手工打造的精美工艺品，并不包括通过生产流水线批量生产的产品。而随着现代生产技术的发展，纯手工技艺产品并不能满足社会需求，逐渐为大工厂的生产模式所替代，由此"山东手造"的产品范畴得以延伸，从广义上理解，"山东手造"同样涵盖随着技术革新从传统手工向工厂生产的传统工艺品以及现代科技人员凭借高超的操作技能完成的精密产品，这些产品仅仅改变了生产模式，但其背后的手造文化内涵是一致的。

从文化理念的角度看，"山东手造"是一个多层次的文化概念，不仅代表了丰富多彩的山东非遗文化和传统手工艺文化，展示了传统手工匠人的精湛技艺和不同区域的民间文化；同时也包含着齐鲁文化中追求极致、天人合一、礼贤下士、孝亲敬老等多元的文化精神，体现了齐鲁先贤对人文主义的思考和追求。

从品牌价值的角度看，"山东手造"并不是民间文化自发形成的区域文化认同，而是宣传文化部门依托山东地区文化富藏，通过调研论证，系统整理，发掘概括出来的区域文化品牌。这种区域文化品牌不仅具有文化价值，更可以产生广泛的经济价值和社会价值，对于地区文旅融合发展、文化产业升级、城市有机更新都具有重要支撑作用。

（二）"山东手造"的成因机制

任何文化现象的产生、发展、演化必然有一定区域的社会环境和生产实践作为背景。"山东手造"作为山东地区老字号、传统手工艺、非遗文化的集中表达，深入实施"山东手造"推进工程，首先需要研究"山东手造"的成因机制，以大历史观探究"山东手造"在齐鲁文化谱系中的发展脉络。

一是深厚的历史文化积淀。山东是中华文明发祥地之一，根据考古研究，在距今8500—3500年间，山东的史前文化大致经过了后李文化—北辛文化—大汶口文化—龙山文化—岳石文化等几个发展阶段。其中以西河遗址为代表的后李文化，出土遗物中以陶器为主，包括部分石器、骨器、蚌器和牙器等，佐证了当时人们已经开始通过手工制造工具进行农耕生产。新石器时代早、中期出现的北辛文化已经具备了农耕文明的雏形，这里出土的粟粒碳化颗粒，是中国北方发现较早的农作物之一，证明了农业生产已经是当时人们生活资料的主要来源，也是他们聚居生活的物质基础，该时期的农业生产工具以陶器、石器，骨、角、牙、蚌器为主，并且有了较大的进步。除此之外，山东地区的大汶口文化、龙山文化也是早期原始社会生产劳作的重要见证。位于济南市章丘区龙山街道东、武原河东岸的城子崖遗址，是龙山文化的最早发现地，曾经出土过大量黑陶制品，被称为"山东手造"的典型代表。在之后漫长的历史变迁中，山东地区逐渐形成了源远流长的齐鲁文化，并且日渐繁盛，农耕、手工、建筑、民间艺术、饮食等方面相继衍生出了精美的手造制品和独特的工匠技艺。

二是丰富的非物质文化遗产。民俗文化是从民众日常生产生活中衍生出的风俗习惯，是一定地理区域内人民共同的文化信仰，是凝聚地区人民精神纽带的文化根系，为了维持这种文化根系的稳定性，满足人民群众文化需求，民俗文化会以不同种类的表现形式或制作工艺进行传承，由此形成了非物质文化遗产。根据山东省文化和旅游厅统计，多年来，山东省共普查各类非遗线索 120 多万条，现有联合国教科文组织认定的"世界文化遗产" 4 处，分别为泰山（世界自然文化遗产）、曲阜"三孔"（孔庙孔林孔府）、齐长城、大运河，拥有"人类非遗代表作名录"项目 8 个，分别是烟台剪纸、滨州剪纸、高密剪纸、莒县过门笺、诸城派古琴、济南皮影戏、泰山皮影戏、定陶皮影戏①。自 2006 年以来，国务院先后公布五批国家级非物质文化遗产代表性项目名录，共有国家级非遗代表性项目 1557 项，分属十大门类：民间文学，传统音乐，传统舞蹈，传统戏剧，曲艺，传统体育、游艺与杂技，传统美术，传统技艺，传统医药，民俗②。我省共有国家级非遗项目 186 项，其

---

① 《22 部门联手加强非遗系统性保护》，山东省人民政府网站 2022 年 8 月 6 日。
② 新华社：《国务院印发〈关于公布第五批国家级非物质文化遗产代表性项目名录的通知〉》，中国政府网 2021 年 6 月 10 日。

中，民间文学 28 项、传统音乐 18 项、传统舞蹈 16 项、传统戏剧 33 项、曲艺 13 项、传统体育游艺与杂技 15 项、传统美术 25 项、传统技艺 22 项、传统医药 6 项、民俗 10 项，总数继续位居全国第二位。同时，山东省公布的省级名录有 1073 项，市级名录有 4121 项，县级名录有 12758 项。现有国家级传承人 88 名（国家文化主管部门先后命名 104 人，已去世 16 人，现有 88 人），省级传承人 426 名（省级 500 人，已去世 74 人，现有 426 人），市级传承人 2553 名，县级传承人 8025 名①。丰厚的非物质文化遗产富藏是 "山东手造" 持续发展创新的土壤和源泉，让 "山东手造" 成为凝聚文化认同、增强文化自信的重要力量。

三是繁荣的商品贸易。社会存在决定社会意识，地区传统文化的传承发展需要稳定的商品经济作为支撑。山东地区自古以来儒商文化盛行，孔子的得意门生，儒家杰出代表子贡，在经商理财方面具有卓越成就，被称为儒商鼻祖，留有 "君子爱财，取之有道" 之风，开辟了儒商文化的优良传统。山东地处黄渤海和大运河沿线，无论是海上贸易，还是运河贸易都具有悠久的历史，繁荣的商品经济提高了 "山东手造" 的市场需求，激发了民间生产者对于 "山东手造" 的品类拓展、质量提升、工艺革新的积极性，提升了 "山东手造" 的民间普及度，让 "山东手造" 广泛融入广大人民群众的日常生活。

四是生产模式的不断革新。从生产力和生产关系的角度看，"山东手造" 的发展传承与生产模式的不断更新迭代有密切关系。在古代社会，传统手工艺人、简单的生产工具和手工作坊是 "山东手造" 的主要生产力，这时的 "山东手造" 无法大批量生产，因此往往奇货可居，受众集中在一定区域内。近代以来，随着工业技术的发展，"山东手造" 的生产模式进入工厂时代，产量、品质、生产效率得以全面提升，"山东手造" 通过市场化营销得到了更广泛的普及。进入新时代，数字技术、电商平台的应用，"山东手造" 的生产、销售、推广等方式全面升级，"山东手造" 从小众文化逐渐走向世界，成为中

---

① 《我省公布第五批省级非物质文化遗产代表性项目名录》，山东省人民政府网站 2021 年 11 月 24 日。

国传统文化元素的重要代表。

五是文化理念的推动。"山东手造"强调手工制作的艺术感，追求独一无二、匠心独运的高品质，这一方面是由于传统生产工具的不足，不能实现工厂式的批量生产，手工技艺在"山东手造"的制作中尤为重要；另一方面是受传统文化思想的影响，民众普遍对于"手造"产品所凝集的工匠技艺和"可遇不可求"的奇遇感具有深深的迷恋，这体现了一种道法自然、天人合一的精神追求。随着工业技术的不断发展，工业产品的同质化、精细化、批量化让受众感觉缺少人文情怀，"山东手造"所富含的文化内涵更受消费者青睐，因此"山东手造"除了实用价值，其审美价值得以凸显，这侧面推动"山东手造"从产品向艺术品的转型，提升了"山东手造"的社会接受度。

（三）"山东手造"的时代价值

作为齐鲁文化的重要名片，山东省非遗文化历史悠久，传统手工艺门类众多，深入挖掘"山东手造"的文化内涵，展现传统手工艺者的精湛技艺是当前宣传思想文化工作中的重点任务。

2023年10月7日至8日，全国宣传思想文化工作会议在北京召开。会议最重要的成果就是首次提出了习近平文化思想。[1] 习近平文化思想既有文化理论观点上的创新和突破，又有文化工作布局上的部署要求，明体达用、体用贯通，明确了新时代文化建设的路线图和任务书，标志着我们党对中国特色社会主义文化建设规律的认识达到了新高度，表明我们党的历史自信、文化自信达到了新高度，并在我国社会主义文化建设中展现出了强大伟力，为做好新时代新征程宣传思想文化工作、担负起新时代新的文化使命提供了强大思想武器和科学行动指南。[2] 习近平文化思想的提出，对我们深入理解"山东手造"的时代价值具有重要的指导意义，全面把握习近平文化思想的丰富内涵和重大意义，切实担负起新的文化使命，要在"山东手造"推进工程的工作实践中贯彻落实习近平文化思想的指导原则和方式方法。

---

[1] 新华社：《第一观察｜习近平文化思想首次提出》，新华网2023年10月8日。
[2] 王一彪：《坚持以习近平文化思想为指引 更好担负起新时代新的文化使命》，《党建》2023年第11期。

1. 以"山东手造"推进工程助力宣传思想文化工作高质量发展。习近平总书记对宣传思想文化工作作出重要指示指出，宣传思想文化工作事关党的前途命运，事关国家长治久安，事关民族凝聚力和向心力，是一项极端重要的工作。①共同的思想基础是一个党、一个国家、一个民族赖以存在和发展的根本前提。以文铸魂、以文化人、以文育人，宣传文化思想工作承担着举旗帜、聚民心、育新人、兴文化、展形象的使命任务。做好宣传思想文化工作需要立足本地区文化特色，深入挖掘地方文化富藏，深刻理解和把握"两个结合"，坚持把马克思主义基本原理同中国具体实际相结合、同中华优秀传统文化相结合，让党的创新理论成果深入人心。"山东手造"是山东优秀传统文化的代表之一，具备民间文化的底色，拥有深厚的群众基础，"山东手造"的创新发展、宣传推广、对外传播，可以为传播党的指导思想、路线方针奠定文化基础、拓展传播路径。实施"山东手造"推进工程，是新时代山东省做好宣传思想文化工作的重要发力点，着力将"山东手造"的文化属性与宣传思想文化工作的政治属性有机结合，创新理论宣传载体，壮大主流思想舆论，让党的执政理念更好地融入人民群众生产生活的现实场景。

2. "山东手造"是增强文化自信的重要支撑。党的十八大以来，习近平总书记反复强调文化自信，从中国特色社会主义事业全局的高度作出许多深刻阐述。②文化自信是维系社会精神向心力、民族文化创新力、国家文化软实力的重要纽带，增强文化自信，既需要提升本民族文化的连续性、多样性、开放性、包容性、创新性等，塑造具有时代引领性的强大文化体系；又需要增强人民群众对本民族文化的价值观念认同、文化资源认知、文化身份认可。"山东手造"是山东文化自信的重要源泉之一，这一方面来源于"山东手造"具有源远流长的发展历史，其起源于历朝历代的传统手工艺，并随着时代的发展不断演化，具有一脉相承的特点，同时"山东手造"品种繁多，涉及衣食住行各个方面，涵盖了陶瓷、竹编、皮影、剪纸、琉璃、印染、雕刻、服

---

① 《习近平对宣传思想文化工作作出重要指示》，新华网 2023 年 10 月 8 日。
② 《习近平谈文化自信》，求是网 2019 年 6 月 14 日。

装等等工艺门类，是一个动态发展的文化体系；另一方面"山东手造"带有浓厚的齐鲁文化印记，群众接受度和社会认可度极高，不同地区的"手造"既是一种地区性的文化标签，又是地区独有的文化资源，是地区人民文化自信的集中体现。

3. 以"山东手造"推进工程赋能文旅融合发展。文化创新需要经济活动作为载体，经济发展也需要文化元素作为牵引，文旅融合是文化与经济双向互动、合作共赢的主要方式之一。"山东手造"既具有社会文化属性，又具备经济产品属性，是推进文旅融合发展的重要切入点。一是以"山东手造"打造区域文旅品牌。文旅品牌是地方文旅特色的凝练化展示，文旅品牌的塑造可以有效地提升地方文旅产业的吸引力，让地方文旅资源的经济效益和社会效益得以充分释放。"山东手造"作为区域公共品牌，其品牌价值在产业化运营和宣传推广中不断提升，展示出了对山东文旅产业高质量发展的强大推动力，同时山东各地市、各区县具有各自的"手造"特色，利用好地区的"手造"资源，在"山东手造"的品牌体系中打造地方手造品牌，彰显地方文旅特色，可以有效地提升城市文旅的竞争力，形成山东地区一体多元的文旅品牌体系。二是以"山东手造"不断创新文旅产品研发。文旅是集参观、休闲、消费、学习、体验等一系列环节的社会活动，文旅产业发展需要不断满足游客多样化的市场需求，不断提供丰富多彩的文旅产品。以"山东手造"为切口，创新文旅产品研发，重点打造特色旅游景点、文创产品、体验活动、快消品，可以有效提升文旅产品供给力，让"山东手造"实现较高的经济反馈。三是以"山东手造"培育文旅消费新场景。随着经济社会发展，"慢旅游""体验游""研学游""亲子游"等文旅消费模式不断创新，文旅消费场景也需要随之更新。"山东手造"可以作为文旅营销点，以此着力打造特色小镇、精品会展、购物集市、沉浸式演艺、精品旅游线路、网红打卡地等旅游场景，让游客的消费活动更具活力。

4. 以"山东手造"推进工程为开创新时代社会主义现代化强省建设新局面积聚文化动能。习近平总书记赋予山东"在服务和融入新发展格局上走在前、在增强经济社会发展创新力上走在前、在推动黄河流域生态保护和高质量发展上走在前""开创新时代社会主义现代化强省建设新局面"的光荣使命。推进新时代社会主义现代化强省建设涉及多个方面,涵盖多个领域,要坚持系统观念,在重点行业精准谋划,实现多个环节统筹发力。实施"山东手造"推进工程是一项整体性、长期性的工作,新时代"山东手造"在新技术、新应用、新业态的加持下,在多个领域多个行业得以转化升级,释放出了强大的产业动能。在推动科技创新,培育新质生产力方面,"山东手造"脱胎于传统产业,融入新兴工业化浪潮,在工业互联网、数字经济等新产业模式中实现了智能化、高端化、集群化运营,转化为新的经济增长点。在打造乡村振兴齐鲁样板方面,"山东手造"作为地方特产和乡村旅游特色,成为农民开展多种经营、发展集体经济的第一资源,有利于进一步推动产业富民,助力脱贫攻坚。在生态环境保护方面,"山东手造"的产品和工艺多数源于自然,具备节能减排、绿色低碳的先发优势,发展"山东手造"对于推进新旧动能转换具有重要意义。除此之外,"山东手造"推进工程嵌入开创新时代社会主义现代化强省建设新局面的工作大局,同样可以发挥"山东手造"在基层治理、民生改善、人才就业、区域协调发展、优化营商环境等方面的重要作用。例如,省总工会联合省直有关部门深入实施"齐鲁工匠"建设工程、大力培育全员创新企业,共培育"鲁班首席工匠"4名、"齐鲁大工匠"60名、"齐鲁工匠"362名、"山东手造大工匠"9名、"山东手造工匠"30名、山东省全员创新企业200家,带动各级组织开展工匠人才、全员创新企业培育工作,为我省经济社会发展提供人才支撑。①

5. 以"山东手造"推进工程拓展对外开放交流的新窗口。"山东手造"是山东的一张文化名片,"山东手造"推进工程是山东开展对外经贸合作、提升双招双引质效、深化国际人文交流的重要平台。首先,以"山东手造"为沟通桥梁持续扩大进出口贸易。山东是外贸大省,2023年,山东积极融入共建"一带一路",中欧班列开行2566列、增长24.7%,全省进出口总值3.26

---

① 《"砥砺传承·匠心筑梦"2023年山东鲁班首席工匠、齐鲁大工匠、手造大工匠暨全员创新企业发布》,闪电新闻2024年1月16日。

万亿元人民币，比上年增长 1.7%。其中，出口 1.94 万亿元，增长 1.1%；进口 1.32 万亿元，增长 2.7%。①"山东手造"在海内外具有广阔的市场，推进"山东手造"的材料和产品进出口贸易，让"山东手造"远销海外，可以提升山东省对外经贸的国际影响力。其次，以"山东手造"为金字招牌不断提升投资和人才吸引力。"山东手造"的优质产品和发展前景是吸引资金和人才的前提，随着政府支持力度和手造产品的市场接受度提升，"山东手造"的产业项目相继落地，将极大提升经营主体的资金信心和地区的人才活力。再者，以"山东手造"为文化纽带全面加强对外文化交流。"山东手造"推进工程实施以来，山东在各类对外交流活动中融入"山东手造"元素，借助尼山世界文明论坛、"好客山东 好品山东"推介活动、中国国际文化旅游博览会等活动宣传推广"山东手造"。2023 年 9 月 17 日，在第四届中国国际文化旅游博览会、第二届中华传统工艺大会"千帆竞海"展区不仅展示了伊朗、法国、澳大利亚、巴西等 30 多个国家和地区的传统工艺美术、创意设计产品，还设立了 6 个出口产业展位，系统化、多角度展示"山东手造"优质产品"走出去"的优秀成果。"山东手造"的国际知名度和美誉度不断提高，成为讲好山东故事、展示山东形象的文化载体。

二、济南的"山东手造"文化特色

济南，作为黄河流域唯一沿海省份的省会城市，南临泰山，北跨黄河，自然资源得天独厚，城外山水环绕，城内名泉遍布，山泉湖河城浑然一体，自然景观与人文景观交相辉映。同时，作为历史文化名城，济南的历史文化资源丰厚，城市文脉绵长，齐鲁文化、龙山文化、二安文化、泉水文化、黄河文化、红色文化等多元文化交融。独特的地理区位和多元的城市文化让济南成为"山东手造"发展演化的深厚沃土，形成了济南市多种多样的"手造"文化特色。

---

① 《2023 年，山东贸易伙伴遍及全世界 230 多个国家和地区》，海报新闻 2024 年 1 月 17 日。

(一）历史源远流长，"山东手造"尽显济南文脉绵长

济南的"手造"历史渊源甚深，作为国家历史文化名城，济南具有悠久的历史，是史前文化"龙山文化"的发祥地。市域内有新石器时代（公元前2500年—公元前2100年）"龙山文化"的代表——城子崖遗址，该遗址出土了陶器、石器、蚌器和少量铜器。其中陶器有大批黑陶器皿，器形有鼎、罐、鬶、盆、瓮、杯等，其中有蛋壳黑陶，并发现灰陶时期刻文字的陶器，因此也称为"黑陶文化"。龙山黑陶具有"器壁极薄、漆黑光亮、器型规整、少饰纹缕"的特点，反映了当时手工匠人的精湛技艺，因此该遗址也被看作济南市"手造"文化的重要代表，证明了当时济南地区的手工业已经得到初步发展，人们已经学会利用自然资源制造生活器具和祭祀礼器。

《墨子·尚贤（中）》载"古者舜耕历山，陶河濒，渔雷泽"[①]；《史记·十二本纪·五帝本纪》载"舜耕历山，渔雷泽，陶河滨，作什器于寿丘"[②]。"舜耕历山"作为一个历史典故，在济南流传甚广，如今济南市内还散落有各种以舜命名的地名，如"舜井""舜耕路""舜华路""舜耕山"等。"舜"的历史传说侧面反映了当时的人们对于农业生产高度重视，以及制造农业生产工具的"手造"文化。

位于济南市历城区唐王街道樊家村东的樊家遗址则系统展示了济南丰厚的"手造"历史。2021年7月至2022年6月，济南市考古研究院为配合基础设施建设，对该遗址进行了考古发掘。此次发掘共清理完成墓葬217座、灰坑72个、灰沟2条、井2口、灶1个。其中龙山文化墓葬1座、西周11座、东周52座、汉代34座、北朝5座、唐代3座、宋元10座、明代3座、清代6座，另有92座时代不明，推测为战国至北朝时期。此次发掘清理的墓葬时代涉及龙山、商周、汉代、北朝及唐宋元明清。墓葬时代以东周、汉、北朝为多，灰坑主要为龙山文化，少数为东周时期。出土器物565件（组），包括铜镜、铜钱、铜饰品、铜戈，铁刀、铁犁、铁剑，陶罐、鬲、盂、壶、黑陶杯、

---

① 梁奇：《墨子译注》，上海三联书店2014年，第24页。

②《史记》（点校本二十四史修订本），中华书局2017年重印版，第38—39页。

纺轮、豆、鼎，瓷碗、瓷瓶、瓷盘，三彩俑，漆器、瓦当、筒板瓦等，另采集有少数大汶口文化陶片。这些考古发现包含了大量手工制品，记录了不同历史时期济南灿烂的"手造"技艺。

除此之外，历史典籍中也有关于济南"手造"文化的大量记载。元代于钦撰地方志《齐乘》中、清康熙《济南府志》等典籍中也可以窥见济南地区手工艺和民俗文化的历史沿革。清末文学家刘鹗的小说《老残游记》中更是对济南地区的世俗生活有了更细致的描写，其中关于医俗、音乐、饮茶、饮食等方面的描写尤为精彩，"山东手造"的影子闪烁其中。

第三回"金线东来寻黑虎 布帆西去访苍鹰"写道："本日在大街上买了一匹茧绸，又买了一件大呢马褂面子，拿回寓去，叫个成衣做一身棉袍子马褂。"展现了当时市民裁制衣服的流程和流行的衣服品类。

"走进房门，贴西墙靠北一张大床，床上悬着印花夏布帐子，床面前靠西放了一张半桌，床前两张机凳。"记录了"半桌""机凳"两种济南地区流行的特色家具。

第十二回"寒风冻塞黄河水 暖气催成白雪辞"写道："我那里虽然有人送了个一品锅，几个碟子，恐怕不中吃，倒是早起我叫厨子用口蘑炖了一只肥鸡，大约还可以下饭，请你到我屋子里去吃饭罢。"记录了当时盛行的美食"一品锅"。

近代以来，济南的"山东手造"文化更加繁盛。1904年济南自开商埠，1904年胶济铁路、1912年津浦铁路相继通车，揭开了济南对外开放与城市化进程的新篇章，拉动了济南工商业的繁荣和发展，济南迅速成为华北主要商业中心之一。济南的对外商业贸易日趋繁荣，商贾往来云集，由此造就了热闹繁华的市井文化，各种手工艺人、工艺产品、民间曲艺盛行，瑞蚨祥绸布店、皇宫照相馆、祥云寿百货店、泰康食品店、万紫巷商场、亨得利钟表店等商家老号，便宜坊、聚丰德、济南饭店等美食商号汇聚于此，各种"手造"产品和"手造"技艺受到市民和商人的推崇。

（二）种类丰富多彩，"山东手造"彰显济南发展风采

济南具有名目繁多的"山东手造"门类。根据济南市文旅局信息，截至2023年9月，济南市拥有全国重点文物保护单位30处，省级文物保护单位171处，市级文物保护单位235处；有联合国教科文组织认定的"人类非遗代表作名录"项目1项，国家级名录13项，省级名录108项，市级名录565项；现有国家级传承人8名，省级传承人40名，市级传承人278名；涵盖了民间文学，传统音乐，传统舞蹈，传统戏剧，曲艺，传统体育、游艺与杂技，传统美术，传统技艺，传统医药，民俗十大门类。其中包括葫芦雕刻、周氏泥塑兔子王、济南刻瓷、济南蛋雕、济南机绣、崇瑞斋麦秸画、秦氏木板彩绘、杜福庄胡琴制作技艺、玉谦旗袍制作技艺、古陶瓷修复技艺、笙制作技艺、鲁菜烹饪技艺、统和香制作工艺、济南叶雕、杨家木铺—古马车制作技艺、坛子肉制作技艺、历山根雕等等一大批"山东手造"特色代表①。

2022年6月26日，山东省旅游发展大会开幕式上，"山东手造·优选100"名单正式公布。济南市共有8家单位榜上有名，分别为：春泥造物展览展示有限公司（桥氏木作、砂陶烧造）、济南德功龙山黑陶艺术有限责任公司（龙山德功黑陶）、济南剧装服饰有限公司（真丝扎染原生类演出服）、济南麒麟圣德网络科技有限公司（明制汉服）、济南三环厨具有限公司（章丘铁锅）、济南素缕服饰有限公司（植物染服装）、山东汉方雕塑工程有限公司（陶瓷艺术品）、山东黄金鑫意工艺品有限责任公司（正善堂银器）。入选的8家单位中各自有特色产品，例如桥氏木作技艺于2021年11月入选山东省第五批省级非遗名录，其特色产品为鲁班枕，这种特殊构造的木枕，既是枕头又是凳子，是中国古代木匠最高智慧和技艺的体现，桥氏木作鲁班枕系列作品曾荣获2018年中国特色旅游商品大赛银奖、2018年山东省旅游商品大赛金奖、2018济南市旅游商品大赛金奖等奖项。例如济南三环厨具有限公司的特色产品是臻三环章丘铁锅，2018年曾登上央视纪录片《舌尖上的中国3》，在

---

① 济南文旅局网站。

全国引起巨大轰动。

（三）多元文化交融，"山东手造"与城市文化相得益彰

地域的密切联系塑造了济南开放包容的文化性格，也促进了多元文化的有机融合，"山东手造"作为兼具经济属性和文化属性的特殊存在，成为推动济南多元文化谱系形成的关键元素。

济南是齐鲁文化的重要地标之一，齐鲁文化是齐文化和鲁文化融合而来，济南地处先秦时期齐、鲁两国交界（以齐长城为界）之地，属齐国。济南的历史文化深受齐文化和鲁文化的影响，齐文化尚功利，史记《齐太公世家》记载"太公至国，脩政，因其俗，简其礼，通商工之业，便鱼盐之利，而人民多归齐，齐为大国。"《史记·货殖列传序》记载："故太公望封于营丘，地潟卤，人民寡，于是太公劝其女功，极技巧，通鱼盐，则人物归之，繦至而辐凑。故齐冠带衣履天下，海岱之间敛袂而往朝焉。"在管仲变法中出现的"齐纨鲁缟"①典故，可以说是中国最早的商战之一，从中可以看出当时的纺织工艺已经非常发达。鲁文化以儒家文化为代表，重传统伦理。经过漫长的历史演变，儒家文化成为山东地区的主流文化，对济南的城市文化影响深远，例如学府文庙是济南的重要文化标志，受儒家文化影响的鲁菜在济南遍地开花，其中重要的流派济南菜融入了济南的山泉河湖特色，以汤菜闻名，成为"山东手造"的代表。

济南是"四廊一线"文化体验廊道②的重要城市。济南深受黄河文化的影响，无论是农业耕种，还是民俗文艺都与黄河息息相关。近年来，山东加快推动黄河国家文化公园（山东段）建设，重点打造"黄河大集"特色民俗文化平台，举办黄河文化论坛，"山东手造"在一系列黄河文化活动中绽放时

---

① 管仲要求全国官员的衣服由齐国纨布改为穿鲁国的缟布，导致缟布涨价，同时禁止齐国百姓织缟布，却对鲁国开放。表面上鲁国大挣齐国缟布钱，但是鲁国因此全国全织缟布而放弃农业生产。一年后，齐国拒绝鲁国的缟布，而这时鲁国已经没有粮食了，被迫签下遵从齐国的条约。

② 指的是沿黄河、沿大运河、沿齐长城、沿黄渤海、沿胶济铁路线"四廊一线"文化体验廊道。

代锋芒。同时，济南的长城文化也影响深远，在长清区孝里镇的齐长城，比秦长城早 400 余年，所以济南素有"齐长城之起点，中国长城文化的源头"的说法。近年来，济南全面加强齐长城遗址系统性保护，推进齐长城国家文化公园建设；同时注重齐长城文化的活化利用，依托沿线传统村落、历史文化名镇（村）、"乡村记忆"工程传统文化村落及其他有关村落发展乡村旅游，建设马套村、房干村等全国、省级乡村旅游重点村 12 个，长清区齐鲁 8 号风情路、莱芜区"一线五村"等 6 个特色鲜明的乡村旅游集聚区；涌现出齐长城"十八里谷道"、石子口村、黄石关孟姜女博物馆等"长城+旅游"的典型景点。

济南是红色之城，莱芜战役、济南战役的红色历史熠熠生辉，解放阁是济南著名的红色地标。近年来，将"山东手造"纳入红色文化传播推广中，利用济南刻瓷、济南面塑、内画、剪纸、微雕、历山根雕、济阳黑陶等民间工艺打造一系列红色文创，深受人民群众的喜爱。

济南是泉水之都，号称"泉城"，其独有的文化特色是泉水文化，泉水宴、饮茶、柳编、荷灯、荷香包等"山东手造"技艺均因泉水而兴。济南还是曲艺重镇，"曲山艺海"之名闻名遐迩，山东快书、济南吕剧、章丘梆子、梨花大鼓、五音戏、山东落子、相声、济南皮影等民间艺术广为流传，也衍生出了多彩的"曲艺手造"，推出了一系列的曲艺文创产品。济南拥有"二安文化"的诗词名片。近年来，济南将李清照、辛弃疾的诗词作品融入传统曲艺、汉服潮流、宋风市集、国风游戏、宋韵演艺、诗词集章等活动中，带动了一批"山东手造"的消费热潮。

（四）深入古城街区，"山东手造"涵养泉城文化气质

济南拥有完整的古城街区，为传承推广"山东手造"提供了良好的文化场景，同时在漫长的历史演进中，"山东手造"也衍变出一连串的文化符号与济南的古城建筑群、市民生活圈相互交融，深深影响了济南古城街区的文化气质。

从历史古城的角度看，济南围绕趵突泉、大明湖、百脉泉等水系建有百花洲、曲水亭街、宽厚里、府学文庙、明水古城等一系列古建筑群。其中大明湖周边古建筑群的形成得益于北宋时期齐州知州（今济南）曾巩的巨大贡献。他主政齐州期间，对城内格局进行系统整治，优化城市园林设计，主持修建北水门、汇波楼，在大明湖修筑百花堤、北渚亭（元代因战乱失存），曾巩的布局理念对济南古城街区的布局打下了良好的基础。尽管这些古建筑群在当代的城市建设中融合了很多现代元素，但是都较好地保留了传统古建筑的韵味，这些古建筑群的留存为"山东手造"在新时代的传承发展提供了良好的文化场景，也为当代市民提供了窥探城市历史的窗口。

从近代城市的角度看，济南拥有老商埠、大观园、上新街等一批近代建筑群，这一批街区主要兴建于清末民初，保存更加完整。其中老商埠的风格尤为突出，它融汇了中西方建筑的风格，张采丞故居、小广寒电影博物馆、北洋大戏院、山东省邮电博物馆等建筑具有民国十里洋场的韵味，再现了济南自开商埠后的经济繁荣，也成了当时市民生活的缩影。如今，老商埠在保护与提升中不断焕发生机，成为新的旅游打卡地，玫瑰瀑布、爱心斑马线、夹心胡同等元素吸引更多年轻人驻足。

2022年9月15日，山东手造展示体验中心正式开馆。作为第三届中国国际文化旅游博览会、首届中华传统工艺大会的主会场之一，山东手造展示体验中心由济南明府城文旅投资控股有限公司筹建和运营，是"山东手造"推进工程的重点工作之一，位于济南市泉城路核心商圈，西邻省府前街，南接泉城路，是省市区三级携手打造的集"山东手造销售、研发、会展、孵化、研学为一体"的手造产业园。中心一共分为四层，每一层都有不同的主题。一层以"手造精品"为主题，引入全国手造一线品牌以及沿黄九省区特色手造产品；二层以"齐鲁手造"为主题，再现山东80年代经典记忆场景，向全国呈现山东省16市不同风格、各具特色的手造精品和手造文化；三层以"手造会展"为主题，打造工艺美院手造创意研发中心和元宇宙数字展厅等综合性展览展示空间；四层以"手造研学"和手造国际学术交流中心为主题，以不同形式的研学活动和交流活动，挖掘手造魅力，传承和弘扬中华优秀传统文化。山东手造展示体验中心充分融入济南古城区的城市格局，以"山东手造"为核心理念，建成后多次作为文化场馆承办了 2022 数字藏品文化交流会、2022 中国国际华服设计大赛总决赛暨第三届"泉城风尚"国际时装周等重要的文化活动，成为济南市新的"文化地标"。

（五）突出泉城特色，"山东手造"助力城市软实力提升

中共济南市第十二次代表大会报告中指出："推动文化繁荣兴盛，全面提升城市软实力。文化是城市精神的传承与根脉，硬实力让城市强大，软实力让城市伟大。城市既要有筋骨肉，更要有精气神。"[①] 2022 年的济南市政府工作报告提出，"聚力提升城市软实力，在扎实推进文化强市建设上开新局"。2022 年 6 月，济南市高规格出台《关于提升城市软实力创建文明典范城的实施意见》，一体推进"十大之城"建设，城市软实力建设全面发力。

"山东手造"是泉城文化旅游景观中的重要风景线，是提升城市软实力的硬支柱。近年来，济南将"山东手造"融入城市软实力提升的方方面面，首先重点推进历史文化名城建设，为"山东手造"的传承发展奠定坚实基础。早在 2019 年，济南市就出台了《济南历史文化名城保护规划》，2020 年又制定了《济南市历史文化名城保护条例》，不断完善名城保护工作机制，加强泉城特色文化传承工作，开展文物拯救保护行动，抓好革命文物保护利用，强化历史遗迹保护修复，延续城市文脉。

其次，将"山东手造"与落实黄河重大国家战略有机融合，传承弘扬黄河文化。2021 年 5 月，济南编制实施《济南市黄河文化保护传承弘扬规划》，开展"黄河文化名城打造行动"，从文化遗产保护、文化传承利用、打造黄河文化旅游带、讲好黄河故事等 4 个方面，统筹谋划全市黄河文化保护传承弘扬工作，加快形成"一廊一轴一核五组团"空间布局。2021 年 12 月，济南市印发的《济南市"十四五"文化和旅游发展规划》中指出，"十四五"期间，全市将按照"一廊一轴一核五组团"总体发展思路，加快构建沿黄文化

---

① 栗建昌、王志：《三大坐标下的济南雄心》，《瞭望》2022 年第 30 期。

旅游廊道、"山水圣人"中华文化枢轴、黄河文化旅游核心区，打造黄河传奇古村、湿地绿洲、农耕田园、动感体验、温泉康养五个组团，推进黄河文化保护传承弘扬，讲好济南黄河文化故事，把济南建设成为黄河流域文化保护传承弘扬样板区。①

再次，强化"山东手造"人才引育为城市软实力提升提供人才支撑。济南一直高度重视人才工作，在全国副省级城市中率先出台"零门槛落户"政策。2022年，济南发布《济南市人才服务支持政策（30条）》《济南市人才发展环境政策（30条）》（简称"人才政策'双30条'"）。根据政策，济南不但聚焦人才所急所需，提供服务"金卡"、住房保障、子女入学、配偶随迁安置、医疗保健等暖心服务，还将不断优化创新资源配置，提升人才平台载体支撑水平，深化校地融合发展，推进全市人才生态持续优化。2023年12月，济南发布"人才政策'双30条'"（2024版），对相关政策进行优化调整。根据济南"人才政策'双30条'"（2024版），济南将实施一系列人才重点工程，包括"海右翘楚"顶尖人才、"海右名家"领军人才、"海右名士"专业人才、"海右菁英"青年人才等，并且在"海右名士"专业人才工程中对文化艺术人才提出支持政策。2023年9月15日，中共济南市委人才工作领导小组办公室印发《济南市哲学社会科学、文化艺术和体育高层次人才分类认定办法（试行）》，符合条件的"山东手造"传承人将充分享受到人才政策的资金、技术、平台支持。针对"山东手造"人才就业服务，2023年12月，济南市转发《山东省人力资源和社会保障厅关于进一步强化就业服务助力"山东手造"产业发展的通知》，对2023年就业服务和技能培训推动"山东手造"产业发展提出4大项、13三个小项重点工作事项，并结合济南市实际情况提出三项具体落实意见，着力形成政策合力，助推济南市"山东手造"产业发展。2024年，山东省委宣传部、山东省人力资源和社会保障厅联合印发《关于实施"匠心强技·造就未来"——"山东手造"进技工院校

---

① 《济南市"十四五"文化和旅游发展规划》解读，济南市文化旅游局网站，2021年12月27日。

七项行动的通知》，实施七项行动，以发扬传统文化、传承非遗技艺、弘扬工匠精神、强化技能培训、研发创意产品、培养技能人才等为着力点，为推动 "山东手造" 行业发展提供人才支撑。

三、"山东手造" 的传播推广策略

"山东手造" 的宣传推广是一项持续性体系性的文化工程。2022 年以来，山东省各媒体发挥各自的渠道资源优势，在各领域为 "山东手造" 推进工程开展了大量亮点工作，从塑造文化情感认同、内容创意表达、互动性传播、国际化传播、品牌化营销等方面为 "山东手造" 的宣传推广进行了探索和尝试，取得了重大成果。《2023 年山东省政府工作报告》在 "今后五年的目标任务" 中提出 "聚力文化强省 '两创' 引领，推动社会文明程度实现新跃升……推进 '齐鲁文艺高峰' 计划，实施文化数字化战略和 '山东手造、山东智造' 工程。强化国家文化公园引领、文化交通线贯通、文化体验廊道示范、文化传承发展片区支撑，促进文旅融合高质量发展，让 '好客山东 好品山东' 叫得更响、擦得更亮"。如何做好 "山东手造" 的宣传推广，以 "山东手造" 为线索赋能城市经济社会高质量发展是当前的重要课题。

（一）融入传统文化情景，共塑民族文化认同，赋予 "山东手造" 新的时代内涵

传统手工艺不仅仅是一种技艺，更是展示齐鲁人民生活情景的缩影，凝结着齐鲁儿女对于美好幸福生活的孜孜追求和对劳动生产劳作技艺的不断探索，每一个手工艺品在齐鲁人民的日常生活中都扮演着重要的角色，发挥着重要的作用，因此要展现 "山东手造" 的文化魅力，首先要充分还原传统文化情景，利用现代媒体手段将 "山东手造" 融入原有的生活环境中，同样，"山东手造" 凝结着齐鲁儿女对于道德伦理和精神境界的认知和感悟，并且在经历千百年传承之后，已然沉淀为齐鲁儿女心中共同的情感纽带，因此在 "山东手造" 的宣传推广中，更需要重视深挖 "山东手造" 所代表的传统手工艺品背后蕴含的文化价值。济南广播电视台推出的《山东手造 | 十年坚守

留住时代记忆！济南 80 后小伙指尖复刻〈人世间〉周家老屋》《山东手造·济南兔子王》等短视频，采用人物专访的形式，不但展现手工艺品的制作过程，将手工艺品背后的浓浓情愫娓娓道来，为"山东手造"赋予了新的时代内涵。2023 年春节期间，济南市委宣传部、市文化和旅游局、市商务局、市体育局联合制定了《"泉"在济南过大年活动方案》，精心策划开展十大特色活动、推介十大消费场景、组织十大宣推活动，将"山东手造"纳入系列宣传活动中，让游客品味泉城年俗的同时，感受济南的"山东手造"蕴含的泉城魅力。截至 2024 年 2 月 17 日 18 时，全市累计举办各类活动近 2000 场次，全市 28 家重点监测景区吸引游客 470.5 万人次，可比增长 55.6%，实现营业收入 1.1 亿元，可比增长 92.7%。[1] 为提升"'泉'在济南过大年"系列活动的影响力，打造持续性文化活动场景。2024 年 3 月 23 日，"'泉'在济南·共赏春花"2024 济南花朝节在大明湖景区开幕，此次花朝节是"'泉'在济南过大年活动"的延续，也是"'泉'在济南过五一"系列活动的重要组成部分，此次活动以十二花神为亮点，以国风、汉服、市集和诗词文化四大高热度潮流为创意，充分融入"一城山色"系列登山打卡、园林花市、园林市集等内容，市属十大公园景区联动，以丰富多彩的文化活动彰显济南城市文化内涵，多角度展现泉城文化之美。

（二）创新表达方式，平台化内容传播，多媒体共同发力打造传播矩阵

当前，随着移动互联网技术和社交媒体的发展，资讯传播和品牌推广的手段不断更新，媒体的内容创作方式和传播平台更加丰富多元，因此在"山东手造"的宣传推广中首先需要充分利用新媒体手段，创新表达方式，打造融创精品。传统手工技艺具有独特的历史韵味和深厚的文化内涵，并且与当代人的生活具有较大的距离感，因此通过新媒体手段包装过的传统手工艺往往能够产生古今碰撞的强烈反差感，给受众带来不同的审美感受，激发受众的观看兴趣。以"山东手造"为例，近年来，山东省省市县三级媒体充分挖

---

[1]《我市春节假日文旅市场"热辣滚烫"》，济南市文化和旅游局 2024 年 2 月 18 日。

掘本地区的"山东手造"资源，不断创新表达方式，利用短视频、创意海报、创意 H5、手绘动画、VLOG 等方式，创作了一大批引发强烈社会反响的融媒体精品。其中大众网·海报新闻抓住北京冬奥会的重要节点，推出的《手造"复刻"咱中国的冬奥金牌史！山东小伙与冬奥的冰雪奇缘》，发挥热点新闻的迁移作用，为"山东手造"的推广助力，推出的 H5《是手艺，更是艺术 "山东手造"展现艺术之美》，创意长图《鲁砚：取天工之造化 赋顽石以生命》，画面精致唯美，引发无数网友争相转发。

其次，大小屏互动，形成平台化传播。在推进媒体深度融合的大潮之下，社会舆论的分众化趋势日益明显，因此"山东手造"的宣传推广需要充分考虑不同受众、不同平台的信息接收习惯。从山东广播电视台的"山东手造"推广来看，2022 年以来，山东广播电视台依托山东卫视、齐鲁频道、新闻频道、文旅频道、综合广播、经济广播等主频道的平台优势，在《山东新闻联播》《每日新闻》《理想中国》《闪电大视野》等栏目推出系列深度报道，重点宣传各地各部门推进"山东手造"工程的亮点工作；同时，将主要工作方向瞄准新媒体端，推出系列短视频、中视频，H5 作品在闪电新闻、微信、抖音、快手、B 站等平台发布，利用"闪电云"平台广泛征集"山东手造"新闻线索，整合推广，形成多媒体平台同步行动的传播矩阵。2022 年，山东广播电视台齐鲁频道推出的《山东之美·手造》系列短视频，采用微纪录片的方式，通过情景再现，将山东传统手工艺的典型代表淄博琉璃、鲁青瓷、风筝、核雕、黑陶等置于古代场景中，采用大量的特写镜头和传统配乐，演员和传承人身着汉服，展示传统手工艺品的制作过程和古人把玩手工艺品的场景，画面古典唯美，充满传统韵味。同时以"度""手"等主题推出专题短视频，展现"山东手造"所蕴含的儒家思想和工匠精神。

（三）互动式传播，热点式营销，聚力营造全媒体传播热潮

众所周知，移动互联网时代，新媒体平台的 UGC、OGC、PGC 等内容创作模式打破了传统媒体的内容传播格局，信息发布者和传播者的界限变得模糊，社会舆论的去中心化趋势越来越明显，因此媒体在进行传统手工艺的宣传推广时，需要高度重视内容的互动传播和二次传播。

以"山东手造"为例，大众网·海报新闻通过 16 地市频道下沉基层，深耕地方特色手造工艺，推出"山东手造·青岛有礼""山东手造·济宁好礼""山东手造·礼遇泰安"等栏目，为宣传推广"山东手造"地方特色开辟窗口，同时推出"山东手造"系列短视频报道全网发布，其设立的"#山东手造#"微博话题。截至 2024 年 3 月，阅读量突破 2519 万，话题之下文旅山东、济南市文化和旅游局、日照日报等各部门各媒体官方账户相继带话题发布内容，网友纷纷评论转发，形成网络热点。同样，在抖音平台，截至 2024 年 3 月，"#山东手造#"话题视频累计播放量达到 3608 万，除了主流媒体和政府部门官方账号，大量自媒体账号也参与内容创作中，上传拍摄的短视频，形成了强大的互动性传播。

除了线上互动传播以外，山东省还通过线下活动进行互动式传播，例如组织开展第三届中国国际文化旅游博览会、首届中华传统工艺大会。本届博览会分为山东国际会展中心和"山东手造"（济南）展示体验中心两大分会场，重点突出"中国手造""山东手造"展示交易，其中"山东手造"（济南）展示体验中心以"手造精品""齐鲁手造""手造会展""手造研学"为主题设立四个展示空间，市民既可以参观领略"山东手造"的艺术魅力，还可以现场体验"山东手造"的制作过程，成为泉城济南新的"网红打卡地"。作为"社交型"手造产业园，除了主流媒体竞相报道，还吸引了无数自媒体大 V 走进体验中心进行内容创作。截至 2023 年 2 月，"#山东手造展示体验中心#"抖音话题视频播放量突破 525 万。博览会期间，大众日报客户端推出山东手造文旅博览会系列情景剧短视频，剧中两位记者化身从古代穿越而来的媒体人穿梭在展示区，对"山东手造"进行趣味讲解，掀起的"古代网红大 V 济南开会"微博话题引发全网关注。除此之外，山东省文化产业发展协会组织开展"山东手造"品牌 LOGO（标识）征集评选活动，集中社会各界力量积极参与"山东手造"的品牌推广，全省各地也广泛开展"山东手造"精品案例和创意设计征集活动，通过媒体传播，激发群众的参与热情，深度挖掘"山东手造"文创精品，为"山东手造"的宣传推广注入活力。

（四）借力传播，联动传播，围绕全省工作大局，为"好品山东"区域公共品牌建设增添新亮点

"山东手造"的宣传推广是弘扬优秀传统文化，推进文化产业发展，助推精神文明建设，提升文化影响力的重要发力点，也是媒体围绕中心，服务大局，开展重大主题报道，提升推动新闻舆论工作高质量发展的重要突破口。因此，"山东手造"的宣传推广要与省委省政府中心工作有机结合，在重点工作、重大活动的宣传报道中借力传播，在重大主题宣传报道任务中联动传播。

近年来，山东省锚定"走在前列、全面开创""三个走在前"（总遵循、总定位、总航标），在推进新旧动能转换、打造乡村振兴齐鲁样板、推进黄河流域生态保护和高质量发展等方面持续发力，新时代社会主义现代化强省建设迈出坚实步伐。在这些重点工作的落实推进中，"山东手造"也发挥着重要的作用，因此"山东手造"宣传推广工作也应充分融入重点工作的宣传报道。在2023年，山东省各级媒体牢牢把握宣传贯彻党的二十大精神主线任务，在"深刻把握'两个结合'、推进文化'两创'"，"中国这十年·山东"，"奋进新征程 建功新时代"等主题报道中，将"山东手造"的宣传推广充分纳入其中，以"山东手造"精品案例的小切口展示大主题，以重大主题报道的流量优势为"山东手造"的宣传推广充分赋能。

2022年7月，山东省委宣传部组织开展"走在前、开新局"行进式主题采访活动，发挥各媒体优势进行集中报道，推出了一批直播报道、深度报道、融媒体产品。其中大众日报组织"走在前、开新局"大型全媒体报道，选派76名骨干记者、评论员深入全省16市，挖掘推进"十大创新""十强产业""十大扩需求"的鲜活案例，权威、全面、鲜活展现山东"走在前、开新局"的奋进成效。山东广播电视台策划发起的"走在前开新局"16市大型融媒直播，从7月6日到8月27日，联合市、县广播电视台和融媒体中心，连续走进山东16市，以全天候、全媒体、全覆盖直播以及新媒体产品的形式，融入了5G、AI、VR、MGC等前沿技术表达，通过沉浸式慢直播、行进式报道感受共同绘就山东省"走在前、开新局"的奋进图景。在这次主题采访活动中，全省各地的"山东手造"频频亮相，极大地提升了"山东手造"的知名度，同时"山东手造"也为全景式讲好山东故事，推动"好品山东"区域公共品牌建设增添了新的亮点。

（五）国际化视野，品牌化推广，塑造山东"走出去"的文化新名片

传统手工艺品作为一种传承千百年的文化符号，凝结着炎黄子孙共同的精神寄托，并且具有东方韵味的传统手工艺也是外国人了解中华传统文化的窗口，特别是改革开放以来，山东的海外贸易越来越频繁，"山东手造"精品在海外打开了广阔的市场，因此"山东手造"的宣传推广也是媒体开展跨地域传播和国际传播，提升国际文化影响力的重要抓手。2022 年，《"山东手造"推进工程实施方案》发布以后，"山东手造"频频登上媒体热搜，人民日报、新华社、央视等中央媒体连续对"山东手造"进行了集中报道，为"山东手造"的全国传播打开了局面。同时，山东省与 607 对友城媒体建立合作关系，在 16 个友城建立"中华文化之角·尼山书屋"，实施"视听山东""文化山东""走读山东"项目，开展"第三只眼看中国·大美中华"国际短视频大赛、中国国际华服设计大赛、"外国友人话山东""外媒看山东"等活动，《节气里的中华文化》等 1000 多部视频作品在海外网站和社交平台广泛传播。各媒体利用推特、脸书、You TuBe 等海外媒体平台发布"山东手造"宣传内容，引发海外网友的热烈讨论，有力地拓展了"山东手造"的国际化传播空间。

另外，山东省各级媒体还着重推动"山东手造"的品牌化营销，助力"山东手造"文创 IP 的宣传推广。抓住第三届中国国际文化旅游博览会、首届中华传统工艺大会、黄河文化论坛、2022 中国（曲阜）国际孔子文化节、尼山世界文明论坛、2022 山东省旅游发展大会、2022 第十四届中国（山东）工艺美术博览会暨首届"山东手造"精品展、"荷花杯"山东省工艺美术设计创新大赛、第五届青岛国际版权交易博览会等活动的宣传契机，开展"山东手造·优选 100"评选活动，重点推广"山东手造"文创 IP，为"山东手造"的产业化发展提供舆论助力。同时强化"山东手造"品牌的建设，2022年—2023年，山东省人民政府连续两年在北京举办主办"好客山东 好品山东"北京宣传推介活动，作为山东省委、省政府重点打造的区域公共品牌，"好客山东 好品山东"以品牌国际化助力更多"好品"走向世界、享誉全球，同样为"山东手造"品牌建设和推广搭建了平台。

"山东手造"的宣传推广不仅需要各媒体在全面总结以往工作经验的基础上进行资源整合和技术创新，建立一套常态化的内容推广工作机制，在媒体资讯报道、影视作品、综艺节目、纪录片等方面持续发力；同时需要政府、企业、高校科研机构、行业商会协会、行业专业学者在资金、人力、技术等方面给予支持，共同制定行业标准，成立人才专家库，搭建生产销售平台，形成运营产业链，不断挖掘"山东手造"的资源潜力，展示"山东手造"的独特魅力，让"山东手造"成为城市文化名片的重要元素，成为提升城市知名度、美誉度的文化招牌。

后　记

　　《济南文化发展蓝皮书（2024）》是济南社会科学院重点打造的系列蓝皮书之一，也是对已连续出版八辑的《济南文化论丛》的创新与提升。该书坚持以习近平新时代中国特色社会主义思想为指导，立足新时代济南文化"两创"工作实际，坚持点面结合、全面性与典型性的原则，客观反映济南文化发展基本情况，呈现保护传承历史文脉的新局面，展现文化创新发展的新气象，力求全面系统地展示济南文化强市建设的生动图景。

　　本书在编写过程中得到了市委宣传部、市文化和旅游局及有关部门的高度重视和大力支持；驻济高校、社科研究机构及市有关单位的专家学者积极撰稿，给予了热忱的帮助；参与编写的各位同仁贡献出了自己的知识与智慧；出版社的编辑同志在本书的校对出版上展现出了细心、严谨的专业风范；闫平、郭建国、郑立娟、徐凤仪、付英超承担了编务工作，付出了辛勤劳动。在此，一并表示诚挚感谢！

我们希望把《济南文化发展蓝皮书》打造成济南文化研究成果的重要交流平台、文化部门工作进展的重要展示平台、各级文化政策决策的重要智力支撑平台。由于涉及范围广、领域多，加之学识水平亦有限，难免存在不足之处，敬请各位专家和读者批评指正。

编 者

2024 年 7 月